FREUD-STUDIENAUSGABE

BAND VII

Herausgegeben von

Alexander Mitscherlich · Angela Richards · James Strachey

Mitherausgeber des Ergänzungsbandes

Ilse Grubrich-Simitis

Band VII: Zwangshandlungen und Religionsübungen (1907) · Charakter und Analerotik (1908) · Bemerkungen über einen Fall von Zwangsneurose (1909) · Die Disposition zur Zwangsneurose (1913) · Mythologische Parallele zu einer plastischen Zwangsvorstellung (1916) · Über Triebumsetzungen, insbesondere der Analerotik (1917) · Psychoanalytische Bemerkungen über einen autobiographisch beschriebenen Fall von Paranoia (1911 [1910]) · Mitteilung eines der psychoanalytischen Theorie widersprechenden Falles von Paranoia (1915) · Über einige neurotische Mechanismen bei Eifersucht, Paranoia und Homosexualität (1922 [1921]) · ›Ein Kind wird geschlagen‹ (1919) · Über die Psychogenese eines Falles von weiblicher Homosexualität (1920) · Eine Teufelsneurose im siebzehnten Jahrhundert (1923 [1922])

SIGMUND FREUD

Studienausgabe

BAND VII

Zwang, Paranoia und Perversion

S. FISCHER VERLAG

Die Freud-Studienausgabe erschien ursprünglich (1969–1975)
im Rahmen der S. Fischer-Reihe
CONDITIO HUMANA
ERGEBNISSE AUS DEN WISSENSCHAFTEN VOM MENSCHEN
(Herausgeber: Thure von Uexküll und Ilse Grubrich-Simitis;
Berater: Johannes Cremerius, Hans J. Eggers, Thomas Luckmann).

1. Auflage 1973

Zwischen 1969 und 1982 erschien die *Studienausgabe*
in kartonierter Ausstattung. In diesem Zeitraum erreichte Band VII
insgesamt drei, teils korrigierte Auflagen.
Von 1982 bis 1989 wurde die *Studienausgabe* in einer
Taschenbuchversion vorgelegt.
Sie ist in die Auflagenzählung einbezogen.
1989 präsentierte der S. Fischer Verlag die *Studienausgabe* erneut
kartoniert, und zwar als revidierte Neuausgabe mit editorischen
Ergänzungen, die in Band I, S. 32, erläutert sind.
Seither weitere, teils korrigierte Auflagen von Band VII.

Zuletzt 7., korrigierte Auflage 1997

Achte, korrigierte Auflage

Die beiden Abbildungen auf S. 77 und S. 130
sind von Ruth und Harald Bukor in der ersten Auflage 1973
nach den Originalvorlagen neu angelegt worden.
Satz: Buchdruckerei Eugen Göbel, Tübingen
Druck und Bindung: Clausen & Bosse, Leck
Printed in Germany 2007
ISBN 978 3 10 822727 2

INHALT

Zu diesem Band 9

Zwangshandlungen und Religionsübungen (1907) 11
Editorische Vorbemerkung 12

Charakter und Analerotik (1908) 23
Editorische Vorbemerkung 24

Bemerkungen über einen Fall von Zwangsneurose (1909) . . 31
Editorische Vorbemerkung 33
[Einleitung] 35
I. Aus der Krankengeschichte 38
A. Die Einleitung der Behandlung 38
B. Die infantile Sexualität 39
C. Die große Zwangsbefürchtung 43
D. Die Einführung ins Verständnis der Kur 49
E. Einige Zwangsvorstellungen und deren Übersetzung 57
F. Die Krankheitsveranlassung 64
G. Der Vaterkomplex und die Lösung der Rattenidee 68
II. Zur Theorie 83
A. Einige allgemeine Charaktere der Zwangsbildungen 83
B. Einige psychische Besonderheiten der Zwangskranken – ihr Verhältnis zur Realität, zum Aberglauben und zum Tod . . 88
C. Das Triebleben und die Ableitung von Zwang und Zweifel 94

Die Disposition zur Zwangsneurose (Ein Beitrag zum Problem der Neurosenwahl) (1913) 105
Editorische Vorbemerkung 107

Mythologische Parallele zu einer plastischen Zwangsvorstellung (1916) 119
Editorische Vorbemerkung 120

Über Triebumsetzungen, insbesondere der Analerotik (1917) 123
Editorische Vorbemerkung 124

Psychoanalytische Bemerkungen über einen autobiographisch beschriebenen Fall von Paranoia (Dementia paranoides) (1911 [1910]) 133
Editorische Vorbemerkung 135
[Einleitung] 139
I. Krankengeschichte 141
II. Deutungsversuche 162
III. Über den paranoischen Mechanismus 183
Nachtrag (1912 [1911]) 201

Mitteilung eines der psychoanalytischen Theorie widersprechenden Falles von Paranoia (1915) 205
Editorische Vorbemerkung 206

Über einige neurotische Mechanismen bei Eifersucht, Paranoia und Homosexualität (1922 [1921]) 217
Editorische Vorbemerkung 218

»Ein Kind wird geschlagen« (Beitrag zur Kenntnis der Entstehung sexueller Perversionen) (1919) 229
Editorische Vorbemerkung 230

Über die Psychogenese eines Falles von weiblicher Homosexualität (1920) 255
Editorische Vorbemerkung 256

Eine Teufelsneurose im siebzehnten Jahrhundert (1923 [1922]) 283
Editorische Vorbemerkung 285
[Einleitung] 287
I. Die Geschichte des Malers Christoph Haitzmann 288
II. Das Motiv des Teufelspakts 294
III. Der Teufel als Vaterersatz 298
IV. Die zwei Verschreibungen 308
V. Die weitere Neurose 314

Anhang

Bibliographie 323
Liste der Abkürzungen 331
Bildnachweis 332
Namen- und Sachregister 333
Studienausgabe (Inhaltsübersicht) 359

ZU DIESEM BAND

Eine genauere Darstellung der Gliederung und der Ziele der vorliegenden Ausgabe sowie der editorischen Methode findet sich in den Erläuterungen zur Edition, die dem Band I vorangestellt sind. Diese Gesichtspunkte sollen daher hier nur noch einmal kurz zusammengefaßt werden; zugleich möchten wir dem Leser mit einigen Erklärungen einen Wegweiser zum vorliegenden Band geben.
Ziel dieser nach Themen gegliederten Ausgabe ist es, vor allem den Studenten aus den an die Psychoanalyse angrenzenden Wissensgebieten – der Soziologie, den Politischen Wissenschaften, der Sozialpsychologie, Pädagogik usw. –, aber auch interessierten Laien die Hauptwerke Sigmund Freuds in preiswerter Ausstattung mit einem detaillierten neuen Anmerkungsapparat systematischer und in größerem Umfang zugänglich zu machen, als dies in den Taschenbuchausgaben einiger Einzelwerke möglich ist. Zunächst bestand nicht die Absicht, die Schriften zur Behandlungstechnik und zur Theorie der Therapie in die Edition aufzunehmen. Auf vielfachen Wunsch wurde dieser Teil von Freuds Werk später in einem nicht-numerierten Ergänzungsband zur *Studienausgabe* nachgereicht.
Die Veröffentlichung der *Studienausgabe* erfolgt nach dem Tode von James Strachey, dem Senior des Herausgebergremiums, der jedoch bis zu seinem Tode im April 1967 an den Vorbereitungen, vor allem am Inhaltsplan und an den Richtlinien für die Kommentierung, mitgearbeitet hat.
Die für diese Ausgabe benutzten Texte sind im allgemeinen die der letzten deutschen Ausgabe, die noch zu Freuds Lebzeiten veröffentlicht wurden, in den meisten Fällen also die der zuerst in London erschienenen *Gesammelten Werke* (die ihrerseits großenteils Photokopien der noch in Wien publizierten *Gesammelten Schriften* sind). Wo dies nicht zutrifft, wird die Quelle in der das betreffende Werk einführenden ›Editorischen Vorbemerkung‹ genannt. Ein paar Seitenhinweise Freuds auf frühere, heute kaum noch erreichbare Ausgaben seines Werks sind von den Herausgebern weggelassen worden; statt dessen wurden deskriptive Fußnoten hinzugefügt, welche es dem Leser ermöglichen, die entsprechenden Stellen in heute greifbaren Editionen aufzufinden; dies

betrifft vor allem die *Traumdeutung*. Um unnötige Wiederholungen zu vermeiden, sind auch ausführliche bibliographische Angaben Freuds über eigene Werke sowie über Schriften anderer Autoren, die in den älteren Editionen im Text enthalten sind, in der Regel in die Bibliographie am Schluß der Bände der *Studienausgabe* verwiesen worden. Außer diesen unwesentlichen Änderungen und dem einheitlichen Gebrauch der Abkürzung »S.« für Seitenverweise (auch dort, wo Freud, wie vor allem in den frühen Arbeiten, »p.« schrieb) sowie schließlich einigen wenigen Modernisierungen der Orthographie, Interpunktion und Typographie wird jede Änderung, die am Quellentext vorgenommen wurde, in einer Fußnote erklärt.

Das in die *Studienausgabe* aufgenommene editorische Material entstammt der *Standard Edition of the Complete Psychological Works of Sigmund Freud*, der englischen Ausgabe also, die unter der Leitung von James Strachey hergestellt wurde; es wird hier mit Erlaubnis der Inhaber der Veröffentlichungsrechte, des Institute of Psycho-Analysis und des Verlages Hogarth Press (London), in der Übersetzung wiedergegeben. Wo es das Ziel der vorliegenden Ausgabe erforderte, wurde dieses Material gekürzt und adaptiert; zugleich wurden einige wenige Korrekturen vorgenommen und ergänzende Anmerkungen hinzugefügt. Abgesehen von den ›Editorischen Vorbemerkungen‹, stehen sämtliche von den Herausgebern stammenden Zusätze in eckigen Klammern.

Die Herausgeber sind Ilse Grubrich-Simitis vom S. Fischer Verlag zu großem Dank verbunden. Ohne ihre Initiative wäre diese Studienausgabe nicht begonnen worden; in allen Stadien der Vorbereitung hat sie unschätzbare Hilfen und kenntnisreiche Anregungen gegeben. Großer Dank gebührt auch Käte Hügel für die Übertragung des editorischen Materials ins Deutsche sowie Ingeborg Meyer-Palmedo für ihre sorgfältige Hilfe beim Korrekturlesen und für die Herstellung des Registers.

Die in diesem Band verwendeten speziellen Abkürzungen sind in der Liste der Abkürzungen auf S. 331 erklärt. Im Text oder in den Fußnoten sind gelegentlich Werke von Freud erwähnt, die nicht in die *Studienausgabe* aufgenommen wurden. Die Bibliographie am Ende jedes Bandes (in welcher die Daten aller erwähnten technischen Arbeiten Freuds und anderer Autoren enthalten sind) informiert den Leser darüber, ob die betreffende Arbeit in die *Studienausgabe* aufgenommen wurde oder nicht. Auf S. 359 ff. findet sich außerdem ein Gesamtinhaltsverzeichnis der *Studienausgabe*.

Die Herausgeber

Zwangshandlungen und Religionsübungen

(1907)

EDITORISCHE VORBEMERKUNG

Deutsche Ausgaben:
1907 *Z. Religionspsychol.*, Bd. 1 (1) [April], 4–12.
1909 *S.K.S.N.*, Bd. 2, 122–31. (1912, 2. Aufl.; 1921, 3. Aufl.)
1924 *G.S.*, Bd. 10, 210–20.
1941 *G.W.*, Bd. 7, 129–39.

Dieser Artikel wurde im Februar 1907 für die erste Nummer einer von Bresler und Vorbrodt herausgegebenen Zeitschrift geschrieben. Er ist Freuds erster Streifzug in das Gebiet der Religionspsychologie, unverkennbar ein Schritt in Richtung auf die fünf Jahre später veröffentlichte, weitaus breitere Behandlung des Themas in *Totem und Tabu* (1912–13). Darüber hinaus ist die Arbeit aber auch deshalb von großem Interesse, weil Freud sich hier zum erstenmal seit der etwa zehn Jahre zurückliegenden Breuer-Periode wieder mit der Zwangsneurose beschäftigt. Er entwirft eine Skizze vom Mechanismus der Zwangssymptome, die er dann in der Krankengeschichte des »Rattenmannes« (1909 *d*, unten, S. 35 ff.) genauer ausgeführt hat; die Behandlung dieses Falles hatte er jedoch zur Zeit der Niederschrift der vorliegenden Arbeit noch nicht begonnen.

Von allen seelischen Störungen hat Freud die Zwangsneurose wohl am häufigsten behandelt – vom Beginn seines Arbeitslebens an bis fast zu dessen Ende. Im folgenden findet sich eine Aufzählung derjenigen Werke, in denen sich Freud, abgesehen von den sechs Schriften, die den ersten Teil des vorliegenden Bandes bilden, eingehend mit dem Thema befaßt: ›Die Abwehr-Neuropsychosen‹ (1894 *a*), Abschnitt II; ›Obsessions et phobies‹ (1895 *c*); im (1895 datierten) Manuskript K in den Fließ-Briefen (Freud, 1950 *a*); ›Weitere Bemerkungen über die Abwehr-Neuropsychosen‹ (1896 *b*), Abschnitt II. (Diese frühen Schriften wurden nicht in die *Studienausgabe* aufgenommen – wohl aber die folgenden:) *Totem und Tabu* (1912–13), Aufsatz II, Abschnitte 2 und 3 (*c*), und Aufsatz III, Abschnitte 3 und 4; die Analyse des »Wolfsmannes« (1918 *b* [1914]), Abschnitt VI; die 17. der *Vorlesungen zur Einführung in die Psychoanalyse* (1916–17); *Hemmung, Symptom und Angst* (1926 *d*), Kapitel V und VI. Freud bemerkt in Kapitel V des letztgenannten Werkes (*Studienausgabe*, Bd. 6, S. 257): »Die Zwangsneurose ist wohl das interessanteste und dankbarste Objekt der analytischen Untersuchung, aber noch immer als Problem unbezwungen.«

Ich bin gewiß nicht der erste, dem die Ähnlichkeit der sogenannten Zwangshandlungen Nervöser mit den Verrichtungen aufgefallen ist, durch welche der Gläubige seine Frömmigkeit bezeugt. Der Name »Zeremoniell« bürgt mir dafür, mit dem man gewisse dieser Zwangshandlungen belegt hat. Doch scheint mir diese Ähnlichkeit eine mehr als oberflächliche zu sein, so daß man aus einer Einsicht in die Entstehung des neurotischen Zeremoniells Analogieschlüsse auf die seelischen Vorgänge des religiösen Lebens wagen dürfte.

Die Leute, die Zwangshandlungen oder Zeremoniell ausüben, gehören nebst jenen, die an Zwangsdenken, Zwangsvorstellungen, Zwangsimpulsen u. dgl. leiden, zu einer besonderen klinischen Einheit, für deren Affektion der Name »Zwangsneurose« gebräuchlich ist[1]. Man möge aber nicht versuchen, die Eigenart dieses Leidens aus seinem Namen abzuleiten, denn strenggenommen haben andersartige krankhafte Seelenerscheinungen den gleichen Anspruch auf den sogenannten »Zwangscharakter«. An Stelle einer Definition muß derzeit noch die Detailkenntnis dieser Zustände treten, da es bisher nicht gelungen ist, das wahrscheinlich tiefliegende Kriterium der Zwangsneurose aufzuzeigen, dessen Vorhandensein man doch in ihren Äußerungen allenthalben zu spüren vermeint.

Das neurotische Zeremoniell besteht in kleinen Verrichtungen, Zutaten, Einschränkungen, Anordnungen, die bei gewissen Handlungen des täglichen Lebens in immer gleicher oder gesetzmäßig abgeänderter Weise vollzogen werden. Diese Tätigkeiten machen uns den Eindruck von bloßen »Formalitäten«; sie erscheinen uns völlig bedeutungslos. Nicht anders erscheinen sie dem Kranken selbst, und doch ist er unfähig, sie zu unterlassen, denn jede Abweichung von dem Zeremoniell straft sich durch unerträgliche Angst, die sofort die Nachholung des Unterlassenen erzwingt. Ebenso kleinlich wie die Zeremoniellhandlungen selbst

[1] Vgl. Löwenfeld (1904). [Nach diesem Autor ist der Terminus »Zwangsvorstellung« 1867 von Krafft-Ebing eingeführt worden, wogegen »Zwangsneurose« als Konzept wie als Terminus von Freud selbst stammt. Gedruckt erscheint der Ausdruck erstmals in Freuds erster Arbeit über die Angstneurose (1895 *b*, *Studienausgabe*, Bd. 6, S. 33).]

sind die Anlässe und Tätigkeiten, welche durch das Zeremoniell verziert, erschwert und jedenfalls auch verzögert werden, z. B. das Ankleiden und Auskleiden, das Zubettegehen, die Befriedigung der körperlichen Bedürfnisse. Man kann die Ausübung eines Zeremoniells beschreiben, indem man es gleichsam durch eine Reihe ungeschriebener Gesetze ersetzt, also z. B. für das Bettzeremoniell: der Sessel muß in solcher, bestimmter Stellung vor dem Bette stehen, auf ihm die Kleider in gewisser Ordnung gefaltet liegen; die Bettdecke muß am Fußende eingesteckt sein, das Bettuch glatt gestrichen; die Polster müssen so und so verteilt liegen, der Körper selbst in einer genau bestimmten Lage sein; dann erst darf man einschlafen. In leichten Fällen sieht das Zeremoniell so der Übertreibung einer gewohnten und berechtigten Ordnung gleich. Aber die besondere Gewissenhaftigkeit der Ausführung und die Angst bei der Unterlassung kennzeichnen das Zeremoniell als »heilige Handlung«. Störungen derselben werden meist schlecht vertragen; die Öffentlichkeit, die Gegenwart anderer Personen während der Vollziehung ist fast immer ausgeschlossen.

Zu Zwangshandlungen im weiteren Sinne können alle beliebigen Tätigkeiten werden, wenn sie durch kleine Zutaten verziert, durch Pausen und Wiederholungen rhythmiert werden. Eine scharfe Abgrenzung des »Zeremoniells« von den »Zwangshandlungen« wird man zu finden nicht erwarten. Meist sind die Zwangshandlungen aus Zeremoniell hervorgegangen. Neben diesen beiden bilden den Inhalt des Leidens Verbote und Verhinderungen (Abulien), die ja eigentlich das Werk der Zwangshandlungen nur fortsetzen, indem dem Kranken einiges überhaupt nicht erlaubt ist, anderes nur unter Befolgung eines vorgeschriebenen Zeremoniells.

Merkwürdig ist, daß Zwang wie Verbote (das eine tun müssen, das andere nicht tun dürfen) anfänglich nur die einsamen Tätigkeiten der Menschen betreffen und deren soziales Verhalten lange Zeit unbeeinträchtigt lassen; daher können solche Kranke ihr Leiden durch viele Jahre als ihre Privatsache behandeln und verbergen. Auch leiden viel mehr Personen an solchen Formen der Zwangsneurose, als den Ärzten bekannt wird. Das Verbergen wird ferner vielen Kranken durch den Umstand erleichtert, daß sie sehr wohl imstande sind, über einen Teil des Tages ihre sozialen Pflichten zu erfüllen, nachdem sie eine Anzahl von Stunden in melusinenhafter Abgeschiedenheit[1] ihrem geheimnisvollen Tun gewidmet haben.

[1] [Eine Anspielung auf die schöne Meerfee Melusine aus der altfranzösischen Sage, die

Es ist leicht einzusehen, worin die Ähnlichkeit des neurotischen Zeremoniells mit den heiligen Handlungen des religiösen Ritus gelegen ist, in der Gewissensangst bei der Unterlassung, in der vollen Isolierung von allem anderen Tun (Verbot der Störung) und in der Gewissenhaftigkeit der Ausführung im kleinen. Aber ebenso augenfällig sind die Unterscheidungen, von denen einige so grell sind, daß sie den Vergleich zu einem sakrilegischen werden lassen. Die größere individuelle Mannigfaltigkeit der [neurotischen] Zeremoniellhandlungen im Gegensatze zur Stereotypie des Ritus (Gebet, Proskynesis usw.), der Privatcharakter derselben im Gegensatze zur Öffentlichkeit und Gemeinsamkeit der Religionsübung; vor allem aber der eine Unterschied, daß die kleinen Zutaten des religiösen Zeremoniells sinnvoll und symbolisch gemeint sind, während die des neurotischen läppisch und sinnlos erscheinen. Die Zwangsneurose liefert hier ein halb komisches, halb trauriges Zerrbild einer Privatreligion. Indes wird gerade dieser einschneidendste Unterschied zwischen neurotischem und religiösem Zeremoniell beseitigt, wenn man mit Hilfe der psychoanalytischen Untersuchungstechnik zum Verständnis der Zwangshandlungen durchdringt[1]. Bei dieser Untersuchung wird der Anschein, als ob Zwangshandlungen läppisch und sinnlos wären, gründlich zerstört und die Begründung dieses Scheines aufgedeckt. Man erfährt, daß die Zwangshandlungen durchwegs und in all ihren Einzelheiten sinnvoll sind, im Dienste von bedeutsamen Interessen der Persönlichkeit stehen und fortwirkende Erlebnisse sowie affektbesetzte Gedanken derselben zum Ausdrucke bringen. Sie tun dies in zweierlei Art, entweder als direkte oder als symbolische Darstellungen; sie sind demnach entweder historisch oder symbolisch zu deuten.

Einige Beispiele, die diese Behauptung erläutern sollen, darf ich mir hier wohl nicht ersparen. Wer mit den Ergebnissen der psychoanalytischen Forschung bei den Psychoneurosen vertraut ist, wird nicht überrascht sein zu hören, daß das durch die Zwangshandlungen oder das Zeremoniell Dargestellte sich aus dem intimsten, meist aus dem sexuellen Erleben der Betroffenen ableitet:

---

als Menschenfrau in der Welt lebt, jedoch ein Geheimleben führt, während dessen sie periodisch wieder ihre nichtmenschliche Gestalt annimmt.]

[1] Vgl. Freud: *Sammlung kleiner Schriften zur Neurosenlehre,* Wien 1906 (3. Aufl., 1920). [Dieser Band enthält vierzehn zwischen 1893 und 1906 veröffentlichte Arbeiten – also fast sämtliche kürzeren Artikel, die Freud in jener Zeitspanne über die Neurosen verfaßt hatte.]

a) Ein Mädchen meiner Beobachtung stand unter dem Zwange, nach dem Waschen die Waschschüssel mehrmals herumzuschwenken. Die Bedeutung dieser Zeremoniellhandlung lag in dem sprichwörtlichen Satze: Man soll schmutziges Wasser nicht ausgießen, ehe man reines hat. Die Handlung war dazu bestimmt, ihre geliebte Schwester zu mahnen und zurückzuhalten, daß sie sich von ihrem unerfreulichen Manne nicht eher scheiden lasse, als bis sie eine Beziehung zu einem besseren angeknüpft habe.

b) Eine von ihrem Manne getrennt lebende Frau folgte beim Essen dem Zwange, das Beste stehenzulassen, z. B. von einem Stück gebratenen Fleisch nur die Ränder zu genießen. Dieser Verzicht erklärte sich durch das Datum seiner Entstehung. Er war am Tage aufgetreten, nachdem sie ihrem Manne den ehelichen Verkehr gekündigt, d. h. aufs Beste verzichtet hatte.

c) Dieselbe Patientin konnte eigentlich nur auf einem einzigen Sessel sitzen und konnte sich nur mit Schwierigkeit von ihm erheben. Der Sessel symbolisierte ihr mit Beziehung auf bestimmte Details ihres Ehelebens den Mann, dem sie die Treue hielt. Sie fand zur Aufklärung ihres Zwanges den Satz: »Man trennt sich so schwer von einem (Manne, Sessel), auf dem man einmal gesessen ist.«

d) Sie pflegte eine Zeit hindurch eine besonders auffällige und sinnlose Zwangshandlung zu wiederholen. Sie lief dann aus ihrem Zimmer in ein anderes, in dessen Mitte ein Tisch stand, rückte die auf ihm liegende Tischdecke in gewisser Art zurecht, schellte dem Stubenmädchen, das an den Tisch herantreten mußte, und entließ sie wieder mit einem gleichgültigen Auftrag. Bei den Bemühungen, diesen Zwang aufzuklären, fiel ihr ein, daß die betreffende Tischdecke an einer Stelle einen mißfarbigen Fleck hatte und daß sie jedesmal die Decke so legte, daß der Fleck dem Stubenmädchen in die Augen fallen mußte. Das Ganze war dann eine Reproduktion eines Erlebnisses aus ihrer Ehe, welches ihren Gedanken später ein Problem zu lösen gegeben hatte. Ihr Mann war in der Brautnacht von einem nicht ungewöhnlichen Mißgeschick befallen worden. Er fand sich impotent und »kam viele Male im Laufe der Nacht aus seinem Zimmer in ihres gerannt«, um den Versuch, ob es nicht doch gelänge, zu wiederholen. Am Morgen äußerte er, er müsse sich ja vor dem Hotelstubenmädchen schämen, welches die Betten in Ordnung bringen werde, ergriff darum ein Fläschchen mit roter Tinte und goß dessen Inhalt über das Bettuch aus, aber so ungeschickt, daß der rote Fleck an einer für seine Absicht sehr ungeeigneten Stelle zustande kam. Sie spielte also Brautnacht mit jener Zwangshandlung. »Tisch und Bett« machen zusammen die Ehe aus.

e) Wenn sie den Zwang angenommen hatte, die Nummer jeder Geldnote zu notieren, ehe sie dieselbe aus ihren Händen gab, so war dies gleichfalls historisch aufzuklären. Zur Zeit, als sie sich noch mit der Absicht trug, ihren Mann zu verlassen, wenn sie einen anderen, vertrauenswürdigeren fände, ließ sie sich in einem Badeorte die höflichen Bemühungen eines Herrn gefallen, über dessen Bereitschaft, Ernst zu machen, sie doch im Zweifel blieb. Eines Tages um Kleingeld verlegen, bat sie ihn, ihr ein Fünfkronenstück zu wechseln. Er tat es, steckte das große Geldstück ein und äußerte galant, er gedenke sich von diesem nie wieder zu trennen, da es durch ihre Hand gegangen sei. Bei späterem Beisammensein war sie nun oft in Versuchung, ihn aufzufordern, er möge ihr das Fünfkronenstück vorzeigen, gleichsam um sich so zu überzeugen, ob sie seinen Huldigungen Glauben schenken dürfe. Sie unterließ es aber mit der guten Begründung, daß man gleichwertige Münzen nicht voneinander unterscheiden könne. Der Zweifel blieb also ungelöst; er hinterließ ihr den Zwang, die Nummern der Geldnoten, durch welche jede einzelne von allen ihr gleichwertigen individuell unterschieden ist, zu notieren[1].

Diese wenigen Beispiele, aus der Fülle meiner Erfahrung herausgehoben, sollen nur den Satz, daß alles an den Zwangshandlungen sinnvoll und deutbar ist, erläutern. Das gleiche gilt für das eigentliche Zeremoniell, nur daß hier der Beweis umständlichere Mitteilung erfordern würde. Ich verkenne es keineswegs, wie sehr wir uns bei den Aufklärungen der Zwangshandlungen vom Gedankenkreise der Religion zu entfernen scheinen.

Es gehört zu den Bedingungen des Krankseins, daß die dem Zwange folgende Person ihn ausübe, ohne seine Bedeutung – wenigstens seine Hauptbedeutung – zu kennen. Erst durch die Bemühung der psychoanalytischen Therapie wird ihr der Sinn der Zwangshandlung und damit die zu ihr treibenden Motive bewußtgemacht. Wir sprechen diesen bedeutsamen Sachverhalt in den Worten aus, daß die Zwangshandlung *unbewußten* Motiven und Vorstellungen zum Ausdruck diene. Darin scheint nun ein neuerlicher Unterschied gegen die Religionsübung zu liegen; aber man muß daran denken, daß auch der einzelne Fromme in

[1] [Freud hat diesen Fall recht ausführlich, mit Bezug auf die oben in Abschnitt *d)* beschriebene Zwangshandlung, in der 17. seiner *Vorlesungen zur Einführung in die Psychoanalyse* (1916–17), *Studienausgabe*, Bd. 1, S. 262–64, erörtert.]

der Regel das religiöse Zeremoniell ausübt, ohne nach dessen Bedeutung zu fragen, während allerdings der Priester und der Forscher mit dem meist symbolischen Sinn des Ritus bekannt sein mögen. Die Motive, die zur Religionsübung drängen, sind aber allen Gläubigen unbekannt oder werden in ihrem Bewußtsein durch vorgeschobene Motive vertreten.

Die Analyse der Zwangshandlungen hat uns bereits eine Art von Einsicht in die Verursachung derselben und in die Verkettung der für sie maßgebenden Motive ermöglicht. Man kann sagen, der an Zwang und Verboten Leidende benimmt sich so, als stehe er unter der Herrschaft eines *Schuldbewußtseins,* von dem er allerdings nichts weiß, eines unbewußten Schuldbewußtseins also, wie man es ausdrücken muß mit Hinwegsetzung über das Sträuben der hier zusammentreffenden Worte [1]. Dies Schuldbewußtsein hat seine Quelle in gewissen frühzeitigen Seelenvorgängen, findet aber eine beständige Auffrischung in der bei jedem rezenten Anlaß erneuerten *Versuchung* und läßt anderseits eine immer lauernde *Erwartungsangst,* Unheilserwartung, entstehen, die durch den Begriff der *Bestrafung* an die innere Wahrnehmung der Versuchung geknüpft ist. Zu Beginn der Zeremoniellbildung wird dem Kranken noch bewußt, daß er dies oder jenes tun müsse, sonst werde Unheil geschehen, und in der Regel wird die Art des zu erwartenden Unheils noch seinem Bewußtsein genannt. Der jedesmal nachweisbare Zusammenhang zwischen dem Anlasse, bei dem die Erwartungsangst auftritt, und dem Inhalte, mit dem sie droht, ist dem Kranken bereits verhüllt. Das Zeremoniell beginnt so als *Abwehr-* oder *Versicherungshandlung, Schutzmaßregel.*

Dem Schuldbewußtsein der Zwangsneurotiker entspricht die Beteuerung der Frommen, sie wüßten, daß sie im Herzen arge Sünder seien; den Wert von Abwehr- und Schutzmaßregeln scheinen die frommen Übungen (Gebete, Anrufungen usw.) zu haben, mit denen sie jede Tätigkeit des Tages und zumal jede außergewöhnliche Unternehmung einleiten.

Einen tieferen Einblick in den Mechanismus der Zwangsneurose gewinnt man, wenn man die ihr zugrunde liegende erste Tatsache in Würdigung zieht: diese ist allemal die *Verdrängung einer Triebregung* [2] (einer

[1] [Dies scheint die früheste explizite Erwähnung des »unbewußten Schuldbewußtseins« zu sein, das in Freuds späteren Schriften – z. B. im Schlußkapitel von *Das Ich und das Es* (1923 *b*), *Studienausgabe,* Bd. 3, S. 316 ff. und S. 316 Anm. – eine so wichtige Rolle spielt.]

[2] [Das ist wohl Freuds erste veröffentlichte Verwendung des Ausdrucks »Triebregung«, der dann einer seiner meistgebrauchten Termini wurde.]

Komponente des Sexualtriebes), welche in der Konstitution der Person enthalten war, im kindlichen Leben derselben sich eine Weile äußern durfte und darauf der Unterdrückung verfiel. Eine spezielle, auf die Ziele dieses Triebes gerichtete *Gewissenhaftigkeit* wird bei der Verdrängung desselben geschaffen, aber diese psychische Reaktionsbildung fühlt sich nicht sicher, sondern von dem im Unbewußten lauernden Triebe beständig bedroht. Der Einfluß des verdrängten Triebes wird als Versuchung empfunden, beim Prozeß der Verdrängung selbst entsteht die Angst, die sich als Erwartungsangst der Zukunft bemächtigt. Der Verdrängungsprozeß, der zur Zwangsneurose führt, ist als ein unvollkommen gelungener zu bezeichnen, der immer mehr zu mißlingen droht. Er ist daher einem nicht abzuschließenden Konflikt zu vergleichen; es werden immer neue psychische Anstrengungen erfordert, um dem konstanten Andrängen des Triebes das Gleichgewicht zu halten[1]. Die Zeremoniell- und Zwangshandlungen entstehen so teils zur Abwehr der Versuchung, teils zum Schutze gegen das erwartete Unheil. Gegen die Versuchung scheinen die Schutzhandlungen bald nicht auszureichen; es treten dann die Verbote auf, welche die Situation der Versuchung fernelegen sollen. Verbote ersetzen Zwangshandlungen, wie man sieht, ebenso wie eine Phobie den hysterischen Anfall zu ersparen bestimmt ist. Anderseits stellt das Zeremoniell die Summe der Bedingungen dar, unter denen anderes, noch nicht absolut Verbotenes erlaubt ist, ganz ähnlich wie das kirchliche Ehezeremoniell dem Frommen die Gestattung des sonst sündhaften Sexualgenusses bedeutet. Zum Charakter der Zwangsneurose wie aller ähnlichen Affektionen gehört noch, daß ihre Äußerungen (Symptome, darunter auch die Zwangshandlungen) die Bedingung eines Kompromisses zwischen den streitenden seelischen Mächten erfüllen. Sie bringen also auch immer etwas von der Lust wieder, die sie zu verhüten bestimmt sind, dienen dem verdrängten Triebe nicht minder als den ihn verdrängenden Instanzen. Ja, mit dem Fortschritte der Krankheit nähern sich die ursprünglich eher die Abwehr besorgenden Handlungen immer mehr den verpönten Aktionen an, durch welche sich der Trieb in der Kindheit äußern durfte.

Von diesen Verhältnissen wäre etwa folgendes auch auf dem Gebiete des religiösen Lebens wiederzufinden: Auch der Religionsbildung scheint die Unterdrückung, der *Verzicht* auf gewisse Triebregungen zugrunde zu liegen; es sind aber nicht wie bei der Neurose ausschließlich sexuelle

[1] [Diese Passage enthält eine Vorwegnahme des Begriffs der »Gegenbesetzung«, der in ›Das Unbewußte‹ (1915 *e; Studienausgabe*, Bd. 3, S. 140–44) ausführlich entwickelt wird.]

Komponenten, sondern eigensüchtige, sozialschädliche Triebe, denen übrigens ein sexueller Beitrag meist nicht versagt ist. Das Schuldbewußtsein in der Folge der nicht erlöschenden Versuchung, die Erwartungsangst als Angst vor göttlichen Strafen sind uns ja auf religiösem Gebiete früher bekannt geworden als auf dem der Neurose. Vielleicht wegen der beigemengten sexuellen Komponenten, vielleicht infolge allgemeiner Eigenschaften der Triebe erweist sich die Triebunterdrückung auch im religiösen Leben als eine unzureichende und nicht abschließbare. Volle Rückfälle in die Sünde sind beim Frommen sogar häufiger als beim Neurotiker und begründen eine neue Art von religiösen Betätigungen, die Bußhandlungen, zu denen man in der Zwangsneurose die Gegenstücke findet.

Einen eigentümlichen und entwürdigenden Charakter der Zwangsneurose sahen wir darin, daß das Zeremoniell sich an kleine Handlungen des täglichen Lebens anschließt und sich in läppischen Vorschriften und Einschränkungen derselben äußert. Man versteht diesen auffälligen Zug in der Gestaltung des Krankheitsbildes erst, wenn man erfährt, daß der Mechanismus der psychischen *Verschiebung*, den ich zuerst bei der Traumbildung[1] aufgefunden, die seelischen Vorgänge der Zwangsneurose beherrscht. In den wenigen Beispielen von Zwangshandlungen ist bereits ersichtlich, wie durch eine Verschiebung vom Eigentlichen, Bedeutsamen, auf ein ersetzendes Kleines, z. B. vom Mann auf den Sessel, die Symbolik und das Detail der Ausführung zustande kommen[2]. Diese Neigung zur Verschiebung ist es, die das Bild der Krankheitserscheinungen immer weiter abändert und es endlich dahin bringt, das scheinbar Geringfügigste zum Wichtigsten und Dringendsten zu machen. Es ist nicht zu verkennen, daß auf dem religiösen Gebiete eine ähnliche Neigung zur Verschiebung des psychischen Wertes, und zwar in gleichem Sinne, besteht, so daß allmählich das kleinliche Zeremoniell der Religionsübung zum Wesentlichen wird, welches deren Gedankeninhalt beiseite gedrängt hat. Darum unterliegen die Religionen auch ruckweise einsetzenden Reformen, welche das ursprüngliche Wertverhältnis herzustellen bemüht sind.

Der Kompromißcharakter der Zwangshandlungen als neurotischer Sym-

---

[1] Vgl. Freud: *Die Traumdeutung* (1900*a*) [Kapitel VI (B), *Studienausgabe*, Bd. 2, S. 305 ff.].

[2] [Freud hat diesen Mechanismus mehrfach beschrieben, so in der Analyse des »Rattenmannes« (1909*d*), unten, S. 97 f., wo in einer editorischen Anmerkung weitere Hinweise gegeben werden.]

ptome wird an dem entsprechenden religiösen Tun am wenigsten deutlich zu erkennen sein. Und doch wird man auch an diesen Zug der Neurose gemahnt, wenn man erinnert, wie häufig alle Handlungen, welche die Religion verpönt – Äußerungen der von der Religion unterdrückten Triebe –, gerade im Namen und angeblich zugunsten der Religion vollführt werden.

Nach diesen Übereinstimmungen und Analogien könnte man sich getrauen, die Zwangsneurose als pathologisches Gegenstück zur Religionsbildung aufzufassen, die Neurose als eine individuelle Religiosität, die Religion als eine universelle Zwangsneurose zu bezeichnen. Die wesentlichste Übereinstimmung läge in dem zugrunde liegenden Verzicht auf die Betätigung von konstitutionell gegebenen Trieben; der entscheidendste Unterschied in der Natur dieser Triebe, die bei der Neurose ausschließlich sexueller, bei der Religion egoistischer Herkunft sind.

Ein fortschreitender Verzicht auf konstitutionelle Triebe, deren Betätigung dem Ich primäre Lust gewähren könnte, scheint eine der Grundlagen der menschlichen Kulturentwicklung zu sein[1]. Ein Stück dieser Triebverdrängung wird von den Religionen geleistet, indem sie den einzelnen seine Trieblust der Gottheit zum Opfer bringen lassen. »Die Rache ist mein«, spricht der Herr. An der Entwicklung der alten Religionen glaubt man zu erkennen, daß vieles, worauf der Mensch als »Frevel« verzichtet hatte, dem Gotte abgetreten und noch im Namen des Gottes erlaubt war, so daß die Überlassung an die Gottheit der Weg war, auf welchem sich der Mensch von der Herrschaft böser, sozialschädlicher Triebe befreite. Es ist darum wohl kein Zufall, daß den alten Göttern alle menschlichen Eigenschaften – mit den aus ihnen folgenden Missetaten – in uneingeschränktem Maße zugeschrieben wurden, und kein Widerspruch, daß es doch nicht erlaubt war, die eigenen Frevel durch das göttliche Beispiel zu rechtfertigen.

---

[1] [Diesen Gedanken hat Freud in seiner etwa ein Jahr später verfaßten Arbeit über die »kulturelle« Sexualmoral (1908 *d*) näher ausgeführt.]

Charakter und Analerotik

(1908)

EDITORISCHE VORBEMERKUNG

Deutsche Ausgaben:

1908 *Psychiat.-neurol. Wschr.*, Bd. 9 (52) [März], 465–67.
1909 *S. K. S. N.*, Bd. 2, 132–37. (1912, 2. Aufl.; 1921, 3. Aufl.)
1924 *G. S.*, Bd. 5, 261–67.
1931 *Sexualtheorie und Traumlehre*, 62–8.
1941 *G. W.*, Bd. 7, 203–9.

Der Grundgedanke dieser Schrift ist uns heute so vertraut, daß wir uns das Erstaunen und die Entrüstung, die er bei seiner Erstveröffentlichung hervorrief, kaum noch vorstellen können. Zweifellos ist die Arbeit mit durch die kurz zuvor abgeschlossene Analyse des »Rattenmannes« (1909 *d*, das nächste Werk im vorliegenden Band) angeregt worden, obwohl Freud die spezielle Verknüpfung von Analerotik und Zwangsneurose erst einige Jahre später in der Schrift ›Die Disposition zur Zwangsneurose‹ (1913 *i*, s. unten, S. 112 ff.) ausarbeitete. Eine andere Krankengeschichte, die des »Wolfsmannes« (1918 *b* [1914]), lieferte das Material für eine erweiterte Fassung des hier behandelten Themas; sie findet sich in ›Über Triebumsetzungen, insbesondere der Analerotik‹ (1917 *c*, s. unten, S. 125 ff.).

Unter den Personen, denen man durch psychoanalytische Bemühung Hilfe zu leisten sucht, begegnet man eigentlich recht häufig einem Typus, der durch das Zusammentreffen bestimmter Charaktereigenschaften ausgezeichnet ist, während das Verhalten einer gewissen Körperfunktion und der an ihr beteiligten Organe in der Kindheit dieser Personen die Aufmerksamkeit auf sich zieht. Ich weiß heute nicht mehr anzugeben, aus welchen einzelnen Veranlassungen mir der Eindruck erwuchs, daß zwischen jenem Charakter und diesem Organverhalten ein organischer Zusammenhang bestehe, aber ich kann versichern, daß theoretische Erwartung keinen Anteil an diesem Eindrucke hatte.

Infolge gehäufter Erfahrung hat sich der Glaube an solchen Zusammenhang bei mir so sehr verstärkt, daß ich von ihm Mitteilung zu machen wage.

Die Personen, die ich beschreiben will, fallen dadurch auf, daß sie in regelmäßiger Vereinigung die nachstehenden drei Eigenschaften zeigen: sie sind besonders *ordentlich*, *sparsam* und *eigensinnig*. Jedes dieser Worte deckt eigentlich eine kleine Gruppe oder Reihe von miteinander verwandten Charakterzügen. »Ordentlich« begreift sowohl die körperliche Sauberkeit als auch Gewissenhaftigkeit in kleinen Pflichterfüllungen und Verläßlichkeit; das Gegenteil davon wäre: unordentlich, nachlässig. Die Sparsamkeit kann bis zum Geize gesteigert erscheinen; der Eigensinn geht in Trotz über, an den sich leicht Neigung zur Wut und Rachsucht knüpfen. Die beiden letzteren Eigenschaften – Sparsamkeit und Eigensinn – hängen fester miteinander als mit dem ersten, dem »ordentlich«, zusammen; sie sind auch das konstantere Stück des ganzen Komplexes, doch erscheint es mir unabweisbar, daß irgendwie alle drei zusammengehören.

Aus der Kleinkindergeschichte dieser Personen erfährt man leicht, daß sie verhältnismäßig lange dazu gebraucht haben, bis sie der infantilen *incontinentia alvi*[1] Herr geworden sind, und daß sie vereinzeltes Mißglücken dieser Funktion noch in späteren Kinderjahren zu bekla-

[1] [Unvermögen, Exkrete willkürlich zurückzuhalten.]

gen hatten. Sie scheinen zu jenen Säuglingen gehört zu haben, die sich weigern, den Darm zu entleeren, wenn sie auf den Topf gesetzt werden, weil sie aus der Defäkation einen Lustnebengewinn beziehen [1]; denn sie geben an, daß es ihnen noch in etwas späteren Jahren Vergnügen bereitet hat, den Stuhl zurückzuhalten, und erinnern, wenngleich eher und leichter von ihren Geschwistern als von der eigenen Person, allerlei unziemliche Beschäftigungen mit dem zutage geförderten Kote. Wir schließen aus diesen Anzeichen auf eine überdeutliche erogene Betonung der Afterzone in der von ihnen mitgebrachten Sexualkonstitution; da sich aber nach abgelaufener Kindheit bei diesen Personen nichts mehr von diesen Schwächen und Eigenheiten auffinden läßt, müssen wir annehmen, daß die Analzone ihre erogene Bedeutung im Laufe der Entwicklung eingebüßt hat, und vermuten dann, daß die Konstanz jener Trias von Eigenschaften in ihrem Charakter mit der Aufzehrung der Analerotik in Verbindung gebracht werden darf.

Ich weiß, daß man sich nicht getraut, an einen Sachverhalt zu glauben, solange er unbegreiflich erscheint, der Erklärung nicht irgendeine Anknüpfung bietet. Wenigstens das Grundlegende desselben können wir nun unserem Verständnisse mit Hilfe der Voraussetzungen näherbringen, die in den *Drei Abhandlungen zur Sexualtheorie* (1905 *d*) dargelegt sind [2]. Ich suche dort zu zeigen, daß der Sexualtrieb des Menschen hoch zusammengesetzt ist, aus Beiträgen zahlreicher Komponenten und Partialtriebe entsteht. Wesentliche Beiträge zur »Sexualerregung« leisten die peripherischen Erregungen gewisser ausgezeichneter Körperstellen (Genitalien, Mund, After, Blasenausgang), welche den Namen »erogene Zonen« verdienen. Die von diesen Stellen her eintreffenden Erregungsgrößen erfahren aber nicht alle und nicht zu jeder Lebenszeit das gleiche Schicksal. Allgemein gesprochen, kommt nur ein Teil von ihnen dem Sexualleben zugute; ein anderer Teil wird von den sexuellen Zielen abgelenkt und auf andere Ziele gewendet, ein Prozeß, der den Namen »Sublimierung« verdient. Um die Lebenszeit, welche als »sexuelle Latenzperiode« bezeichnet werden darf, vom vollendeten fünften Jahre [3] bis zu den ersten Äußerungen der Pubertät (ums elfte Jahr), werden sogar auf Kosten dieser von erogenen Zonen gelieferten Erregungen im Seelenleben Reaktionsbildungen, Gegenmächte, geschaf-

[1] *Drei Abhandlungen zur Sexualtheorie,* II (1905 *d*), *Studienausgabe,* Bd. 5, S. 92 f.
[2] [Das Material dieses Absatzes stammt hauptsächlich aus Abschnitt 5 der ersten und aus Abschnitt 1 der zweiten Abhandlung (*Studienausgabe,* Bd. 5, S. 76 ff. und S. 84 ff.).]
[3] [In den Ausgaben vor 1924 heißt es: »vierten Jahre«.]

fen wie Scham, Ekel und Moral, die sich gleichwie Dämme der späteren Betätigung der Sexualtriebe entgegensetzen. Da nun die Analerotik zu jenen Komponenten des [Sexual-]Triebes gehört, die im Laufe der Entwicklung und im Sinne unserer heutigen Kulturerziehung für sexuelle Zwecke unverwendbar werden, läge es nahe, in den bei ehemaligen Analerotikern so häufig hervortretenden Charaktereigenschaften – Ordentlichkeit, Sparsamkeit und Eigensinn – die nächsten und konstantesten Ergebnisse der Sublimierung der Analerotik zu erkennen [1]. Die innere Notwendigkeit dieses Zusammenhanges ist mir natürlich selbst nicht durchsichtig, doch kann ich einiges anführen, was als Hilfe für ein Verständnis desselben verwertet werden kann. Die Sauberkeit,

---

[1] Da gerade die Bemerkungen über die Analerotik des Säuglings in den *Drei Abhandlungen zur Sexualtheorie* bei unverständigen Lesern besonderen Anstoß erregt haben, gestatte ich mir an dieser Stelle die Einschaltung einer Beobachtung, die ich einem sehr intelligenten Patienten verdanke: »Ein Bekannter, der die Abhandlung über ›Sexualtheorie‹ gelesen hat, spricht über das Buch, erkennt es vollkommen an, nur *eine* Stelle darin sei ihm – obwohl er auch diese inhaltlich natürlich billige und begreife – so grotesk und komisch vorgekommen, daß er sich hingesetzt und eine Viertelstunde darüber gelacht habe. Diese Stelle lautet: ›Es ist eines der besten Vorzeichen späterer Absonderlichkeit oder Nervosität, wenn ein Säugling sich hartnäckig weigert, den Darm zu entleeren, wenn er auf den Topf gesetzt wird, also wenn es dem Pfleger beliebt, sondern diese Funktion seinem eigenen Belieben vorbehält. Es kommt ihm natürlich nicht darauf an, sein Lager schmutzig zu machen; er sorgt nur, daß ihm der Lustnebengewinn bei der Defäkation nicht entgehe.‹ [*Studienausgabe,* Bd. 5, S. 92 f.] Die Vorstellung dieses auf dem Topfe sitzenden Säuglings, der überlege, ob er sich eine derartige Einschränkung seiner persönlichen Willensfreiheit gefallen lassen solle, und der außerdem sorge, daß ihm der Lustgewinn bei der Defäkation nicht entgehe, habe seine ausgiebige Heiterkeit erregt. – Etwa zwanzig Minuten später, bei der Jause, beginnt mein Bekannter plötzlich gänzlich unvermittelt: ›Du, mir fällt da gerade, weil ich den Kakao vor mir sehe, eine Idee ein, die ich als Kind immer gehabt habe. Da habe ich mir immer vorgestellt, ich bin der Kakaofabrikant Van Houten‹ (er sprach ›Van Hauten‹ aus), ›und ich habe ein großartiges Geheimnis zur Bereitung dieses Kakaos, und nun bemühen sich alle Leute, mir dieses weltbeglückende Geheimnis zu entreißen, das ich sorgsam hüte. Warum ich gerade auf Van Houten verfallen bin, weiß ich nicht. Wahrscheinlich hat mir seine Reklame am meisten imponiert.‹ Lachend, und ohne noch eigentlich so recht eine tiefere Absicht damit zu verbinden, meinte ich: *›Wann haut'n* die Mutter?!‹ Erst eine Weile später erkannte ich, daß mein Wortwitz tatsächlich den Schlüssel zu dieser ganzen, plötzlich aufgetauchten Kindheitserinnerung enthielt, die ich nun als glänzendes Beispiel einer Deckphantasie begriff, welche unter Beibehaltung des eigentlich Tatsächlichen (Nahrungsprozeß) und auf Grund phonetischer Assoziationen (*›Kakao‹, ›Wann haut'n –‹*) das Schuldbewußtsein durch eine *komplette Umwertung* des Erinnerungsinhaltes beruhigt. (Verlegung von rückwärts nach vorne, Nahrungsabgabe wird zur Nahrungsaufnahme, der beschämende und zu verdeckende Inhalt zum weltbeglückenden Geheimnisse.) Interessant war mir, wie hier auf eine Abwehr hin, die freilich die mildere Form formaler Beanstandung annahm, dem Betreffenden ohne seinen Willen eine Viertelstunde später der schlagendste Beweis aus dem eigenen Unbewußten heraufgereicht wurde.«

Ordentlichkeit, Verläßlichkeit macht ganz den Eindruck einer Reaktionsbildung gegen das Interesse am Unsauberen, Störenden, nicht zum Körper Gehörigen (*»Dirt is matter in the wrong place«*). Den Eigensinn mit dem Defäkationsinteresse in Beziehung zu bringen, scheint keine leichte Aufgabe, doch mag man sich daran erinnern, daß schon der Säugling sich beim Absetzen des Stuhles eigenwillig benehmen kann (s. oben [S. 26]) und daß schmerzhafte Reize auf die mit der erogenen Afterzone verknüpfte Gesäßhaut allgemein der Erziehung dazu dienen, den Eigensinn des Kindes zu brechen, es gefügig zu machen. Zum Ausdrucke des Trotzes und der trotzenden Verhöhnung wird bei uns immer noch wie in alter Zeit eine Aufforderung verwendet, die die Liebkosung der Afterzone zum Inhalte hat, also eigentlich eine von der Verdrängung betroffene Zärtlichkeit bezeichnet. Die Entblößung des Hintern stellt die Abschwächung dieser Rede zur Geste dar; in Goethes *Götz von Berlichingen* finden sich beide, Rede wie Geste, an passendster Stelle als Ausdruck des Trotzes angebracht [1].

Am ausgiebigsten erscheinen die Beziehungen, welche sich zwischen den anscheinend so disparaten Komplexen des Geldinteresses und der Defäkation ergeben. Jedem Arzte, der die Psychoanalyse geübt hat, ist es wohl bekannt geworden, daß sich auf diesem Wege die hartnäckigsten und langdauerndsten sogenannten habituellen Stuhlverstopfungen Nervöser beseitigen lassen. Das Erstaunen hierüber wird durch die Erinnerung gemäßigt, daß diese Funktion sich ähnlich gefügig auch gegen die hypnotische Suggestion erwiesen hat. In der Psychoanalyse erzielt man diese Wirkung aber nur dann, wenn man den Geldkomplex der Betreffenden berührt und sie veranlaßt, denselben mit all seinen Beziehungen zum Bewußtsein zu bringen. Man könnte meinen, daß die Neurose hierbei nur einem Winke des Sprachgebrauchs folgt, der eine Person, die das Geld allzu ängstlich zurückhält, *»schmutzig«* oder *»filzig«* (englisch: *filthy* = schmutzig) nennt. Allein dieses wäre eine allzu oberflächliche Würdigung. In Wahrheit ist überall, wo die archaische Denkweise herrschend war oder geblieben ist, in den alten Kulturen, im Mythus, Märchen, Aberglauben, im unbewußten Denken, im Traume und in der Neurose das Geld in innigste Beziehungen zum Drecke gebracht. Es ist bekannt, daß das Gold, welches der Teufel seinen Buhlen schenkt, sich nach seinem Weggehen in Dreck verwandelt, und der Teu-

---

[1] [Die Szene ereignet sich im III. Akt, wo Götz von einem Trompeter aufgefordert wird, sich zu ergeben. In der späteren Bühnenfassung des Werkes wurden Worte und Geste abgeschwächt.]

fel ist doch gewiß nichts anderes als die Personifikation des verdrängten unbewußten Trieblebens[1]. Bekannt ist ferner der Aberglaube, der die Auffindung von Schätzen mit der Defäkation zusammenbringt, und jedermann vertraut ist die Figur des »Dukatenscheißers«. Ja, schon in der altbabylonischen Lehre ist Gold der Kot der Hölle, *Mammon = ilu manman*[2]. Wenn also die Neurose dem Sprachgebrauche folgt, so nimmt sie hier wie anderwärts die Worte in ihrem ursprünglichen, bedeutungsvollen Sinne, und wo sie ein Wort bildlich darzustellen scheint, stellt sie in der Regel nur die alte Bedeutung des Wortes wieder her[3].

Es ist möglich, daß der Gegensatz zwischen dem Wertvollsten, das der Mensch kennengelernt hat, und dem Wertlosesten, das er als Abfall (*»refuse«*) von sich wirft, zu dieser bedingten Identifizierung von Gold und Kot geführt hat.

Im Denken der Neurose kommt dieser Gleichstellung wohl noch ein anderer Umstand zu Hilfe. Das ursprünglich erotische Interesse an der Defäkation ist, wie wir ja wissen, zum Erlöschen in reiferen Jahren bestimmt; in diesen Jahren tritt das Interesse am Gelde als ein neues auf, welches der Kindheit noch gefehlt hat; dadurch wird es erleichtert, daß die frühere Strebung, die ihr Ziel zu verlieren im Begriffe ist, auf das neu auftauchende Ziel übergeleitet werde.

Wenn den hier behaupteten Beziehungen zwischen der Analerotik und jener Trias von Charaktereigenschaften etwas Tatsächliches zugrunde liegt, so wird man keine besondere Ausprägung des »Analcharakters« bei Personen erwarten dürfen, die sich die erogene Eignung der Analzone für das reife Leben bewahrt haben, wie z. B. gewisse Homosexuelle. Wenn ich nicht sehr irre, befindet sich die Erfahrung zumeist in guter Übereinstimmung mit diesem Schlusse.

Man müßte überhaupt in Erwägung ziehen, ob nicht auch andere Charakterkomplexe ihre Zugehörigkeit zu den Erregungen von bestimmten erogenen Zonen erkennen lassen. Ich kenne bis jetzt nur noch den un-

---

[1] Vgl. die hysterische Besessenheit und die dämonischen Epidemien. [Freud erörtert diese Erscheinungen ziemlich ausführlich in ›Eine Teufelsneurose im siebzehnten Jahrhundert‹ (1923 *d*, s. unten, S. 298 ff.).]

[2] Jeremias, *Das Alte Testament im Lichte des alten Orients* [1904 *a*], 2. Aufl., 1906, S. 216, und *Babylonisches im Neuen Testament*, 1905, S. 96, »*Mamon (Mammon)* ist babylonisch *man-man*, ein Beiname Nergals, des Gottes der Unterwelt. Das Gold ist nach orientalischem Mythus, der in die Sagen und Märchen der Völker übergegangen ist, Dreck der Hölle; siehe *Monotheistische Strömungen innerhalb der babylonischen Religion* [1904 *b*], S. 16, Anm. 1.«

[3] [Über das Vorkommen derartiger Assoziationen in Träumen s. eine Passage, die 1909 der *Traumdeutung* (1900 *a*, *Studienausgabe*, Bd. 2, S. 396 f.) beigefügt wurde.]

mäßigen »brennenden« Ehrgeiz der einstigen Enuretiker[1]. Für die Bildung des endgültigen Charakters aus den konstitutiven Trieben läßt sich allerdings eine Formel angeben: Die bleibenden Charakterzüge sind entweder unveränderte Fortsetzungen der ursprünglichen Triebe, Sublimierungen derselben oder Reaktionsbildungen gegen dieselben[2].

[1] [Die Verknüpfung zwischen Urethralerotik und Ehrgeiz scheint hier erstmals erwähnt zu sein. Viel später, nämlich in einer langen Fußnote zum III. Kapitel von *Das Unbehagen in der Kultur* (1930 *a; Studienausgabe*, Bd. 9, S. 221, Anm.), brachte Freud diesen Fund in Zusammenhang mit seinen beiden anderen wichtigen Gedankengängen zur Enuresis: ihrer symbolischen Assoziation mit Feuer und ihrer Bedeutung als kindliches Masturbationsäquivalent. S. auch die noch spätere Arbeit ›Zur Gewinnung des Feuers‹ (1932 *a*).]

[2] [Über ›Charakter‹ und den Mechanismus der Charakterbildung gibt es nur wenige Äußerungen Freuds. Davon sind zu erwähnen eine Passage gegen Ende der *Drei Abhandlungen* (1905 *d; Studienausgabe,* Bd. 5, S. 140–41), einige Bemerkungen in ›Die Disposition zur Zwangsneurose‹ (1913 *i*, unten, S. 115 f.), die spätere Arbeit über Analerotik (1917 *c*, unten, S. 125 ff.) und die Schrift ›Über libidinöse Typen‹ (1931 *a; Studienausgabe,* Bd. 5, S. 269 ff.). Von besonderem Interesse ist auch eine Erörterung in der ersten Hälfte von Kapitel III in *Das Ich und das Es* (1923 *b*; ibid., Bd. 3, S. 296–98), deren Hauptgedanken in der 32. Vorlesung der *Neuen Folge der Vorlesungen* (1933 *a*) wiederholt werden.]

Bemerkungen über einen Fall von Zwangsneurose

(1909)

EDITORISCHE VORBEMERKUNG

Deutsche Ausgaben:

1909 *Jb. psychoanalyt. psychopath. Forsch.*, Bd. 1 (2), 357–421.
1913 *S. K. S. N.*, Bd. 3, 123–97. (1921, 2. Aufl.)
1924 *G. S.*, Bd. 8, 267–351.
1932 *Vier Krankengeschichten*, 284–376.
1941 *G. W.*, Bd. 7, 379–463.

Diese Krankengeschichte, der Fall des »Rattenmannes«, ist die inhaltsreichste und berühmteste Studie eines Zwangsneurotikers, die Freud veröffentlicht hat. Die Behandlung begann am 1. Oktober 1907. Ernest Jones teilt mit, daß Freud vor der Wiener Psychoanalytischen Vereinigung mehrfach über den Fortgang der Therapie berichtete (s. Jones, 1962*a*, Bd. 2, S. 60 und S. 312–18; s. auch Federn, 1948) und auf dem Ersten Internationalen Psychoanalytischen Kongreß in Salzburg im April 1908 darüber einen mehr als vierstündigen Vortrag hielt. Die Behandlung war damals jedoch noch keineswegs beendet, denn sie dauerte, wie Freud uns (unten, S. 57) wissen läßt, fast ein Jahr. Im Sommer 1909 bereitete er die Fallgeschichte für die Veröffentlichung vor, wozu er einen Monat benötigte; Anfang Juli sandte er das Manuskript zur Setzerei.

Freud hatte während seines ganzen Lebens die Gewohnheit, sobald eine Arbeit im Druck erschienen war, alles Material, auf dem die Veröffentlichung beruhte, zu vernichten. So ist es eine merkwürdige und unerklärte Ausnahme, daß seine Originalnotizen zu annähernd dem ersten Drittel der Behandlung des »Rattenmannes«, die er sich täglich nach jeder Behandlungsstunde machte, erhalten geblieben sind. (Ein wesentlicher Teil dieser Aufzeichnungen wurde erstmals in englischer Übersetzung in Bd. 10 der *Standard Edition* von Freuds Werken veröffentlicht. S. Freud, 1955*a*. Der deutsche Originaltext wird in dem in Vorbereitung befindlichen Ergänzungsband zu den *Gesammelten Werken* erscheinen.[1]) Die Notizen enthalten eine beträchtliche Menge zusätzlicher Einzelheiten, die in der veröffentlichten Fassung nicht mitgeteilt sind, und dieses Material wurde für den editorischen Kommentar der vorliegenden Ausgabe herangezogen, wo immer es geeignet erschien, einige der besonderen Schwierigkeiten des Falles zu erhellen.

---

[1] *Zusatz 1989*: Der *G. W.*-Nachtragsband ist 1987 erschienen; die Originalnotizen darin S. 505–69.

Um dem Leser beim Verfolgen der sich in der Behandlung entfaltenden Rekonstruktion der Lebensgeschichte eine Hilfe an die Hand zu geben, wird hier der Versuch gemacht, die gelegentlich schwankenden Daten, anhand der Originalnotizen wie der veröffentlichten Falldarstellung, in einer Liste chronologisch zu ordnen.

Lebensgeschichtliche Daten

1878		Geburtsjahr des Patienten.
1881	(Lebensalter: 3 J.)	Wut auf den Vater.
1882 1883	(4 J.) (5 J.)	Szene mit Fräulein Peter. Tod einer älteren Schwester.
1884	(6 J.)	Erektionen. Vorstellung, die Eltern könnten seine Gedanken lesen.
1885	(7 J.)	Szene mit Fräulein Lina. Schuß auf den Bruder.
1886	(8 J.)	Schuleintritt. Lernt seine »Dame« (als Kind) kennen.
1890	(12 J.)	Verliebt sich in ein kleines Mädchen. Zwanghafte Beschäftigung mit dem Tod des Vaters.
1892 1893	(14 J.) (15 J.)	Abschluß der religiösen Phase.
1894 1895	(16 J.) (17 J.)	Gelegentliche Onanie.
1898	(20 J.)	Verliebt sich in seine Dame. Zwanghafte Beschäftigung mit dem Tod des Vaters. Selbstmord des älteren Mädchens, das der Patient abgewiesen hatte.
1899	(21 J.)	Operation der Dame. Tod des Vaters. Beginn der Onanie.
1900	(22 J.)	Eid gegen Onanie. – (Dez.) Die Dame weist seine Werbung ab.
1901	(23 J.)	Erkrankung der Großmutter seiner Dame. Rückkehr zur Onanie.
1902	(24 J.)	(Mai) Tod der Tante und Ausbruch der Zwangsneurose.
1903	(25 J.)	Heiratsplan. Verschlimmerung der Zwangsneurose. Zweite Abweisung durch die Dame. Sommerferien im Badeort. Selbstmordideen.
1904	(26 J.)	Erster Geschlechtsverkehr.
1906	(28 J.)	Abwehrschutzformeln aus Anfangsbuchstaben.
1907	(29 J.)	(Aug.) Waffenübung. – (Okt.) Beginn der Analyse.

[EINLEITUNG]

Die nachstehenden Blätter werden zweierlei enthalten: erstens fragmentarische Mitteilungen aus der Krankheitsgeschichte eines Falles von Zwangsneurose, welcher nach seiner Dauer, seinen Schädigungsfolgen und nach subjektiver Wertung zu den ziemlich schweren gezählt werden konnte und dessen Behandlung durch etwa ein Jahr zunächst die völlige Herstellung der Persönlichkeit und die Aufhebung ihrer Hemmungen erzielte. Zweitens aber in Anknüpfung an diesen und in Anlehnung an andere, früher analysierte Fälle einzelne aphoristische Angaben über die Genese und den feineren Mechanismus der seelischen Zwangsvorgänge, durch welche meine im Jahre 1896 veröffentlichten ersten Darstellungen weitergeführt werden sollen[1].

Eine derartige Inhaltsangabe scheint mir selbst einer Rechtfertigung bedürftig, damit man nicht etwa glaube, ich hielte diese Art und Weise der Mitteilung für untadelhaft und nachahmenswert, während ich in Wirklichkeit nur Hemmungen äußerlicher und inhaltlicher Natur Rechnung trage und gerne mehr gegeben hätte, wenn ich nur dürfte und könnte. Die vollständige Behandlungsgeschichte kann ich nämlich nicht mitteilen, weil sie ein Eingehen auf die Lebensverhältnisse meines Patienten im einzelnen erfordern würde. Die belästigende Aufmerksamkeit einer Großstadt, die sich auf meine ärztliche Tätigkeit ganz besonders richtet, verbietet mir eine wahrheitsgetreue Darstellung; Entstellungen aber, mit denen man sich sonst zu behelfen pflegt, finde ich immer mehr unzweckmäßig und verwerflich. Sind sie geringfügig, so erfüllen sie den Zweck nicht, den Patienten vor indiskreter Neugierde zu schützen, und gehen sie weiter, so kosten sie zu große Opfer, indem sie das Verständnis der gerade an die kleinen Realien des Lebens geknüpften Zusammenhänge zerstören. Aus diesem letzteren Umstand ergibt sich dann der paradoxe Sachverhalt, daß man weit eher die intimsten Geheimnisse eines Patienten der Öffentlichkeit preisgeben darf, bei denen er doch unerkannt bleibt, als die harmlosesten und banalsten

[1] ›Weitere Bemerkungen über die Abwehr-Neuropsychosen‹ (1896 *b*). (II. ›Wesen und Mechanismus der Zwangsneurose‹.)

Bestimmungen seiner Person, mit denen er allen bekannt ist und die ihn für alle kenntlich machen würden[1].

Entschuldige ich so die arge Verkürzung der Kranken- und Behandlungsgeschichte, so steht mir für die Beschränkung auf einzelne Ergebnisse aus der psychoanalytischen Untersuchung der Zwangsneurose eine noch triftigere Aufklärung zu Gebote. Ich bekenne, daß es mir bisher noch nicht gelungen ist, das komplizierte Gefüge eines *schweren* Falles von Zwangsneurose restlos zu durchschauen, und daß ich es nicht zustande brächte, diese analytisch erkannte oder geahnte Struktur durch die Auflagerungen der Behandlung hindurch anderen in der Wiedergabe der Analyse sichtbar zu machen. Es sind die Widerstände der Kranken und die Formen von deren Äußerung, welche letztere Aufgabe so sehr erschweren; aber man muß sagen, daß das Verständnis einer Zwangsneurose an und für sich nichts Leichtes ist, viel schwerer als das eines Falles von Hysterie. Eigentlich sollte man das Gegenteil erwarten. Die Mittel, durch welche die Zwangsneurose ihre geheimen Gedanken zum Ausdruck bringt, die Sprache der Zwangsneurose ist gleichsam nur ein Dialekt der hysterischen Sprache, aber ein Dialekt, in welchen uns die Einfühlung leichter gelingen müßte, weil er dem Ausdrucke unseres bewußten Denkens verwandter ist als der hysterische. Er enthält vor allem nicht jenen Sprung aus dem Seelischen in die somatische Innervation – die hysterische Konversion –, den wir mit unserem Begreifen doch niemals mitmachen können.

Vielleicht trägt auch nur unsere geringere Vertrautheit mit der Zwangsneurose die Schuld daran, daß die Wirklichkeit jene Erwartung nicht bestätigt. Die Zwangsneurotiker schweren Kalibers stellen sich der analytischen Behandlung weit seltener als die Hysteriker. Sie dissimulieren auch im Leben ihre Zustände, solange es angeht, und kommen zum Arzt häufig erst in so vorgeschrittenen Stadien des Leidens, wie sie bei der Lungentuberkulose z. B. die Aufnahme in eine Heilstätte ausschließen würden. Ich ziehe aber diesen Vergleich heran, weil wir bei den leichten und den schweren, aber frühzeitig bekämpften Fällen der Zwangsneurose, ganz ähnlich wie bei jener chronischen Infektionskrankheit, auf eine Reihe glänzender Heilerfolge hinweisen können.

Unter solchen Umständen bleibt nichts anderes möglich, als die Dinge so unvollkommen und so unvollständig mitzuteilen, wie man sie weiß

---

1 [In einer der Ausgabe von 1924 beigefügten Anm. zur Krankengeschichte der »Dora« (1905 *e*, *Studienausgabe*, Bd. 6, S. 93) stellt Freud ausdrücklich fest, daß die Veröffentlichung der vorliegenden Falldarstellung mit Zustimmung des Patienten erfolgte.]

und weitersagen darf. Die hier gebotenen, mühselig genug zutage geförderten Brocken von Erkenntnis mögen an sich wenig befriedigend wirken, aber die Arbeit anderer Untersucher mag an sie anschließen, und der gemeinsamen Bemühung kann die Leistung gelingen, die für den einzelnen vielleicht zu schwer ist.

I
AUS DER KRANKENGESCHICHTE

Ein jüngerer Mann von akademischer Bildung führt sich mit der Angabe ein, er leide an Zwangsvorstellungen schon seit seiner Kindheit, besonders stark aber seit vier Jahren. Hauptinhalt seines Leidens seien *Befürchtungen,* daß zwei Personen, die er sehr liebe, etwas geschehen werde, dem Vater und einer Dame, die er verehre. Außerdem verspüre er *Zwangsimpulse,* wie z. B. sich mit einem Rasiermesser den Hals abzuschneiden, und produziere *Verbote,* die sich auch auf gleichgültige Dinge beziehen. Er habe durch den Kampf gegen seine Ideen Jahre verloren und sei darum im Leben zurückgeblieben. Von den versuchten Kuren habe ihm nichts genützt als eine Wasserbehandlung in einer Anstalt bei **; diese aber wohl nur darum, weil er dort eine Bekanntschaft machte, die zu regelmäßigem Sexualverkehr führte. Hier habe er keine solche Gelegenheit, verkehre selten und in unregelmäßigen Intervallen. Vor Prostituierten empfinde er Ekel. Sein Sexualleben sei überhaupt kümmerlich gewesen, Onanie habe nur eine geringe Rolle gespielt, im 16. oder 17. Jahre. Seine Potenz sei normal; erster Koitus mit 26 Jahren.

Er macht den Eindruck eines klaren, scharfsinnigen Kopfes. Von mir befragt, was ihn veranlasse, die Auskünfte über sein Sexualleben in den Vordergrund zu rücken, antwortet er, das sei dasjenige, was er von meinen Lehren wisse. Er habe sonst nichts von meinen Schriften gelesen, aber vor kurzem beim Blättern in einem Buche von mir die Aufklärung sonderbarer Wortverknüpfungen gefunden [1], die ihn so sehr an seine eigenen »Denkarbeiten« mit seinen Ideen gemahnt hätten, daß er beschlossen habe, sich mir anzuvertrauen.

A. DIE EINLEITUNG DER BEHANDLUNG

Nachdem ich ihn am nächsten Tage auf die einzige Bedingung der Kur verpflichtet, alles zu sagen, was ihm durch den Kopf gehe, auch wenn es ihm *unangenehm* sei, auch wenn es ihm *unwichtig, nicht dazuge-*

[1] *Zur Psychopathologie des Alltagslebens* (1901 *b*).

hörig oder *unsinnig* erscheine, und ihm freigestellt, mit welchem Thema er seine Mitteilungen eröffnen wolle, beginnt er wie folgt[1]:
Er habe einen Freund, den er außerordentlich hochstelle. Zu dem gehe er immer, wenn ihn ein verbrecherischer Impuls plage, und frage ihn, ob er ihn als Verbrecher verachte. Der Freund halte ihn aufrecht, indem er ihm versichere, daß er ein tadelloser Mensch sei, der sich wahrscheinlich von Jugend auf gewöhnt habe, sein Leben unter solchen Gesichtspunkten zu betrachten. Einen ähnlichen Einfluß habe früher einmal ein anderer auf ihn geübt, ein Student, der 19 Jahre alt war, während er 14 oder 15 Jahre war, der Gefallen an ihm fand und sein Selbstgefühl außerordentlich hob, so daß er sich als Genie vorkommen durfte. Dieser Student wurde später sein Hauslehrer und änderte dann plötzlich sein Benehmen, indem er ihn zum Trottel herabsetzte. Er merkte endlich, daß jener sich für eine seiner Schwestern interessierte und sich mit ihm nur eingelassen habe, um Zutritt ins Haus zu gewinnen. Es war dies die erste große Erschütterung seines Lebens.
Er fährt dann wie unvermittelt fort:

B. DIE INFANTILE SEXUALITÄT

»Mein Sexualleben hat sehr früh begonnen. Ich erinnere mich einer Szene aus meinem 4. bis 5. Jahre (vom 6. Jahre an ist meine Erinnerung überhaupt vollständig), die mir Jahre später klar aufgetaucht ist. Wir hatten eine sehr schöne, junge Gouvernante, Fräulein Peter[2]. Die lag eines Abends leicht bekleidet auf dem Sofa und las; ich lag neben ihr

[1] Redigiert nach der Niederschrift am Abend des Behandlungstages in möglichster Anlehnung an die erinnerten Reden des Patienten. – Ich kann nur davor warnen, die Zeit der Behandlung selbst zur Fixierung des Gehörten zu verwenden. Die Ablenkung der Aufmerksamkeit des Arztes bringt dem Kranken mehr Schaden, als durch den Gewinn an Reproduktionstreue in der Krankengeschichte entschuldigt werden kann.

[2] Der frühere Analytiker Dr. Alfred Adler gedachte einmal in einem privaten Vortrag der besonderen Bedeutung, welche den *allerersten* Mitteilungen der Patienten zukommt. Hier ein Beleg dafür. Die einleitenden Worte des Patienten betonen den Einfluß, den Männer auf ihn ausüben, die Rolle der homosexuellen Objektwahl in seinem Leben, und lassen gleich darauf ein zweites Motiv anklingen, welches später bedeutsam hervortreten wird, den Konflikt und Interessengegensatz zwischen Mann und Weib. Auch daß er die erste schöne Gouvernante mit ihrem Familiennamen erinnert, welcher zufällig einem männlichen Vornamen gleicht, ist in diesen Zusammenhang aufzunehmen. In Wiener Bürgerkreisen pflegt man eine Gouvernante häufiger bei ihrem Vornamen zu nennen und behält eher diesen im Gedächtnis. [In der ursprünglichen Fassung von 1909 lauteten die ersten Worte dieser Fußnote: »Mein Kollege Dr. Alfred Adler ...« Die gegenwärtige Form stammt von 1913.]

und bat sie um die Erlaubnis, unter ihre Röcke zu kriechen. Sie erlaubte es, wenn ich niemand etwas davon sagen würde. Sie hatte wenig an, und ich betastete sie an den Genitalien und am Leibe, der mir kurios vorkam. Seitdem blieb mir eine brennende, peinigende Neugierde, den weiblichen Körper zu sehen. Ich weiß noch, mit welcher Spannung ich im Bade, wohin ich noch mit dem Fräulein und den Schwestern gehen durfte, darauf wartete, bis das Fräulein ausgekleidet ins Wasser stieg. An mehr erinnere ich mich vom 6. Jahre an. Wir hatten dann ein anderes Fräulein, auch jung und schön, die Abszesse am Gesäß hatte, welche sie abends auszudrücken pflegte. Ich lauerte auf diesen Moment, um meine Neugierde zu stillen. Ebenso im Bade, obwohl Fräulein Lina zurückhaltender war als die erste.« (Auf eine Zwischenfrage: »Ich schlief nicht regelmäßig in ihrem Zimmer, meist bei den Eltern.) Ich erinnere eine Szene, bei der ich 7 Jahre gewesen sein muß[1]. Wir saßen am Abend, das Fräulein, die Köchin, ein anderes Mädchen, ich und mein um 1½ Jahre jüngerer Bruder, beisammen. Ich vernahm plötzlich aus dem Gespräch der Mädchen, wie Fräulein Lina sagte: Mit dem Kleinen könne man das schon machen, aber der Paul (ich) sei zu ungeschickt, er werde gewiß danebenfahren. Ich verstand nicht klar, was gemeint war, verstand aber die Zurücksetzung und begann zu weinen. Lina tröstete mich und erzählte mir, daß ein Mädchen, welches etwas Derartiges mit einem ihr anvertrauten Buben gemacht hatte, für mehrere Monate eingesperrt worden sei. Ich glaube nicht, daß sie etwas Unrechtes mit mir angestellt hat, aber ich nahm mir viel Freiheiten gegen sie heraus. Wenn ich zu ihr ins Bett kam, deckte ich sie auf und rührte sie an, was sie sich ruhig gefallen ließ. Sie war nicht sehr intelligent und offenbar geschlechtlich sehr bedürftig. 23 Jahre alt, hatte sie schon ein Kind gehabt, dessen Vater sie später heiratete, so daß sie heute Frau Hofrat heißt. Ich sehe sie noch oft auf der Straße.«

»Ich habe schon mit 6 Jahren an Erektionen gelitten und weiß, daß ich einmal zur Mutter ging, um mich darüber zu beklagen. Ich weiß auch, daß ich dabei Bedenken zu überwinden hatte, denn ich ahnte den Zusammenhang mit meinen Vorstellungen und meiner Neugierde und hatte damals eine Zeitlang die krankhafte Idee, *die Eltern wüßten meine Gedanken, was ich mir so erklärte, daß ich sie ausgesprochen, ohne es aber selbst zu hören.* Ich sehe hierin den Beginn meiner Krankheit. Es gab Personen, Mädchen, die mir sehr gefielen und die ich mir

[1] Er gibt später die Wahrscheinlichkeit zu, daß diese Szene 1 bis 2 Jahre später vorfiel.

dringendst *nackt zu sehen* wünschte. Ich hatte aber bei diesen Wünschen *ein unheimliches Gefühl, als müßte etwas geschehen, wenn ich das dächte, und ich müßte allerlei tun, um es zu verhindern.«*
(Als Probe dieser Befürchtungen gibt er auf Befragen an: »Z. B. *mein Vater würde sterben.«)* »Gedanken an den Tod des Vaters haben mich frühzeitig und durch lange Zeit beschäftigt und sehr traurig gestimmt.«
Ich vernehme bei dieser Gelegenheit mit Erstaunen, daß sein Vater, um den sich doch seine heutigen Zwangsbefürchtungen kümmern [s. S. 38], schon vor mehreren Jahren gestorben ist.

Was unser Patient in der ersten Stunde der Behandlung aus seinem 6. oder 7. Jahre schildert, ist nicht nur, wie er meint, der Beginn der Krankheit, sondern bereits die Krankheit selbst. Eine vollständige Zwangsneurose, der kein wesentliches Element mehr abgeht, zugleich der Kern und das Vorbild des späteren Leidens, der Elementarorganismus gleichsam, dessen Studium allein uns das Verhältnis der komplizierten Organisation der heutigen Erkrankung vermitteln kann. Wir sehen das Kind unter der Herrschaft einer sexuellen Triebkomponente, der Schaulust, deren Ergebnis der mit großer Intensität immer wieder von neuem auftretende Wunsch ist, weibliche Personen, die ihm gefallen, nackt zu sehen. Dieser Wunsch entspricht der späteren Zwangsidee; wenn er den Zwangscharakter noch nicht hat, so kommt dies daher, daß das Ich sich noch nicht in vollen Widerspruch zu ihm gesetzt hat, ihn nicht als fremd verspürt, doch regt sich bereits von irgendwoher ein Widerspruch gegen diesen Wunsch, denn ein peinlicher Affekt begleitet regelmäßig das Auftauchen desselben [1]. Ein Konflikt ist offenbar in dem Seelenleben des kleinen Lüsternen vorhanden; neben dem Zwangswunsch steht eine Zwangsbefürchtung innig an den Wunsch geknüpft: sooft er so etwas denkt, muß er fürchten, es werde etwas Schreckliches geschehen. Dies Schreckliche kleidet sich bereits in eine charakteristische Unbestimmtheit, die fortan in den Äußerungen der Neurose niemals fehlen wird. Doch ist es beim Kinde nicht schwer, das durch solche Unbestimmtheit Verhüllte aufzufinden. Kann man für irgend eine der verschwommenen Allgemeinheiten der Zwangsneurose ein Beispiel erfahren, so sei man sicher, dies Beispiel ist das Ursprüngliche und Eigentliche selbst, das durch die Verallgemeinerung versteckt werden sollte. Die Zwangsbefürchtung lautete also, ihrem Sinne nach wieder-

[1] Es sei daran erinnert, daß man den Versuch gemacht hat, Zwangsvorstellungen ohne Rücksicht auf die Affektivität zu erklären!

hergestellt: »Wenn ich den Wunsch habe, eine Frau nackt zu sehen, muß mein Vater sterben.« Der peinliche Affekt nimmt deutlich die Färbung des Unheimlichen, Abergläubischen an und gibt bereits Impulsen den Ursprung, etwas zur Abwendung des Unheiles zu tun, wie sie sich in den späteren *Schutzmaßregeln* durchsetzen werden.

Also: ein erotischer Trieb und eine Auflehnung gegen ihn, ein (noch nicht zwanghafter) Wunsch und eine (bereits zwanghafte) ihr widerstrebende Befürchtung, ein peinlicher Affekt und ein Drang zu Abwehrhandlungen; das Inventar der Neurose ist vollzählig. Ja, es ist noch etwas anderes vorhanden, eine Art von *Delir*-[1] oder *Wahnbildung* sonderbaren Inhalts: die Eltern wüßten seine Gedanken, weil er sie ausspreche, ohne sie selbst zu hören. Wir werden kaum irregehen, wenn wir in diesem kindlichen Erklärungsversuch eine Ahnung jener merkwürdigen seelischen Vorgänge vernehmen, die wir unbewußte heißen und deren wir zur wissenschaftlichen Aufhellung des dunklen Sachverhaltes nicht entraten können. »Ich spreche meine Gedanken aus, ohne sie zu hören«, klingt wie eine Projektion nach außen unserer eigenen Annahme, daß er Gedanken hat, ohne etwas von ihnen zu wissen, wie eine endopsychische Wahrnehmung des Verdrängten.

Wir erkennen es nämlich klar: Diese infantile Elementarneurose hat bereits ihr Problem und ihre scheinbare Absurdität wie jede komplizierte Neurose eines Erwachsenen. Was soll es heißen, daß der Vater sterben muß, wenn im Kinde jener lüsterne Wunsch rege wird? Ist das barer Unsinn, oder gibt es Wege, diesen Satz zu verstehen, ihn als notwendiges Ergebnis früherer Vorgänge und Voraussetzungen zu erfassen?

Wenn wir anderswo gewonnene Einsichten auf diesen Fall von Kinderneurose anwenden, so müssen wir vermuten, daß auch hier, also vor dem 6. Jahre, traumatische Erlebnisse, Konflikte und Verdrängungen vorgefallen sind, die selbst der Amnesie verfielen, aber als Residuum diesen Inhalt der Zwangsbefürchtung zurückgelassen haben. Wir werden späterhin erfahren, wieweit es uns möglich ist, diese vergessenen Erlebnisse wiederaufzufinden oder mit einiger Sicherheit zu konstruieren. Unterdes wollen wir noch als ein wahrscheinlich nicht gleichgültiges Zusammentreffen betonen, daß die Kindheitsamnesie unseres Patienten gerade mit dem 6. Jahre ihr Ende erreicht [s. S. 39].

Einen derartigen Beginn einer chronischen Zwangsneurose in der frühen

[1] [»Delir« wird hier und andernorts in dieser Arbeit in dem unten, auf S. 84, erläuterten speziellen Sinn gebraucht.]

Kindheit mit solch lüsternen Wünschen, an die unheimliche Erwartungen und Neigung zu Abwehrhandlungen geknüpft sind, kenne ich von mehreren anderen Fällen. Er ist absolut typisch, wenn auch wahrscheinlich nicht der einzig mögliche Typus. Noch ein Wort über die sexuellen Früherlebnisse des Patienten, ehe wir zum Inhalte der zweiten Sitzung übergehen. Man wird sich kaum sträuben, sie als besonders reichhaltig und wirkungsvoll zu bezeichnen. So ist es aber auch in den andern Fällen von Zwangsneurose, die ich analysieren konnte. Der Charakter der vorzeitigen sexuellen Aktivität wird im Gegensatze zur Hysterie hier niemals vermißt. Die Zwangsneurose läßt viel deutlicher als die Hysterie erkennen, daß die Momente, welche die Psychoneurose formen, nicht im aktuellen, sondern im infantilen Sexualleben zu suchen sind. Das gegenwärtige Sexualleben der Zwangsneurotiker kann dem oberflächlichen Erforscher oft völlig normal erscheinen; es bietet häufig weit weniger pathogene Momente und Abnormitäten als gerade bei unserem Patienten.

C. DIE GROSSE ZWANGSBEFÜRCHTUNG

»Ich denke, heute will ich mit dem Erlebnisse beginnen, welches der direkte Anlaß für mich war, Sie aufzusuchen. Es war im August während der Waffenübung in ***. Ich war vorher elend und hatte mich mit allerlei Zwangsgedanken gequält, die aber während der Übung bald zurücktraten. Es hat mich interessiert, den Berufsoffizieren zu zeigen, daß man nicht nur etwas gelernt hat, sondern auch etwas aushalten kann. Eines Tages machten wir einen kleinen Marsch von ** aus. Auf der Rast verlor ich meinen Zwicker, und obwohl ich ihn leicht hätte finden können, wollte ich doch den Aufbruch nicht verzögern und verzichtete auf ihn, telegraphierte aber an meinen Optiker nach Wien, er solle mir umgehend einen Ersatz schicken. Auf derselben Rast nahm ich Platz zwischen zwei Offizieren, von denen einer, ein Hauptmann mit tschechischem Namen, für mich bedeutungsvoll werden sollte. Ich hatte eine gewisse Angst vor dem Manne, *denn er liebte offenbar das Grausame*. Ich will nicht behaupten, daß er schlecht war, aber er war während der Offiziersmenage wiederholt für die Einführung der Prügelstrafe eingetreten, so daß ich ihm energisch hatte widersprechen müssen. Auf dieser Rast nun kamen wir ins Gespräch, und der Hauptmann erzählte, daß er von einer besonders schrecklichen Strafe im Orient gelesen habe...«

Hier unterbricht er sich, steht auf und bittet mich, ihm die Schilderung der Details zu erlassen. Ich versichere ihm, daß ich selbst gar keine Neigung zur Grausamkeit habe, ihn gewiß nicht gerne quälen wolle, daß ich ihm natürlich aber nichts schenken könne, worüber ich keine Verfügung habe. Ebensogut könne er mich bitten, ihm zwei Kometen zu schenken. Die Überwindung von Widerständen sei ein Gebot der Kur, über das wir uns unmöglich hinwegsetzen könnten. (Den Begriff »Widerstand« hatte ich ihm zu Anfang dieser Stunde vorgetragen, als er sagte, er habe vieles in sich zu überwinden, wenn er sein Erlebnis mitteilen solle.) Ich fuhr fort: Was ich aber tun könnte, um etwas von ihm Angedeutetes voll zu erraten, das solle geschehen. Ob er etwa die Pfählung meine? – Nein, das nicht, sondern der Verurteilte werde angebunden – (er drückte sich so undeutlich aus, daß ich nicht sogleich erraten konnte, in welcher Stellung) –, über sein Gesäß ein Topf gestülpt, in diesen dann *Ratten* eingelassen, die sich – er war wieder aufgestanden und gab alle Zeichen des Grausens und Widerstandes von sich – *einbohrten.* In den After, durfte ich ergänzen.

Bei allen wichtigeren Momenten der Erzählung merkt man an ihm einen sehr sonderbar zusammengesetzten Gesichtsausdruck, den ich nur als *Grausen vor seiner ihm selbst unbekannten Lust* auflösen kann. Er fährt mit allen Schwierigkeiten fort: »In dem Momente durchzuckte mich die *Vorstellung, daß dies mit einer mir teuren Person geschehe.*«[1] Auf direktes Befragen gibt er an, daß nicht etwa er selbst diese Strafe vollziehe, sondern daß sie unpersönlich an ihr vollzogen werde. Nach kurzem Raten weiß ich, daß es die von ihm verehrte Dame war, auf die sich jene »Vorstellung« bezog.

Er unterbricht die Erzählung, um mir zu versichern, wie fremd und feindselig sich diese Gedanken ihm gegenüberstellen und mit welch außerordentlicher Raschheit alles in ihm abläuft, was sich weiter an sie knüpft. Mit der Idee gleichzeitig ist auch stets die »Sanktion« da, d. h. die Abwehrmaßregel, der er folgen muß, damit sich eine solche Phantasie nicht erfülle. Als der Hauptmann von jener gräßlichen Strafe sprach und jene Ideen in ihm aufstiegen, gelang es ihm, sich *beider* noch mit seinen gewöhnlichen Formeln zu erwehren, mit einem »aber«, das von einer wegwerfenden Handbewegung begleitet ist, und mit der Rede »Was fällt dir denn ein«. [Vgl. S. 85.]

---

[1] Er sagt: Vorstellung; die stärkere und wichtigere Bezeichnung *Wunsch* respektive *Befürchtung* ist offenbar durch Zensur gedeckt. Die eigentümliche Unbestimmtheit aller seiner Reden kann ich leider nicht wiedergeben.

Der Plural machte mich stutzig, so wie er auch dem Leser unverständlich geblieben sein wird. Wir haben ja bisher nur von der einen Idee gehört, daß an der Dame die Rattenstrafe vollzogen werde. Nun muß er zugestehen, daß gleichzeitig die andere Idee in ihm auftauchte, die Strafe treffe auch seinen Vater. Da sein Vater vor vielen Jahren gestorben ist, diese Zwangsbefürchtung also noch viel unsinniger ist als die erste, versuchte sie sich noch eine Weile vor dem Eingeständnis zu bergen.
Am nächsten Abend überreichte ihm derselbe Hauptmann ein mit der Post angelangtes Paket und sagte: »Der Oberleutnant A.[1] hat die Nachnahme für dich ausgelegt. Du mußt sie ihm zurückgeben.« In dem Paket befand sich der telegraphisch bestellte Zwicker. In dem Moment aber gestaltete sich ihm eine »Sanktion«: *Nicht das Geld zurückgeben*, sonst geschieht das (d. h. die Phantasie von den Ratten verwirkliche sich an Vater und Dame). Und nach einem ihm bekannten Typus erhob sich sofort zur Bekämpfung dieser Sanktion ein Gebot wie ein Eidschwur: *»Du mußt dem Oberleutnant A. die Kronen 3.80 zurückgeben«*, was er beinahe halblaut vor sich hinsagte.
Zwei Tage später hatte die Waffenübung ihr Ende gefunden. Die Zeit bis dahin füllte er mit Bemühungen aus, dem Oberleutnant A. die kleine Summe zurückzustellen, wogegen sich immer mehr Schwierigkeiten anscheinend *objektiver* Natur erhoben. Zunächst versuchte er die Zahlung durch einen andern Offizier zu leisten, der zur Post ging, war aber sehr froh, als dieser ihm das Geld mit der Erklärung zurückbrachte, er habe den Oberleutnant A. nicht auf der Post angetroffen, denn dieser Modus der Eiderfüllung befriedigte ihn nicht, weil er dem Wortlaute: »*Du* mußt dem Oberleutnant A. das Geld zurückgeben«, nicht entsprach. Endlich traf er die gesuchte Person A., die aber das Geld mit dem Bemerken zurückwies, sie habe nichts für ihn ausgelegt, sie habe überhaupt nicht die Post, sondern Oberleutnant B. Er war nun sehr betroffen, daß er seinen Eid nicht halten könne, weil dessen Voraussetzung falsch sei, und klügelte sich sehr sonderbare Auskünfte aus: Er werde mit beiden Herren A. und B. zur Post gehen, dort werde A. dem Postfräulein Kronen 3.80 geben, das Postfräulein diese dem B., und er werde nach dem Wortlaute des Eides dann dem A. die Kronen 3.80 zurückgeben.
Ich werde mich nicht verwundern, wenn das Verständnis der Leser an dieser Stelle versagt, denn auch die ausführliche Darstellung, die mir der Patient von den äußeren Vorgängen dieser Tage und seiner Reak-

[1] Die Namen sind hier fast indifferent.

tionen auf sie gab, litt an inneren Widersprüchen und klang heillos verworren. Erst bei einer dritten Erzählung gelang es, ihn zur Einsicht in diese Unklarheiten zu bringen und die Erinnerungstäuschungen und Verschiebungen bloßzulegen, in die er sich begeben hatte. Ich erspare mir die Wiedergabe dieser Details, von denen wir das Wesentliche bald nachholen können, und bemerke noch, daß er sich am Ende dieser zweiten Sitzung wie betäubt und verworren benahm. Er sprach mich wiederholt »Herr Hauptmann« an, wahrscheinlich, weil ich zu Eingang der Stunde bemerkt hatte, ich sei selbst kein Grausamer wie der Hauptmann M. und habe nicht die Absicht, ihn unnötigerweise zu quälen.
Ich erhielt von ihm in dieser Stunde nur noch die Aufklärung, daß er von Anfang an, auch bei allen früheren Befürchtungen, daß seinen Lieben etwas geschehen werde, diese Strafen nicht allein in die Zeitlichkeit, sondern auch in die Ewigkeit, ins Jenseits verlegt habe. Er war bis zum 14. oder 15. Jahre sehr gewissenhaft religiös gewesen, von wo an er sich bis zu seinem heutigen Freidenkertum entwickelt hatte. Er gleiche den Widerspruch aus, indem er sich sage: »Was weißt du vom Leben im Jenseits? Was wissen die anderen davon? Man kann ja doch nichts wissen, du riskierst ja nichts, also tu's.« Diese Schlußweise hält der sonst so scharfsinnige Mann für einwandfrei und nutzt die Unsicherheit der Vernunft in dieser Frage solcherart zugunsten der überwundenen frommen Weltanschauung aus.

In der dritten Sitzung beendigt er die sehr charakteristische Erzählung seiner Bemühungen, den Zwangseid zu erfüllen: Am Abende fand die letzte Zusammenkunft der Offiziere vor dem Schlusse der Waffenübung statt. Ihm fiel es zu, für den Toast auf »die Herren von der Reserve« zu danken. Er sprach gut, aber wie im Schlafwandel, denn im Hintergrunde plagte ihn immer sein Eid. Die Nacht war entsetzlich; Argumente und Gegenargumente bekämpften einander; Hauptargument war natürlich, daß die Voraussetzung seines Eides, Oberleutnant A. habe das Geld für ihn gezahlt, ja nicht zuträfe. Aber er tröstete sich damit, daß es ja noch nicht vorüber sei, da A. den morgigen Ritt zur Bahnstation P.[1] bis zu einer gewissen Stelle mitmachen werde, so daß er Zeit haben werde, ihn um die Gefälligkeit anzusprechen[2]. Er tat es nun

[1] [Aus Freuds Originalnotizen (1955*a*) geht hervor, daß es sich um die Stadt Przemysl handelte.]
[2] [Es mag das Verständnis dieses Absatzes erleichtern, wenn der Leser die kleine Lageskizze auf S. 77 heranzieht.]

nicht, ließ A. abschwenken, gab aber doch seinem Burschen den Auftrag, ihm seinen Besuch auf den Nachmittag anzukündigen. Er selbst gelangte um 1/210 Uhr vormittags zum Bahnhofe, legte sein Gepäck ab, machte in der kleinen Stadt allerlei Besorgungen und nahm sich vor, darauf den Besuch bei A. zu machen. Das Dorf, in dem A. stationiert war, lag etwa eine Stunde mit dem Wagen von der Stadt P. entfernt. Die Eisenbahnfahrt nach dem Orte [Z.], wo sich das Postamt befand, hätte drei Stunden betragen; so meinte er, es würde noch gerade gelingen, nach Ausführung seines komplizierten Planes den von P. nach Wien abgehenden Abendzug zu erreichen. Die Ideen, die sich bekämpften, lauteten einerseits: es sei doch eine Feigheit von ihm, er wolle sich offenbar nur die Unbequemlichkeit ersparen, von A. dieses Opfer zu verlangen und vor ihm als Narr dazustehen, und setze sich deshalb über seinen Eid hinweg; anderseits: es sei im Gegenteile eine Feigheit, wenn er den Eid ausführe, da er sich dadurch nur Ruhe vor den Zwangsvorstellungen schaffen wolle. Wenn in einer Überlegung die Argumente einander so die Waage hielten, so lasse er sich gewöhnlich von zufälligen Ereignissen wie von Gottesurteilen treiben. Darum sagte er: Ja, als ein Gepäckträger ihn auf dem Bahnhofe fragte: Zum Zug um 10 Uhr, Herr Leutnant?, fuhr um 10 Uhr ab und hatte so ein *fait accompli* geschaffen, das ihn sehr erleichterte. Beim Kondukteur des Speisewagens nahm er noch eine Marke für die Table d'hôte. In der ersten Station fiel ihm plötzlich ein, jetzt könne er noch aussteigen, den Gegenzug abwarten, mit diesem nach P. und an den Ort, wo Oberleutnant A. sich aufhielt, fahren, mit ihm dann die dreistündige Bahnfahrt zum Postamt machen usf. Nur die Rücksicht auf die Zusage, die er dem Kellner gegeben, hielt ihn von der Ausführung dieser Absicht ab; er gab sie aber nicht auf, sondern verschob das Aussteigen auf eine spätere Station. So schlug er sich von Station zu Station durch, bis er zu einer gelangte, in welcher ihm das Aussteigen unmöglich erschien, weil er dort Verwandte hatte, und er beschloß, nach Wien durchzufahren, dort seinen Freund aufzusuchen, ihm die Sache vorzutragen und nach dessen Entscheidung noch mit dem Nachtzug nach P. zurückzufahren. Meinem Zweifel, ob das zusammengegangen wäre, begegnet er mit der Versicherung, er hätte zwischen der Ankunft des einen und der Abfahrt des anderen Zuges eine halbe Stunde frei gehabt. In Wien angelangt, traf er den Freund aber nicht in dem Gasthause, wo er ihn zu treffen erwartet hatte, kam erst um 11 Uhr abends in die Wohnung seines Freundes und trug ihm noch in der Nacht seine Sache vor. Der Freund schlug die Hände zusammen, daß er noch immer zweifeln könne, ob es eine Zwangsvorstellung gewesen sei, beruhigte ihn für diese Nacht, so daß er ausgezeichnet schlief, und ging mit ihm am nächsten Vormittag zur Post, um die Kronen 3.80 – an die Adresse des Postamtes [Z.], woselbst das Zwickerpaket angekommen war, aufzugeben.

Letztere Mitteilung gab mir den Anhaltspunkt, die Entstellungen seiner Erzählung zu entwirren. Wenn er, durch den Freund zur Besinnung gebracht, die kleine Summe nicht an Oberleutnant A. und nicht an Oberleutnant B., sondern ans Postamt direkt absandte, so mußte er ja wissen und schon bei seiner Abreise gewußt haben, daß er *niemand anderem als dem Postbeamten* die Nachnahmegebühr schuldig geblieben sei. Es ergab sich wirklich, daß er dies schon vor der Aufforderung des Hauptmanns und vor seinem Eide gewußt hatte, denn er erinnerte sich jetzt, daß er einige Stunden *vor* der Begegnung mit dem grausamen Hauptmanne Gelegenheit hatte, sich einem andern Hauptmann vorzustellen, der ihm den richtigen Sachverhalt mitgeteilt hatte. Dieser Offizier erzählte ihm, als er seinen Namen hörte, er sei vor kurzem auf dem Postamt gewesen und vom *Postfräulein* befragt worden, ob er einen Leutnant H. (eben unseren Patienten) kenne, für den ein Paket mit Nachnahme angekommen sei. Er erwiderte verneinend, aber das Fräulein meinte, sie habe Zutrauen zu dem unbekannten Leutnant und werde unterdes die Gebühr selbst erlegen. Auf diese Weise kam unser Patient in den Besitz des von ihm bestellten Zwickers. Der grausame Hauptmann beging einen Irrtum, als er bei der Einhändigung des Pakets mahnte, die Kronen 3.80 dem A. zurückzugeben. Unser Patient mußte wissen, daß dies ein Irrtum sei. Trotzdem leistete er den auf diesen Irrtum gegründeten Schwur, der ihm zur Qual werden mußte. Die Episode des andern Hauptmannes und die Existenz des vertrauensvollen Postfräuleins hatte er dabei sich und in der Wiedergabe auch mir unterschlagen. Ich gebe zu, daß sein Benehmen nach dieser Richtigstellung noch unsinniger und unverständlicher wird als vorher.

Nachdem er seinen Freund verlassen hatte und zu seiner Familie zurückgekehrt war, befielen ihn die Zweifel von neuem. Die Argumente seines Freundes seien ja keine anderen gewesen als seine eigenen, und er täuschte sich nicht darüber, daß die zeitweilige Beruhigung nur auf den persönlichen Einfluß des Freundes zurückzuführen war. Der Entschluß, einen Arzt aufzusuchen, wurde auf folgende geschickte Art in das Delir verwoben. Er werde sich von einem Arzte ein Zeugnis ausstellen lassen, daß er eines solchen Aktes, wie er ihn mit Oberleutnant A. ausgedacht, zu seiner Herstellung bedürfe, und dieser werde sich durch das Zeugnis gewiß bewegen lassen, die Kronen 3.80 von ihm anzunehmen. Der Zufall, der ihm gerade damals ein Buch von mir in die Hand spielte, lenkte seine Wahl auf mich. Bei mir war aber von jenem Zeugnis nicht die Rede, er forderte sehr verständig nur die Befreiung von seinen Zwangsvorstellungen. Viele Monate später tauchte auf der Höhe des Widerstandes wieder einmal die Versuchung auf, doch nach P. zu fahren, den Oberleutnant A. aufzusuchen und mit ihm die Komödie des Geldzurückgebens aufzuführen.

D. DIE EINFÜHRUNG INS VERSTÄNDNIS DER KUR

Man erwarte nicht, so bald zu hören, was ich zur Aufhellung dieser sonderbar unsinnigen Zwangsvorstellungen (von den Ratten) vorzubringen habe; die richtige psychoanalytische Technik heißt den Arzt seine Neugierde unterdrücken und läßt dem Patienten die freie Verfügung über die Reihenfolge der Themata in der Arbeit. Ich empfing also den Patienten in der vierten Sitzung mit der Frage: »Wie werden Sie nun fortfahren?«

»Ich habe mich entschlossen, Ihnen mitzuteilen, was ich für sehr bedeutsam halte und was mich von Anbeginn an quält.« Er erzählt nun sehr breit die Krankengeschichte seines Vaters, der vor 9 Jahren an Emphysem verstarb. Eines Abends fragte er in der Meinung, es sei ein krisenhafter Zustand, den Arzt, wann die Gefahr als beseitigt gelten könnte. Die Antwort lautete: Übermorgen abends. Es kam ihm nicht in den Sinn, daß der Vater diesen Termin nicht erleben könnte. Er legte sich um 1/212 Uhr nachts für eine Stunde zu Bette, und als er um 1 Uhr erwachte, hörte er von einem ärztlichen Freunde, der Vater sei gestorben. Er machte sich den Vorwurf, daß er beim Tode nicht zugegen gewesen sei, der sich verstärkte, als ihm die Pflegerin mitteilte, der Vater habe in den letzten Tagen einmal seinen Namen genannt und an sie, als sie zu ihm trat, die Frage gerichtet: »Sind Sie der Paul?« Er glaubte bemerkt zu haben, daß die Mutter und die Schwestern sich ähnliche Vorwürfe machen wollten; sie sprachen aber nicht darüber. Der Vorwurf war aber zunächst kein quälender; er realisierte lange Zeit die Tatsache seines Todes nicht; es passierte ihm immer wieder, daß er sich, wenn er einen guten Witz gehört hatte, sagte: »Das muß ich dem Vater erzählen.« Auch spielte seine Phantasie mit dem Vater, so daß er häufig, wenn es an die Türe klopfte, meinte: »Jetzt kommt der Vater«, wenn er ein Zimmer betrat, erwartete, den Vater darin zu finden, und wiewohl er die Tatsache seines Todes nie vergaß, hatte die Erwartung solcher Geistererscheinung nichts Schreckhaftes, sondern etwas höchst Erwünschtes für ihn. Erst 1½ Jahre später erwachte die Erinnerung an sein Versäumnis und begann ihn entsetzlich zu quälen, so daß er sich als Verbrecher behandelte. Veranlassung war der Tod einer angeheirateten Tante und sein Besuch im Trauerhause. Von da an fügte er seinem Gedankengebäude die Fortsetzung ins Jenseits an. Schwere Arbeitsunfähigkeit war die nächste Folge dieses Anfalles [1]. Da er erzählt, nur die Tröstungen seines Freundes hätten ihn damals aufrechtgehalten, der diese Vorwürfe immer als arg übertrieben zurückgewiesen, bediene ich mich dieses Anlasses, um ihm den ersten Einblick in die Voraussetzungen der psychoanalytischen Therapie zu geben. Wenn eine Mesalliance zwischen Vorstellungsinhalt und Affekt, also zwischen Größe des Vorwurfs und Anlaß des Vorwurfs vorliegt, so würde der Laie sagen, der Affekt sei zu groß für den Anlaß, also übertrieben, die aus dem Vorwurfe gezogene Folgerung, ein Verbrecher zu sein, sei also falsch. Der Arzt sagt im Gegenteile: Nein, der Affekt ist berechtigt, das Schuldbewußtsein ist nicht weiter zu kritisieren, aber es gehört zu einem andern Inhalte, der nicht bekannt *(unbewußt)* ist und der erst gesucht werden muß. Der bekannte Vorstellungsinhalt ist nur durch falsche Verknüpfung an diese Stelle geraten. Wir sind aber nicht gewohnt, starke Affekte ohne Vorstellungsinhalt in uns zu verspüren, und nehmen daher bei fehlendem Inhalt einen irgendwie passenden anderen als Surrogat auf, etwa wie unsere Polizei, wenn sie den richtigen Mörder nicht erwischen kann, einen unrechten an seiner Stelle verhaftet. Die Tatsache der falschen Verknüpfung erklärt auch allein die Ohnmacht der logischen Arbeit gegen die peinigende Vorstellung. Ich schließe dann mit dem Zugeständnisse, daß sich aus dieser neuen Auffassung zunächst große Rätsel ableiten, denn wie solle er seinem Vorwurf, ein Verbrecher gegen den Vater zu sein, recht geben, wenn er doch wissen müsse, daß er eigentlich nie etwas Verbrecherisches gegen ihn begangen habe.

---

[1] Ein Verständnis dieser Einwirkung ergibt sich später aus der genaueren Beschreibung des Anlasses. Der verwitwete Onkel hatte jammernd ausgerufen: »Andere Männer vergönnen sich alles mögliche, und ich habe nur für diese Frau gelebt!« Unser Patient nahm an, der Onkel spiele auf den Vater an und verdächtige dessen eheliche Treue, und obwohl der Onkel diese Deutung seiner Worte aufs entschiedenste bestritt, war deren Wirkung nicht mehr aufzuheben.

Er zeigt dann in der nächsten Sitzung großes Interesse für meine Darlegungen, gestattet sich aber einige Zweifel vorzubringen: Wie eigentlich die Mitteilung, daß der Vorwurf, das Schuldbewußtsein, recht habe, heilend wirken könne? – Nicht diese Mitteilung hat die Wirkung, sondern die Auffindung des unbekannten Inhaltes, zu dem der Vorwurf gehört. – Ja, gerade darauf beziehe sich seine Frage. – Ich erläutere meine kurzen Angaben über die psychologischen *Unterschiede des Bewußten vom Unbewußten,* über die Usur, der alles Bewußte unterliegt, während das Unbewußte relativ unveränderlich ist, durch einen Hinweis auf die in meinem Zimmer aufgestellten Antiquitäten. Es seien eigentlich nur Grabfunde, die Verschüttung habe für sie die Erhaltung bedeutet. Pompeji gehe erst jetzt zugrunde, seitdem es aufgedeckt sei. – Ob es eine Garantie gebe, fragt er weiter, wie man sich gegen das Gefundene verhalten werde. Der eine, meint er, wohl so, daß er dann den Vorwurf überwinde, der andere aber nicht. – Nein, es liege in der Natur der Verhältnisse, daß der Affekt dann jedesmal meist schon während der Arbeit überwunden werde. Pompeji bestrebe man sich eben zu erhalten, solche peinigende Ideen wolle man durchaus loswerden. – Er habe sich gesagt, ein Vorwurf kann ja nur durch Verletzung der eigensten persönlichen Sittengesetze, nicht der äußerlichen, entstehen. (Ich bestätige, wer bloß die verletzt, fühle sich ja oft als Held.) Ein solcher Vorgang sei also nur möglich bei einem *Zerfalle der Persönlichkeit,* der von Anfang an gegeben sei. Ob er die Einheit der Persönlichkeit wiedergewinnen werde? In diesem Falle getraue er sich vieles zu leisten, vielleicht mehr als andere. – Ich darauf: Ich sei mit dieser Spaltung der Persönlichkeit durchaus einverstanden, er möge diesen neuen Gegensatz zwischen der sittlichen Person und dem Bösen nur mit dem vorigen, dem Gegensatze zwischen Bewußtem und Unbewußtem, zusammenlöten. Die sittliche Person sei das Bewußte, das Böse unbewußt[1]. – Er könne sich erinnern, daß er, obwohl er sich für eine sittliche Person halte, doch ganz bestimmt in seiner *Kindheit* Dinge getan habe, die von der andern Person ausgegangen seien. – Ich meine, er habe da so nebenbei einen Hauptcharakter des Unbewußten entdeckt, die Beziehung zum *Infantilen.* Das Unbewußte sei das Infantile, und zwar jenes Stück der Person, das sich damals von ihr abgesondert, die weitere Entwicklung nicht mitgemacht habe und darum *verdrängt* worden sei. Die Abkömmlinge dieses verdrängten Unbewußten seien die Elemente, welche

[1] Das ist alles zwar nur im gröbsten richtig, reicht aber zur Einführung zunächst hin.

das unwillkürliche Denken unterhalten, in dem sein Leiden bestehe. Er könne jetzt noch einen Charakter des Unbewußten entdecken; das wolle ich ihm gerne überlassen. – Er findet direkt nichts Weiteres, dafür äußert er den Zweifel, ob so lange bestehende Veränderungen rückgängig zu machen seien. Was wolle man speziell gegen die Idee vom Jenseits tun, die doch logisch nicht widerlegt werden könne? – Ich bestreite die Schwere seines Falles und die Bedeutung seiner Konstruktionen nicht, aber sein Alter sei ein sehr günstiges, und günstig sei auch die Intaktheit seiner Persönlichkeit, wobei ich ein anerkennendes Urteil über ihn ausspreche, das ihn sichtlich erfreut.

In der nächsten Sitzung beginnt er, er müsse etwas Tatsächliches aus seiner Kindheit erzählen. Nach 7 Jahren hatte er, wie schon erzählt [S. 40], die Angst, daß die Eltern seine Gedanken erraten, die ihm eigentlich durch das weitere Leben verblieben sei. Mit 12 Jahren liebte er ein kleines Mädchen, Schwester eines Freundes (auf Befragen: nicht sinnlich, er wollte sie nicht nackt sehen, sie war zu klein), die aber mit ihm nicht so zärtlich war, wie er es wünschte. Und da kam ihm die Idee, daß sie liebevoll mit ihm sein würde, wenn ihn ein Unglück träfe; als solches drängte sich ihm der Tod des Vaters auf. Er wies diese Idee sofort energisch zurück, wehrt sich auch jetzt gegen die Möglichkeit, es könne sich ein »Wunsch« so geäußert haben. Es war eben nur eine »Denkverbindung« [1]. – Ich wende ein: wenn es kein Wunsch war, wozu das Sträuben? – Ja, nur wegen des Inhaltes der Vorstellung, daß der Vater sterben könne. – Ich: Er behandle diesen Wortlaut wie den einer Majestätsbeleidigung, wobei es bekanntlich ebenso bestraft wird, wenn jemand sagt: »Der Kaiser ist ein Esel«, wie wenn er diese verpönten Worte einkleidet: »Wenn jemand sagt..., so hat er es mit mir zu tun.« Ich könnte ihm ohne weiteres den Vorstellungsinhalt, gegen den er sich so sträubte, in einen Zusammenhang bringen, der dies Sträuben ausschließen würde; z. B.: »Wenn mein Vater stirbt, töte ich mich auf seinem Grabe.« – Er ist erschüttert, ohne seinen Widerspruch aufzugeben, so daß ich den Streit mit der Bemerkung abbreche, die Idee vom Tode des Vaters sei ja in diesem Falle nicht zum ersten Male aufgetreten, sie stamme offenbar von früher her, und wir würden ihrer Herkunft einmal nachspüren müssen. – Er erzählt weiter, ein zweites Mal sei ihm ein ganz ähnlicher Gedanke blitzähnlich ein halbes Jahr vor dem Tode

[1] Mit solchen Wortabschwächungen gibt sich nicht allein der Zwangsneurotiker zufrieden.

des Vaters gekommen. Er war bereits in jene Dame verliebt[1], konnte aber wegen materieller Hindernisse nicht an eine Verbindung denken. Da habe die Idee gelautet: *Durch den Tod des Vaters werde er vielleicht so reich werden, daß er sie heiraten könne.* In seiner Abwehr ging er dann so weit, daß er wünschte, der Vater solle gar nichts hinterlassen, damit kein Gewinn diesen für ihn entsetzlichen Verlust kompensiere. Ein drittes Mal kam dieselbe Idee, aber sehr gemildert, am Tage vor dem Tode des Vaters. Er dachte: »Ich kann jetzt mein Liebstes verlieren«, und dagegen kam der Widerspruch: »Nein, es gibt noch eine andere Person, deren Verlust dir noch schmerzlicher wäre.«[2] Er verwundere sich sehr über diese Gedanken, da er ja ganz sicher sei, der Tod des Vaters könne nie Gegenstand seines Wunsches gewesen sein, immer nur eine Befürchtung. – Nach dieser mit voller Stärke ausgesprochenen Rede halte ich es für zweckmäßig, ihm ein neues Stückchen der Theorie vorzuführen. Die Theorie behaupte, daß solche Angst einem ehemaligen, nun verdrängten *Wunsch* entspreche, so daß man das gerade Gegenteil von seiner Beteuerung annehmen müsse. Es stimmt dies auch zur Forderung, daß das Unbewußte der kontradiktorische Gegensatz des Bewußten sein solle. Er ist sehr bewegt, sehr ungläubig und wundert sich, wie dieser Wunsch bei ihm möglich gewesen sein solle, wenn ihm der Vater doch der liebste aller Menschen war. Es leide keinen Zweifel, daß er auf jedes persöhnliche Glück verzichtet hätte, wenn er dadurch des Vaters Leben hätte retten können. Ich antworte, gerade diese intensive Liebe sei die Bedingung des verdrängten Hasses. Bei indifferenten Personen werde es ihm gewiß leicht gelingen, die Motive zu einer mäßigen Neigung und ebensolchen Abneigung nebeneinanderzuhalten, etwa wenn er Beamter sei und von seinem Bureauchef denke, er sei ein angenehmer Vorgesetzter, aber ein kleinlicher Jurist und inhumaner Richter. Ähnlich sage doch Brutus über Cäsar bei Shakespeare ([*Julius Cäsar*] III, 2): »Weil Cäsar mich liebte, wein' ich um ihn; weil er glücklich war, freue ich mich; weil er tapfer war, ehr' ich ihn; aber weil er herrschsüchtig war, erschlug ich ihn.« Und diese Rede wirke bereits befremdend, weil wir uns des Brutus Affektion für Cäsar intensiver vorgestellt haben. Bei einer Person, die ihm näherstehe, seiner Frau etwa, werde er das Bestreben nach einer einheitlichen Empfindung haben und darum, wie allgemein menschlich, ihre Fehler, die seine Ab-

[1] Vor zehn Jahren.

[2] Ein Gegensatz zwischen den beiden geliebten Personen, Vater und »Dame«, ist hier unverkennbar angezeigt.

neigung hervorrufen könnten, vernachlässigen, wie verblendet übersehen. Also gerade die große Liebe lasse es nicht zu, daß der Haß (karikiert so bezeichnet), der wohl irgendeine Quelle haben müsse, bewußt bleibe. Ein Problem sei es allerdings, woher dieser Haß stamme; seine Aussagen deuteten selbst auf die Zeit hin, in welcher er gefürchtet, daß die Eltern seine Gedanken erraten. Anderseits könne man auch fragen, warum die große Liebe nicht den Haß habe auslöschen können, wie man es so von gegensätzlichen Regungen gewohnt sei. Man könne nur annehmen, daß der Haß doch mit einer Quelle, einem Anlaß in einer Verbindung stehe, die ihn unzerstörbar mache. Also einerseits schütze ein solcher Zusammenhang den Haß gegen den Vater vor dem Untergange, anderseits hindere die große Liebe ihn am Bewußtwerden, so daß ihm eben nur die Existenz im Unbewußten übrigbleibe, aus der er sich doch in einzelnen Momenten blitzähnlich vordrängen könne.

Er gibt zu, daß dies alles ganz plausibel anzuhören ist, hat aber natürlich keine Spur von Überzeugung[1]. Er möchte sich die Frage erlauben, wie es zugehe, daß eine solche Idee Pausen machen könne, mit 12 Jahren für einen Moment komme, dann mit 20 Jahren wieder und zwei Jahre später von neuem, um von da an anzuhalten. Er könne doch nicht glauben, daß inzwischen die Feindseligkeit erloschen gewesen sei, und doch habe sich in den Pausen nichts von Vorwürfen gezeigt. Ich darauf: Wenn jemand so eine Frage stellt, so hat er auch schon die Antwort bereit. Man braucht ihn nur weitersprechen zu lassen. Er setzt nun in anscheinend lockerem Zusammenhange fort: Er sei der beste Freund des Vaters gewesen, wie dieser seiner; bis auf wenige Gebiete, auf denen Vater und Sohn einander auszuweichen pflegen (was meint er wohl?), sei die Intimität zwischen ihnen größer gewesen als jetzt mit seinem besten Freunde. Jene Dame, um deren wegen er den Vater in der Idee zurückgesetzt, habe er zwar sehr geliebt, aber eigentlich sinnliche Wünsche, wie sie seine Kindheit erfüllten, hätten sich in bezug auf sie nie geregt; seine sinnlichen Regungen seien in der Kindheit überhaupt viel stärker gewesen als zur Zeit der Pubertät. – Ich meine nun, er habe jetzt die Antwort gegeben, auf die wir warteten, und gleichzeitig den dritten großen Charakter des Unbewußten aufgefunden [vgl. S. 52]. Die

[1] Es ist niemals die Absicht solcher Diskussionen, Überzeugung hervorzurufen. Sie sollen nur die verdrängten Komplexe ins Bewußtsein einführen, den Streit um sie auf dem Boden bewußter Seelentätigkeit anfachen und das Auftauchen neuen Materials aus dem Unbewußten erleichtern. Die Überzeugung stellt sich erst nach der Bearbeitung des wiedergewonnenen Materials durch den Kranken her, und solange sie schwankend ist, darf man das Material als nicht erschöpft beurteilen.

Quelle, aus welcher die Feindseligkeit gegen den Vater ihre Unzerstörbarkeit beziehe, sei offenbar von der Natur *sinnlicher Begierden*, dabei habe er den Vater irgendwie als *störend* empfungen. Ein solcher Konflikt zwischen Sinnlichkeit und Kindesliebe sei ein durchaus typischer. Die Pausen habe es bei ihm gegeben, weil infolge der vorzeitigen Explosion seiner Sinnlichkeit zunächst eine so erhebliche Dämpfung derselben eingetreten sei. Erst als sich wieder intensive verliebte Wünsche bei ihm eingestellt hätten, sei diese Feindseligkeit aus der analogen Situation heraus wieder aufgetreten. Ich lasse mir übrigens von ihm bestätigen, daß ich ihn weder auf das infantile noch auf das sexuelle Thema gelenkt habe, sondern daß er selbständig auf beide gekommen sei. – Er fragt nun weiter, warum er nicht zur Zeit der Verliebtheit in die Dame einfach bei sich die Entscheidung gefällt, die Störung dieser Liebe durch den Vater könne gegen seine Liebe zum Vater nicht in Betracht kommen. – Ich antwortete: Es ist schwer möglich, jemand *in absentia* zu erschlagen. Um jene Entscheidung zu ermöglichen, hätte ihm der beanständete Wunsch damals zum ersten Male kommen müssen; es war aber ein *altverdrängter*, gegen den er sich nicht anders benehmen konnte als vorher und der darum der Vernichtung entzogen blieb. Der Wunsch (den Vater als Störer zu beseitigen) müßte in Zeiten entstanden sein, in denen die Verhältnisse ganz anders lagen, etwa daß er den Vater damals nicht stärker liebte als die sinnlich begehrte Person oder daß er einer klaren Entscheidung nicht fähig war, also in sehr früher Kindheit, vor 6 Jahren, ehe seine kontinuierliche Erinnerung einsetzte, und das sei eben für alle Zeiten so geblieben. – Mit dieser Konstruktion schließt die Erörterung vorläufig ab. [Vgl. S. 71.]

In der nächsten, der siebenten Sitzung, greift er dasselbe Thema wieder auf. Er könne nicht glauben, daß er je den Wunsch gegen den Vater gehabt habe. Er erinnere sich einer Novelle [*Geschwister*] von Sudermann, die ihm einen tiefen Eindruck gemacht, in welcher eine Schwester am Krankenbette der andern diesen Todeswunsch gegen sie verspüre, um deren Mann heiraten zu können. Sie töte sich dann, weil sie nach solcher Gemeinheit nicht verdiene zu leben. Er verstehe das, und es sei ihm ganz recht, wenn er an seinen Gedanken zugrunde gehe, denn er verdiene es nicht anders[1]. Ich bemerke, es sei uns wohlbekannt, daß

[1] Dies Schuldbewußtsein enthält den offenbarsten Widerspruch gegen sein anfängliches *Nein*, er habe den bösen Wunsch gegen den Vater nie gehabt. Es ist ein häufiger Typus in der Reaktion gegen das bekanntgewordene Verdrängte, daß sich an das erste Nein

den Kranken ihr Leiden eine gewisse Befriedigung gewähre, so daß sie sich eigentlich alle partiell sträuben, gesund zu werden. Er möge nicht aus den Augen verlieren, daß eine Behandlung wie die unserige unter *beständigem Widerstande* vor sich gehe; ich werde ihn immer wieder daran erinnern.

Er will jetzt von einer verbrecherischen Handlung sprechen, in der er sich nicht erkenne, an die er sich aber ganz bestimmt erinnere. Er zitiert ein Wort von Nietzsche: »›*Das habe ich getan*‹, *sagt mein Gedächtnis*, ›*das kann ich nicht getan haben*‹ – *sagt mein Stolz und bleibt unerbittlich. Endlich – gibt das Gedächtnis nach.*«[1] »Darin hat also mein Gedächtnis nicht nachgegeben.« – »Eben weil Sie zur Selbstbestrafung aus Ihren Vorwürfen Lust ziehen.« – »Mit meinem jüngeren Bruder – ich bin ihm jetzt wirklich gut, er bereitet mir gerade große Sorge, indem er eine Heirat machen will, die ich für einen Unsinn halte; ich hab' schon die Idee gehabt, hinzureisen und die Person umzubringen, damit er sie nicht heiraten kann – habe ich als Kind viel gerauft. Daneben hatten wir einander sehr lieb und waren unzertrennlich, aber mich beherrschte offenbar Eifersucht, denn er war der stärkere, schönere und darum beliebtere.« – »Sie haben ja schon eine solche Eifersuchtsszene mit Fräulein Lina mitgeteilt [S. 40].« – »Also nach einer solchen Gelegenheit, gewiß vor 8 Jahren, denn ich ging noch nicht in die Schule, in die ich mit 8 Jahren gekommen bin, tat ich folgendes: Wir hatten Kindergewehre von der bekannten Konstruktion; ich lud meines mit dem Ladstock, sagte ihm, er solle in den Lauf hineinschauen, er werde etwas sehen, und als er hineinschaute, drückte ich los. Es traf ihn auf die Stirne und machte ihm nichts, aber es war meine Absicht gewesen, ihm sehr wehe zu tun. Ich war dann ganz außer mir, warf mich auf den Boden und fragte mich: Wie habe ich das nur tun können? – Aber ich habe es getan.« – Ich benutze die Gelegenheit, um für meine Sache zu plädieren. Wenn er eine solche, ihm so fremde Tat im Gedächtnis bewahrt habe, so könne er doch nicht die Möglichkeit in Abrede stellen, daß in noch früheren Jahren etwas Ähnliches, was er heute nicht mehr erinnere, gegen den Vater vorgekommen sei. – Er wisse noch von anderen Regungen der Rachsucht gegen jene Dame, die er so sehr verehre und von deren Charakter er eine begeisterte Schilderung gibt. Sie könne vielleicht nicht leicht lieben, sie spare sich ganz für den einen auf, dem sie

der Ablehnung alsbald die zunächst indirekte Bestätigung anschließt. [Vgl. Freuds sehr viel spätere Arbeit ›Die Verneinung‹ (1925*h*).]

[1] *Jenseits von Gut und Böse*, IV, 68.

einmal angehören werde; ihn liebe sie nicht. Als er dessen sicher wurde, gestaltete sich ihm eine bewußte Phantasie, er werde sehr reich werden, eine andere heiraten und dann mit ihr einen Besuch bei der Dame machen, um sie zu kränken. Aber da versagte ihm die Phantasie, denn er mußte sich eingestehen, daß ihm die andere, die Frau, ganz gleichgültig sei, seine Gedanken verwirrten sich, und am Ende wurde ihm klar, daß diese andere sterben solle. Auch in dieser Phantasie findet er, wie in dem Anschlag gegen den Bruder, den Charakter der *Feigheit*, der ihm so entsetzlich ist[1]. – Im weiteren Gespräche mit ihm mache ich geltend, daß er sich ja logischerweise für ganz unverantwortlich für alle diese Charakterzüge erklären müsse, denn all diese verwerflichen Regungen stammten aus dem Kinderleben, entsprächen den im Unbewußten fortlebenden Abkömmlingen des Kindercharakters, und er wisse doch, daß für das Kind die ethische Verantwortlichkeit nicht gelten könne. Aus der Summe der Anlagen des Kindes entstehe der ethisch verantwortliche Mensch erst im Laufe der Entwicklung[2]. Er bezweifelt aber, daß alle seine bösen Regungen von dieser Herkunft sind. Ich verspreche, es ihm im Laufe der Kur zu beweisen.
Er führt noch an, daß sich die Krankheit seit dem Tode des Vaters so enorm gesteigert hat, und ich gebe ihm insofern recht, als ich die Trauer um den Vater als Hauptquelle der Krankheitsintensität anerkenne. Die Trauer hat in der Krankheit gleichsam einen pathologischen Ausdruck gefunden. Während eine normale Trauer in 1 bis 2 Jahren ihren Ablauf erreicht, ist eine pathologische wie seine in ihrer Dauer unbegrenzt.

Soweit reicht, was ich aus dieser Krankengeschichte ausführlich und in der Reihenfolge erzählen kann. Es deckt sich ungefähr mit der Exposition der über 11 Monate verlaufenden Behandlung.

E. EINIGE ZWANGSVORSTELLUNGEN UND DEREN ÜBERSETZUNG

Zwangsvorstellungen erscheinen bekanntlich entweder unmotiviert oder unsinnig, ganz wie der Wortlaut unserer nächtlichen Träume, und die nächste Aufgabe, die sie stellen, geht dahin, ihnen Sinn und Halt im

[1] Was späterhin seine Erklärung finden soll [s. S. 72].
[2] Ich bringe diese Argumente nur vor, um mir wieder von neuem bestätigen zu lassen, wie ohnmächtig sie sind. Ich kann es nicht begreifen, wenn andere Psychotherapeuten berichten, daß sie mit solchen Waffen die Neurosen erfolgreich bekämpfen.

Seelenleben des Individuums zu geben, so daß sie verständlich, ja eigentlich selbstverständlich werden. Man lasse sich in dieser Aufgabe der Übersetzung niemals durch den Anschein der Unlösbarkeit beirren; die tollsten oder absonderlichsten Zwangsideen lassen sich durch gebührende Vertiefung lösen. Zu dieser Lösung gelangt man aber, wenn man die Zwangsideen in zeitlichen Zusammenhang mit dem Erleben des Patienten bringt, also indem man erforscht, wann die einzelne Zwangsidee zuerst aufgetreten ist und unter welchen äußeren Umständen sie sich zu wiederholen pflegt. Bei Zwangsideen, die es, wie so häufig, zu keiner Dauerexistenz gebracht haben, vereinfacht sich dementsprechend auch die Lösungsarbeit. Man kann sich leicht überzeugen, daß nach der Aufdeckung des Zusammenhanges der Zwangsidee mit dem Erleben des Kranken alles andere Rätselhafte und Wissenswerte an dem pathologischen Gebilde, seine Bedeutung, der Mechanismus seiner Entstehung, seine Abkunft von den maßgebenden psychischen Triebkräften, unserer Einsicht leicht zugänglich wird.

Ich beginne mit einem besonders durchsichtigen Beispiel des bei unserem Patienten so häufigen *Selbstmordimpulses*, welches sich in der Darstellung beinahe von selbst analysiert: Er verlor einige Wochen im Studium infolge der Abwesenheit seiner Dame, welche abgereist war, um ihre schwer erkrankte Großmutter zu pflegen. Mitten im eifrigsten Studium fiel ihm da ein: »Das Gebot, sich den ersten möglichen Prüfungstermin im Semester zu nehmen, könne man sich ja gefallen lassen. Wie aber, wenn dir das Gebot käme, dir den Hals mit dem Rasiermesser abzuschneiden?« Er merkte sofort, daß dieses Gebot bereits erflossen war, eilte zum Schrank, um das Rasiermesser zu holen, da fiel ihm ein: »Nein, so einfach ist das nicht. Du mußt[1] hinreisen und die alte Frau umbringen.« Da fiel er vor Entsetzen auf den Boden.

Der Zusammenhang dieser Zwangsidee mit dem Leben ist hier im Eingange des Berichtes enthalten. Seine Dame war abwesend, während er angestrengt für eine Prüfung studierte, um die Verbindung mit ihr eher zu ermöglichen. Da überfiel ihn während des Studiums die Sehnsucht nach der Abwesenden und der Gedanke an den Grund ihrer Abwesenheit. Und nun kam etwas, was bei einem normalen Menschen etwa eine unmutige Regung gegen die Großmutter gewesen wäre: »Muß die alte Frau gerade jetzt krank werden, wo ich mich nach *ihr* so schrecklich sehne!« Etwas Ähnliches, aber weit Intensiveres muß man nun bei

---

[1] Ich ergänze hier: »vorher«.

unserem Patienten supponieren, einen unbewußten Wutanfall, der sich gleichzeitig mit der Sehnsucht in den Ausruf kleiden könnte: »Oh, ich möchte hinreisen und die alte Frau umbringen, die mich meiner Geliebten beraubt!« Darauf folgt das Gebot: »Bring dich selbst um, als Selbstbestrafung für solche Wut- und Mordgelüste«, und der ganze Vorgang tritt unter heftigstem Affekt *in umgekehrter Reihenfolge* – das Strafgebot voran, am Ende die Erwähnung des strafbaren Gelüstes – in das Bewußtsein des Zwangskranken. Ich glaube nicht, daß dieser Erklärungsversuch gezwungen erscheinen kann oder viel hypothetische Elemente aufgenommen hat.

Ein anderer, länger anhaltender Impuls zum gleichsam indirekten Selbstmord war nicht so leicht aufzuklären, weil er seine Beziehung zum Erleben hinter einer der äußerlichen Assoziationen, wie sie unserem Bewußtsein so sehr anstößig erscheinen, verbergen konnte. Eines Tages kam ihm im Sommeraufenthalte plötzlich die Idee, er sei zu dick, er müsse *abmagern.* Er begann nun, noch vor der Mehlspeise vom Tische aufzustehen, ohne Hut in der Sonnenglut des Augusts auf die Straße zu rennen und dann im Laufschritt auf die Berge zu steigen, bis er schweißüberströmt haltmachen mußte. Hinter dieser Abmagerungssucht kam auch die Selbstmordabsicht einmal unverhüllt zum Vorschein, als ihm auf einem scharfen Abhang plötzlich das Gebot laut wurde, da herunterzuspringen, was sicherer Tod gewesen wäre. Die Lösung dieses unsinnigen Zwangshandelns ergab sich unserem Patienten erst, als ihm plötzlich einfiel, zu jener Zeit sei auch die geliebte Dame in dem Sommeraufenthalte gewesen, aber in Begleitung eines englischen Vetters, der sich sehr um sie bemühte und auf den er sehr eifersüchtig war. Der Vetter hieß Richard und wurde, wie in England allgemein üblich, *Dick* genannt. Diesen Dick wollte er nun umbringen, er war auf ihn viel eifersüchtiger und wütender, als er sich eingestehen konnte, und darum legte er sich zur Selbstbestrafung die Pein jener Abmagerungskur auf. So verschieden dieser Zwangsimpuls auch vom vorigen direkten Selbstmordgebot zu sein scheint, ein bedeutsamer Zug ist den beiden gemeinsam, die Entstehung als Reaktion auf eine ungeheure, vom Bewußtsein nicht zu erfassende Wut gegen eine Person, die als Störerin der Liebe auftritt[1].

---

[1] Die Verwendung von Namen und Worten zur Herstellung der Verknüpfung zwischen den unbewußten Gedanken (Regungen, Phantasien) und den Symptomen geschieht bei der Zwangsneurose lange nicht so häufig und so rücksichtslos wie bei Hysterie. Doch habe ich gerade für den Namen Richard ein anderes Beispiel bei einem vor langer Zeit

Andere Zwangsvorstellungen, wiederum nach der Geliebten orientiert, lassen doch anderen Mechanismus und andere Triebabkunft erkennen. Zur Zeit der Anwesenheit seiner Dame in seinem Sommeraufenthalte produzierte er außer jener Abmagerungssucht eine ganze Reihe von Zwangstätigkeiten, die sich wenigstens teilweise direkt auf ihre Person bezogen. Als er einmal mit ihr auf einem Schiffe fuhr, während ein scharfer Wind ging, mußte er sie nötigen, seine Kappe aufzusetzen, weil sich bei ihm das Gebot gebildet hatte, *es dürfe ihr nichts geschehen*[1]. Es war eine Art von *Schutzzwang*, der auch andere Blüten trieb. Ein andermal stellte sich bei ihm während eines Zusammenseins im Gewitter der Zwang ein, zwischen Blitz und Donner bis 40 oder 50 *gezählt* zu haben, wofür ihm jedes Verständnis abging. Am Tage, als sie abreiste, stieß er mit dem Fuße gegen einen auf der Straße liegenden Stein und *mußte* ihn nun auf die Seite räumen, weil ihm die Idee kam, in einigen Stunden werde ihr Wagen auf derselben Straße fahren und vielleicht an diesem Stein zu Schaden kommen, aber einige Minuten später fiel ihm ein, das sei doch ein Unsinn, und er *mußte* nun zurückgehen und den Stein wieder an seine frühere Stelle mitten auf der Straße legen. Nach ihrer Abreise bemächtigte sich seiner ein *Verstehzwang*, der ihn allen den Seinigen unausstehlich machte. Er nötigte sich, jede Silbe, die irgend jemand zu ihm sprach, genau zu verstehen, als ob ihm sonst ein großer Schatz entginge. So fragte er immer: »Was hast du jetzt gesagt?« Und wenn man es ihm wiederholte, meinte er, es habe doch das erste Mal anders gelautet, und blieb unbefriedigt.

Alle diese Erzeugnisse der Krankheit hängen von einer Begebenheit ab, welche damals sein Verhältnis zur Geliebten dominierte. Als er sich vor dem Sommer von ihr in Wien verabschiedete, legte er eine ihrer Reden so aus, als ob sie ihn vor der anwesenden Gesellschaft verleugnen wollte, und war darüber sehr unglücklich. Im Sommeraufenthalte gab es Gelegenheit zur Aussprache, und da konnte die Dame ihm nachweisen, daß sie mit jenen von ihm mißverstandenen Worten ihn vielmehr vor Lächerlichkeit bewahren wollte. Er war nun wiederum sehr glücklich. Den deutlichsten Hinweis auf diesen Vorfall enthält der Verstehzwang, der so gebildet ist, als ob er sich gesagt hätte: »Nach dieser Erfahrung darfst du jetzt nie wieder jemanden mißverstehen, wenn du dir über-

---

analysierten Kranken in Erinnerung. Nach einem Zwiste mit seinem Bruder begann er zu grübeln, wie er sich seines Reichtums entledigen könne, er wolle nichts mehr mit Geld zu tun haben usf. Sein Bruder hieß Richard (*richard* im Französischen: ein *Reicher*).

[1] Zu ergänzen: »woran er schuld haben könnte«.

flüssige Pein ersparen willst.« Aber dieser Vorsatz ist nicht nur von dem einen Anlaß her verallgemeinert, er ist auch – vielleicht wegen der Abwesenheit der Geliebten – von ihrer hochgeschätzten Person auf alle anderen, minderwertigen Personen verschoben. Der Zwang kann auch nicht allein aus der Befriedigung über die von ihr empfangene Aufklärung hervorgegangen sein, er muß noch etwas anderes ausdrücken, denn er läuft ja in den unbefriedigenden Zweifel an der Wiedergabe des Gehörten aus.

Die anderen Zwangsgebote leiten auf die Spur dieses andern Elementes. Der Schutzzwang kann nichts anderes bedeuten als die Reaktion – Reue und Buße – gegen eine gegensätzliche, also feindselige Regung, die sich vor der Aufklärung gegen die Geliebte gerichtet hatte. Der Zählzwang beim Gewitter deutet sich durch das beigebrachte Material als eine Abwehrmaßregel gegen Befürchtungen, welche Lebensgefahr bedeuteten. Durch die Analysen der ersterwähnten Zwangsvorstellungen sind wir bereits darauf vorbereitet, die feindseligen Regungen unseres Patienten für besonders heftig, von der Art der sinnlosen Wut zu schätzen, und dann finden wir, daß diese Wut gegen die Dame auch nach der Versöhnung ihren Beitrag zu den Zwangsbildungen stellt. In der Zweifelsucht, ob er richtig gehört, ist der fortwirkende Zweifel dargestellt, ob er wohl diesmal die Geliebte richtig verstanden hat und ihre Worte mit Recht als Beweis ihrer zärtlichen Neigung auffassen darf. Der Zweifel des Verstehzwanges ist Zweifel an ihrer Liebe. Es tobt in unserem Verliebten ein Kampf zwischen Liebe und Haß, die der gleichen Person gelten, und dieser Kampf wird plastisch dargestellt in der zwanghaften, auch symbolisch bedeutsamen Handlung, den Stein von dem Wege, den sie befahren soll, wegzuräumen und dann diese Liebestat wieder rückgängig zu machen, den Stein wieder hinzulegen, wo er lag, damit ihr Wagen an ihm scheitere und sie zu Schaden komme. Wir verstehen diesen zweiten Teil der Zwangshandlung nicht richtig, wenn wir ihn nur als kritische Abwendung vom krankhaften Tun auffassen, wofür er sich selbst ausgeben möchte. Daß auch er sich unter der Empfindung des Zwanges vollzieht, verrät, daß er selbst ein Stück des krankhaften Tuns ist, welches aber von dem Gegensatz zum Motiv des ersten Stückes bedingt wird.

Solche zweizeitige Zwangshandlungen, deren erstes Tempo vom zweiten aufgehoben wird, sind ein typisches Vorkommnis bei der Zwangsneurose. Sie werden vom bewußten Denken des Kranken natürlich mißverstanden und mit einer sekundären Motivierung versehen –

rationalisiert[1]. Ihre wirkliche Bedeutung liegt aber in der Darstellung des Konfliktes zweier annähernd gleich großer gegensätzlicher Regungen, soviel ich bisher erfahren konnte, stets des Gegensatzes von Liebe und Haß. Sie beanspruchen ein besonderes theoretisches Interesse, weil sie einen neuen Typus der Symptombildung erkennen lassen. Anstatt, wie es bei Hysterie regelmäßig geschieht, ein Kompromiß zu finden, welches beiden Gegensätzen in einer Darstellung genügt, zwei Fliegen mit einem Schlag trifft[2], werden hier die beiden Gegensätze, jeder einzeln, befriedigt, zuerst der eine und dann der andere, natürlich nicht ohne daß der Versuch gemacht würde, zwischen den beiden einander feindseligen eine Art von logischer Verknüpfung – oft mit Beugung aller Logik – herzustellen[3].

Der Konflikt zwischen Liebe und Haß tat sich bei unserem Patienten auch durch andere Anzeichen kund. Zur Zeit seiner wiedererwachenden Frömmigkeit [s. S. 46] richtete er sich Gebete ein, die allmählich bis zu 1½ Stunden in Anspruch nahmen, weil sich ihm – ein umgekehrter Bileam[4] – in die frommen Formeln immer etwas einmengte, was sie ins Gegenteil verkehrte. Sagte er z. B. »*Gott schütze ihn*« – so gab der böse Geist schnell ein »*nicht*« dazu[5]. Einmal kam ihm dabei die Idee zu fluchen; da werde sich doch gewiß ein Widerspruch einschleichen; in diesem Einfalle brach sich die ursprüngliche, durch das Gebet verdrängte Intention Bahn. In solcher Bedrängnis fand er den Ausweg, die Gebete abzustellen und sie durch eine kurze Formel zu ersetzen, die aus den Anfangsbuchstaben oder Anfangssilben verschiedener Gebete zusammengebraut war. Diese sprach er dann so rasch aus, daß ihm nichts dazwischenfahren konnte. [Vgl. S. 85–6.]

---

[1] Vgl. Ernest Jones (1908).

[2] Vgl. ›Hysterische Phantasien und ihre Beziehung zur Bisexualität‹ (Freud, 1908*a*) [*Studienausgabe*, Bd. 6, S. 193–4].

[3] Ein anderer Zwangskranker berichtete mir einmal, er sei im Parke von Schönbrunn mit dem Fuße auf einen im Wege liegenden Ast gestoßen, den er nun in die den Weg begrenzende Hecke schleuderte. Auf dem Heimwege überkam ihn plötzlich die Sorge, in der neuen Lage könnte der jetzt vielleicht etwas vorragende Ast zum Anlasse eines Unfalles für jemand werden, der nach ihm an derselben Stelle vorbeigehe. Er mußte von der Trambahn abspringen, in den Park zurückeilen, die Stelle aufsuchen und den Ast in die frühere Lage zurückbringen, obwohl es jedem anderen als dem Kranken einleuchten würde, daß die frühere Lage doch für einen Passanten gefährlicher sein müßte als die neue im Gebüsche. Die zweite, feindselige Handlung, die sich als Zwang durchsetzte, hatte sich vor dem bewußten Denken mit der Motivierung der ersten, menschenfreundlichen geschmückt.

[4] [Bileam kam, um zu fluchen, und blieb, um zu segnen.]

[5] Vergleiche den ähnlichen Mechanismus der bekannten sakrilegischen Einfälle der Frommen.

Er brachte mir einmal einen Traum, der die Darstellung desselben Konfliktes in der Übertragung auf den Arzt enthielt: Meine Mutter ist gestorben. Er will kondolieren, fürchtet aber, daß er dabei das *impertinente Lachen* produzieren wird, das er schon wiederholt bei Todesfällen gezeigt hat. Er schreibt darum lieber eine Karte mit *p. c.*, aber diese Buchstaben verwandeln sich ihm beim Schreiben in *p. f.*[1].

Der Widerstreit seiner Gefühle gegen seine Dame war zu deutlich, als daß er sich seiner bewußten Wahrnehmung gänzlich hätte entziehen können, wenngleich wir aus den Zwangsäußerungen desselben schließen dürfen, daß er für die Tiefe seiner negativen Regungen die richtige Schätzung nicht besaß. Die Dame hatte seine erste Werbung vor zehn Jahren mit einem Nein beantwortet. Seither wechselten Zeiten, in denen er sie intensiv zu lieben glaubte, mit anderen, in welchen er gleichgültig gegen sie fühlte, auch in seinem Wissen miteinander ab. Wenn er im Laufe der Behandlung einen Schritt tun sollte, welcher ihn dem Ziele der Bewerbung näher brachte, so äußerte sich sein Widerstand gewöhnlich zuerst in der Überzeugung, er habe sie eigentlich gar nicht so lieb, die freilich bald überwunden wurde. Als sie einmal in schwerer Krankheit zu Bette lag, was seine äußerste Teilnahme hervorrief, brach bei ihrem Anblicke der Wunsch bei ihm durch: so soll sie immer liegen bleiben. Er deutete sich diesen Einfall durch das spitzfindige Mißverständnis, er wünsche nur darum ihr beständiges Kranksein, damit er die Angst vor wiederholten Krankheitsfällen los werde, die er nicht ertragen könne![2] Gelegentlich beschäftigte er seine Phantasie mit Tagträumen, die er selbst als »Rachephantasien« erkannte und deren er sich schämte. Weil er meinte, daß sie einen großen Wert auf die soziale Stellung eines Bewerbers legen würde, phantasierte er, daß sie einen solchen Mann in amtlicher Position geheiratet habe. Er tritt nun in dasselbe Amt ein, bringt es dort viel weiter als jener, der zu seinem Untergebenen wird. Eines Tages hat dieser Mann eine unlautere Handlung begangen. Die Dame fällt ihm zu Füßen, beschwört ihn, ihren Mann zu retten. Er verspricht es, eröffnet ihr, daß er nur aus Liebe zu ihr in das Amt eingetreten sei, weil er einen solchen Moment vorausgesehen habe. Jetzt sei mit der Rettung ihres Mannes seine Mission erfüllt; er lege sein Amt nieder.

---

[1] [Übliche Abkürzung für *»pour condoler«* bzw. *»pour féliciter«*.] Dieser Traum gibt die Aufklärung des so häufigen und als rätselhaft betrachteten Zwangslachens bei Traueranlässen.

[2] Ein Beitrag eines andern Motivs zu diesem Zwangseinfall ist nicht abzuweisen: des Wunsches, sie wehrlos gegen seine Absichten zu wissen.

In anderen Phantasien, des Inhaltes, daß er ihr einen großen Dienst leiste u. dgl., ohne daß sie erfahre, daß er es sei, anerkannte er bloß die Zärtlichkeit, ohne den zur Verdrängung der Rachsucht bestimmten Edelmut nach Muster des Dumasschen Grafen von Montecristo nach dieser seiner Herkunft und Tendenz zu würdigen. Übrigens gestand er zu, daß er gelegentlich unter sehr deutlichen Impulsen stehe, der von ihm verehrten Dame etwas anzutun. Diese Impulse schwiegen meist in ihrer Gegenwart und träten in ihrer Abwesenheit hervor.

F. DIE KRANKHEITSVERANLASSUNG

Eines Tages erwähnte unser Patient flüchtig eine Begebenheit, in welcher ich sofort die Krankheitsveranlassung, wenigstens den rezenten Anlaß des noch heute anhaltenden Krankheitsausbruches vor etwa 6 Jahren erkennen mußte. Er selbst hatte keine Ahnung, daß er etwas Bedeutsames vorgebracht hatte; er konnte sich nicht erinnern, der Begebenheit, die er übrigens niemals vergessen hatte, einen Wert beigelegt zu haben. Dieses Verhalten fordert eine theoretische Würdigung heraus.

Bei Hysterie ist es Regel, daß die rezenten Anlässe der Erkrankung der Amnesie ebenso verfallen wie die infantilen Erlebnisse, mit deren Hilfe jene ihre Affektenergie in Symptome umsetzen. Wo ein völliges Vergessen unmöglich ist, da wird die rezente traumatische Veranlassung doch von der Amnesie angenagt und zum mindesten ihrer bedeutsamsten Bestandteile beraubt. Wir sehen in solcher Amnesie den Erweis der stattgehabten Verdrängung. Anders ist es in der Regel bei der Zwangsneurose. Die infantilen Voraussetzungen der Neurose mögen einer – oft nur unvollständigen – Amnesie verfallen sein; die rezenten Anlässe der Erkrankung finden sich dagegen im Gedächtnis erhalten. Die Verdrängung hat sich hier eines andern, eigentlich einfacheren Mechanismus bedient; anstatt das Trauma zu vergessen, hat sie ihm die Affektbesetzung entzogen, so daß im Bewußtsein ein indifferenter, für unwesentlich erachteter Vorstellungsinhalt erübrigt. Der Unterschied liegt im psychischen Geschehen, das wir hinter den Phänomenen konstruieren dürfen; der Erfolg des Vorganges ist fast der nämliche, denn der indifferente Erinnerungsinhalt wird nur selten reproduziert und spielt in der bewußten Gedankentätigkeit der Person keine Rolle. Zur Unterschei-

dung der beiden Arten der Verdrängung [1] können wir zunächst nur die Versicherung des Patienten verwenden, er habe die Empfindung, daß er das eine immer gewußt, das andere seit langer Zeit vergessen habe [2].
Es ist darum kein seltenes Vorkommnis, daß Zwangskranke, die an Selbstvorwürfen leiden und ihre Affekte an falsche Veranlassungen geknüpft haben, dem Arzt auch von den richtigen Mitteilung machen, ohne zu ahnen, daß ihre Vorwürfe nur von diesen letzteren abgetrennt sind. Sie äußern dabei gelegentlich verwundert oder selbst wie prahlerisch: Daraus mache ich mir aber gar nichts. So war es auch in dem ersten Falle von Zwangsneurose, der mir vor vielen Jahren das Verständnis des Leidens eröffnete. Der Patient, ein Staatsbeamter, der an ungezählten Bedenklichkeiten litt, derselbe, von dem ich die Zwangshandlung an dem Ast im Schönbrunner Park berichtet habe [S. 62, Anm. 3], fiel mir dadurch auf, daß er mir für den Besuch in der Sprechstunde stets reine und glatte Papiergulden überreichte. (Wir hatten damals in Österreich noch kein Silbergeld.) Als ich einmal bemerkte, man erkenne doch gleich den Staatsbeamten an den nagelneuen Gulden, die er von der Staatskasse beziehe, belehrte er mich, die Gulden seien keineswegs neu, sondern in seinem Hause gebügelt (geplättet) worden. Er mache sich ein Gewissen daraus, jemand schmutzige Papiergulden in die Hand zu geben; da klebten die gefährlichsten Bakterien daran, die dem Empfänger Schaden bringen könnten. Mir dämmerte damals bereits in unsicherer Ahnung der Zusammenhang der Neurosen mit dem Sexualleben, und so wagte ich es, den Patienten ein andermal zu befragen, wie er es in diesem Punkte hielte. »Oh, alles in Ordnung«, meinte er leichthin, »ich leide keinen Mangel. Ich spiele in vielen guten Bürgerhäusern die Rolle eines lieben alten Onkels, und die benütze ich,

---

[1] [In *Hemmung, Symptom und Angst* (1926*d*, Kapitel XI A (*c*), *Studienausgabe*, Bd. 6, S. 300 ff.) schlägt Freud vor, den Terminus »Verdrängung« auf den bei der Hysterie wirksamen Mechanismus zu beschränken; zugleich führt er den Terminus »Abwehr« wieder ein, der *alle* bei der Bewältigung psychischer Konflikte zur Verwendung kommenden Maßnahmen umfassen solle. Dementsprechend würde er, hätte er ihn später verfaßt, im obigen Text nicht »die beiden Arten der Verdrängung«, sondern »die beiden Arten der Abwehr« geschrieben haben.]

[2] Man muß also zugeben, daß es für die Zwangsneurose zweierlei Wissen und Kennen gibt, und darf mit dem gleichen Rechte behaupten, der Zwangskranke »kenne« seine Traumen, wie, daß er sie nicht »kenne«. Er kennt sie nämlich, insofern er sie nicht vergessen hat, er kennt sie nicht, da er nicht ihre Bedeutung erkennt. Es ist im normalen Leben oft auch nicht anders. Die Kellner, die den Philosophen Schopenhauer in seinem Stammgasthaus zu bedienen pflegten, »kannten« ihn in gewissem Sinne zu einer Zeit, da er sonst in und außerhalb Frankfurt unbekannt war, aber nicht in dem Sinne, den wir heute mit der »Kenntnis« von Schopenhauer verbinden.

um mir von Zeit zu Zeit ein junges Mädchen für eine Landpartie auszubitten. Ich richte es dann so ein, daß wir den Zug versäumen und auf dem Lande übernachten müssen. Ich nehme dann immer zwei Zimmer, ich bin sehr nobel; aber wenn das Mädchen zu Bett ist, komme ich zu ihr und masturbiere sie mit meinen Fingern.« – »Ja, fürchten Sie denn nicht, daß Sie ihr schaden, wenn Sie mit Ihrer schmutzigen Hand in ihren Genitalien herumarbeiten?« – Da brauste er aber auf: »Schaden? Was soll es ihr denn schaden? Keiner hat es noch geschadet, und jeder war es recht. Einige von ihnen sind jetzt schon verheiratet, und es hat ihnen nicht geschadet.« – Er nahm meine Beanständung sehr übel auf und kam nie wieder. Ich konnte mir aber den Kontrast zwischen seiner Bedenklichkeit bei den Papiergulden und seiner Rücksichtslosigkeit beim Mißbrauch der ihm anvertrauten Mädchen nur durch eine *Verschiebung* des Vorwurfsaffekts erklären. Die Tendenz dieser Verschiebung war deutlich genug; wenn er den Vorwurf dort beließ, wohin er gehörte, so mußte er auf eine sexuelle Befriedigung verzichten, zu der er wahrscheinlich durch starke infantile Determinanten gedrängt war. Er erzielte also durch die Verschiebung einen namhaften *Krankheitsgewinn*[1].

Auf die Krankheitsveranlassung bei unserem Patienten muß ich aber nun ausführlicher eingehen. Seine Mutter war als entfernte Verwandte in einer reichen Familie aufgezogen worden, die ein großes industrielles Unternehmen betrieb. Sein Vater trat gleichzeitig mit der Heirat in den Dienst dieses Unternehmens und gelangte so eigentlich infolge seiner Ehewahl zu ziemlichem Wohlstand. Durch Neckereien zwischen den in vortrefflicher Ehe lebenden Eltern hatte der Sohn erfahren, daß der Vater einem hübschen armen Mädchen aus bescheidener Familie den Hof gemacht hatte, eine Zeitlang bevor er die Mutter kennenlernte. Dies die Vorgeschichte. Nach dem Tode des Vaters teilte die Mutter eines Tages dem Sohne mit, es sei zwischen ihr und ihren reichen Verwandten die Rede von seiner Zukunft gewesen, und einer der Vettern habe seine Bereitwilligkeit ausgedrückt, ihm eine seiner Töchter zu geben, wenn er seine Studien beendigt habe; die geschäftliche Verbindung mit der Firma werde ihm dann auch in seinem Berufe glänzende

[1] [Eine ausführliche Erörterung des »Krankheitsgewinns« enthält die 24. der *Vorlesungen zur Einführung in die Psychoanalyse* (1916–17, *Studienausgabe*, Bd. 1, S. 371 bis 373); eine besonders klare Darstellung dieses Problems findet sich in einer 1923 der Krankengeschichte der »Dora« (1905 *e*, *Studienausgabe*, Bd. 6, S. 118–19, Anm.) beigefügten Fußnote.]

Aussichten eröffnen. Dieser Plan der Familie entzündete in ihm den Konflikt, ob er seiner armen Geliebten treu bleiben oder in die Fußstapfen des Vaters treten und das schöne, reiche, vornehme Mädchen, das ihm bestimmt worden, zur Frau nehmen solle. Und diesen Konflikt, der eigentlich ein solcher zwischen seiner Liebe und dem fortwirkenden Willen des Vaters war, löste er durch Erkrankung, richtiger gesagt: er entzog sich durch die Erkrankung der Aufgabe, ihn in der Realität zu lösen[1].

Der Beweis für diese Auffassung liegt in der Tatsache, daß hartnäckige Arbeitsunfähigkeit, die ihn die Beendigung seiner Studien um Jahre aufschieben ließ, der Haupterfolg der Erkrankung war. Was aber der Erfolg einer Krankheit ist, das lag in der Absicht derselben; die anscheinende Krankheitsfolge ist in Wirklichkeit die Ursache, das Motiv des Krankwerdens.

Meine Aufklärung fand begreiflicherweise bei dem Kranken zunächst keine Anerkennung. Er könne sich eine solche Wirkung des Heiratsplanes nicht vorstellen, derselbe habe ihm seinerzeit nicht den mindesten Eindruck gemacht. Im weiteren Verlaufe der Kur mußte er sich aber auf einem eigentümlichen Wege von der Richtigkeit meiner Vermutung überzeugen. Er erlebte mit Hilfe einer Übertragungsphantasie als neu und gegenwärtig, was er aus der Vergangenheit vergessen hatte oder was nur unbewußt bei ihm abgelaufen war. Aus einer dunkeln und schwierigen Periode der Behandlungsarbeit ergab sich endlich, daß er ein junges Mädchen, welches er einmal auf der Stiege meines Hauses angetroffen, zu meiner Tochter erhoben hatte. Sie erregte sein Wohlgefallen, und er imaginierte, daß ich nur darum so liebenswürdig und unerhört geduldig mit ihm sei, weil ich ihn zum Schwiegersohne wünsche, wobei er den Reichtum und die Vornehmheit meines Hauses bis zu dem ihm zum Vorbild passenden Niveau erhöhte. Gegen diese Versuchung stritt aber in ihm die unauslöschliche Liebe zu seiner Dame. Nachdem wir eine Reihe der schwersten Widerstände und ärgsten Beschimpfungen überwunden hatten, konnte er sich der überzeugenden Wirkung der vollen Analogie zwischen der phantasierten Übertragung und der damaligen Realität nicht entziehen. Ich gebe einen seiner Träu-

[1] Es ist hervorzuheben, daß die Flucht in die Krankheit ihm durch die Identifizierung mit dem Vater ermöglicht wurde. Diese gestattete ihm die Regression der Affekte auf die Kindheitsreste. [S. unten, Abschnitt G. – Den Ausdruck »Flucht in die Krankheit« hatte Freud schon in ›Allgemeines über den hysterischen Anfall‹ (1909 *a*, *Studienausgabe*, Bd. 6, S. 201) verwendet.]

me aus dieser Zeit wieder, um den Stil seiner Darstellung an einer Probe zu zeigen. *Er sieht meine Tochter vor sich, aber sie hat zwei Dreckpatzen anstatt der Augen.* Für jeden, der die Sprache der Träume versteht, wird die Übersetzung leicht sein: *Er heiratet meine Tochter nicht ihrer schönen Augen, sondern ihres Geldes wegen.*

G. DER VATERKOMPLEX UND DIE LÖSUNG DER RATTENIDEE

Von der Krankheitsveranlassung reiferer Jahre führte ein Faden zurück in die Kindheit unseres Patienten. Er fand sich in einer Situation, wie sie nach seinem Wissen oder Vermuten der Vater vor seiner eigenen Eheschließung bestanden hatte, und konnte sich mit dem Vater identifizieren. Noch in anderer Weise spielte der verstorbene Vater in die rezente Erkrankung hinein. Der Krankheitskonflikt war im Wesen ein Widerstreit zwischen dem fortwirkenden Willen des Vaters und seiner eigenen verliebten Neigung. Nehmen wir Rücksicht auf die Mitteilungen, die der Patient in den ersten Stunden der Behandlung gemacht hatte, so können wir die Vermutung nicht abweisen, daß dieser Widerstreit ein uralter gewesen sei und sich schon in den Kinderjahren des Kranken ergeben habe.

Der Vater unseres Patienten war nach allen Auskünften ein ganz vortrefflicher Mann. Er war vor der Heirat Unteroffizier gewesen und hatte eine aufrichtige soldatische Art sowie eine Vorliebe für derbe Ausdrücke als Niederschlag aus diesem Stücke seines Lebens behalten. Außer den Tugenden, die der Leichenstein an jedermann zu rühmen pflegt, zeichnete ihn ein herzlicher Humor und eine gütige Nachsicht gegen seine Mitmenschen aus; es steht gewiß nicht im Widerspruche mit diesem Charakter, stellt sich vielmehr als Ergänzung zu ihm dar, daß er jäh und heftig sein konnte, was den Kindern, solange sie klein und schlimm waren, gelegentlich zu sehr empfindlichen Züchtigungen verhalf. Als die Kinder heranwuchsen, wich er von anderen Vätern darin ab, daß er sich nicht zur unantastbaren Autorität emporheben wollte, sondern in gutmütiger Offenheit die kleinen Verfehlungen und Mißgeschicke seines Lebens ihrer Mitwissenschaft preisgab. Der Sohn übertrieb gewiß nicht, wenn er aussprach, sie hätten miteinander verkehrt wie die besten Freunde, bis auf einen einzigen Punkt (vgl. S. 54). An diesem einen Punkte mußte es wohl gelegen sein, wenn den Kleinen der Gedanke an den Tod des Vaters mit ungewöhnlicher und ungebührlicher Intensität beschäftigte (S. 41), wenn solche Gedanken im Wortlaute seiner kindlichen Zwangsideen auftraten, wenn er sich wünschen konnte, der Vater möge sterben, damit ein gewisses Mädchen, durch Mitleid erweicht, zärtlicher gegen ihn werde (S. 52).

Es ist nicht zu bezweifeln, daß auf dem Gebiete der Sexualität etwas zwischen Vater und Sohn stand und daß der Vater in einen bestimmten Gegensatz zu der frühzeitig erwachten Erotik des Sohnes geraten war. Mehrere Jahre nach dem Tode des Vaters drängte sich dem Sohne, als er zum ersten Male die Lustempfindung eines Koitus erfuhr, die Idee auf: »Das ist doch großartig; dafür könnte man seinen Vater ermorden!« Dies zugleich ein Nachklang und eine Verdeutlichung seiner kindlichen Zwangsideen. Kurz vor seinem Tode hatte der Vater übrigens direkt gegen die später dominierende Neigung unseres Patienten Stellung genommen. Er merkte, daß er die Gesellschaft jener Dame aufsuchte, und riet ihm von ihr mit den Worten ab, es sei nicht klug und er werde sich nur blamieren.

Zu diesen vollkommen gesicherten Anhaltspunkten kommt anderes hinzu, wenn wir uns zur Geschichte der onanistischen Sexualbetätigung unseres Patienten wenden. Es besteht auf diesem Gebiete ein noch nicht verwerteter Gegensatz zwischen den Ansichten der Ärzte und der Kranken. Letztere sind alle darin einig, die Onanie, unter der sie die Pubertätsmasturbation verstehen, als Wurzel und Urquell all ihrer Leiden hinzustellen; die Ärzte wissen im allgemeinen nicht, wie sie darüber denken sollen, aber unter dem Eindrucke der Erfahrung, daß auch die meisten später Normalen in den Pubertätsjahren eine Weile onaniert haben, neigen sie in ihrer Mehrzahl dazu, die Angaben der Kranken als grobe Überschätzungen zu verurteilen. Ich meine, daß die Kranken auch hierin eher recht haben als die Ärzte. Den Kranken dämmert hier eine richtige Einsicht, während die Ärzte in Gefahr sind, etwas Wesentliches zu übersehen. Es verhält sich gewiß nicht so, wie die Kranken ihren Satz selbst verstehen wollen, daß die fast typisch zu nennende Pubertätsonanie für alle neurotischen Störungen verantwortlich zu machen sei. Der Satz bedarf der Deutung. Aber die Onanie der Pubertätsjahre ist in Wirklichkeit nichts anderes als die Auffrischung der bisher stets vernachlässigten Onanie der Kinderjahre, welche zumeist in den Jahren von 3 bis 4 oder 5 eine Art von Höhepunkt erreicht, und diese ist allerdings der deutlichste Ausdruck der sexuellen Konstitution des Kindes, in welcher auch wir die Ätiologie der späteren Neurosen suchen. Die Kranken beschuldigen unter solcher Verhüllung also eigentlich ihre infantile Sexualität, und darin haben sie vollauf recht. Das Problem der Onanie wird hingegen unlösbar, wenn man die Onanie als eine klinische Einheit auffassen will und daran vergißt, daß sie die Abfuhr der verschiedenartigsten Sexualkomponenten und der von ihnen gespeisten Phantasien darstellt. Die Schädlichkeit der Onanie ist nur zum geringen Anteil eine autonome, durch ihre eigene Natur bedingte. Der Hauptsache nach fällt sie mit der pathogenen Bedeutung des Sexuallebens überhaupt zusammen. Wenn so viele Individuen die Onanie, d. h. ein gewisses Ausmaß dieser Betätigung, ohne Schaden vertragen, so lehrt diese Tatsache nichts anderes, als daß bei ihnen die sexuelle Konstitution und der Ablauf der Entwicklungsvorgänge im Sexuelleben die Ausübung der Funktion unter den kulturellen Bedingungen gestattet hat[1], während andere infolge ungünstiger Sexualkonstitution oder gestörter Entwicklung an ihrer Sexualität erkranken, d. h. die Anforderungen zur Unterdrückung und Sublimierung der sexuellen Komponenten nicht ohne Hemmungen und Ersatzbildungen erfüllen können.

Unser Patient war in seinem Onanieverhalten recht auffällig; er entwickelte keine Pubertätsonanie[2] und hätte also nach gewissen Erwartungen ein Anrecht darauf gehabt, frei von Neurose zu bleiben. Dagegen trat der Drang zur onanistischen Betätigung im 21. Jahre bei ihm auf, *kurze Zeit nach dem Tode des Vaters.* Er war sehr beschämt nach jeder Befriedigung und schwor ihr bald wieder ab. Von da an trat die Onanie nur bei seltenen und sehr merkwürdigen Anlässen wieder auf. Besonders schöne Momente, die er erlebte, oder besonders schöne Stellen, die er las, riefen sie hervor. So z. B. als er an einem schönen Sommernachmittag einen Postillon in der Innern Stadt so herrlich blasen hörte, bis ein Wachmann es ihm untersagte, weil in der Stadt das Blasen verboten sei! Oder ein andermal, als er in *Dichtung und Wahrheit* [III, 11] las, wie sich der junge Goethe in zärtlicher Aufwallung von der Wirkung eines Fluches befreite, den eine Eifersüchtige über die ausgesprochen, welche nach ihr seine Lippen küssen würde. Lange hatte er sich wie abergläubisch durch diesen Fluch abhalten lassen, jetzt aber zerriß er die Fessel und küßte sein Lieb herzlich ab.

Er verwunderte sich nicht wenig, daß er gerade bei solchen schönen und erhebenden Anlässen zur Masturbation gedrängt worden sei. Ich mußte

---

[1] Vgl. *Drei Abhandlungen zur Sexualtheorie* (1905 *d*) [besonders die ›Zusammenfassung‹ am Schluß der Arbeit (*Studienausgabe*, Bd. 5, S. 134–459)].

[2] [Oder allenfalls in sehr geringem Ausmaße (s. oben, S. 38).]

aber aus diesen beiden Beispielen als das Gemeinsame das Verbot und das Sichhinaussetzen über ein Gebot herausheben.

In denselben Zusammenhang gehörte auch sein sonderbares Benehmen zu einer Zeit, da er für eine Prüfung studierte und mit der ihm liebgewordenen Phantasie spielte, der Vater lebe noch und könne jeden Moment wiederkommen [s. S. 49 f.]. Er richtete es sich damals so ein, daß sein Studium auf die spätesten Nachtstunden fiel. Zwischen 12 und 1 Uhr nachts unterbrach er sich, öffnete die auf den Hausflur führende Tür, als ob der Vater davorstünde, und betrachtete dann, nachdem er zurückgekommen war, im Spiegel des Vorzimmers seinen entblößten Penis. Dies tolle Treiben wird unter der Voraussetzung verständlich, daß er sich so benahm, als ob er den Besuch des Vaters um die Geisterstunde erwartete. Zu seinen Lebzeiten war er eher ein fauler Student gewesen, worüber sich der Vater oft gekränkt hatte. Nun sollte er Freude an ihm haben, wenn er als Geist wiederkam und ihn beim Studieren traf. An dem andern Teile seines Tuns konnte der Vater aber unmöglich Freude haben; damit trotzte er ihm also und brachte so in einer unverstandenen Zwangshandlung die beiden Seiten seines Verhältnisses zum Vater nebeneinander zum Ausdrucke, ähnlich wie in der späteren Zwangshandlung vom Steine auf der Straße gegen die geliebte Dame [S. 60].

Auf diese und ähnliche Anzeichen gestützt, wagte ich die Konstruktion, er habe als Kind im Alter von 6 Jahren irgendeine sexuelle Missetat im Zusammenhange mit der Onanie begangen und sei dafür vom Vater empfindlich gezüchtigt worden. Diese Bestrafung hätte der Onanie allerdings ein Ende gemacht, aber anderseits einen unauslöschlichen Groll gegen den Vater hinterlassen und dessen Rolle als Störer des sexuellen Genusses für alle Zeiten fixiert. (Vgl. die ähnlichen Vermutungen in einer der ersten Sitzungen, S. 55.) Zu meinem großen Erstaunen berichtete nun der Patient, ein solcher Vorfall aus seinen ersten Kinderjahren sei ihm von der Mutter wiederholt erzählt worden und offenbar darum nicht in Vergessenheit geraten, weil sich so merkwürdige Dinge an ihn knüpften. Seine eigene Erinnerung wisse allerdings nichts davon. Die Erzählung aber lautete: Als er noch sehr klein war – die genauere Zeitbestimmung ließe sich noch durch das Zusammentreffen mit der Todeskrankheit einer älteren Schwester gewinnen [s. S. 93] –, soll er etwas Arges angestellt haben, wofür ihn der Vater prügelte. Da sei der kleine Knirps in eine schreckliche Wut geraten und habe noch unter den Schlägen den Vater beschimpft. Da er aber noch keine Schimpfwörter kannte, habe er ihm alle Namen von Gegenständen gegeben, die ihm einfielen, und gesagt: »du Lampe, du Handtuch, du Teller« usw. Der Vater hielt erschüttert über diesen elementaren Ausbruch im Schlagen inne und äußerte: »Der Kleine da wird entweder ein großer Mann oder ein großer Verbrecher!« [1] Er meint, der Eindruck dieser Szene sei sowohl für ihn wie für den Vater ein dauernd wirksamer gewesen. Der Vater habe ihn nie wieder geprügelt; er selbst leitet aber ein Stück seiner Charakterveränderung von dem Erlebnisse ab. Aus Angst vor der Größe seiner Wut sei er von da an feige geworden [vgl. S. 57]. Er hatte übrigens sein ganzes Leben über schreckliche Angst vor Schlägen und verkroch sich vor Entsetzen und Empörung, wenn eines seiner Geschwister geprügelt wurde.

Eine erneuerte Nachfrage bei der Mutter brachte außer der Bestätigung dieser Erzählung die Auskunft, daß er damals zwischen 3 und 4 Jahre alt war und daß er die Strafe verdient, weil er jemanden *gebissen* hatte. Näheres erinnerte auch die Mutter nicht mehr; sie meinte recht unsicher, die von dem Kleinen beschädigte Person möge die Kinderfrau gewesen sein; von einem sexuellen Charakter des Delikts war in ihrer Mitteilung nicht die Rede [2].

---

[1] Die Alternative war unvollständig. An den häufigsten Ausgang so vorzeitiger Leidenschaftlichkeit, an den in Neurose, hatte der Vater nicht gedacht.

[2] Man hat es in den Psychoanalysen häufig mit solchen Begebenheiten aus den ersten Kinderjahren zu tun, in denen die infantile Sexualtätigkeit zu gipfeln scheint und häufig durch einen Unfall oder eine Bestrafung ein katastrophales Ende findet. Sie zeigen sich schattenhaft in Träumen an, werden oft so deutlich, daß man sie greifbar zu besitzen vermeint, aber sie entziehen sich doch der endgültigen Klarstellung, und wenn man nicht mit besonderer Vorsicht und mit Geschick verfährt, muß man es unentschieden lassen, ob eine solche Szene wirklich vorgefallen ist. Auf die richtige Spur der Deutung wird man durch die Erkenntnis geführt, daß von solchen Szenen mehr als eine Version, oft sehr verschiedenartige, in der unbewußten Phantasie des Patienten aufzuspüren sind. Wenn man in der Beurteilung der Realität nicht irregehen will, muß man sich vor allem daran erinnern, daß die »Kindheitserinnerungen« der Menschen erst in einem späteren Alter (meist zur Zeit der Pubertät) festgestellt und dabei einem komplizierten Umarbeitungsprozeß unterzogen werden, welcher der Sagenbildung eines Volkes über seine Urgeschichte durchaus analog ist. Es läßt sich deutlich erkennen, daß der heranwachsende Mensch in diesen Phantasiebildungen über seine erste Kindheit *das Andenken an seine autoerotische Betätigung zu verwischen sucht,* indem er seine Erinnerungsspuren auf die Stufe der Objektliebe hebt, also wie ein richtiger Geschichtsschreiber die Vergangenheit im Lichte der Gegenwart erblicken will. Daher die Überfülle von Verführungen und Attentaten in diesen Phantasien, wo die Wirklichkeit sich auf autoerotische Betätigung und auf Anregung dazu durch Zärtlichkeiten und Strafen beschränkt. Ferner wird man gewahr, daß der über seine Kindheit Phantasierende *seine Erinnerungen sexualisiert,* d. h., daß er banale Erlebnisse mit seiner Sexualbetätigung in Beziehung bringt, sein Sexualinteresse über sie ausdehnt, wobei er wahrscheinlich den Spuren des wirklich vorhandenen Zusammenhanges nachfährt. Daß es nicht die

Indem ich die Diskussion dieser Kindheitsszene in die Fußnote verweise, führe ich an, daß durch deren Auftauchen seine Weigerung, an eine prähistorisch erworbene und später latent gewordene Wut gegen den geliebten Vater zu glauben, zuerst ins Wanken geriet. Ich hatte nur eine stärkere Wirkung erwartet, denn diese Begebenheit war ihm so oft auch vom Vater selbst erzählt worden, daß ihre Realität keinem Zweifel unterlag. Mit einer Fähigkeit, die Logik zu beugen, welche bei den sehr intelligenten Zwangskranken jedesmal höchst befremdend wirkt, machte er aber immer wieder gegen die Beweiskraft der Erzählung geltend, er erinnere sich doch nicht selbst daran. Er mußte sich also die Überzeugung, daß sein Verhältnis zum Vater wirklich jene unbewußte Ergänzung erforderte, erst auf dem schmerzhaften Wege der Übertragung erwerben. Es kam bald dazu, daß er mich und die Meinigen in Träumen, Tagesphantasien und Einfällen aufs gröblichste und unflätigste beschimpfte, während er mir doch mit Absicht niemals etwas anderes als die größte Ehrerbietung entgegenbrachte. Sein Benehmen während der Mitteilung dieser Beschimpfungen war das eines Verzweifelten. »Wie kommen Herr Professor dazu, sich von einem schmierigen, hergelaufenen Kerl wie ich so beschimpfen zu lassen? Sie müssen mich

---

Absicht dieser Bemerkungen ist, die von mir behauptete Bedeutung der infantilen Sexualität nachträglich durch die Reduktion auf das Sexualinteresse der Pubertät herabzusetzen, wird mir jeder glauben, der die von mir mitgeteilte ›Analyse der Phobie eines fünfjährigen Knaben‹ im Gedächtnis hat [(1909 *b*), vgl. *Studienausgabe*, Bd. 8, S. 89 ff.]. Ich beabsichtige nur, technische Anweisungen zur Auflösung jener Phantasiebildungen zu geben, welche dazu bestimmt sind, das Bild jener infantilen Sexualbetätigung zu verfälschen.

Nur selten ist man wie bei unserem Patienten in der glücklichen Lage, die tatsächliche Grundlage dieser Dichtungen über die Urzeit durch das unerschütterliche Zeugnis eines Erwachsenen festzustellen. Immerhin läßt die Aussage der Mutter den Weg für mehrfache Möglichkeiten offen. Daß sie die sexuelle Natur des Vergehens, für welches das Kind gestraft wurde, nicht proklamierte, mag seinen Grund in ihrer eigenen Zensur haben, welche bei allen Eltern gerade dieses Element aus der Vergangenheit ihrer Kinder auszuschalten bemüht ist. Es ist aber ebenso möglich, daß das Kind damals wegen einer banalen Unart nicht sexueller Natur von der Kinderfrau oder der Mutter selbst zurechtgewiesen und dann wegen seiner gewalttätigen Reaktion vom Vater gezüchtigt wurde. Die Kinderfrau oder eine andere dienende Person wird in solchen Phantasien regelmäßig durch die vornehmere der Mutter ersetzt. Wenn man sich in die Deutung der diesbezüglichen Träume des Patienten tiefer einließ, fand man die deutlichsten Hinweise auf eine episch zu nennende Dichtung, in welcher sexuelle Gelüste gegen Mutter und Schwester und der frühzeitige Tod dieser Schwester mit jener Züchtigung des kleinen Helden durch den Vater zusammengebracht wurden. Es gelang nicht, dieses Gewebe von Phantasieumhüllungen Faden für Faden abzuspinnen; gerade der therapeutische Erfolg war hier das Hindernis. Der Patient war hergestellt, und das Leben forderte von ihm, mehrfache, ohnedies zu lange aufgeschobene Aufgaben in Angriff zu nehmen, die mit der Fortsetzung der Kur nicht verträglich waren. Man mache mir

hinauswerfen; ich verdiene es nicht besser.« Bei diesen Reden pflegte er vom Diwan aufzustehen und im Zimmer herumzulaufen, was er zuerst mit Feinfühligkeit motivierte; er bringe es nicht über sich, so gräßliche Dinge zu sagen, während er behaglich daliege. Er fand aber bald selbst die triftigere Erklärung, daß er sich meiner Nähe entziehe, aus Angst, von mir geprügelt zu werden. Wenn er sitzen blieb, so benahm er sich wie einer, der sich in verzweifelter Angst vor maßlosen Züchtigungen schützen will; er stützte den Kopf in die Hände, deckte sein Gesicht mit dem Arme, lief plötzlich mit schmerzlich verzerrten Zügen davon usw. Er erinnerte, daß der Vater jähzornig gewesen war und in seiner Heftigkeit manchmal nicht mehr wußte, wie weit er gehen durfte. In solcher Schule des Leidens gewann er allmählich die ihm mangelnde Überzeugung, die sich jedem andern, nicht persönlich Beteiligten wie selbstverständlich ergeben hätte; dann war aber auch der Weg zur Auflösung der Rattenvorstellung frei. Eine Fülle von bisher zurückgehaltenen

---

also aus dieser Lücke in der Analyse keinen Vorwurf. Die wissenschaftliche Erforschung durch die Psychoanalyse ist ja heuer nur ein Nebenerfolg der therapeutischen Bemühung, und darum ist die Ausbeute oft gerade bei unglücklich behandelten Fällen am größten.
Der Inhalt des kindlichen Sexuallebens besteht in der autoerotischen Betätigung der vorherrschenden Sexualkomponenten, in Spuren von Objektliebe und in der Bildung jenes Komplexes, den man den *Kernkomplex der Neurosen* nennen könnte, der die ersten zärtlichen wie feindseligen Regungen gegen Eltern und Geschwister umfaßt, nachdem die Wißbegierde des Kleinen, meist durch die Ankunft eines neuen Geschwisterchens, geweckt worden ist. Aus der Uniformität dieses Inhaltes und aus der Konstanz der späteren modifizierenden Einwirkungen erklärt es sich leicht, daß im allgemeinen stets die nämlichen Phantasien über die Kindheit gebildet werden, gleichgültig, wieviel oder wie wenig Beiträge das wirkliche Erleben dazu gestellt hat. Es entspricht durchaus dem infantilen Kernkomplex, daß der Vater zur Rolle des sexuellen Gegners und des Störers der autoerotischen Sexualbetätigung gelangt, und die Wirklichkeit hat daran zumeist einen guten Anteil.
[Der Unterschied zwischen Kindheitserinnerungen und Kindheitsphantasien hat Freud während seines ganzen Lebens beschäftigt. S. z. B. die Diskussion über »Urphantasien« in der 23. der *Vorlesungen* (1916–17, *Studienausgabe*, Bd. 1, S. 358–62) und in den Abschnitten V und VIII der Analyse des »Wolfsmannes« (1918 *b*, ibid., Bd. 8, S. 174–77 und 208–10). Zweifel an der Triftigkeit der Kindheitserinnerungen hatte er schon 1897 privat gegenüber Fließ geäußert, die Folgerungen hieraus jedoch erst in seiner zweiten Arbeit zur Sexualität in der Ätiologie der Neurosen veröffentlicht (1906 *a*, vgl. *Studienausgabe*, Bd. 5, S. 152 und Anm.). Andererseits hat er in einigen seiner letzten Arbeiten nachdrücklich darauf hingewiesen, daß in den scheinbar mythologischen Phantasien doch immer auch ein Körnchen historischer Wahrheit stecke. S. z. B. *Der Mann Moses und die monotheistische Religion* (1939 *a*), III, II (G), *Studienausgabe*, Bd. 9, S. 574 f. – Den Terminus »Kernkomplex« hatte Freud schon in ›Über infantile Sexualtheorien‹ (1908 *c*) benutzt, jedoch in etwas anderem Sinne; den Ausdruck »Ödipuskomplex« führte er erst etwas später, im ersten seiner ›Beiträge zur Psychologie des Liebeslebens‹ (1910 *h*) ein – s. *Studienausgabe*, Bd. 5, S. 175 und Anm. 1 sowie S. 192 und Anm. 2. Beide Ausdrücke finden sich in der Arbeit ›»Ein Kind wird geschlagen«‹ (1919 *e*) miteinander verknüpft, s. unten, S. 254].

tatsächlichen Mitteilungen wurde nun auf der Höhe der Kur zur Herstellung des Zusammenhanges verfügbar.

In der Darstellung desselben werde ich, wie angekündigt, aufs äußerste verkürzen und resümieren. Das erste Rätsel war offenbar, weshalb die beiden Reden des tschechischen Hauptmannes, die Rattenerzählung [S. 43–4] und die Aufforderung, dem Oberleutnant A. das Geld zurückzugeben [S. 45], so aufregend auf ihn gewirkt und so heftige pathologische Reaktionen hervorgerufen hatten. Es war anzunehmen, daß hier »Komplexempfindlichkeit«[1] vorlag, daß durch jene Reden hyperästhetische Stellen seines Unbewußten unsanft berührt worden waren. So war es auch; er befand sich, wie jedesmal im militärischen Verhältnisse, in einer unbewußten Identifizierung mit dem Vater, der selbst durch mehrere Jahre gedient hatte [S. 68] und vieles aus seiner Soldatenzeit zu erzählen pflegte. Nun gestattete der Zufall, der bei der Symptombildung mithelfen darf wie der Wortlaut beim Witz, daß eines der kleinen Abenteuer des Vaters ein wichtiges Element mit der Aufforderung des Hauptmannes gemeinsam hatte. Der Vater hatte einmal eine kleine Summe Geldes, über die er als Unteroffizier verfügen sollte, im Kartenspiele verloren *(Spielratte)* und wäre in arge Bedrängnis gekommen, wenn ein Kamerad sie ihm nicht vorgestreckt hätte. Nachdem er das Militär verlassen und wohlhabend geworden war, suchte er den hilfreichen Kameraden auf, um ihm das Geld zurückzugeben, fand ihn aber nicht mehr. Unser Patient war nicht sicher, ob ihm die Rückerstattung überhaupt je gelang; die Erinnerung an diese Jugendsünde des Vaters war ihm peinlich, da doch sein Unbewußtes von feindseligen Ausstellungen am Charakter des Vaters erfüllt war. Die Worte des Hauptmannes: Du mußt dem Oberleutnant A. die Kronen 3.80 zurückgeben, klangen ihm wie eine Anspielung an jene uneingelöste Schuld des Vaters.

Die Mitteilung aber, daß das Postfräulein in Z. die Nachnahme mit einigen für ihn schmeichelhaften Worten selbst erlegt hatte [S. 48][2], verstärkte die Identifizierung mit dem Vater auf einem andern Gebiete. Er trug jetzt nach, daß in dem kleinen Orte, wo sich auch das

[1] [Ein von den Wortassoziations-Experimenten C. G. Jungs und seiner Schule (Jung, 1906) übernommener Terminus. S. auch unten, S. 79.]

[2] Vergessen wir nicht, daß er dies erfahren hatte, ehe der Hauptmann die (unberechtigte) Aufforderung der Rückzahlung an Oberleutnant A. an ihn richtete. Es ist dies der für das Verständnis unentbehrliche Punkt, durch dessen Unterdrückung er sich die heilloseste Verwirrung bereitete und mir eine Zeitlang den Einblick in den Sinn des Ganzen verwehrte.

Postamt befand, die hübsche Wirtstochter dem schmucken jungen Offizier viel Entgegenkommen gezeigt hatte, so daß er sich vornehmen konnte, nach Schluß der Manöver dorthin zurückzukommen, um seine Chancen bei dem Mädchen zu verfolgen. Nun war ihr in dem Postfräulein eine Konkurrentin erstanden; er konnte, wie der Vater in seinem Eheroman [S. 66], schwanken, welcher von beiden er nach dem Verlassen des Militärdienstes seine Gunst zuwenden sollte. Wir merken mit einem Male, daß seine sonderbare Unschlüssigkeit, ob er nach Wien reisen oder an den Ort des Postamtes zurückkehren solle, seine beständigen Versuchungen, auf der Reise umzukehren (vgl. S. 47), nicht so sinnlos waren, wie sie uns zuerst erscheinen mußten. Für sein bewußtes Denken war die Anziehung des Ortes Z., an dem sich das Postamt befand, durch das Bedürfnis motiviert, dort mit Hilfe des Oberleutnants A. seinen Eid zu erfüllen. In Wirklichkeit war das im nämlichen Ort befindliche Postfräulein der Gegenstand seiner Sehnsucht und der Oberleutnant nur ein guter Ersatz für sie, da er am selben Ort gewohnt[1] und selbst den militärischen Postdienst versehen hatte. Als er dann hörte, nicht der Oberleutnant A., sondern ein anderer Offizier B. habe an dem Tage bei der Post amtiert [s. S. 45], zog er auch diesen in seine Kombination und konnte sein Schwanken zwischen den beiden ihm gnädig gesinnten Mädchen nun in den Delirien mit den beiden Offizieren wiederholen[2].

Bei der Aufklärung der Wirkungen, welche von der Rattenerzählung des Hauptmannes ausgingen, müssen wir uns enger an den Ablauf der Analyse halten. Es ergab sich zunächst eine außerordentliche Fülle von assoziativem Material, ohne daß vorläufig die Situation der Zwangsbildung durchsichtiger wurde. Die Vorstellung der mit den Ratten vollzogenen Strafe hatte eine Anzahl von Trieben gereizt, eine Menge von Erinnerungen geweckt, und die Ratten hatten darum in dem kurzen

---

[1] [»Gewohnt« datiert von 1924; in den früheren Ausgaben heißt es an dieser Stelle »wohnte«. S. die nächste Anmerkung.]

[2] (*Zusatz 1923:*) Nachdem der Patient alles dazu getan hatte, die kleine Begebenheit von der Rückzahlung der Nachnahme für den Zwicker zu verwirren, ist es vielleicht auch meiner Darstellung nicht gelungen, sie ohne Rückstand durchsichtig zu machen. Ich reproduziere darum hier eine kleine Karte, durch die Mr. und Mrs. Strachey die Situation zu Ende der Waffenübung verdeutlichen wollten. [Leider stimmt die ursprüngliche, in den deutschen Ausgaben von 1924 und später abgedruckte Kartenskizze in keiner Weise mit einigen der im Fallbericht erwähnten Details überein. Es wurde daher für die englische *Standard Edition* eine ganz neue Zeichnung angefertigt, die auch hier wiedergegeben ist. Dabei wurde auch das in Freuds Originalnotizen (1955 *a*) über den Fall enthaltene zusätzliche Material berücksichtigt.] Meine Übersetzer haben mit Recht bemerkt, daß das Benehmen des Patienten noch immer

Intervalle zwischen der Erzählung des Hauptmannes und seiner Mahnung, das Geld zurückzugeben, eine Reihe von symbolischen Bedeutungen erworben, zu welchen in der Folgezeit immer neue hinzutraten. Mein Bericht über all dies kann freilich nur sehr unvollständig ausfallen. Die Rattenstrafe rüttelte vor allem die *Analerotik* auf, die in seiner Kindheit eine große Rolle gespielt hatte und durch jahrelang fortgesetzten Wurmreiz unterhalten worden war. Die Ratten kamen so zur Bedeutung: *Geld*[1], welcher Zusammenhang sich durch den Einfall *Raten* zu *Ratten* anzeigte. Er hatte sich in seinen Zwangsdelirien eine förmliche Rattenwährung eingesetzt; z. B. als ich ihm auf Befragen den Preis einer Behandlungsstunde mitteilte, hieß es bei ihm, was ich ein halbes Jahr später erfuhr: *»Soviel Gulden soviel Ratten.«* In diese Sprache wurde allmählich der ganze Komplex der Geldinteressen, die sich an die Erbschaft nach dem Vater knüpften, umgesetzt, d. h. alle dahin gehörigen Vorstellungen wurden über diese Wortbrücke *Raten–Ratten* ins Zwanghafte eingetragen und dem Unbewußten unterworfen. Diese Geldbedeutung der Ratten stützte sich überdies auf die

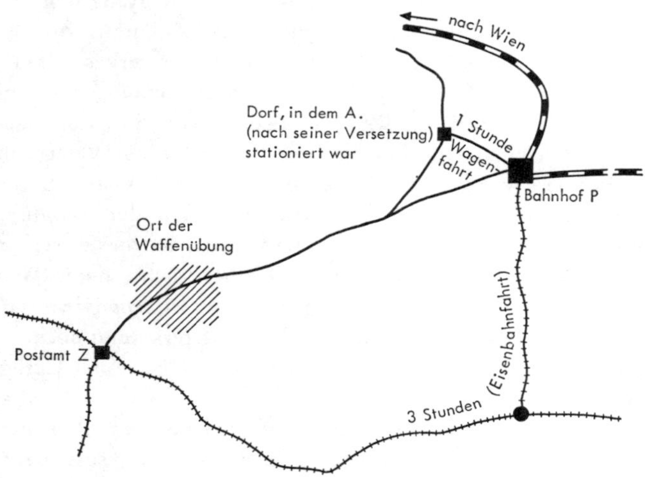

unverständlich ist, solange man nicht ausdrücklich anführt, daß Oblt. A. früher am Ort des Postamtes Z. gewohnt und dort die militärische Post versehen hatte, daß er aber in den letzten Tagen der Übung dieses Amt an Oblt. B. abgegeben und nach A. versetzt worden war. Der »grausame« Hauptmann wußte noch nichts von dieser Änderung, daher sein Irrtum, die Nachnahme sei an Oblt. A. zurückzuzahlen.

[1] Vgl. ›Charakter und Analerotik‹ (1908 *b*) [oben, S. 25 ff.].

Mahnung des Hauptmannes, den Betrag der Nachnahme zurückzugeben, mit Hilfe der Wortbrücke *Spielratte*, von der aus der Zugang zur Spielverfehlung des Vaters aufzufinden war [s. S. 75].

Die Ratte war ihm aber auch als Träger gefährlicher Infektionen bekannt und konnte darum als Symbol für die beim Militär so berechtigte Angst vor *syphilitischer Infektion* verwendet werden, wohinter allerlei Zweifel an der Lebensführung des Vaters während seiner militärischen Dienstzeit versteckt waren. In anderem Sinne: Träger der syphilitischen Infektion war der *Penis* selbst, und so wurde die Ratte zum Geschlechtsglied, für welche Verwendung sie noch ein anderes Anrecht geltend machen konnte. Der Penis, besonders der des kleinen Kindes, kann ohne weiteres als *Wurm* beschrieben werden, und in der Erzählung des Hauptmannes wühlten die Ratten im After wie in seinen Kinderjahren die großen Spulwürmer. So ruhte die Penisbedeutung der Ratten wiederum auf der Analerotik. Die Ratte ist ohnedies ein schmutziges Tier, das sich von Exkrementen nährt und in Kanälen lebt, die den Abfall führen[1]. Es ist ziemlich überflüssig anzuführen, welcher Ausbreitung das Rattendelirium durch diese neue Bedeutung fähig wurde. »Soviel Ratten – soviel Gulden« konnte z. B. als eine treffliche Charakteristik eines ihm sehr verhaßten weiblichen Gewerbes gelten. Hingegen ist es wohl nicht gleichgültig, daß die Einsetzung des Penis für die Ratte in der Erzählung des Hauptmannes eine Situation von Verkehr *per anum* ergab, die ihm in ihrer Beziehung auf Vater und Geliebte besonders widerlich erscheinen mußte. Trat diese Situation in der Zwangsandrohung wieder auf, welche sich nach der Mahnung des Hauptmannes bei ihm gestaltete [S. 45], so erinnerte dies unverkennbar an gewisse bei den Südslawen gebräuchliche Flüche, deren Wortlaut man in der von F. S. Krauß herausgegebenen *Anthropophyteia* [Bd. 2 (1905), S. 421 ff.] nachlesen kann. All dieses Material und noch anderes reihte sich übrigens mit dem Deckeinfall *»heiraten«* in das Gefüge der Rattendiskussion ein.

Daß die Erzählung von der Rattenstrafe bei unserem Patienten alle vorzeitlich unterdrückten Regungen eigensüchtiger und sexueller Grausamkeit in Aufruhr brachte, wird ja durch seine eigene Schilderung und durch seine Mimik bei der Wiedererzählung bezeugt. Doch fiel trotz all dieses reichen Materials so lange kein Licht auf die Bedeutung seiner

---

[1] Wer diese Sprünge der neurotischen Phantasie kopfschüttelnd ablehnen will, der sei an ähnliche Capriccios erinnert, in denen sich die Phantasie der Künstler gelegentlich ergeht, z. B. an die *Diableries érotiques* von Le Poitevin.

Zwangsidee, bis eines Tages die *Rattenmamsell* aus Ibsens *Klein Eyolf* auftauchte und die Folgerung unabweisbar machte, in vielen Ausgestaltungen seiner Zwangsdelirien bedeuteten die Ratten auch *Kinder*[1]. Forschte man nach der Entstehung dieser neuen Bedeutung, so stieß man sofort auf die ältesten und bedeutsamsten Wurzeln. Bei einem Besuche am Grabe des Vaters hatte er einmal ein großes Tier, das er für eine Ratte hielt, am Grabhügel vorbeihuschen gesehen[2]. Er nahm an, sie käme aus dem Grabe des Vaters selbst und hätte soeben ihre Mahlzeit von seinem Leichnam eingenommen. Von der Vorstellung der Ratte bleibt als unzertrennlich, daß sie mit scharfen Zähnen nagt und beißt[3]; die Ratte ist aber nicht etwa ohne Strafe bissig, gefräßig und schmutzig, sondern sie wird von den Menschen, wie er oft mit Grausen gesehen hatte, grausam verfolgt und schonungslos erschlagen. Oft hatte er Mitleid mit solchen armen Ratten verspürt. Nun war er selbst ein so ekelhafter, schmutziger, kleiner Kerl gewesen, der in der Wut um sich beißen konnte und dafür fürchterlich gezüchtigt worden war (vgl. Seite 72). Er konnte wirklich sein ganz »natürlich Ebenbild«[4] in der Ratte finden. Das Schicksal hatte ihm in der Erzählung des Hauptmannes sozusagen ein Komplexreizwort [s. S. 75, Anm. 1] zugerufen, und er versäumte nicht, mit seiner Zwangsidee darauf zu reagieren.

Ratten waren also Kinder nach seinen frühesten und folgenschwersten Erfahrungen. Und nun brachte er eine Mitteilung, die er lange genug aus dem Zusammenhange ferngehalten hatte, die aber jetzt das Interesse, das er für Kinder haben mußte, voll aufklärte. Die Dame, die er durch so lange Jahre verehrte und zu heiraten sich doch nicht entschließen konnte, war infolge einer gynäkologischen Operation, der Entfernung beider Ovarien, zur Kinderlosigkeit verurteilt; es war dies so-

---

[1] Ibsens Rattenmamsell ist ja sicherlich von dem sagenhaften Rattenfänger von Hameln abgeleitet, der zuerst die Ratten ins Wasser lockt und dann mit denselben Mitteln die Kinder der Stadt auf Nimmerwiederkehr verführt. Auch Klein Eyolf stürzt sich unter dem Banne der Rattenmamsell ins Wasser. Die Ratte erscheint in der Sage überhaupt nicht so sehr als ekelhaftes, sondern als unheimliches, man möchte sagen chthonisches Tier und wird zur Darstellung der Seelen Verstorbener verwendet.

[2] Eines der auf dem Wiener Zentralfriedhofe so häufigen Erdwiesel.

[3] [*Faust*, I. Teil, 3. Szene:]

›Doch dieser Schwelle Zauber zu zerspalten,
Bedarf ich eines Rattenzahns
– – – – –
Noch einen Biß, so ist's geschehn« – sagt Mephisto.

[4] Auerbachs Keller. [*Faust*, I. Teil:

»Er sieht in der geschwollnen Ratte
Sein ganz natürlich Ebenbild.«]

gar für ihn, der Kinder außerordentlich liebte, der Hauptgrund seines Schwankens.

Erst jetzt wurde es möglich, den unbegreiflichen Vorgang bei der Bildung seiner Zwangsidee zu verstehen; mit Zuhilfenahme der infantilen Sexualtheorien und der Symbolik, die man aus der Deutung von Träumen kennt, ließ sich alles sinnreich übersetzen. Als der Hauptmann auf der Nachmittagsrast, bei der er seinen Zwicker einbüßte, von der Rattenstrafe erzählte, packte ihn zuerst nur der grausam lüsterne Charakter der vorgestellten Situation. Aber sofort stellte sich die Verbindung mit jener Kinderszene her, in der er selbst gebissen hatte; der Hauptmann, der für solche Strafen eintreten konnte, rückte ihm an die Stelle des Vaters und zog einen Teil der wiederkehrenden Erbitterung auf sich, die sich damals gegen den grausamen Vater empört hatte. Die flüchtig auftauchende Idee, es könnte einer ihm lieben Person etwas dergleichen geschehen, wäre zu übersetzen durch die Wunschregung: »Dir sollte man so etwas tun«, die sich gegen den Erzähler, dahinter aber schon gegen den Vater richtete. Als ihm dann 1½ Tage später[1] der Hauptmann das mit Nachnahme angelangte Paket überreicht und ihn mahnt, die 3 Kronen 80 Heller dem Oberleutnant A. zurückzugeben [S. 45], weiß er bereits, daß der »grausame Vorgesetzte« sich irrt und daß er niemand anderem als dem Postfräulein verpflichtet ist. Es liegt ihm also nahe, eine höhnische Antwort zu bilden wie: »Ja freilich, was fällt dir denn ein?« oder: »Ja, Schnecken«, oder: »Ja, einen Schmarren[2] werd' ich ihm das Geld zurückgeben«, Antworten, die er nicht hätte aussprechen müssen. Aber aus dem unterdes aufgerührten Vaterkomplex und der Erinnerung an jene Infantilszene gestaltet sich ihm die Antwort: »Ja, ich werde dem A. das Geld zurückgeben, wenn mein Vater und meine Geliebte Kinder bekommen«, oder: »So wahr mein Vater und die Dame Kinder bekommen können, so gewiß werde ich ihm das Geld zurückgeben.« Also eine höhnende Beteuerung an eine unerfüllbare absurde Bedingung geknüpft[3].

Aber nun war das Verbrechen begangen, die beiden ihm teuersten Per-

---

[1] Nicht am nächsten Abend, wie er zuerst erzählte. Es ist ganz unmöglich, daß der bestellte Zwicker noch am selben Tage angelangt wäre. Er verkürzt diese Zwischenzeit in der Erinnerung, weil in ihr die entscheidenden Gedankenverbindungen sich herstellten und weil er die in sie fallende Begegnung mit dem Offizier verdrängt, der ihm vom freundlichen Benehmen des Postfräuleins erzählte [s. oben, S. 48].

[2] Wienerisch.

[3] Die Absurdität bedeutet also auch in der Sprache des Zwangsdenkens Hohn so wie im Traume. Siehe *Traumdeutung* (1900*a*, Kapitel VI (G) [*Studienausgabe*, Bd. 2, S. 429]).

sonen, Vater und Geliebte, von ihm geschmäht; das forderte Strafe, und die Bestrafung bestand in dem Auferlegen eines unmöglich zu erfüllenden Eides, der den Wortlaut des Gehorsams gegen die unberechtigte Mahnung des Vorgesetzten einhielt: *»Jetzt mußt du wirklich dem A. das Geld zurückgeben.«* Im krampfhaften Gehorsam verdrängte er sein besseres Wissen, daß der Hauptmann seine Mahnung auf eine irrige Voraussetzung gründe: »Ja, du mußt dem A. das Geld zurückgeben, wie der Stellvertreter des Vaters verlangt hat. Der Vater kann nicht irren.« Auch die Majestät kann nicht irren, und wenn sie einen Untertan mit einem ihm nicht gebührenden Titel angesprochen hat, so trägt er fortan diesen Titel.

Von diesem Vorgange gelangt in sein Bewußtsein nur undeutliche Kunde, aber die Auflehnung gegen das Gebot des Hauptmannes und der Umschlag ins Gegenteil sind auch im Bewußtsein vertreten. (Zuerst: *Nicht* das Geld zurückgeben, sonst geschieht das... [die Rattenstrafe][1], und dann die Verwandlung in den gegenteiligen Eidauftrag als Strafe für die Auflehnung [s. S. 45].)

Man vergegenwärtige sich noch die Konstellation, in welche die Bildung der großen Zwangsidee fiel. Er war durch lange Abstinenz sowie durch das freundliche Entgegenkommen, auf das der junge Offizier bei den Frauen rechnen darf, libidinös geworden, war überdies in einer gewissen Entfremdung von seiner Dame zur Waffenübung eingerückt. Diese Libidosteigerung machte ihn geneigt, den uralten Kampf gegen die Autorität des Vaters wieder aufzunehmen, und er getraute sich an sexuelle Befriedigung bei anderen Frauen zu denken. Die Zweifel am Andenken des Vaters und die Bedenken gegen den Wert der Geliebten hatten sich gesteigert; in solcher Verfassung ließ er sich zur Schmähung gegen beide hinreißen, und dann bestrafte er sich dafür. Er wiederholte damit ein altes Vorbild. Wenn er dann nach Schluß der Waffenübung so lange schwankt, ob er nach Wien reisen oder bleiben und den Eid erfüllen solle, so stellt er damit in einem die beiden Konflikte dar, die ihn von jeher bewegt hatten, ob er dem Vater gehorsam und ob er der Geliebten treu bleiben solle[2].

Noch ein Wort über die Deutung des Inhaltes der Sanktion: »sonst

[1] [Eckige Klammer von Freud selbst.]

[2] Es ist vielleicht interessant hervorzuheben, daß der Gehorsam gegen den Vater wiederum mit der Abwendung von der Dame zusammenfällt. Wenn er bleibt und dem A. das Geld zurückgibt, so hat er die Buße gegen den Vater erfüllt und gleichzeitig seine Dame gegen die Anziehung eines anderen Magneten verlassen. Der Sieg in diesem Konflikte verbleibt der Dame, allerdings mit Unterstützung der normalen Besinnung.

wird an den beiden Personen die Rattenstrafe vollzogen«. Sie ruht auf der Geltung zweier infantiler Sexualtheorien, über die ich an anderer Stelle Auskunft gegeben habe[1]. Die erste dieser Theorien geht dahin, daß die Kinder aus dem After herauskommen; die zweite schließt konsequent mit der Möglichkeit an, daß Männer ebensowohl Kinder kriegen können wie Frauen. Nach den technischen Regeln der Traumdeutung kann das Aus-dem-Darm-Herauskommen durch seinen Gegensatz: ein In-den-Darm-Hineinkriechen (wie bei der Rattenstrafe) dargestellt werden und umgekehrt.

Einfachere Lösungen für so schwere Zwangsideen oder Lösungen mit anderen Mitteln zu erwarten, ist man wohl nicht berechtigt. Mit der Lösung, die sich uns ergab, war das Rattendelirium beseitigt.

[1] Vgl. ›Über infantile Sexualtheorien‹ (1908 *c*) [*Studienausgabe*, Bd. 5, S. 179].

II
ZUR THEORIE[1]

A. EINIGE ALLGEMEINE CHARAKTERE DER ZWANGSBILDUNGEN[2]

Meine im Jahre 1896 gegebene Definition der Zwangsvorstellungen, sie seien »verwandelte, aus der Verdrängung wiederkehrende Vorwürfe, die sich immer auf eine sexuelle, mit Lust ausgeführte Aktion der Kinderjahre beziehen«[3], erscheint mir heute formell angreifbar, obwohl sie aus den besten Elementen zusammengesetzt ist. Sie strebte zu sehr nach Vereinheitlichung und nahm sich den Vorgang der Zwangskranken selbst zum Muster, welche mit der ihnen eigentümlichen Neigung zur Unbestimmtheit die verschiedenartigsten psychischen Bildungen als »Zwangsvorstellungen« zusammenwerfen[4]. Es ist in der Tat korrekter, von »Zwangsdenken« zu sprechen und hervorzuheben, daß die Zwangsgebilde den Wert der verschiedenartigsten psychischen Akte haben können. Sie lassen sich als Wünsche, Versuchungen, Impulse, Reflexionen, Zweifel, Gebote und Verbote bestimmen. Die Kranken haben im allgemeinen das Bestreben, diese Bestimmtheit abzuschwächen und den seines Affektindex beraubten Inhalt als Zwangsvorstellung zu führen. Ein Beispiel für solche Behandlung eines Wunsches, der zur bloßen »Denkverbindung« herabgesetzt werden sollte, bot uns unser Patient in einer der ersten Sitzungen (S. 52).

Man muß auch bald zugestehen, daß bisher nicht einmal die Phänomenologie des Zwangsdenkens entsprechend gewürdigt werden konnte.

---

[1] [Diese Überschrift wurde erst 1924 hinzugefügt.]

[2] Verschiedene der hier und im nächsten Abschnitte behandelten Punkte sind in der Literatur der Zwangsneurose bereits erwähnt worden, wie man aus dem gründlichen Hauptwerke über diese Krankheitsform, dem 1904 veröffentlichten Buch von L. Löwenfeld, *Die psychischen Zwangserscheinungen*, ersehen kann.

[3] ›Weitere Bemerkungen über die Abwehrneuropsychosen‹ [1896 *b*, ziemlich zu Anfang von Abschnitt II].

[4] Dieser Mangel der Definition wird im Aufsatze selbst verbessert. Es heißt darin: »Die wiederbelebten Erinnerungen und die aus ihnen gebildeten Vorwürfe treten aber niemals unverändert ins Bewußtsein ein, sondern was als Zwangsvorstellung und Zwangsaffekt bewußt wird, die pathogene Erinnerung für das bewußte Leben substituiert, sind *Kompromißbildungen* zwischen den verdrängten und den verdrängenden Vorstellungen.« In der Definition ist also ein besonderer Akzent auf das Wort »verwandelt« zu legen.

In dem sekundären Abwehrkampf, den der Kranke gegen die in sein Bewußtsein eingedrungenen »Zwangsvorstellungen« führt, kommen Bildungen zustande, die einer besonderen Benennung würdig sind. Man denke z. B. an die Gedankenreihen, die unseren Patienten während seiner Rückfahrt von der Waffenübung beschäftigen. Es sind nicht rein vernünftige Erwägungen, die den Zwangsgedanken entgegengesetzt werden, sondern gleichsam Mischlinge zwischen beiden Denkungsarten, sie nehmen gewisse Voraussetzungen des Zwanges, den sie bekämpfen, in sich auf und stellen sich (mit den Mitteln der Vernunft) auf den Boden des krankhaften Denkens. Ich meine, solche Bildungen verdienen den Namen von *»Delirien«*. Ein Beispiel, das ich an seine Stelle in der Krankengeschichte einzufügen bitte, wird die Unterscheidung klarmachen. Als unser Patient sich eine Zeitlang während seines Studiums dem beschriebenen tollen Treiben hingegeben hatte, bis in die späte Nacht zu arbeiten, dann für den Geist des Vaters die Türe zu öffnen, dann seine Genitalien im Spiegel zu beschauen (S. 71), suchte er sich mit der Mahnung zurechtzubringen, was wohl der Vater dazu sagen würde, wenn er wirklich noch am Leben wäre. Aber dieses Argument hatte keinen Erfolg, solange es in dieser vernünftigen Form vorgebracht wurde; der Spuk hörte erst auf, nachdem er dieselbe Idee in die Form einer deliriösen Drohung gebracht hatte: Wenn er diesen Unsinn noch einmal übe, werde dem Vater im Jenseits ein Übel zustoßen.

Der Wert der sicherlich berechtigten Unterscheidung zwischen primärem und sekundärem Abwehrkampf wird in unerwarteter Weise durch die Erkenntnis eingeschränkt, *daß die Kranken den Wortlaut ihrer eigenen Zwangsvorstellungen nicht kennen.* Es klingt paradox, hat aber seinen guten Sinn. Im Verlaufe einer Psychoanalyse wächst nämlich nicht nur der Mut des Kranken, sondern gleichsam auch der seiner Krankheit; sie getraut sich deutlicherer Äußerungen. Um die bildliche Darstellung zu verlassen, es geht wohl so zu, daß der Kranke, der sich bisher erschreckt von der Wahrnehmung seiner krankhaften Produktionen abgewendet hatte, ihnen nun seine Aufmerksamkeit schenkt und sie deutlicher und ausführlicher erfährt[1].

Eine schärfere Kenntnis der Zwangsbildungen gewinnt man überdies auf zwei besonderen Wegen. Erstens macht man die Erfahrung, daß die

[1] Bei manchen Kranken geht die Abwendung ihrer Aufmerksamkeit so weit, daß sie den Inhalt einer Zwangsvorstellung überhaupt nicht angeben, eine Zwangshandlung, die sie unzählige Male ausgeführt, nicht beschreiben können. – [Vgl. ähnliche Bemerkungen Freuds über die Phobien wie die oben im Text ausgeführten in der Analyse des »kleinen Hans« (1909 *b*, *Studienausgabe*, Bd. 8, S. 105 f.).]

Träume den eigentlichen Text des Zwangsgebotes u. dgl. bringen können, der im Wachen nur verstümmelt und entstellt, wie in einer verunstalteten Depesche, bekannt worden ist. Diese Texte treten im Traume als *Reden* auf, entgegen der Regel, daß Reden im Traume von Reden am Tage herrühren [1]. Zweitens gewinnt man in der analytischen Verfolgung einer Krankengeschichte die Überzeugung, daß oft mehrere aufeinander folgende, aber im Wortlaute nicht identische Zwangsvorstellungen im Grunde doch eine und dieselbe sind. Die Zwangsvorstellung ist das erstemal glücklich abgewiesen worden, sie kehrt nun ein andermal in entstellter Form wieder, wird nicht erkannt und kann sich vielleicht gerade infolge ihrer Entstellung im Abwehrkampfe besser behaupten. Die ursprüngliche Form aber ist die richtige, die oft ihren Sinn ganz unverhüllt erkennen läßt. Hat man eine unverständliche Zwangsidee mühselig aufgeklärt, so kann man nicht selten vom Kranken hören, daß ein Einfall, Wunsch, Versuchung wie der konstruierte, wirklich vor der Zwangsidee einmal aufgetreten ist, aber sich nicht gehalten hat. Die Beispiele hiefür aus der Geschichte unseres Patienten würden leider zu umständlich ausfallen.

Die offiziell so bezeichnete »Zwangsvorstellung« trägt also in ihrer Entstellung gegen den ursprünglichen Wortlaut die Spuren des primären Abwehrkampfes an sich. Ihre Entstellung macht sie nun lebensfähig, denn das bewußte Denken ist genötigt, sie in ähnlicher Weise mißzuverstehen wie den Trauminhalt, der selbst ein Kompromiß- und Entstellungsprodukt ist und vom wachen Denken weiter mißverstanden wird [2].

Das Mißverständnis des bewußten Denkens läßt sich nun nicht nur an den Zwangsideen selbst, sondern auch an den Produkten des sekundären Abwehrkampfes, z. B. an den Schutzformeln nachweisen. Hiefür kann ich zwei gute Beispiele bringen. Unser Patient gebrauchte als Abwehrformel ein rasch ausgesprochenes *aber*, von einer abweisenden Handbewegung begleitet. Er erzählte dann einmal, diese Formel habe sich in letzter Zeit verändert; er sage nicht mehr *áber*, sondern *abér*. Nach dem Grunde dieser Fortentwicklung befragt, gab er an, das stumme *e* der zweiten Silbe gebe ihm keine Sicherheit gegen die gefürchtete Einmengung von etwas Fremdem und Gegensätzlichem, und darum

---

1 Vgl. *Traumdeutung* (1900 *a*, Kapitel VI (F) [*Studienausgabe*, Bd. 2, S. 406 ff.]). [Auf den vorliegenden Fall des Rattenmannes nimmt im Zusammenhang mit dem oben erwähnten Phänomen auch eine 1909 der *Traumdeutung* hinzugefügte Fußnote Bezug – in Kapitel VI (A), ibid., S. 304, Anm. 2.]

2 [Vgl. *Traumdeutung*, Kapitel VI (I), *Studienausgabe*, Bd. 2, S. 480–81.]

habe er beschlossen, das *e* zu akzentuieren. Diese Aufklärung, ganz im Stile der Zwangsneurose gehalten, erwies sich doch als unzutreffend, sie konnte höchstens den Wert einer Rationalisierung beanspruchen; in Wirklichkeit war das *abér* eine Angleichung an *Abwehr*, welchen Terminus er aus den theoretischen Gesprächen über die Psychoanalyse kannte. Die Kur war also in mißbräuchlicher und deliriöser Weise zur Verstärkung einer Abwehrformel verwendet worden. Ein andermal sprach er von seinem Hauptzauberwort, das er zum Schutze gegen alle Anfechtungen aus den Anfangsbuchstaben aller heilkräftigsten Gebete zusammengesetzt und mit einem angehängten *Amen* versehen hatte. Ich kann das Wort selbst nicht hierhersetzen aus Gründen, die sich sogleich ergeben werden[1]. Denn als ich es erfuhr, mußte ich bemerken, daß es vielmehr ein Anagramm des Namens seiner verehrten Dame war; in diesem Namen war ein *S* enthalten, welches er ans Ende und unmittelbar vor das angehängte *Amen* gesetzt hatte. Er hatte also – wir dürfen sagen: seinen Samen mit der Geliebten zusammengebracht, d. h. mit ihrer Person in der Vorstellung onaniert. Diesen aufdringlichen Zusammenhang hatte er aber selbst nicht bemerkt; die Abwehr hatte sich vom Verdrängten narren lassen. Übrigens ein gutes Beispiel für den Satz, daß mit der Zeit das Abzuwehrende sich regelmäßig Eingang in das verschafft, wodurch es abgewehrt wird.

Wenn behauptet wird, daß die Zwangsgedanken eine Entstellung erfahren haben ähnlich wie die Traumgedanken, ehe sie zum Trauminhalte werden, so darf uns die Technik dieser Entstellung interessieren, und es stünde nichts im Wege, die verschiedenen Mittel derselben an einer Reihe von übersetzten und verstandenen Zwangsideen darzulegen. Auch hiervon kann ich aber unter den Bedingungen dieser Publikation nur einzelne Proben geben. Nicht alle Zwangsideen unseres Patienten waren so kompliziert gebaut und so schwer aufzuschließen wie die große Rattenvorstellung. Bei anderen war eine sehr einfache Technik gebraucht worden, die der Entstellung durch Auslassung – *Ellipse* –, die beim Witz so vorzügliche Anwendung findet, aber auch hier ihre Schuldigkeit als Schutzmittel gegen das Verständnis tat.

Eine seiner ältesten und beliebtesten Zwangsideen (vom Wert einer Mahnung oder Warnung) lautete z. B.: *»Wenn ich die Dame heirate, geschieht dem Vater ein Unglück«* (im Jenseits). Setzen wir die übersprungenen und aus der Analyse bekannten Zwischenglieder ein, so lautet

[1] [Das Wort hieß, wie die Originalnotizen (1955*a*) enthüllen, »Glejisamen« (oder »Glejsamen«). Der Vorname der Dame war Gisela.]

der Gedankengang: »Wenn der Vater lebte, so würde er über meinen Vorsatz, die Dame zu heiraten, ebenso wütend werden wie damals in der Kinderszene, so daß ich wiederum eine Wut gegen ihn bekäme und ihm alles Böse wünschte, was sich kraft der Allmacht[1] meiner Wünsche an ihm erfüllen müßte.«

Oder ein anderer Fall von elliptischer Auflösung, gleichfalls einer Warnung oder eines asketischen Verbotes. Er hatte eine herzige kleine Nichte, die er sehr liebte. Eines Tages bekam er die Idee: *»Wenn du dir einen Koitus gestattest, wird der Ella ein Unglück geschehen«* (sterben). Mit Einsetzung des Ausgelassenen: »Bei jedem Koitus, auch mit einer Fremden, mußt du doch daran denken, daß der Sexualverkehr in deiner Ehe nie ein Kind zur Folge haben wird« (die Sterilität seiner Geliebten). »Das wird dir so leid tun, daß du auf die kleine Ella neidisch werden und der Schwester das Kind nicht gönnen wirst. Diese neidischen Regungen müssen den Tod des Kindes zur Folge haben.«[2]

Die elliptische Entstellungstechnik scheint für die Zwangsneurose typisch zu sein; ich bin ihr auch bei den Zwangsgedanken anderer Patienten begegnet. Besonders durchsichtig und durch eine gewisse Ähnlichkeit mit der Struktur der Rattenvorstellung interessant war ein Fall von Zweifel bei einer wesentlich an Zwangshandlungen leidenden Dame. Sie ging mit ihrem Manne in Nürnberg spazieren und ließ sich von ihm in einen Laden begleiten, in dem sie verschiedene Gegenstände für ihr Kind, darunter auch einen Kamm, einkaufte. Der Mann, dem das Wählen zu lange dauerte, gab an, er habe auf dem Wege einige Münzen bei einem Antiquar gesehen, die er erwerben wolle; er werde sie nach dem Kaufe aus diesem Laden abholen. Er blieb aber nach ihrer Schätzung viel zu lange aus. Als er wiederkam und auf die Frage, wo er sich aufgehalten, antwortete: »Eben bei jenem Antiquar«, bekam sie in demselben Momente den quälenden Zweifel, ob sie den fürs Kind gekauften Kamm nicht vielmehr seit jeher besessen habe. Natürlich ver-

---

[1] Über diese »Allmacht« siehe später [unten, S. 92].

[2] An die Verwendung der Auslassungstechnik beim Witze will ich durch einige Beispiele erinnern, die ich einer Schrift von mir entnehme. (*Der Witz und seine Beziehung zum Unbewußten*, 1905 *c*, *Studienausgabe*, Bd. 4, S. 75.) »In Wien lebt ein geistreicher und kampflustiger Schriftsteller, der sich durch die Schärfe seiner Invektive wiederholt körperliche Mißhandlungen von seiten der Angegriffenen zugezogen hat. Als einmal eine neue Missetat eines seiner habituellen Gegner beredet wurde, äußerte ein Dritter: ›*Wenn der X. das hört, bekommt er eine Ohrfeige* ...‹ Der Widersinn vergeht, wenn man in die Lücke einsetzt: ›*Dann schreibt er einen so bissigen Artikel gegen den Betreffenden, daß*‹ usw.« [Der erwähnte »X« war Karl Kraus.] – Dieser elliptische Witz zeigt auch inhaltliche Übereinstimmung mit dem obigen ersten Beispiel.

stand sie den simplen Zusammenhang nicht aufzudecken. Wir können gar nicht anders als diesen Zweifel für einen verschobenen erklären und den vollständigen unbewußten Gedanken in folgender Art konstruieren: »Wenn es wahr ist, daß du nur beim Antiquar warst, wenn ich das glauben soll, dann kann ich ebenso glauben, daß ich diesen eben gekauften Kamm schon seit Jahren besitze.« Also eine höhnische persiflierende Gleichstellung, ähnlich wie der Gedanke unseres Patienten [S. 80]: »Ja, so gewiß die beiden (Vater und Dame) Kinder bekommen werden, so gewiß werde ich dem A. das Geld zurückgeben.« Bei der Dame hing der Zweifel an der ihr unbewußten Eifersucht, die sie annehmen ließ, ihr Mann habe das Intervall zu einem galanten Besuch benutzt.

Eine psychologische Würdigung des Zwangsdenkens versuche ich diesmal nicht zu unternehmen. Sie würde außerordentlich wertvolle Ergebnisse bringen und zur Klärung unserer Einsichten in das Wesen des Bewußten und Unbewußten mehr leisten als das Studium der Hysterie und der hypnotischen Erscheinungen. Es wäre sehr wünschenswert, daß die Philosophen und Psychologen, welche vom Hörensagen her oder aus ihren konventionellen Definitionen scharfsinnige Lehren über das Unbewußte entwickeln, sich vorher die entscheidenden Eindrücke aus den Erscheinungen des Zwang[s]denkens holten; man könnte es beinahe fordern, wenn es nicht soviel mühseliger wäre als die ihnen sonst vertrauten Arbeitsweisen. Ich werde hier nur noch anführen, daß bei der Zwangsneurose gelegentlich die unbewußten seelischen Vorgänge in reinster, unentstellter Form zum Bewußten durchbrechen, daß der Durchbruch von den verschiedensten Stadien des unbewußten Denkprozesses her erfolgen kann und daß die Zwangsvorstellungen im Momente des Durchbruches meist als längst bestehende Bildungen erkannt werden können. Daher die auffällige Erscheinung, daß der Zwangskranke, wenn man mit ihm dem ersten Auftreten einer Zwangsidee nachforscht, dieselbe im Laufe der Analyse immer weiter nach rückwärts verlegen muß, immer neue erste Veranlassungen für sie findet.

B. EINIGE PSYCHISCHE BESONDERHEITEN DER ZWANGSKRANKEN – IHR VERHÄLTNIS ZUR REALITÄT, ZUM ABERGLAUBEN UND ZUM TOD

Ich habe hier einige seelische Charaktere der Zwangskranken zu behandeln, welche an sich nicht wichtig scheinen, aber auf dem Wege zum

Verständnisse von Wichtigerem liegen. Sie waren bei meinem Patienten sehr deutlich ausgesprochen – ich weiß aber, daß sie nicht seiner Individualität, sondern seinem Leiden zuzurechnen sind und sich in ganz typischer Weise bei anderen Zwangskranken wiederfinden.

Unser Patient war in hohem Grade abergläubisch, und dies zwar, obwohl er ein hochgebildeter, aufgeklärter Mann von bedeutendem Scharfsinn war und zuzeiten versichern konnte, daß er von all dem Plunder nichts für wahr halte. Er war also abergläubisch und war es doch nicht und unterschied sich doch deutlich von den ungebildeten Abergläubischen, die sich eins mit ihrem Glauben fühlen. Er schien zu verstehen, daß sein Aberglaube von seinem Zwangsdenken abhing, obwohl er sich zuzeiten voll zu ihm bekannte. Ein so widerspruchsvolles und schwankendes Benehmen läßt sich am ehesten unter dem Gesichtswinkel eines bestimmten Erklärungsversuches erfassen. Ich habe nicht gezögert anzunehmen, daß er betreffs dieser Dinge zwei verschiedene und entgegengesetzte Überzeugungen hatte und nicht etwa eine noch unfertige Meinung. Zwischen diesen beiden Meinungen oszillierte er dann in sichtbarster Abhängigkeit von seiner sonstigen Stellung zum Zwangsleiden. Sowie er eines Zwanges Herr geworden war, belächelte er seine Leichtgläubigkeit mit überlegenem Verständnis, und es ereignete sich ihm nichts, was ihn hätte erschüttern können, und sobald er wieder unter die Herrschaft eines ungelösten Zwanges – oder was gleichwertig ist: eines Widerstandes – gekommen war, erlebte er die sonderbarsten Zufälle, welche der gläubigen Überzeugung zu Hilfe kamen.
Sein Aberglaube war immerhin der eines gebildeten Mannes und sah von Abgeschmacktheiten, wie die Angst vor dem Freitag, vor der Zahl 13 u. dgl., ab. Er glaubte aber an Vorzeichen, an prophetische Träume, begegnete beständig jenen Personen, mit denen er sich unerklärlicherweise eben beschäftigt hatte, und erhielt Briefe von Korrespondenten, die sich ihm nach den längsten Pausen plötzlich in geistige Erinnerung gebracht hatten. Dabei war er rechtschaffen genug oder vielmehr so weit seiner offiziellen Überzeugung getreu, daß er Fälle nicht vergessen hatte, in denen die intensivsten Ahnungen zu nichts gekommen waren, z. B. einmal als er sich in den Sommeraufenthalt begab, die sichere Ahnung, er werde nicht mehr lebend nach Wien zurückkehren. Auch gab er zu, daß die größte Mehrzahl der Vorzeichen Dinge betrafen, die keine besondere Bedeutung für seine Person hatten, und daß, wenn er einem Bekannten begegnete, an den er sehr lange nicht und gerade wenige Mo-

mente vorher gedacht hatte, sich zwischen diesem wundersam Erschauten und ihm weiter nichts zutrug. Natürlich war er auch nicht imstande, es in Abrede zu stellen, daß alles Bedeutsame seines Lebens sich ohne Vorzeichen zugetragen hatte, so wie er z. B. vom Tode des Vaters ahnungslos überrascht worden war. Aber alle solche Argumente änderten an dem Zwiespalt seiner Überzeugungen nichts und erwiesen nur den Zwangscharakter seines Aberglaubens, der bereits aus dessen mit dem Widerstand gleichsinnigen Schwankungen zu erschließen war.

Ich war natürlich nicht in der Lage, alle seine älteren Wundergeschichten rationell aufzuklären, aber für das, was sich von ähnlichen Dingen während der Zeit der Behandlung ereignete, konnte ich ihm nachweisen, daß er selbst beständig an der Fabrikation der Wunder beteiligt sei und welcher Mittel er sich dabei bediene. Er arbeitete mit dem indirekten Sehen und Lesen [1], mit Vergessen und vor allem mit Gedächtnistäuschungen. Am Ende half er mir selbst die kleinen Taschenspielerkünste aufdecken, durch welche jene Wunder gemacht wurden. Als interessante infantile Wurzel seines Glaubens an das Eintreffen von Ahnungen und von Vorhersagen ergab sich einmal die Erinnerung, daß die Mutter so oft, wenn ein Termin gewählt werden sollte, gesagt hatte: »An dem und dem Tage kann ich nicht; da werde ich liegen müssen.« Und wirklich lag sie an dem angekündigten Tage jedesmal zu Bett!

Unverkennbar, daß es ihm ein Bedürfnis war, im Erleben solche Stützpunkte für seinen Aberglauben zu finden, daß er darum die bekannten unerklärlichen Zufälligkeiten des Alltags so sehr beachtete und mit dem unbewußten Tun nachhalf, wo diese nicht ausreichten. Dies Bedürfnis habe ich bei vielen anderen Zwangskranken gefunden und vermute es bei noch mehreren. Es scheint mir aus dem psychologischen Charakter der Zwangsneurose gut erklärlich. Wie ich vorhin (S. 64) auseinandergesetzt, erfolgt bei dieser Störung die Verdrängung nicht durch Amnesie, sondern durch Zerreißung von kausalen Zusammenhängen infolge von Affektentziehung. Eine gewisse mahnende Kraft – die ich an anderer Stelle mit einer endopsychischen Wahrnehmung verglichen habe [2] – scheint nun diesen verdrängten Beziehungen zu verbleiben, so daß sie auf dem Wege der Projektion in die Außenwelt eingetragen werden und dort Zeugnis ablegen für das im Psychischen Unterbliebene.

---

[1] [D. h. durch Gebrauch der peripheren Teile der Retina, statt der Macula.]

[2] *Zur Psychopathologie des Alltagslebens* (1901 *b*), Kapitel XII, Abschnitt C (*b*). [Das Thema des Aberglaubens diskutiert Freud ferner in seiner späteren Arbeit ›Das Unheimliche‹ (1919 *h*).]

Ein anderes den Zwangskranken gemeinsames seelisches Bedürfnis, das mit dem eben erwähnten eine gewisse Verwandtschaft hat und dessen Verfolgung tief in die Trieberforschung führt, ist das nach der *Unsicherheit* im Leben oder nach dem *Zweifel.* Die Herstellung der Unsicherheit ist eine der Methoden, welche die Neurose anwendet, um den Kranken aus der *Realität* zu ziehen und von der Welt zu isolieren, was ja in der Tendenz jeder psychoneurotischen Störung liegt. Es ist wiederum überdeutlich, wieviel die Kranken dazutun, um einer Sicherheit auszuweichen und in einem Zweifel verharren zu können; ja, bei einigen findet diese Tendenz einen lebendigen Ausdruck in ihrer Abneigung gegen – Uhren, die wenigstens die Zeitbestimmung sichern, und in ihren unbewußt ausgeführten Kunststückchen, jedes solche den Zweifel ausschließende Instrument unschädlich zu machen. Unser Patient hatte eine besondere Geschicklichkeit in der Vermeidung von Auskünften entwickelt, welche einer Entscheidung in seinem Konflikt förderlich gewesen wären. So war er über die für die Eheschließung maßgebendsten Verhältnisse seiner Geliebten nicht aufgeklärt, wußte angeblich nicht zu sagen, wer die Operation an ihr ausgeführt und ob sie ein- oder doppelseitig gewesen sei. Er wurde dazu verhalten, das Vergessene zu erinnern und das Vernachlässigte zu erkunden.
Die Vorliebe der Zwangskranken für die Unsicherheit und den Zweifel wird für sie zum Motiv, um ihre Gedanken vorzugsweise an jene Themen zu heften, wo die Unsicherheit eine allgemein menschliche ist, unser Wissen oder unser Urteil durch Notwendigkeit dem Zweifel ausgesetzt bleiben mußte. Solche Themen sind vor allem: Die Abstammung vom Vater, die Lebensdauer, das Leben nach dem Tode und das Gedächtnis, dem wir ja Glauben zu schenken pflegen, ohne für seine Verläßlichkeit die mindeste Gewähr zu besitzen [1].

Der Unsicherheit des Gedächtnisses bedient sich die Zwangsneurose in ausgiebigster Weise zur Symptombildung; welche Rolle Lebensdauer

[1] Lichtenberg: »Ob der Mond bewohnt ist, weiß der Astronom ungefähr mit der Zuverlässigkeit, mit der er weiß, wer sein Vater war, aber nicht mit der, woher er weiß, wer seine Mutter gewesen ist.« – Es war ein großer Kulturfortschritt, als die Menschen sich entschlossen, den Schluß neben das Zeugnis der Sinne zu stellen und vom Mutterrecht zum Vaterrecht überzugehen. – Prähistorische Figuren, in denen eine kleinere Gestalt auf dem Kopfe einer größeren sitzt, stellen die Abstammung vom Vater dar: die mutterlose Athene entspringt aus dem Haupte des Zeus. Noch in unserer Sprache heißt der *Zeuge* vor Gericht, der etwas beglaubigt, nach dem männlichen Anteil am Geschäfte der Fortpflanzung, und schon in den Hieroglyphen wird der Zeuge mit dem Bilde der männlichen Genitalien geschrieben.

und Jenseits inhaltlich im Denken der Kranken spielen, werden wir bald erfahren. Ich will als passendsten Übergang vorher noch jenen Zug des Aberglaubens bei unserem Patienten besprechen, dessen Erwähnung an einer früheren Stelle (S. 87) gewiß bei mehr als einem Leser Befremden erregt haben wird.

Ich meine die von ihm behauptete *Allmacht* seiner Gedanken und Gefühle, guten und bösen Wünsche. Die Versuchung, diese Idee für einen Wahn zu erklären, welcher das Maß der Zwangsneurose überschreitet, ist gewiß nicht gering; allein ich habe dieselbe Überzeugung bei einem andern Zwangskranken gefunden, der seit langem hergestellt ist und sich normal betätigt, und eigentlich benehmen sich alle Zwangsneurotiker so, als ob sie diese Überzeugung teilten. Es wird unsere Aufgabe sein, diese Überschätzung aufzuklären. Nehmen wir ohneweiters an, daß in diesem Glauben ein Stück des alten Kindergrößenwahnes ehrlich eingestanden wird, und befragen wir unseren Patienten, worauf er seine Überzeugung stützt. Er antwortet mit der Berufung auf zwei Erlebnisse. Als er zum zweitenmal in jene Wasserheilanstalt kam, in welcher er die erste und einzige Beeinflussung seines Leidens erfahren hatte [vgl. S. 38], verlangte er das nämliche Zimmer wieder, welches seine Beziehungen zu einer der Pflegerinnen durch seine Lage begünstigt hatte. Er erhielt die Antwort: das Zimmer sei schon vergeben, ein alter Professor habe es bereits bezogen, und er reagiert auf diese seine Kuraussichten sehr herabsetzende Nachricht mit den unfreundlichen Worten: »Dafür soll ihn aber der Schlag treffen.« Vierzehn Tage später erwachte er aus dem Schlaf, durch die Vorstellung einer Leiche gestört, und am Morgen hörte er, daß den Professor wirklich der Schlag getroffen und daß man ihn etwa um die Zeit seines Erwachens aufs Zimmer gebracht habe[1]. Das andere Erlebnis betraf ein älteres, sehr liebebedürftiges Mädchen, welches sich sehr entgegenkommend gegen ihn benahm und ihn einmal direkt befragte, ob er sie nicht liebhaben könne. Er gab eine ausweichende Antwort; wenige Tage nachher hörte er, daß sich das Mädchen aus dem Fenster gestürzt habe. Er machte sich nun Vorwürfe und sagte sich, es wäre in seiner Macht gelegen, sie am Leben zu erhalten, wenn er ihr seine Liebe geschenkt hätte. Auf solche Weise gewann er die Überzeugung von der Allmacht seiner Liebe und seines Hasses. Ohne die Allmacht der Liebe zu leugnen, wollen wir hervorheben, daß es sich in beiden Fällen um den Tod handelt, und

[1] [Diese Episode wird von Freud ferner in seiner Arbeit ›Das Unheimliche‹ (*Studienausgabe*, Bd. 4, S. 262–63) angeführt und weiter erörtert.]

werden uns der naheliegenden Erklärung anschließen, daß unser Patient wie andere Zwangskranke gezwungen ist, die Wirkung seiner feindseligen Gefühle in der Außenwelt zu überschätzen, weil seiner bewußten Kenntnis ein großes Stück der innern, psychischen Wirkung derselben Gefühle entgeht. Seine Liebe – oder vielmehr sein Haß – sind wirklich übermächtig; sie schaffen gerade jene Zwangsgedanken, deren Herkunft er nicht versteht und gegen die er sich erfolglos wehrt[1].

Zum Thema des Todes hatte unser Patient ein ganz besonderes Verhältnis. Er nahm an allen Todesfällen warmen Anteil, beteiligte sich pietätvoll an den Leichenbegängnissen, so daß er von den Geschwistern spöttisch der Leichenvogel genannt werden konnte; er brachte aber auch in der Phantasie beständig Leute um, um herzliche Teilnahme mit den Hinterbliebenen zu äußern. Der Tod einer älteren Schwester, als er zwischen 3 und 4 Jahren alt war [s. S. 71], spielte in seinen Phantasien eine große Rolle und war in die innigste Beziehung zu den kindlichen Missetaten jener Jahre gebracht worden. Wir wissen ferner, wie frühzeitig der Gedanke an den Tod des Vaters ihn beschäftigt hatte, und dürfen seine Erkrankung selbst als Reaktion auf dieses 15 Jahre vorher im Zwange gewünschte Ereignis auffassen. Nichts anderes als eine Kompensation für diese Todeswünsche gegen den Vater ist die befremdliche Erstreckung seiner Zwangsbefürchtungen auf das »Jenseits«. Sie wurde eingeführt, als die Trauer um den verstorbenen Vater 1½ Jahre später eine Auffrischung erfuhr, und sollte, der Realität zum Trotze und dem Wunsche, der sich vorher in allerlei Phantasien versucht hatte, zuliebe, den Tod des Vaters wiederaufheben[2]. Wir haben den Zusatz »im Jenseits« an mehreren Stellen (S. 84 und 86 f.) übersetzen gelernt mit den Worten: »wenn der Vater noch lebte«.

Aber nicht viel anders als unser Patient benehmen sich andere Zwangskranke, denen das Schicksal nicht ein erstes Zusammentreffen mit dem Phänomen des Todes in so frühen Jahren beschieden hat. Ihre Gedan-

[1] (*Zusatz 1923:*) Die Allmacht der Gedanken, richtiger der Wünsche, ist seither als ein wesentliches Stück des primitiven Seelenlebens erkannt worden. (Siehe *Totem und Tabu*, 1912–13 [III. Aufsatz, Abschnitt 3 (*Studienausgabe*, Bd. 9, S. 374–78); das Buch enthält zahlreiche Diskussionen der Zwangsneurose – insbesondere in den Abschnitten 2 und 3 (*c*) von Aufsatz II (ibid., S. 318–26, S. 347 f., S. 350 f.) und Abschnitt 3 von Aufsatz III (ibid., S. 374–76)].)

[2] [Den Gebrauch, den Zwangsneurotiker von den Abwehrmechanismen des »Ungeschehenmachens« und »Isolierens« machten (s. unten, S. 198 f. und S. 101), erörtert Freud in Kapitel VI von *Hemmung, Symptom und Angst* (1926 *d*, *Studienausgabe*, Bd. 6, S. 263–66); in dieser Arbeit wird die Psychologie der Zwangsneurose an zahlreichen Stellen diskutiert.]

ken beschäftigen sich unausgesetzt mit der Lebensdauer und der Todesmöglichkeit anderer, ihre abergläubischen Neigungen hatten zuerst keinen andern Inhalt und haben vielleicht überhaupt keine andere Herkunft. Vor allem aber bedürfen sie der Todesmöglichkeit zur Lösung der von ihnen ungelöst gelassenen Konflikte. Ihr wesentlicher Charakter ist, daß sie der Entscheidung zumal in Liebessachen unfähig sind; sie trachten jede Entscheidung hinauszuschieben, und im Zweifel, für welche Person oder für welche Maßregel gegen eine Person sie die Entscheidung treffen sollen, muß das alte deutsche Reichsgericht ihr Vorbild werden, dessen Prozesse gewöhnlich durch den Tod der streitenden Parteien vor dem Richterspruch beendigt wurden. So lauern sie in jedem Lebenskonflikt auf den Tod einer für sie bedeutsamen, zumeist einer geliebten Person, sei es eines Teiles der Eltern, sei es eines Nebenbuhlers oder eines der Liebesobjekte, zwischen denen ihre Neigung schwankt. Mit dieser Würdigung des Todeskomplexes bei der Zwangsneurose streifen wir aber bereits an das Triebleben der Zwangskranken, das uns nun beschäftigen soll.

C. Das Triebleben und die Ableitung von Zwang und Zweifel

Wenn wir zur Kenntnis der psychischen Kräfte gelangen wollen, deren Gegenspiel diese Neurose aufgebaut hat, so müssen wir auf das zurückgreifen, was wir bei unserem Patienten über die Anlässe seiner Erkrankung im reifen Alter und in der Kindheit erfahren haben. Er erkrankte in den zwanziger Jahren, als er vor die Versuchung gestellt wurde, ein anderes Mädchen als die von ihm längst Geliebte zu heiraten, und entzog sich der Entscheidung dieses Konfliktes durch Aufschub aller für deren Vorbereitung erforderlichen Tätigkeiten, wozu ihm die Neurose die Mittel lieferte. Das Schwanken zwischen der Geliebten und der anderen läßt sich auf den Konflikt zwischen dem Einfluß des Vaters und der Liebe zur Dame reduzieren, also auf eine Konfliktwahl zwischen Vater und Sexualobjekt, wie sie den Erinnerungen und Zwangseinfällen zufolge schon in früher Kindheit bestanden hatte. Überdies ist durch sein ganzes Leben unverkennbar, daß in bezug auf seine Geliebte wie auf seinen Vater ein Widerstreit zwischen Liebe und Haß bei ihm bestand. Rachephantasien und Zwangserscheinungen wie der Verstehzwang oder die Hantierung mit dem Steine auf der Landstraße [S. 60] bezeugen diesen Zwiespalt in ihm, der bis zu einem gewissen Grade normal verständlich war, denn die Geliebte hatte ihm durch eine erste Abweisung [S. 63] und durch spätere Kühle Grund zu feindseligen Gefühlen gegeben. Aber die gleiche Zwiespältigkeit der Gefühle beherrschte, wie wir durch die Übersetzung seiner Zwangsgedanken erfahren haben, sein Verhältnis zum Vater, und auch der Vater mußte ihm in Kinderzeiten Grund zur Feindseligkeit gegeben haben, wie wir fast mit Sicherheit feststellen konnten. Sein aus Zärtlichkeit und Feindseligkeit zusammengesetztes Verhältnis zur Geliebten fiel zum großen Teile in seine bewußte Wahrnehmung. Er täuschte sich höchstens über das Maß und über den Ausdruck des negativen Gefühls, hingegen war die einst intensiv bewußt gewesene Feindseligkeit gegen den Vater ihm längst entrückt und konnte nur gegen seinen heftigen Widerstand ins Bewußtsein zurückgebracht werden. In der Verdrängung des infantilen Hasses gegen den Vater erblicken wir jenen Vorgang, welcher alles weitere Geschehen in den Rahmen der Neurose zwang.

Die einzeln bei unserem Patienten aufgezählten Gefühlskonflikte sind nicht unabhängig voneinander, sondern paarig miteinander verlötet. Der Haß gegen die Geliebte mußte sich zur Anhänglichkeit an den Vater summieren und umgekehrt. Aber die zwei Konfliktströmungen, die nach dieser Vereinfachung erübrigen, der Gegensatz zwischen dem Vater und der Geliebten und der Widerspruch von Liebe und Haß in jedem einzelnen Verhältnisse, haben inhaltlich wie genetisch nichts miteinander zu schaffen. Der erste der beiden Konflikte entspricht dem normalen Schwanken zwischen Mann und Weib als Objekten der Liebeswahl, welches dem Kinde zuerst in der berühmten Frage nahegebracht wird: »Wen hast du lieber, Papa oder Mama?« und das ihn dann durchs Leben begleitet trotz aller Verschiedenheiten in der Ausbildung der Empfindungsintensitäten und in der Fixierung der endgültigen Sexualziele. Nur verliert diese Gegensätzlichkeit normalerweise bald den Charakter des scharfen Widerspruches, des unerbittlichen Entweder–Oder: es wird Raum für die ungleichen Ansprüche beider Teile geschaffen, obwohl auch beim Normalen jederzeit die Wertschätzung des einen Geschlechtes durch die Entwertung des anderen gehoben wird.

Fremdartiger berührt uns der andere der Konflikte, der zwischen Liebe und Haß. Wir wissen, daß beginnende Verliebtheit häufig als Haß wahrgenommen wird, daß Liebe, der die Befriedigung versagt ist, sich leicht zum Teil in Haß umsetzt, und hören von den Dichtern, daß in stürmischen Stadien der Verliebtheit beide gegensätzliche Gefühle eine Zeitlang nebeneinander wie im Wettstreite bestehen können. Aber ein chronisches Nebeneinander von Liebe und Haß gegen dieselbe Person, beide Gefühle von höchster Intensität, setzt uns in Erstaunen. Wir hätten erwartet, daß die große Liebe längst den Haß überwunden hätte oder von ihm aufgezehrt worden wäre. Wirklich ist ein solcher Fortbestand der Gegensätze nur unter besonderen psychologischen Bedingungen und durch Mitwirkung des unbewußten Zustandes möglich. Die Liebe hat den Haß nicht auslöschen, sondern nur ins Unbewußte drängen können, und im Unbewußten kann er, gegen die Aufhebung durch die Bewußtseinswirkung geschützt, sich erhalten und selbst wachsen. Die bewußte Liebe pflegt unter diesen Umständen reaktionsweise zu einer besonders hohen Intensität anzuschwellen, damit sie der ihr konstant auferlegten Arbeit gewachsen sei, ihr Gegenspiel in der Verdrängung zurückzuhalten. Eine sehr frühzeitig, in den prähistorischen Kindheitsjahren erfolgte Scheidung der beiden Gegensätze mit Verdrängung des einen Anteiles, gewöhnlich des Hasses, scheint die Bedingung dieser befremdenden Konstellation des Liebeslebens zu sein [1].

Wenn man eine Anzahl von Analysen Zwangskranker überschaut, so muß man den Eindruck gewinnen, daß ein solches Verhalten von Liebe und Haß wie bei unserem Patienten zu den häufigsten, ausgesprochensten und darum wahrscheinlich bedeutsamsten Charakteren der Zwangsneurose gehört. Aber so verlockend es wäre, das Problem der »Neurosenwahl« [2] auf das Triebleben zu beziehen, man hat doch Gründe genug, dieser Versuchung aus dem Wege zu gehen, und muß sich sagen, daß man bei allen Neurosen die nämlichen unterdrückten Triebe als Symptomträger aufdeckt. Der von der Liebe in der Unterdrückung des Unbewußten zurückgehaltene Haß spielt doch auch eine große Rolle in der Pathogenese der Hysterie und der Paranoia. Wir kennen das Wesen der Liebe zu wenig, um hier eine bestimmte Entscheidung zu treffen; insbesondere das Verhältnis ihres *negativen Faktors* [3] zur sadistischen

---

[1] Vgl. die Erörterungen hierüber in einer der ersten Sitzungen [oben, S. 53–4]. – (*Zusatz 1923*:) Für diese Gefühlskonstellation ist später von Bleuler [1910] der passende Name »Ambivalenz« geschaffen worden. Vgl. übrigens die spätere Fortführung dieser Erörterungen im Aufsatze ›Die Disposition zur Zwangsneurose‹ (1913 *i*) [s. S. 109 ff. im vorliegenden Band].

[2] [Dieses Problem beschäftigte Freud seit langem, und er kam mehrfach darauf zurück, s. die ›Editorische Vorbemerkung‹ zu ›Die Disposition zur Zwangsneurose‹, unten, S. 107–8, wie auch diese Arbeit selbst, S. 109 ff.]

[3] »Ja, oft habe ich den Wunsch, ihn nicht mehr unter den Lebenden zu sehen. Und doch, wenn das je einträfe, ich weiß, ich würde noch viel unglücklicher sein, so wehrlos, so ganz wehrlos bin ich gegen ihn«, sagt Alkibiades über den Sokrates im *Symposion* (übersetzt von

Komponente der Libido ist völlig ungeklärt. Es hat daher etwa den Wert einer vorläufigen Auskunft, wenn wir sagen: in den besprochenen Fällen von unbewußtem Hasse sei die sadistische Komponente der Liebe konstitutionell besonders stark entwickelt gewesen, habe darum eine vorzeitige und allzu gründliche Unterdrückung erfahren, und nun leiten sich die beobachteten Phänomene der Neurose einerseits von der durch Reaktion in die Höhe getriebenen bewußten Zärtlichkeit, anderseits von dem im Unbewußten als Haß fortwirkenden Sadismus ab.

Wie immer aber dies merkwürdige Verhalten von Liebe und Haß zu verstehen sein mag, sein Vorkommen ist durch die Beobachtung an unserem Patienten über jeden Zweifel erhaben, und es ist erfreulich zu sehen, wie leicht begreiflich nun die rätselhaften Vorgänge der Zwangsneurose durch die Beziehung auf dieses eine Moment werden. Steht einer intensiven Liebe ein fast ebenso starker Haß bindend entgegen, so muß die nächste Folge eine partielle Willenslähmung sein, eine Unfähigkeit zur Entschließung in all den Aktionen, für welche die Liebe das treibende Motiv sein soll. Aber die Unentschlossenheit bleibt nicht lange auf eine Gruppe von Handlungen beschränkt. Denn erstens, welche Handlungen eines Liebenden träten nicht mit seinem Hauptmotiv in Beziehung? Zweitens kommt dem sexuellen Verhalten eine vorbildliche Macht zu, mit der es umformend auf die übrigen Reaktionen eines Menschen wirkt, und drittens liegt es im psychologischen Charakter der Zwangsneurose, von dem Mechanismus der *Verschiebung* den ausgiebigsten Gebrauch zu machen. So breitet sich die Entschlußlähmung allmählich über das gesamte Tun des Menschen aus.

Damit ist die Herrschaft von *Zwang* und *Zweifel*, wie sie uns im Seelenleben der Zwangskranken entgegentreten, gegeben. Der *Zweifel* entspricht der innern Wahrnehmung der Unentschlossenheit, welche, infolge der Hemmung der Liebe durch den Haß, bei jeder beabsichtigten Handlung sich des Kranken bemächtigt. Er ist eigentlich ein Zweifel an der Liebe, die ja das subjektiv Sicherste sein sollte, der auf alles übrige diffundiert und sich vorzugsweise auf das indifferenteste Kleinste[1] ver-

---

R. Kassner). [Einige spätere Ansichten Freuds zu diesem Thema finden sich auf den letzten Seiten von ›Triebe und Triebschicksale‹ (1915 *c*; *Studienausgabe*, Bd. 3, S. 90–102) und in Kapitel IV von *Das Ich und das Es* (1923 *b*).]

[1] Vgl. die Darstellung durch ein Kleinstes als Witztechnik. [*Der Witz und seine Beziehung zum Unbewußten* (1905 *c*), Kapitel II (*Studienausgabe*, Bd. 4, S. 77–8). S. auch ›Zwangshandlungen und Religionsübungen‹ (1907 *b*), oben, S. 20. Freud kam auf diesen Punkt später noch einmal zu sprechen, und zwar am Schluß seiner Arbeit ›Die Verdrängung‹ (1915 *d*), *Studienausgabe*, Bd. 3, S. 117.]

schoben hat. Wer an seiner Liebe zweifelt, darf, muß doch auch an allem andern, geringeren, Zweifeln?[1]

Es ist derselbe Zweifel, der bei den Schutzmaßregeln zur Unsicherheit und zur fortgesetzten Wiederholung führt, um diese Unsicherheit zu bannen, der es endlich zustande bringt, daß diese Schutzhandlungen ebenso unvollziehbar werden wie die ursprünglich gehemmte Liebesentschließung. Ich mußte anfangs[2] meiner Erfahrungen eine andere und allgemeinere Ableitung der Unsicherheit bei den Zwangskranken annehmen, die sich näher an die Norm anzuschließen schien. Wenn ich z. B. während der Abfassung eines Briefes durch Zwischenfragen einer andern Person gestört worden bin, so empfinde ich hernach eine berechtigte Unsicherheit, was ich wohl unter dem Einflusse der Störung geschrieben haben mag, und ich bin genötigt, zur Sicherheit den Brief, nachdem er fertig geworden ist, nochmals durchzulesen. So konnte ich auch meinen, daß die Unsicherheit der Zwangskranken, z. B. bei ihren Gebeten, daher rühre, daß sich ihnen unaufhörlich unbewußte Phantasien als Störer in die Tätigkeit des Betens mengten. Diese Annahme war richtig und ist doch leicht mit unserer früheren Behauptung zu versöhnen. Es trifft zu, daß die Unsicherheit, eine Schutzmaßregel vollzogen zu haben, von den störenden unbewußten Phantasien herrührt, aber diese Phantasien enthalten eben den gegenteiligen Impuls, der gerade durch das Gebet abgewehrt werden sollte. Es wird dies einmal überdeutlich bei unserem Patienten, indem die Störung nicht unbewußt bleibt, sondern sich laut vernehmen läßt. Wenn er beten will *»Gott schütze sie«*, so stürzt plötzlich aus dem Unbewußten ein feindseliges *»nicht«* dazu heraus, und er hat erraten, daß es der Ansatz zu einem Fluche ist (S. 62). Bliebe dieses »nicht« stumm, so befände auch er sich im Zustande der Unsicherheit und würde sein Beten immer mehr verlängern; auf das Lautwerden hin hat er endlich das Beten aufgegeben. Ehe er das tat, versuchte er wie andere Zwangskranke allerlei Methoden, um die Einmengung des Gegensatzes hintanzuhalten, die Verkürzung der Gebete, das beschleunigte Aussprechen derselben; andere bemühen sich, jede solche Schutzaktion sorgfältig von anderem zu *»iso-*

---

[1] Hamlets Liebesverse an Ophelia:

Doubt thou the stars are fire;
Doubt that the sun doth move;
Doubt truth to be a liar;
But never doubt I love. (Akt II, Szene 2)

[2] [In der frühen Arbeit ›Obsessions et phobies‹ (1895 *c*).]

lieren« [1]. Aber alle diese Techniken fruchten auf die Dauer nichts; hat der liebevolle Impuls in seiner Verschiebung auf eine geringfügige Handlung etwas durchführen können, so wird ihm der feindselige bald auch dahin folgen und sein Werk wieder aufheben.

Wenn dann der Zwangskranke die schwache Stelle in der Sicherung unseres Seelenlebens, die Unverläßlichkeit des Gedächtnisses, entdeckt hat, so kann er mit ihrer Hilfe den Zweifel auf alles ausdehnen, auch auf bereits vollzogene Handlungen, die noch nicht in Beziehung zum Liebe-Haß-Komplex standen, und auf die ganze Vergangenheit. Ich erinnere an das Beispiel jener Frau, die eben im Laden einen Kamm für ihre kleine Tochter gekauft hatte und nach dem Argwohn an ihrem Mann zu zweifeln begann, ob sie ihn nicht vielmehr schon längst besessen [S. 87 f.]: Sagt diese Frau nicht direkt: »Wenn ich an deiner Liebe zweifeln kann« (und das ist nur eine Projektion ihres Zweifels an der eigenen Liebe zu ihm), »so kann ich auch daran, so kann ich an allem zweifeln«, und gibt so den verborgenen Sinn des neurotischen Zweifels unserem Verständnisse preis? [2]

Der *Zwang* aber ist ein Versuch zur Kompensation des Zweifels und zur Korrektur der unerträglichen Hemmungszustände, von denen der Zweifel Zeugnis ablegt. Ist es endlich mit Hilfe der Verschiebung gelungen, irgendeinen der gehemmten Vorsätze zum Entschluß zu bringen, so *muß* dieser ausgeführt werden; es ist freilich nicht der ursprüngliche mehr, aber die dort aufgestaute Energie wird auf die Gelegenheit, an der Ersatzhandlung ihre Abfuhr zu finden, nicht mehr verzichten. Sie äußert sich also in Geboten und Verboten, indem bald der zärtliche, bald der feindliche Impuls diesen Weg zur Abfuhr erobert. Die Spannung, wenn das Zwangsgebot nicht ausgeführt werden soll, ist eine unerträgliche und wird als höchste Angst wahrgenommen. Aber der Weg selbst zu der auf ein Kleinstes verschobenen Ersatzhandlung wird so heiß umstritten, daß diese meist nur als Schutzmaßregel im engsten Anschlusse an einen abzuwehrenden Impuls durchgesetzt werden kann.

Durch eine Art von *Regression* treten ferner vorbereitende Akte an die Stelle der endgültigen Entschließung, das Denken ersetzt das Handeln, und irgendeine Gedankenvorstufe der Tat setzt sich mit Zwangsgewalt

[1] [S. Anm. 2 auf S. 93, oben.]

[2] [Einige Bemerkungen über einen weiteren Mechanismus des Zweifelns bei der Hysterie finden sich ziemlich zu Beginn von Abschnitt I der Krankengeschichte der »Dora« (1905 *e*, *Studienausgabe,* Bd. 6, S. 95–6). Über Zweifel in Zusammenhang mit Träumen s. *Die Traumdeutung* (1900 *a*), Kapitel VII (A) (*Studienausgabe,* Bd. 2, S. 494 ff.).]

durch anstatt der Ersatzhandlung. Je nachdem diese Regression vom Handeln aufs Denken mehr oder weniger ausgeprägt ist, nimmt der Fall von Zwangsneurose den Charakter des Zwangsdenkens (Zwangsvorstellung) oder des Zwangshandelns im engeren Sinne an. Diese eigentlichen Zwangshandlungen werden aber nur dadurch ermöglicht, daß in ihnen eine Art Versöhnung der beiden einander bekämpfenden Impulse in Kompromißbildungen statthat. Die Zwangshandlungen nähern sich nämlich immer mehr, und je länger das Leiden andauert, um so deutlicher, den infantilen Sexualhandlungen nach Art der Onanie. So ist es bei dieser Form der Neurose doch zu Liebesakten gekommen, aber nur mit Zuhilfenahme einer neuen Regression, nicht mehr zu Akten, die einer Person gelten, dem Objekte von Liebe und Haß, sondern zu autoerotischen Handlungen wie in der Kindheit.

Die erstere Regression, die vom Handeln aufs Denken, wird durch einen andern an der Entstehung der Neurose beteiligten Faktor begünstigt. Ein fast regelmäßiges Vorkommnis in den Geschichten der Zwangskranken ist das frühzeitige Auftreten und die vorzeitige Verdrängung des sexuellen Schau- und Wißtriebes, der ja auch bei unserem Patienten ein Stück seiner infantilen Sexualbetätigung dirigiert [S. 39 ff.] [1].

Wir haben der Bedeutung der sadistischen Komponente für die Genese der Zwangsneurose bereits gedacht; wo der Wißtrieb in der Konstitution des Zwangskranken überwiegt, da wird das Grübeln zum Hauptsymptom der Neurose. Der Denkvorgang selbst wird sexualisiert, indem die sexuelle Lust, die sich sonst auf den Inhalt des Denkens bezieht, auf den Denkakt selbst gewendet wird, und die Befriedigung beim Erreichen eines Denkergebnisses wird als sexuelle Befriedigung empfunden. Diese Beziehung des Wißtriebes zu den Denkvorgängen macht ihn besonders geeignet, in den verschiedenen Formen der Zwangsneurose, an denen er Anteil hat, die Energie, die sich vergeblich zur Handlung durchzudringen bemüht, aufs Denken zu locken, wo sich die Möglichkeit einer andern Art von Lustbefriedigung bietet. So kann sich mit Hilfe des Wißtriebes die Ersatzhandlung durch vorbereitende Denkakte weiter ersetzen. Der Aufschub im Handeln findet aber bald seinen Ersatz durch das Verweilen im Denken, und der ganze Prozeß ist schließlich mit Erhaltung all seiner Eigentümlichkeiten auf ein neues Gebiet übersetzt, wie die Amerikaner ein Haus zu »*moven*« vermögen.

[1] Hiermit hängt wahrscheinlich auch die im Durchschnitt recht große intellektuelle Begabung der Zwangskranken zusammen.

Ich würde mich nun getrauen, den lange gesuchten psychologischen Charakter, der den Produkten der Zwangsneurose das »Zwangsartige« verleiht, in Anlehnung an die obenstehenden Erörterungen zu bestimmen. Zwanghaft werden solche Denkvorgänge, welche (infolge der Gegensatzhemmung am motorischen Ende der Denksysteme) mit einem – qualitativ wie quantitativ – sonst nur für das Handeln bestimmten Energieaufwand unternommen werden, also *Gedanken, die regressiv Taten vertreten müssen.* Die Annahme wird wohl keinen Widerspruch erfahren, daß das Denken sonst aus ökonomischen Gründen mit kleineren Energieverschiebungen (wahrscheinlich auf höherem [Besetzungs-] Niveau) betrieben wird als das zur Abfuhr und zur Veränderung der Außenwelt bestimmte Handeln [1].

Was als Zwangsgedanke überstark zum Bewußtsein durchgedrungen ist, muß nun gegen die auflösenden Bemühungen des bewußten Denkens versichert werden. Wir wissen bereits, daß dieser Schutz durch die *Entstellung* erreicht wird, welche der Zwangsgedanke vor seinem Bewußtwerden erfahren hat. Doch ist dies nicht das einzige Mittel. Überdies wird selten versäumt, die einzelne Zwangsidee der Situation ihrer Entstehung zu entrücken, in welcher sie trotz der Entstellung am leichtesten dem Verständnisse zugänglich wäre. In dieser Absicht wird einerseits ein *Intervall* zwischen die pathogene Situation und die abfolgende Zwangsidee *eingeschoben,* welches die Kausalerforschungen des bewußten Denkens irreführt [2]; anderseits wird der Inhalt der Zwangsidee durch *Verallgemeinerung* aus seinen speziellen Beziehungen gelöst.

Ein Beispiel hiefür gibt unser Patient im »Verstehzwang« (S. 60); ein besseres vielleicht eine andere Kranke, die sich verbot, irgendwelchen Schmuck zu tragen, obwohl die Veranlassung auf ein einziges Schmuckstück zurückging, um welches sie ihre Mutter beneidet hatte und von dem sie hoffte, es würde ihr dereinst durch Erbschaft zufallen. Endlich dient noch zum Schutze der Zwangsidee gegen die bewußte Lösungsarbeit der unbestimmt oder zweideutig gewählte Wortlaut, wenn man diesen von der einheitlichen Entstellung absondern will. Dieser mißverstandene Wortlaut kann nun in die Delirien eingehen, und die weiteren Fortbildungen oder Ersetzungen des Zwanges werden an das Mißverständnis anknüpfen anstatt an den richtigen Text. Doch kann man

[1] [Die letztere Behauptung hatte Freud schon in Kapitel VII (E) der *Traumdeutung* (ibid., S. 569) aufgestellt. Er wiederholte sie danach in seinen ›Formulierungen über die zwei Prinzipien des psychischen Geschehens‹ (1911 *b*).]

[2] [Ein »Isolierungs«-Vorgang. S. Anm. 2, S. 93, oben.]

beobachten, daß diese Delirien bestrebt sind, immer wieder neue Beziehungen zu dem nicht im bewußten Denken aufgenommenen Gehalt und Wortlaut des Zwanges zu gewinnen.
Einer einzigen Bemerkung wegen möchte ich noch zum Triebleben der Zwangsneurose zurückkehren. Unser Patient erwies sich auch als ein *Riecher*, der nach seiner Behauptung in der Kindheit wie ein Hund jeden Menschen nach dem Geruch erkannt hatte und dem auch heute noch Riechwahrnehmungen mehr sagten als anderen[1]. Ich habe ähnliches auch bei anderen Neurotikern, Zwangskranken und Hysterikern gefunden und gelernt, der Rolle einer seit der Kindheit untergegangenen Riechlust in der Genese der Neurosen Rechnung zu tragen[2]. Ganz allgemein möchte ich die Frage aufwerfen, ob nicht die mit der Abkehrung des Menschen vom Erdboden unvermeidlich gewordene Verkümmerung des Geruch[s]sinnes und die so hergestellte organische Verdrängung der Riechlust einen guten Anteil an seiner Befähigung zu neurotischen Erkrankungen haben kann. Es ergäbe sich ein Verständnis dafür, daß bei steigender Kultur gerade das Sexualleben die Opfer der Verdrängung bringen muß. Wir wissen ja längst, welch inniger Zusammenhang in der tierischen Organisation zwischen dem Sexualtrieb und der Funktion des Riechorgans hergestellt ist[3].

Zum Schlusse dieser Arbeit will ich die Hoffnung aussprechen, daß meine in jedem Sinne unvollständigen Mitteilungen wenigstens anderen die Anregung bringen mögen, durch weitere Vertiefung in das Studium der Zwangsneurose mehr zutage zu fördern. Das Charakteristische dieser Neurose, das, was sie von der Hysterie unterscheidet, ist meines Erachtens nicht im Triebleben, sondern in den psychologischen Verhältnissen zu suchen. Ich kann meinen Patienten nicht verlassen, ohne dem Eindrucke Worte zu leihen, daß er gleichsam in drei Persönlichkeiten zerfallen war; ich würde sagen: in eine unbewußte und zwei vorbe-

[1] Ich füge hinzu, daß in seinen Kinderjahren starke koprophile Neigungen gewaltet hatten. Dazu die bereits betonte Analerotik (S. 77 [oben]).

[2] Z. B. bei gewissen Formen des Fetischismus. [Dieser Punkt wird von Freud ausführlicher in einer 1910 zur ersten der *Drei Abhandlungen zur Sexualtheorie* (1905 *d*; *Studienausgabe*, Bd. 5, S. 65, Anm. 2) hinzugefügten Fußnote erörtert. – Bezüglich eines ganz anderen Aspekts des Fetischismus s. Freuds Arbeit über diesen Gegenstand (1927 *e*), *Studienausgabe*, Bd. 3, S. 383 ff.]

[3] [Zu diesem Thema kehrte Freud viel später noch einmal zurück, und zwar in Kapitel IV von *Das Unbehagen in der Kultur* (1930 *a*), *Studienausgabe*, Bd. 9, S. 229 f., Anm., und S. 235 f., Anm. 2.]

wußte, zwischen denen sein Bewußtsein oszillieren konnte. Sein Unbewußtes umschloß die frühzeitig unterdrückten, als leidenschaftlich und böse zu bezeichnenden Regungen; in seinem Normalzustande war er gut, lebensfroh, überlegen, klug und aufgeklärt, aber in einer dritten psychischen Organisation huldigte er dem Aberglauben und der Askese, so daß er zwei Überzeugungen haben und zweierlei Weltanschauungen vertreten konnte. Diese vorbewußte Person enthielt vorwiegend die Reaktionsbildungen auf seine verdrängten Wünsche, und es war leicht vorherzusehen, daß sie bei weiterem Bestande der Krankheit die normale Person aufgezehrt hätte. Ich habe jetzt Gelegenheit, eine an schweren Zwangshandlungen leidende Dame zu studieren, die in ähnlicher Weise in eine tolerante, heitere und in eine schwer verdüsterte, asketische Persönlichkeit zerfallen ist, die erstere als ihr offizielles Ich vorschiebt, während sie von der letzteren beherrscht wird. Beide psychischen Organisationen haben Zugang zu ihrem Bewußtsein, und hinter der asketischen Person ist das ihr völlig unbekannte Unbewußte ihres Wesens aufzufinden, bestehend aus uralten, längst verdrängten Wunschregungen [1].

---

[1] (*Zusatz 1923:*) Der Patient, dem die mitgeteilte Analyse seine psychische Gesundheit wiedergegeben hatte, ist wie so viele andere wertvolle und hoffnungsvolle junge Männer im großen Krieg umgekommen.

Die Disposition zur Zwangsneurose

(Ein Beitrag zum Problem der Neurosenwahl)

(1913)

EDITORISCHE VORBEMERKUNG

Deutsche Ausgaben:

1913 *Int. Z. ärztl. Psychoanal.*, Bd. 1 (6), 525–32.
1918 *S.K.S.N.*, Bd. 4, 113–24. (1922, 2. Aufl.)
1924 *G.S.*, Bd. 5, 277–87.
1926 *Psychoanalyse der Neurosen*, 3–15.
1931 *Neurosenlehre und Technik*, 5–16.
1943 *G.W.*, Bd. 8, 442–52.

Diese Arbeit hat Freud auf dem Vierten Internationalen Psychoanalytischen Kongreß, der am 7. und 8. September 1913 in München stattfand, vorgetragen und Ende des gleichen Jahres veröffentlicht.

In ihr werden zwei besonders bedeutsame Themen erörtert. Das erste ist das im Untertitel genannte Problem der »Neurosenwahl« [1]. Dies war ein Problem, das Freud schon sehr früh beunruhigt hatte. Erste Hinweise darauf finden sich bereits in den Veröffentlichungen von 1896, siehe z. B. ›Zur Ätiologie der Hysterie‹ (1896*c*, *Studienausgabe*, Bd. 6, S. 79–80). Auch in mehreren Mitteilungen an Fließ aus jener Zeit sowie aus den darauffolgenden zwei bis drei Jahren (Freud, 1950*a*) wird es erwähnt.

In diesen frühen Auseinandersetzungen mit dem Problem lassen sich zwei Lösungen unterscheiden, die sich jedoch insofern ähneln, als sie beide für die Neurosen eine traumatische Ätiologie voraussetzen. Die erste war die in der vorliegenden Arbeit (unten, S. 111) erwähnte Theorie über Aktivität bzw. Passivität, wonach passive Sexualerlebnisse in der Frühkindheit zu Hysterie, aktive zur Zwangsneurose prädisponieren sollten. Zehn Jahre später, in einer Diskussion über die Rolle der Sexualität in den Neurosen (1906*a*), verwarf Freud diese Theorie insgesamt (*Studienausgabe*, Bd. 5, S. 153).

Die zweite dieser frühen Theorien, nicht immer deutlich von der ersten geschieden, verlegte den entscheidenden Faktor in die zeitliche Abfolge. Welche Form die Neurose annimmt, sollte von der Lebensphase abhängen, in der das traumatisierende Erlebnis sich ereignete, oder, in einer anderen Version, von der Lebensphase, in welcher gegen das Wiedererleben des traumatischen Ereignisses Abwehrmaßnahmen mobilisiert wurden.

Es verging geraume Zeit, bevor Freud etwas im Sinne einer weiteren Ausführung oder Modifizierung dieser Ansichten veröffentlichte. Erst auf den letzten Seiten seiner *Drei Abhandlungen zur Sexualtheorie* (1905*d*, *Studienausgabe*,

[1] Es handelt sich hierbei natürlich durchweg um *Psychoneurosen*.

Bd. 5, S. 138 ff.) legte der komplizierte Prozeß der Sexualentwicklung eine neue Version der chronologischen Theorie nahe: der Gedanke einer Folge von möglichen »Fixierungsstellen«, an denen der Prozeß zum Stocken kommen und zu welchen, wenn im späteren Leben Schwierigkeiten auftreten, eine Regression stattfinden kann. Einige Jahre später machte Freud eine explizite Aussage über die Beziehung zwischen dieser Folge von Fixierungsstellen und der Neurosenwahl, und zwar in den ›Formulierungen über die zwei Prinzipien des psychischen Geschehens‹ (1911 *b*) und (weit ausführlicher) in der fast gleichzeitigen Schreber-Analyse (1911 *c*, unten, S. 191 etc.). (Wahrscheinlich dachte Freud an diese Darstellung, als er hier [S. 110] von einer früheren Beschäftigung mit dem Problem sprach.) In der vorliegenden Arbeit wird die ganze Frage allerdings in allgemeinerer Form abgehandelt.

Dies führt zu dem zweiten der hier erörterten Themen von besonderer Bedeutung – nämlich den prägenitalen »Organisationen« der Libido. Die Vorstellung als solche ist uns heute so vertraut, daß wir überrascht sind zu erfahren, sie tauche in der vorliegenden Arbeit erstmals auf; tatsächlich ist der ganze von diesem Fragenkomplex handelnde Abschnitt in den *Drei Abhandlungen* (*Studienausgabe,* Bd. 5, S. 103–6) von Freud erst 1915, zwei Jahre nach Veröffentlichung der vorliegenden Arbeit, hinzugefügt worden. Natürlich reicht die Erkenntnis nichtgenitaler sexueller Partialtriebe sehr viel weiter zurück und spielt schon in der Erstausgabe der *Drei Abhandlungen* eine bedeutende Rolle. Neu ist jedoch die Auffassung, daß es in der normalen Sexualentwicklung Phasen gibt, in denen der eine oder andere Partialtrieb das ganze Bild beherrscht.

In der vorliegenden Arbeit wird nur eine dieser Phasen, nämlich die anal-sadistische, erörtert. Freud hatte schon zwei frühere Phasen der Sexualentwicklung unterschieden, die jedoch nicht durch das Vorwiegen eines Partialtriebes charakterisiert sind. Die früheste dieser Phasen, die vor jeder Objektwahl liegende autoerotische Phase, erscheint schon in der Erstausgabe der *Drei Abhandlungen* (*Studienausgabe,* Bd. 5, S. 88). Die nächste Phase, in der die erste Objektwahl erfolgt, das Objekt jedoch noch das eigene Selbst des Kindes ist, hatte Freud, unter der Bezeichnung Narzißmus, drei oder vier Jahre vor Publikation der vorliegenden Arbeit eingeführt (s. Anm. 3, unten, S. 184). Zwei weitere organisierte Phasen der Libidoentwicklung – die eine früher, die andere später als die anal-sadistische – blieben noch zu beschreiben. Die frühere, die orale Phase, ist wiederum durch die Vorherrschaft eines Partialtriebes gekennzeichnet; auf sie wird erstmals in dem bereits genannten Abschnitt der Auflage von 1915 der *Drei Abhandlungen* (*Studienausgabe,* Bd. 5, S. 103) angespielt. Die spätere Phase, nun keine prägenitale mehr, aber doch auch noch nicht voll genital im Sinne des Erwachsenen, die »phallische« Phase, kam erst viele Jahre später in Freuds Arbeit ›Die infantile Genitalorganisation‹ (1923 *e*, *Studienausgabe,* Bd. 5, S. 237 ff.) zur Darstellung.

Das Problem, warum und wieso ein Mensch an einer Neurose erkranken kann, gehört gewiß zu jenen, die von der Psychoanalyse beantwortet werden sollen. Es ist aber wahrscheinlich, daß diese Antwort erst über ein anderes und spezielleres wird gegeben werden können, über das Problem, warum diese und jene Person gerade an der einen bestimmten Neurose, und an keiner anderen, erkranken muß. Dies ist das Problem der Neurosenwahl.

Was wissen wir bis jetzt zu diesem Problem? Eigentlich ist hier nur ein einziger allgemeiner Satz gesichert. Wir unterscheiden die für die Neurosen in Betracht kommenden Krankheitsursachen in solche, die der Mensch ins Leben mitbringt, und solche, die das Leben an ihn heranbringt, konstitutionelle und akzidentelle, durch deren Zusammenwirken erst in der Regel die Krankheitsverursachung hergestellt wird. Nun besagt der eben angekündigte Satz, daß die Gründe für die Entscheidung der Neurosenwahl durchwegs von der ersteren Art sind, also von der Natur der Dispositionen[1], und unabhängig von den pathogen wirkenden Erlebnissen.

Worin suchen wir die Herkunft dieser Dispositionen? Wir sind aufmerksam darauf geworden, daß die in Betracht kommenden psychischen Funktionen – vor allem die Sexualfunktion, aber ebenso verschiedene wichtige Ichfunktionen – eine lange und komplizierte Entwicklung durchzumachen haben, bis sie zu dem für den normalen Erwachsenen charakteristischen Zustand gelangen. Wir nehmen nun an, daß diese Entwicklungen nicht immer so tadellos vollzogen werden, daß die gesamte Funktion der fortschrittlichen Veränderung unterliege.

---

[1] [In dieser Abhandlung benutzt Freud das Wort »Disposition« offenbar immer im Sinne von etwas rein Konstitutionellem oder Hereditärem. In späteren Arbeiten gibt er ihm eine erweiterte Bedeutung und subsumiert darunter auch die Wirkungen der Kindheitserlebnisse. Das kommt in der 23. der *Vorlesungen zur Einführung in die Psychoanalyse* (1916–17, *Studienausgabe*, Bd. 1, S. 352–54) klar zum Ausdruck. – Der oben im Text erwähnte »allgemeine Satz« war von Freud in seiner Arbeit über die Sexualität in der Ätiologie der Neurosen (1906*a*, *Studienausgabe*, Bd. 5, S. 153) aufgestellt worden.]

Wo ein Stück derselben die vorige Stufe festhält, da ergibt sich eine sogenannte »Fixierungsstelle«, zu welcher die Funktion im Falle der Erkrankung durch äußerliche Störung regredieren kann.
Unsere Dispositionen sind also Entwicklungshemmungen. Die Analogie mit den Tatsachen der allgemeinen Pathologie anderer Krankheiten bestärkt uns in dieser Auffassung. Bei der Frage, welche Faktoren solche Störungen der Entwicklung hervorrufen können, macht aber die psychoanalytische Arbeit halt und überläßt dies Problem der biologischen Forschung [1].
Mit Hilfe dieser Voraussetzungen haben wir uns bereits vor einigen Jahren an das Problem der Neurosenwahl herangewagt [2]. Unsere Arbeitsrichtung, welche dahin geht, die normalen Verhältnisse aus ihren Störungen zu erraten, hat uns dazu geführt, einen ganz besonderen und unerwarteten Angriffspunkt zu wählen. Die Reihenfolge, in welcher die Hauptformen der Psychoneurosen gewöhnlich aufgeführt werden – Hysterie, Zwangsneurose, Paranoia, Dementia praecox –, entspricht (wenn auch nicht völlig genau) der Zeitfolge, in der diese Affektionen im Leben hervorbrechen. Die hysterischen Krankheitsformen können schon in der ersten Kindheit beobachtet werden, die Zwangsneurose offenbart ihre ersten Symptome gewöhnlich in der zweiten Periode der Kindheit (von sechs bis acht Jahren an); die beiden anderen, von mir als Paraphrenie zusammengefaßten Psychoneurosen [3] zeigen sich erst nach der Pubertät und im Alter der Reife. Diese zuletzt auftretenden Affektionen haben sich nun unserer Forschung nach den in die Neurosenwahl auslaufenden Dispositionen zuerst zugänglich erwiesen. Die ihnen beiden eigentümlichen Charaktere des Größenwahns, der Abwendung von der Welt der Objekte und der Erschwerung der Übertragung haben uns zum Schlusse genötigt, daß deren disponierende Fixierung in einem Stadium der Libidoentwicklung *vor* der Herstellung der Objektwahl, also in der Phase des Autoerotismus und des Narzißmus zu suchen ist. Diese so spät auftretenden Erkrankungsformen gehen also auf sehr frühzeitige Hemmungen und Fixierungen zurück.

---

[1] Seitdem die Arbeiten von W. Fließ die Bedeutung bestimmter Zeitgrößen für die Biologie aufgedeckt haben, ist es denkbar geworden, daß sich Entwicklungsstörung auf zeitliche Abänderung von Entwicklungsschüben zurückführt.

[2] [S. die ›Editorische Vorbemerkung‹, S. 108.]

[3] [Nur in der Erstausgabe lautete dieser letzte Satz: »von mir als Paraphrenie und Paranoia bezeichneten Psychoneurosen«. S. die editorische Anm. 1 zur Schreber-Analyse, unten, S. 198.]

Demnach würden wir darauf hingewiesen, die Disposition für Hysterie und Zwangsneurose, die beiden eigentlichen Übertragungsneurosen mit frühzeitiger Symptombildung, in den jüngeren Phasen der Libidoentwicklung zu vermuten. Allein, worin wäre hier die Entwicklungshemmung zu finden und vor allem, welches wäre der Phasenunterschied, der die Disposition zur Zwangsneurose im Gegensatz zur Hysterie begründen sollte? Darüber war lange nichts zu erfahren, und meine früher unternommenen Versuche, diese beiden Dispositionen zu erraten, z. B. daß die Hysterie durch Passivität, die Zwangsneurose durch Aktivität im infantilen Erleben bedingt sein sollte, mußten bald als verfehlt abgewiesen werden[1].

Ich kehre nun auf den Boden der klinischen Einzelbeobachtung zurück. Ich habe lange Zeit hindurch eine Kranke studiert, deren Neurose eine ungewöhnliche Wandlung durchgemacht hatte. Dieselbe begann nach einem traumatischen Erlebnis als glatte Angsthysterie und behielt diesen Charakter durch einige Jahre bei. Eines Tages aber verwandelte sie sich plötzlich in eine Zwangsneurose von der schwersten Art. Ein solcher Fall mußte nach mehr als einer Richtung bedeutsam werden. Einerseits konnte er vielleicht den Wert eines bilinguen Dokuments beanspruchen und zeigen, wie ein identischer Inhalt von den beiden Neurosen in verschiedenen Sprachen ausgedrückt wird. Anderseits drohte er unserer Theorie der Disposition durch Entwicklungshemmung überhaupt zu widersprechen, wenn man sich nicht zur Annahme entschließen wollte, daß eine Person auch mehr als eine einzige schwache Stelle in ihrer Libidoentwicklung mitbringen könne[2]. Ich sagte mir, daß man kein Recht habe, diese letztere Möglichkeit abzuweisen, war aber auf das Verständnis dieses Krankheitsfalles sehr gespannt.

Als dieses im Laufe der Analyse kam, mußte ich sehen, daß die Sachlage ganz anders war, als ich sie mir vorgestellt hatte. Die Zwangsneurose war nicht eine weitere Reaktion auf das nämliche Trauma, welches zuerst die Angsthysterie hervorgerufen hatte, sondern auf ein zweites Erlebnis, welches das erste völlig entwertet hatte. (Also eine – allerdings noch diskutierbare – Ausnahme von unserem Satze, der die Unabhängigkeit der Neurosenwahl vom Erleben behauptet [S. 109].)

Ich kann leider – aus bekannten Motiven – auf die Krankengeschichte des Falles nicht so weit eingehen, wie ich gern möchte, sondern muß

[1] [S. die ›Editorische Vorbemerkung‹, S. 107.]

[2] [Vgl. hierzu einige Bemerkungen in der Schreber-Analyse (1911 *c*, S. 199, unten.]

mich auf nachstehende Mitteilungen beschränken. Die Patientin war bis zu ihrer Erkrankung eine glückliche, fast völlig befriedigte Frau gewesen. Sie wünschte sich Kinder aus Motiven infantiler Wunschfixierung und erkrankte, als sie erfuhr, daß sie von ihrem ausschließend geliebten Manne keine Kinder bekommen könne. Die Angsthysterie, mit welcher sie auf diese Versagung reagierte, entsprach, wie sie bald selbst verstehen lernte, der Abweisung von Versuchungsphantasien, in denen sich der festgehaltene Wunsch nach einem Kinde durchsetzte. Sie tat nun alles dazu, um ihren Mann nicht erraten zu lassen, daß sie infolge der durch ihn determinierten Versagung erkrankt sei. Aber ich habe nicht ohne gute Gründe behauptet, daß jeder Mensch in seinem eigenen Unbewußten ein Instrument besitzt, mit dem er die Äußerungen des Unbewußten beim anderen zu deuten vermag; der Mann verstand ohne Geständnis oder Erklärung, was die Angst seiner Frau bedeute, kränkte sich darüber, ohne es zu zeigen, und reagierte nun seinerseits neurotisch, indem er – zum erstenmal – beim Eheverkehr versagte. Unmittelbar darauf reiste er ab, die Frau hielt ihn für dauernd impotent geworden und produzierte die ersten Zwangssymptome an dem Tage vor seiner erwarteten Rückkunft.

Der Inhalt ihrer Zwangsneurose bestand in einem peinlichen Wasch- und Reinlichkeitszwang und in höchst energischen Schutzmaßregeln gegen böse Schädigungen, welche andere von ihr zu befürchten hätten, also in Reaktionsbildungen gegen *analerotische* und *sadistische* Regungen. In solchen Formen mußte sich ihr Sexualbedürfnis äußern, nachdem ihr Genitalleben durch die Impotenz des für sie einzigen Mannes eine volle Entwertung erfahren hatte.

An diesen Punkt hat das kleine, von mir neugebildete Stückchen Theorie angeknüpft, welches natürlich nur scheinbar auf dieser einen Beobachtung ruht, in Wirklichkeit eine große Summe früherer Eindrücke zusammenfaßt, die aber erst nach dieser letzten Erfahrung fähig wurden, eine Einsicht zu ergeben. Ich sagte mir, daß mein Entwicklungsschema der libidinösen Funktion einer neuen Einschaltung bedarf. Ich hatte zuerst nur unterschieden die Phase des Autoerotismus, in welcher die einzelnen Partialtriebe, jeder für sich, ihre Lustbefriedigung am eigenen Leibe suchen, und dann die Zusammenfassung aller Partialtriebe zur Objektwahl unter dem Primat der Genitalien im Dienste der Fortpflanzung. Die Analyse der Paraphrenien hat uns, wie bekannt, genötigt, dazwischen ein Stadium des Narzißmus einzuschieben, in dem die Objektwahl bereits erfolgt ist, aber das Objekt noch mit dem eigenen Ich zusammenfällt[1]. Und nun sehen wir die Notwendigkeit ein, ein weiteres Stadium vor der Endgestaltung gelten zu lassen, in dem die Partialtriebe bereits zur Objektwahl zusammengefaßt sind, das Objekt sich der eigenen Person schon als eine fremde gegenüberstellt, aber *der Primat der Genitalzonen noch nicht aufgerichtet ist.* Die Partialtriebe, welche diese *prägenitale Organisation*[2] des Sexuallebens beherrschen, sind vielmehr die analerotischen und die sadistischen.

Ich weiß, daß jede solche Aufstellung zunächst befremdend klingt. Erst durch die Aufdeckung ihrer Beziehungen zu unserem bisherigen Wissen wird sie uns vertraut, und am Ende ist ihr Schicksal häufig, daß sie als eine geringfügige, längst geahnte Neuerung erkannt wird. Wenden wir uns also mit ähnlichen Erwartungen zur Diskussion der »prägenitalen Sexualordnung«.

a) Es ist bereits vielen Beobachtern aufgefallen und zuletzt mit besonderer Schärfe von E. Jones hervorgehoben worden, welche außerordentliche Rolle die Regungen von Haß und Analerotik in der Symptomatologie der Zwangsneurose spielen. (Jones, 1913.) Dies leitet sich nun unmittelbar aus unserer Aufstellung ab, wenn es diese Partialtriebe sind, welche in der Neurose die Vertretung der Genitaltriebe wieder übernommen haben, deren Vorgänger sie in der Entwicklung waren.

Hier fügt sich nun das bisher zurückgehaltene Stück aus der Krankengeschichte unseres Falles ein. Das Sexualleben der Patientin begann im zartesten Kindesalter mit sadistischen Schlagephantasien. Nach deren Unterdrückung setzte eine ungewöhnlich lange Latenzzeit ein, in welcher das Mädchen eine hochreichende moralische Entwicklung durchmachte, ohne zum weiblichen Sexualempfinden zu erwachen. Mit der in jungen Jahren geschlossenen Ehe begann eine Periode normaler Sexualbetätigung als glückliche Frau, die durch eine Reihe von Jahren anhielt, bis die erste große Versagung die hysterische Neurose brachte. Mit der darauf folgenden Entwertung des Genitallebens sank ihr Sexualleben, wie erwähnt, auf die infantile Stufe des Sadismus zurück.

Es ist nicht schwer, den Charakter zu bestimmen, in welchem sich dieser Fall von Zwangsneurose von den häufigeren anderen unterscheidet, die in jüngeren Jahren beginnen und von da an chronisch mit mehr oder

---

[1] [S. Freuds spätere Arbeit über den Narzißmus (1914*c*); er hatte diesen Gedanken schon an mehreren Stellen vorgelegt, vor allem in der Schreber-Analyse, s. unten, S. 184 ff.]

[2] [Dieser Ausdruck tritt hier erstmals auf.]

weniger auffälligen Exazerbationen verlaufen. In diesen anderen Fällen wird die Sexualorganisation, welche die Disposition zur Zwangsneurose enthält, einmal hergestellt, nie wieder völlig überwunden; in unserem Falle ist sie zuerst durch die höhere Entwicklungsstufe abgelöst und dann durch Regression von dieser her wieder aktiviert worden.

b) Wenn wir von unserer Aufstellung aus den Anschluß an biologische Zusammenhänge suchen, dürfen wir nicht vergessen, daß der Gegensatz von männlich und weiblich, welcher von der Fortpflanzungsfunktion eingeführt wird, auf der Stufe der prägenitalen Objektwahl noch nicht vorhanden sein kann. An seiner Statt finden wir den Gegensatz von Strebungen mit aktivem und passivem Ziel, der sich späterhin mit dem Gegensatz der Geschlechter verlöten wird. Die Aktivität wird vom gemeinen Bemächtigungstrieb beigestellt, den wir eben Sadismus heißen, wenn wir ihn im Dienste der Sexualfunktion finden; er hat auch im vollentwickelten normalen Sexualleben wichtige Helferdienste zu verrichten. Die passive Strömung wird von der Analerotik gespeist, deren erogene Zone der alten, undifferenzierten Kloake entspricht. Die Betonung dieser Analerotik auf der prägenitalen Organisationsstufe wird beim Manne eine bedeutsame Prädisposition zur Homosexualität hinterlassen, wenn die nächste Stufe der Sexualfunktion, die des Primats der Genitalien, erreicht wird. Der Aufbau dieser letzten Phase über der vorigen und die dabei erfolgende Umarbeitung der Libidobesetzungen bietet der analytischen Forschung die interessantesten Aufgaben.
Man kann der Meinung sein, daß man sich allen hier in Betracht kommenden Schwierigkeiten und Komplikationen entzieht, wenn man eine prägenitale Organisation des Sexuallebens verleugnet und das Sexualleben mit der Genital- und Fortpflanzungsfunktion zusammenfallen, wie auch mit ihr beginnen läßt. Von den Neurosen würde man dann mit Rücksicht auf die nicht mißverständlichen Ergebnisse der analytischen Forschung aussagen, daß sie durch den Prozeß der Sexualverdrängung dazu genötigt werden, sexuelle Strebungen durch andere, nicht sexuelle Triebe auszudrücken, die letzteren also kompensatorisch zu sexualisieren. Wenn man so verfährt, hat man sich aber außerhalb der Psychoanalyse begeben. Man steht wieder dort, wo man sich vor der Psychoanalyse befand, und muß auf das durch sie vermittelte Verständnis des Zusammenhanges zwischen Gesundheit, Perversion und Neurose verzichten. Die Psychoanalyse steht und fällt mit der Anerkennung der sexuellen Partialtriebe, der erogenen Zonen und der so

gewonnenen Ausdehnung des Begriffes »Sexualfunktion« im Gegensatz zur engeren »Genitalfunktion«. Übrigens reicht die Beobachtung der normalen Entwicklung des Kindes für sich allein hin, um eine solche Versuchung zurückzuweisen.

c) Auf dem Gebiete der Charakterentwicklung müssen wir denselben Triebkräften begegnen, deren Spiel wir in den Neurosen aufgedeckt haben. Eine scharfe theoretische Scheidung der beiden wird aber durch den einen Umstand geboten, daß beim Charakter wegfällt, was dem Neurosenmechanismus eigentümlich ist, das Mißglücken der Verdrängung und die Wiederkehr des Verdrängten. Bei der Charakterbildung tritt die Verdrängung entweder nicht in Aktion oder sie erreicht glatt ihr Ziel, das Verdrängte durch Reaktionsbildungen und Sublimierungen zu ersetzen. Darum sind die Prozesse der Charakterbildung undurchsichtiger und der Analyse unzugänglicher als die neurotischen [1].
Gerade auf dem Gebiete der Charakterentwicklung begegnet uns aber eine gute Analogie zu dem von uns beschriebenen Krankheitsfalle, also eine Bekräftigung der prägenitalen sadistisch-analerotischen Sexualorganisation. Es ist bekannt und hat den Menschen viel Stoff zur Klage gegeben, daß die Frauen häufig, nachdem sie ihre Genitalfunktionen aufgegeben haben, ihren Charakter in eigentümlicher Weise verändern. Sie werden zänkisch, quälerisch und rechthaberisch, kleinlich und geizig, zeigen also typische sadistische und analerotische Züge, die ihnen vorher in der Epoche der Weiblichkeit nicht eigen waren. Lustspieldichter und Satiriker haben zu allen Zeiten ihre Invektiven gegen den »alten Drachen« gerichtet, zu dem das holde Mädchen, die liebende Frau, die zärtliche Mutter geworden ist. Wir verstehen, daß diese Charakterwandlung der Regression des Sexuallebens auf die prägenitale, sadistisch-analerotische Stufe entspricht, in welcher wir die Disposition zur Zwangsneurose gefunden haben. Sie wäre also nicht nur die Vorläuferin der genitalen Phase, sondern oft genug auch ihre Nachfolge und Ablösung, nachdem die Genitalien ihre Funktion erfüllt haben.
Der Vergleich einer solchen Charakterveränderung mit der Zwangsneurose ist sehr eindrucksvoll. In beiden Fällen das Werk der Regression, aber im ersten Falle volle Regression nach glatt vollzogener Verdrängung (oder Unterdrückung); im Falle der Neurose: Konflikt, Bemühung, die Regression nicht gelten zu lassen, Reaktionsbildungen

[1] [Vgl. Freuds frühere Arbeit über ›Charakter und Analerotik‹ (1908 *b*), oben, S. 25 ff. S. auch die dort, S. 30, Anm. 2, erwähnten weiteren Verweise.]

gegen dieselbe und Symptombildungen durch Kompromisse von beiden Seiten her, Spaltung der psychischen Tätigkeiten in bewußtseinsfähige und unbewußte.

d) Unsere Aufstellung einer prägenitalen Sexualorganisation ist nach zwei Richtungen hin unvollständig. Sie nimmt erstens keine Rücksicht auf das Verhalten anderer Partialtriebe, an dem manches der Erforschung und Erwähnung wert wäre, und begnügt sich, das auffällige Primat von Sadismus und Analerotik herauszuheben [1]. Besonders vom Wißtrieb gewinnt man häufig den Eindruck, als ob er im Mechanismus der Zwangsneurose den Sadismus geradezu ersetzen könnte. Er ist ja im Grunde ein sublimierter, ins Intellektuelle gehobener Sprößling des Bemächtigungstriebes, seine Zurückweisung in der Form des Zweifels nimmt im Bilde der Zwangsneurose einen breiten Raum ein [2].
Ein zweiter Mangel ist weit bedeutsamer. Wir wissen, daß die entwicklungsgeschichtliche Disposition für eine Neurose nur dann vollständig ist, wenn sie die Phase der Ichentwicklung, in welcher die Fixierung eintritt, ebenso berücksichtigt wie die der Libidoentwicklung. Unsere Aufstellung hat sich aber nur auf die letztere bezogen, sie enthält also nicht die ganze Kenntnis, die wir fordern dürfen. Die Entwicklungsstadien der Ichtriebe sind uns bis jetzt sehr wenig bekannt; ich weiß nur von einem vielversprechenden Versuch von Ferenczi (1913), sich diesen Fragen zu nähern. Ich weiß nicht, ob es zu gewagt erscheint, wenn ich den vorhandenen Spuren folgend die Annahme ausspreche, daß ein zeitliches Voraneilen der Ichentwicklung vor der Libidoentwicklung in die Disposition zur Zwangsneurose einzutragen ist. Eine solche Voreiligkeit würde von den Ichtrieben her zur Objektwahl nötigen, während die Sexualfunktion ihre letzte Gestaltung noch nicht erreicht hat, und somit eine Fixierung auf der Stufe der prägenitalen Sexualordnung hinterlassen. Erwägt man, daß die Zwangsneurotiker eine Übermoral entwickeln müssen, um ihre Objektliebe gegen die hinter ihr lauernde Feindseligkeit zu verteidigen, so wird man geneigt sein, ein gewisses Maß von diesem Voraneilen der Ichentwicklung als typisch für die menschliche Natur hinzustellen und die Fähigkeit zur Entstehung der Moral in dem Umstand begründet zu finden, daß nach der Entwick-

---

[1] [Auf das Vorhandensein einer früheren prägenitalen Organisation, die durch das Primat der Oralzone gekennzeichnet ist, hat Freud erst einige Jahre später hingewiesen. S. die ›Editorische Vorbemerkung‹, oben, S. 108.]
[2] [S. die Krankengeschichte des »Rattenmannes« (1909 *d*), oben, S. 97–9.]

lung der Haß der Vorläufer der Liebe ist. Vielleicht ist dies die Bedeutung eines Satzes von W. Stekel, der mir seinerzeit unfaßbar erschien, daß der Haß und nicht die Liebe die primäre Gefühlsbeziehung zwischen den Menschen sei [1].

e) Für die Hysterie erübrigt nach dem Vorstehenden die innige Beziehung zur letzten Phase der Libidoentwicklung, die durch den Primat der Genitalien und die Einführung der Fortpflanzungsfunktion ausgezeichnet ist. Dieser Erwerb unterliegt in der hysterischen Neurose der Verdrängung, mit welcher eine Regression auf die prägenitale Stufe nicht verbunden ist. Die Lücke in der Bestimmung der Disposition infolge unserer Unkenntnis der Ichentwicklung ist hier noch fühlbarer als bei der Zwangsneurose.
Hingegen ist es nicht schwer nachzuweisen, daß eine andere Regression auf ein früheres Niveau auch der Hysterie zukommt. Die Sexualität des weiblichen Kindes steht, wie wir wissen, unter der Herrschaft eines männlichen Leitorgans (der Klitoris) und benimmt sich vielfach wie die des Knaben. Ein letzter Entwicklungsschub zur Zeit der Pubertät muß diese männliche Sexualität wegschaffen und die von der Kloake abgeleitete Vagina zur herrschenden erogenen Zone erheben. Es ist nun sehr gewöhnlich, daß in der hysterischen Neurose der Frauen eine Reaktivierung dieser verdrängten männlichen Sexualität statthat, gegen welche sich dann der Abwehrkampf von seiten der ichgerechten Triebe richtet. Doch erscheint es mir vorzeitig, an dieser Stelle in die Diskussion der Probleme der hysterischen Disposition einzutreten.

---

[1] W. Stekel (1911, 536). [Weiteres darüber findet sich am Schluß von Freuds metapsychologischer Arbeit ›Triebe und Triebschicksale‹ (1915 *c*), *Studienausgabe*, Bd. 3, S. 98–102.]

Mythologische Parallele zu einer plastischen Zwangsvorstellung

(1916)

EDITORISCHE VORBEMERKUNG

Deutsche Ausgaben:

1916 *Int. Z. ärztl. Psychoanal.*, Bd. 4 (2), 110–11.
1918 *S. K. S. N.*, Bd. 4, 195–97. (1922, 2. Aufl.)
1924 *G. S.*, Bd. 10, 240–42.
1946 *G. W.*, Bd. 10, 398–400.

Dieser kurze Beitrag, in dem ein Zwangssymptom analysiert wird, braucht keinen Kommentar.

Bei einem etwa 21jährigen Kranken werden die Produkte der unbewußten Geistesarbeit nicht nur als Zwangsgedanken, sondern auch als *Zwangsbilder* bewußt. Die beiden können einander begleiten oder unabhängig voneinander auftreten. Zu einer gewissen Zeit traten bei ihm innig verknüpft ein Zwangswort und ein Zwangsbild auf, wenn er seinen Vater ins Zimmer kommen sah. Das Wort lautete: »Vaterarsch«, das begleitende Bild stellte den Vater als einen nackten, mit Armen und Beinen versehenen Unterkörper dar, dem Kopf und Oberkörper fehlten. Die Genitalien waren nicht angezeigt, die Gesichtszüge auf dem Bauch aufgemalt.

Zur Erläuterung dieser mehr als gewöhnlich tollen Symptombildung ist zu bemerken, daß der intellektuell vollentwickelte und ethisch hochstrebende Mann bis über sein zehntes Jahr eine sehr lebhafte Analerotik in den verschiedensten Formen betätigt hatte. Nachdem sie überwunden war, wurde sein Sexualleben durch den späteren Kampf gegen die Genitalerotik auf die anale Vorstufe zurückgedrängt. Seinen Vater liebte und respektierte er sehr, fürchtete ihn auch nicht wenig; vom Standpunkte seiner hohen Ansprüche an Triebunterdrückung und Askese erschien ihm der Vater aber als der Vertreter der »Völlerei«, der aufs Materielle gerichteten Genußsucht.

»Vaterarsch« erklärte sich bald als mutwillige Verdeutschung des Ehrentitels »Patriarch«. Das Zwangsbild ist eine offenkundige Karikatur. Es erinnert an andere Darstellungen, die in herabsetzender Absicht die ganze Person durch ein einziges Organ, z. B. ihr Genitale ersetzen, an unbewußte Phantasien, welche zur Identifizierung des Genitales mit dem ganzen Menschen führen, und an scherzhafte Redensarten wie: »Ich bin ganz Ohr.«

Die Anbringung der Gesichtszüge auf dem Bauche der Spottfigur erschien mir zunächst sehr sonderbar. Ich erinnerte mich aber bald, ähnliches an französischen Karikaturen gesehen zu haben [1]. Der Zufall hat

---

[1] Vgl.: ›Das unanständige Albion‹ [›L'impudique Albion‹], Karikatur von Jean Véber aus dem Jahre 1901 auf England in Eduard Fuchs: *Das erotische Element in der Karikatur,* 1904. [Abgedruckt in Fuchs (1908, 384).]

mich dann mit einer antiken Darstellung bekanntgemacht, die volle Übereinstimmung mit dem Zwangsbild meines Patienten zeigt.

Nach der griechischen Sage war Demeter auf der Suche nach ihrer geraubten Tochter nach Eleusis gekommen, fand Aufnahme bei Dysaules und seiner Frau Baubo, verweigerte aber in ihrer tiefen Trauer, Speise und Trank zu berühren. Da brachte sie die Wirtin Baubo zum Lachen, indem sie plötzlich ihr Kleid aufhob und ihren Leib enthüllte. Die Diskussion dieser Anekdote, die wahrscheinlich ein nicht mehr verstandenes magisches Zeremoniell erklären soll, findet sich im vierten Bande des Werkes *Cultes, mythes et religions,* 1912 [115], von Salomon Reinach. Ebendort wird auch erwähnt, daß sich bei den Ausgrabungen des kleinasiatischen Priene Terrakotten gefunden haben, welche diese

Baubo darstellen. Sie zeigen einen Frauenleib ohne Kopf und Brust, auf dessen Bauch ein Gesicht gebildet ist; der aufgehobene Rock umrahmt dieses Gesicht wie eine Haarkrone. (S. Reinach, ibid., S. 117.)

Über Triebumsetzungen, insbesondere der Analerotik

(1917)

EDITORISCHE VORBEMERKUNG

Deutsche Ausgaben:

1917 *Int. Z. ärztl. Psychoanal.*, Bd. 4 (3), 125–30.
1918 *S. K. S. N.*, Bd. 4, 139–48. (1922, 2. Aufl.)
1924 *G. S.*, Bd. 5, S. 268–76.
1926 *Psychoanalyse der Neurosen*, 40–49.
1931 *Sexualtheorie und Traumlehre*, 116–24.
1946 *G. W.*, Bd. 10, 402–10.

Diese Arbeit erschien erst 1917, ist aber wahrscheinlich schon erheblich früher geschrieben worden – vielleicht bereits 1915. Lange Verzögerungen bei Veröffentlichungen waren damals infolge der Kriegsverhältnisse an der Tagesordnung. Den Kern der Schrift hatte Freud schon in einem Absatz mitgeteilt, den er der Ausgabe von 1915 der *Drei Abhandlungen* (1905 *d*, *Studienausgabe*, Bd. 5, S. 93) hinzufügte. Viele der Schlußfolgerungen, zu denen Freud in seiner Studie über ›Triebumsetzungen‹ gelangt, scheinen überdies aus der Analyse des »Wolfsmannes« (1918 *b*) zu stammen, dessen Krankengeschichte großenteils im Herbst 1914 verfaßt worden war. Das letzte Stück von Abschnitt VII jener Krankengeschichte (*Studienausgabe*, Bd. 8, S. 194 ff.) exemplifiziert die These der vorliegenden Arbeit recht ausführlich.
Eine Aufzählung der wichtigeren Abhandlungen zum Thema Zwangsneurose, die Freud nach der vorliegenden Arbeit veröffentlichte, findet sich in der ›Editorischen Vorbemerkung‹ zu ›Zwangshandlungen und Religionsübungen‹ (oben, S. 12).

Vor einer Reihe von Jahren habe ich aus der psychoanalytischen Beobachtung die Vermutung geschöpft, daß das konstante Zusammentreffen der drei Charaktereigenschaften: *ordentlich, sparsam und eigensinnig* auf eine Verstärkung der analerotischen Komponente in der Sexualkonstitution solcher Personen hindeute, bei denen es aber im Laufe der Entwicklung durch Aufzehrung ihrer Analerotik zur Ausbildung solcher bevorzugter Reaktionsweisen des Ichs gekommen ist[1].
Es lag mir damals daran, eine als tatsächlich erkannte Beziehung bekanntzugeben; um ihre theoretische Würdigung bekümmerte ich mich wenig. Seither hat sich wohl allgemein die Auffassung durchgesetzt, daß jede einzelne der drei Eigenschaften: Geiz, Pedanterie und Eigensinn aus den Triebquellen der Analerotik hervorgeht oder – vorsichtiger und vollständiger ausgedrückt – mächtige Zuschüsse aus diesen Quellen bezieht. Die Fälle, denen die Vereinigung der erwähnten drei Charakterfehler ein besonderes Gepräge aufdrückte (Analcharakter), waren eben nur die Extreme, an denen sich der uns interessierende Zusammenhang auch einer stumpfen Beobachtung verraten mußte.
Einige Jahre später habe ich aus einer Fülle von Eindrücken, geleitet durch eine besonders zwingende analytische Erfahrung, den Schluß gezogen, daß in der Entwicklung der menschlichen Libido vor der Phase des Genitalprimats eine »prägenitale Organisation« anzunehmen ist, in welcher der Sadismus und die Analerotik die leitenden Rollen spielen[2].
Die Frage nach dem weiteren Verbleib der analerotischen Triebregungen war von da an unabweisbar. Welches wurde ihr Schicksal, nachdem sie durch die Herstellung der endgültigen Genitalorganisation ihre Bedeutung für das Sexualleben eingebüßt hatten? Blieben sie als solche, aber nun im Zustande der Verdrängung, fortbestehen, unterlagen sie der Sublimierung oder der Aufzehrung unter Umsetzung in Eigenschaften des Charakters, oder fanden sie Aufnahme in die neue, vom Primat

---

1 ›Charakter und Analerotik‹ (1908 *b*) [s. oben, S. 25 ff.].
2 ›Die Disposition zur Zwangsneurose‹ (1913 *i*) [s. oben, S. 109 ff.].

der Genitalien bestimmte Gestaltung der Sexualität? Oder besser, da wahrscheinlich keines dieser Schicksale der Analerotik das ausschließliche sein dürfte, in welchem Ausmaß und in welcher Weise teilen sich diese verschiedenen Möglichkeiten in die Entscheidung über die Schicksale der Analerotik, deren organische Quellen ja durch das Auftreten der Genitalorganisation nicht verschüttet werden konnten?

Man sollte meinen, es könnte an Material für die Beantwortung dieser Fragen nicht fehlen, da die betreffenden Vorgänge von Entwicklung und Umsetzung sich bei allen Personen vollzogen haben müssen, die Gegenstand der psychoanalytischen Untersuchung werden. Allein dies Material ist so undurchsichtig, die Fülle von immer wiederkehrenden Eindrücken wirkt so verwirrend, daß ich auch heute keine vollständige Lösung des Problems, bloß Beiträge zur Lösung zu geben vermag. Ich brauche dabei der Gelegenheit nicht aus dem Wege zu gehen, wenn der Zusammenhang es gestattet, einige andere Triebumsetzungen zu erwähnen, welche nicht die Analerotik betreffen. Es bedarf endlich kaum der Hervorhebung, daß die beschriebenen Entwicklungsvorgänge – hier wie anderwärts in der Psychoanalyse – aus den Regressionen erschlossen worden sind, zu welchen sie durch die neurotischen Prozesse genötigt wurden.

Ausgangspunkt dieser Erörterungen kann der Anschein werden, daß in den Produktionen des Unbewußten – Einfällen, Phantasien und Symptomen – die Begriffe *Kot* (Geld, Geschenk)[1], *Kind* und *Penis* schlecht auseinandergehalten und leicht miteinander vertauscht werden. Wenn wir uns so ausdrücken, wissen wir natürlich, daß wir Bezeichnungen, die für andere Gebiete des Seelenlebens gebräuchlich sind, mit Unrecht auf das Unbewußte übertragen und uns durch den Vorteil, welchen ein Vergleich mit sich bringt, verleiten lassen. Wiederholen wir also in einwandfreierer Form, daß diese Elemente im Unbewußten häufig behandelt werden, als wären sie einander äquivalent und dürften einander unbedenklich ersetzen.

Für die Beziehungen von »Kind« und »Penis« ist dies am leichtesten zu sehen. Es kann nicht gleichgültig sein, daß beide in der Symbolsprache des Traumes wie in der des täglichen Lebens durch ein gemeinsames Symbol ersetzt werden können. Das Kind heißt wie der Penis das *»Kleine«*. Es ist bekannt, daß die Symbolsprache sich oft über den Ge-

[1] [Über die Beziehungen zwischen Kot und Geld oder Gold findet sich Ausführlicheres in ›Charakter und Analerotik‹ (oben, S. 28–9).]

schlechtsunterschied hinaussetzt. Das »Kleine«, das ursprünglich das männliche Glied meinte, mag also sekundär zur Bezeichnung des weiblichen Genitales gelangt sein.

Forscht man tief genug in der Neurose einer Frau, so stößt man nicht selten auf den verdrängten Wunsch, einen Penis wie der Mann zu besitzen. Akzidentelles Mißgeschick im Frauenleben, oft genug selbst Folge einer stark männlichen Anlage, hat diesen Kinderwunsch, den wir als »Penisneid« dem Kastrationskomplex einordnen, wieder aktiviert und ihn durch die Rückströmung der Libido zum Hauptträger der neurotischen Symptome werden lassen. Bei anderen Frauen läßt sich von diesem Wunsch nach dem Penis nichts nachweisen; seine Stelle nimmt der Wunsch nach dem Kind ein, dessen Versagung im Leben dann die Neurose auslösen kann. Es ist so, als ob diese Frauen begriffen hätten – was als Motiv doch unmöglich gewesen sein kann –, daß die Natur dem Weibe das Kind zum Ersatz für das andere gegeben hat, was sie ihm versagen mußte. Bei noch anderen Frauen erfährt man, daß beide Wünsche in der Kindheit vorhanden waren und einander abgelöst haben. Zuerst wollten sie einen Penis haben wie der Mann, und in einer späteren, immer noch infantilen Epoche trat der Wunsch nach einem Kind an die Stelle. Man kann den Eindruck nicht abweisen, daß akzidentelle Momente des Kinderlebens, die Anwesenheit oder das Fehlen von Brüdern, das Erleben der Geburt eines neuen Kindes zu günstiger Lebenszeit, die Schuld an dieser Mannigfaltigkeit tragen, so daß der Wunsch nach dem Penis doch im Grunde identisch wäre mit dem nach dem Kinde.

Wir können angeben, welches Schicksal der infantile Wunsch nach dem Penis erfährt, wenn die Bedingungen der Neurose im späteren Leben ausbleiben. Er verwandelt sich dann in den Wunsch nach dem *Mann*, er läßt sich also den Mann als Anhängsel an den Penis gefallen. Durch diese Wandlung wird eine gegen die weibliche Sexualfunktion gerichtete Regung zu einer ihr günstigen. Diesen Frauen wird hiemit ein Liebesleben nach dem männlichen Typus der Objektliebe ermöglicht, welches sich neben dem eigentlich weiblichen, vom Narzißmus abgeleiteten, behaupten kann. Wir haben schon gehört[1], daß es in anderen Fällen erst das Kind ist, welches den Übergang von der narzißtischen Selbstliebe zur Objektliebe herbeiführt. Es kann also auch in diesem Punkte das Kind durch den Penis vertreten werden.

---

[1] [S. Freuds Narzißmus-Arbeit (1914*c*), *Studienausgabe,* Bd. 3, S. 56–58.]

Ich hatte einigemal Gelegenheit, Träume von Frauen nach den ersten Kohabitationen zu erfahren. Diese deckten unverkennbar den Wunsch auf, den Penis, den sie verspürt hatten, bei sich zu behalten, entsprachen also, von der libidinösen Begründung abgesehen, einer flüchtigen Regression vom Manne auf den Penis als Wunschobjekt. Man wird gewiß geneigt sein, den Wunsch nach dem Manne in rein rationalistischer Weise auf den Wunsch nach dem Kinde zurückzuführen, da ja irgend einmal verstanden wird, daß man ohne Dazutun des Mannes ein Kind nicht bekommen kann. Es dürfte aber eher so zugehen, daß der Wunsch nach dem Manne unabhängig vom Kindwunsch entsteht und daß, wenn er aus begreiflichen Motiven, die durchaus der Ichpsychologie angehören, auftaucht, der alte Wunsch nach dem Penis sich ihm als unbewußte libidinöse Verstärkung beigesellt.

Die Bedeutung des beschriebenen Vorganges liegt darin, daß er ein Stück der narzißtischen Männlichkeit des jungen Weibes in Weiblichkeit überführt und somit für die weibliche Sexualfunktion unschädlich macht. Auf einem anderen Wege wird nun auch ein Anteil der Erotik der prägenitalen Phase für die Verwendung in der Phase des Genitalprimats tauglich. Das Kind wird doch als »Lumpf« [1] betrachtet (siehe die Analyse des kleinen Hans), als etwas, was sich durch den Darm vom Körper löst; somit kann ein Betrag libidinöser Besetzung, welcher dem Darminhalt gegolten hat, auf das durch den Darm geborene Kind ausgedehnt werden. Ein sprachliches Zeugnis dieser Identität von Kind und Kot ist in der Redensart: ein Kind *schenken* erhalten. Der Kot ist nämlich das erste *Geschenk,* ein Teil seines Körpers, von dem sich der Säugling nur auf Zureden der geliebten Person trennt, mit dem er ihr auch unaufgefordert seine Zärtlichkeit bezeigt, da er fremde Personen in der Regel nicht beschmutzt. (Ähnliche, wenn auch nicht so intensive Reaktionen mit dem Urin.) Bei der Defäkation ergibt sich für das Kind eine erste Entscheidung zwischen narzißtischer und objektliebender Einstellung. Es gibt entweder den Kot gefügig ab, »opfert« ihn der Liebe, oder hält ihn zur autoerotischen Befriedigung, später zur Behauptung seines eigenen Willens, zurück. Mit letzterer Entscheidung ist der *Trotz* (Eigensinn) konstituiert, der also einem narzißtischen Beharren bei der Analerotik entspringt.

Es ist wahrscheinlich, daß nicht *Gold–Geld,* sondern *Geschenk* die

---

[1] [Der Ausdruck des »kleinen Hans« für Kot. Vgl. *Studienausgabe,* Bd. 8, S. 50 f. und S. 62, Anm.]

nächste Bedeutung ist, zu welcher das Kotinteresse fortschreitet. Das Kind kennt kein anderes Geld, als was ihm geschenkt wird, kein erworbenes und auch kein eigenes, ererbtes. Da Kot sein erstes Geschenk ist, überträgt es leicht sein Interesse von diesem Stoff auf jenen neuen, der ihm als wichtigstes Geschenk im Leben entgegentritt. Wer an dieser Herleitung des Geschenkes zweifelt, möge seine Erfahrung in der psychoanalytischen Behandlung zu Rate ziehen, die Geschenke studieren, die er als Arzt vom Kranken erhält, und die Übertragungsstürme beachten, welche er durch ein Geschenk an den Patienten hervorrufen kann.

Das Kotinteresse wird also zum Teil als Geldinteresse fortgesetzt, zum anderen Teil in den Wunsch nach dem Kinde übergeführt. In diesem Kindwunsch treffen nun eine analerotische und eine genitale Regung (Penisneid) zusammen. Der Penis hat aber auch eine vom Kindinteresse unabhängige analerotische Bedeutung. Das Verhältnis zwischen dem Penis und dem von ihm ausgefüllten und erregten Schleimhautrohr findet sich nämlich schon in der prägenitalen, sadistisch-analen Phase vorgebildet. Der Kotballen – oder die »Kotstange« nach dem Ausdruck eines Patienten – ist sozusagen der erste Penis, die von ihm gereizte Schleimhaut die des Enddarmes. Es gibt Personen, deren Analerotik bis zur Zeit der Vorpubertät (zehn bis zwölf Jahre) stark und unverändert geblieben ist; von ihnen erfährt man, daß sie schon während dieser prägenitalen Phase in Phantasien und perversen Spielereien eine der genitalen analoge Organisation entwickelt hatten, in welcher Penis und Vagina durch die Kotstange und den Darm vertreten waren. Bei anderen – Zwangsneurotikern – kann man das Ergebnis einer regressiven Erniedrigung der Genitalorganisation kennenlernen. Es äußert sich darin, daß alle ursprünglich genital konzipierten Phantasien ins Anale versetzt, der Penis durch die Kotstange, die Vagina durch den Darm ersetzt werden.

Wenn das Kotinteresse in normaler Weise zurückgeht, so wirkt die hier dargelegte organische Analogie dahin, daß es sich auf den Penis überträgt. Erfährt man später in der Sexualforschung, daß das Kind aus dem Darm geboren wird[1], so wird dieses zum Haupterben der Analerotik, aber der Vorgänger des Kindes war der Penis gewesen, in diesem wie in einem anderen Sinne.

Ich bin überzeugt, daß die vielfältigen Beziehungen in der Reihe Kot-

---

[1] [S. ›Über infantile Sexualtheorien‹ (1908 *c*, *Studienausgabe*, Bd. 5, S. 179 f.).]

Penis–Kind nun völlig unübersichtlich geworden sind, und will darum versuchen, dem Mangel durch eine graphische Darstellung abzuhelfen, in deren Diskussion dasselbe Material nochmals, aber in anderer Folge, gewürdigt werden kann. Leider ist dieses technische Mittel nicht schmiegsam genug für unsere Absichten, oder wir haben noch nicht gelernt, es in geeigneter Weise zu gebrauchen. Ich bitte jedenfalls, an das beistehende Schema keine strengen Anforderungen zu stellen.

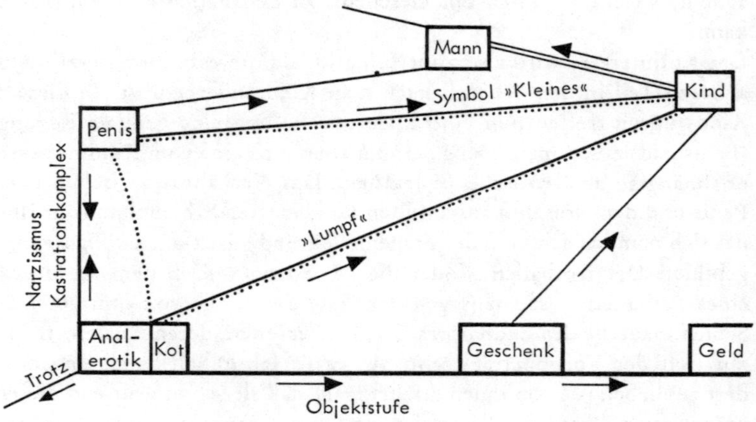

Aus der Analerotik geht in narzißtischer Verwendung der Trotz hervor als eine bedeutsame Reaktion des Ichs gegen Anforderungen der anderen; das dem Kot zugewendete Interesse übergeht in Interesse für das Geschenk und dann für das Geld. Mit dem Auftreten des Penis entsteht beim Mädchen der Penisneid, der sich später in den Wunsch nach dem Mann als Träger eines Penis umsetzt. Vorher noch hat sich der Wunsch nach dem Penis in den Wunsch nach dem Kind verwandelt, oder der Kindwunsch ist an die Stelle des Peniswunsches getreten. Eine organische Analogie zwischen Penis und Kind (punktierte Linie) drückt sich durch den Besitz eines beiden gemeinsamen Symbols aus (»das Kleine«). Vom Kindwunsch führt dann ein rationeller Weg (doppelte Linie) zum Wunsch nach dem Mann. Die Bedeutung dieser Triebumsetzung haben wir bereits gewürdigt.

Ein anderes Stück des Zusammenhanges ist weit deutlicher beim Manne zu erkennen. Es stellt sich her, wenn die Sexualforschung des Kindes das Fehlen des Penis beim Weibe in Erfahrung gebracht hat. Der Penis wird somit als etwas vom Körper Ablösbares erkannt und tritt in Analogie zum Kot, welcher das erste Stück Leiblichkeit war, auf das man verzichten mußte. Der alte Analtrotz tritt so in die Konstitution des Kastrationskomplexes ein. Die organische Analogie, derzufolge der Darminhalt den Vorläufer des Penis während der prägenitalen Phase darstellte, kann als Motiv nicht in Betracht kommen; sie findet aber durch die Sexualforschung einen psychischen Ersatz.

Wenn das Kind auftritt, wird es durch die Sexualforschung als »Lumpf« erkannt und mit mächtigem, analerotischem Interesse besetzt. Einen zweiten Zuzug aus gleicher Quelle erhält der Kindwunsch, wenn die soziale Erfahrung lehrt, daß das Kind als Liebesbeweis, als Geschenk, aufgefaßt werden kann. Alle drei, Kotsäule, Penis und Kind, sind feste Körper, welche ein Schleimhautrohr (den Enddarm und die ihm nach einem guten Worte von Lou Andreas-Salomé gleichsam abgemietete Vagina)[1] bei ihrem Eindringen oder Herausdringen erregen. Der infantilen Sexualforschung kann von diesem Sachverhalt nur bekanntwerden, daß das Kind denselben Weg nimmt wie die Kotsäule; die Funktion des Penis wird von der kindlichen Forschung in der Regel nicht aufgedeckt. Doch ist es interessant zu sehen, daß eine organische Übereinstimmung nach so vielen Umwegen wieder im Psychischen als eine unbewußte Identität zum Vorschein kommt.

---

[1] ›»Anal« und »Sexual«‹ (1916). [1920 fügte Freud der zweiten seiner *Drei Abhandlungen* (1905 *d*, *Studienausgabe*, Bd. 5, S. 93, Anm. 2) eine Fußnote bei, in welcher er den Inhalt jener Arbeit zusammenfaßte.]

Psychoanalytische Bemerkungen über einen autobiographisch beschriebenen Fall von Paranoia (Dementia paranoides)

(1911 [1910])

EDITORISCHE VORBEMERKUNG

Deutsche Ausgaben:

1911 *Jb. psychoanalyt. psychopath. Forsch.*, Bd. 3 (1), 9–68.
1913 *S. K. S. N.*, Bd. 3, 198–266. (1921, 2. Aufl.)
1924 *G. S.*, Bd. 8, 353–431.
1932 *Vier Krankengeschichten*, 377–460.
1943 *G. W.*, Bd. 8, 239–316.

›Nachtrag zu dem autobiographisch beschriebenen Fall von Paranoia (Dementia paranoides)‹:

1912 *Jb. psychoanalyt. psychopath. Forsch.*, Bd. 3 (2), 588–90.
1913 *S. K. S. N.*, Bd. 3, 267–70. (1921, 2. Aufl.)
1924 *G. S.*, Bd. 8, 432–35.
1932 *Vier Krankengeschichten*, 460–63.
1943 *G. W.*, Bd. 8, 317–20.

Daniel Paul Schrebers *Denkwürdigkeiten eines Nervenkranken* sind im Jahre 1903 (bei Oswald Mutze, Leipzig) erschienen; sie haben aber, obwohl sie in Psychiaterkreisen damals viel diskutiert wurden, Freuds Aufmerksamkeit offenbar erst im Sommer 1910 erregt. Man weiß, daß er darüber wie auch allgemein über die Frage der Paranoia mit Ferenczi auf seiner Sizilienreise im September des gleichen Jahres gesprochen hat. Bei seiner Rückkehr nach Wien begann er mit der Niederschrift der Abhandlung; Briefe vom 16. Dezember sowohl an Abraham als auch an Ferenczi melden ihre Fertigstellung. Sie ist jedoch erst im Sommer 1911 veröffentlicht worden. Der ›Nachtrag‹ wurde auf dem Dritten Internationalen Psychoanalytischen Kongreß in Weimar am 22. September 1911 vorgetragen und Anfang des nächsten Jahres publiziert.

Schon in einer sehr frühen Phase seiner psychopathologischen Forschungen hatte Freud sich mit dem Problem der Paranoia auseinandergesetzt. In seinen Mitteilungen an Fließ (Freud, 1950*a*), in denen eingehende Überlegungen zu diesem Thema aus den Jahren 1895 und 1896 enthalten sind, und in ›Weitere Bemerkungen über die Abwehrneuropsychosen‹ (1896*b*) war er bestrebt, zwei theoretische Hauptpunkte festzustellen: daß die Paranoia eine *Abwehr*neurose und daß ihr hauptsächlicher Mechanismus die *Projektion* sei. Ein interessanter Brief an Fließ vom 9. Dezember 1899 (1950*a*, Brief 125) fügt die Vermutung hinzu, daß die Paranoia eine Rückkehr zu frühem Autoerotismus einschließe.
Zwischen dem Datum des erwähnten Briefes und der Veröffentlichung der

Schreber-Fallgeschichte liegen mehr als zehn Jahre, in denen die Paranoia in Freuds veröffentlichten Arbeiten kaum je erwähnt wird. Im Jahre 1908 trug er in Briefen an Jung und Ferenczi indessen die These vor, die auch in der Folgezeit seine wichtigste allgemeine Erklärung zum Thema blieb, nämlich daß eine Verbindung zwischen Paranoia und verdrängter passiver Homosexualität bestehe; sowohl Jung als auch Ferenczi pflichteten ihm bei. Es vergingen dann noch einmal drei Jahre, bevor Schrebers *Denkwürdigkeiten* Freud die Gelegenheit boten, seine Theorie erstmals vor die Öffentlichkeit zu bringen und sie durch eine eingehende Darstellung seiner Analyse der unbewußten Prozesse, die bei der Paranoia am Werk sind, zu belegen.

Auch in Freuds späteren Schriften wird noch mehrmals auf diese Erkrankung Bezug genommen. Die wichtigeren – sämtlich im vorliegenden Band enthalten – waren seine ›Mitteilung eines der psychoanalytischen Theorie widersprechenden Falles von Paranoia‹ (1915 *f*) und Abschnitt B von ›Über einige neurotische Mechanismen bei Eifersucht, Paranoia und Homosexualität‹ (1922 *b*). Darüber hinaus enthält ›Eine Teufelsneurose im siebzehnten Jahrhundert‹ (1923 *d* [1922]) einiges über den Fall Schreber, obwohl die Neurose, von der jene Arbeit handelt, von Freud nirgendwo als Paranoia bezeichnet wird. In keiner dieser späteren Schriften sind irgendwelche wesentlichen Modifikationen der in der vorliegenden Arbeit ausgesprochenen Ansichten über Paranoia zu erkennen.

Die Bedeutung der Schreber-Analyse erschöpft sich aber keineswegs in den Erklärungen zur Paranoia. Besonders der dritte Abschnitt ist in mancher Hinsicht ein Vorläufer der metapsychologischen Schriften, die Freud drei oder vier Jahre später in Angriff nahm. Es finden sich hier schon einige der Themen berührt, die später ausführlicher erörtert werden sollten. So sind die Bemerkungen über Narzißmus (S. 184 ff.) Vorboten der Arbeit über diesen Gegenstand (1914 *c*); die Überlegungen über den Verdrängungsmechanismus (S. 189 ff.) wurden einige Jahre später (1915 *d*) wieder aufgenommen, und in der Diskussion der Triebe (S. 196) finden sich Vorläufer für die differenziertere spätere Erörterung (1915 *c*). Der Absatz über Projektion (S. 189) andererseits blieb trotz Freuds Ankündigung ohne Fortsetzung. Die beiden im letzten Teil der Arbeit erörterten Themen – die verschiedenen Anlässe zur neurotischen Erkrankung (einschließlich des Begriffs der »Versagung«) und die Rolle der sukzessiven »Fixierungsstellen« – wurden bald danach in eigenen Arbeiten (1912 *c* und 1913 *i*; die letztere im vorliegenden Band, S. 109 ff.) fortgeführt. Schließlich findet sich im ›Nachtrag‹ Freuds erster kurzer Exkurs in das Gebiet der Mythologie sowie die erste Erwähnung des Totems, ein Thema, das seine Gedanken damals zu beschäftigen begann und einem seiner Hauptwerke (1912–13) den Namen geben sollte.

Wie Freud uns selbst mitteilt (S. 172, Anm. 1), hat er in seiner Falldarstellung nur eine einzige Tatsache (Schrebers Alter zur Zeit seiner zweiten Erkrankung) verwendet, die nicht in den *Denkwürdigkeiten* enthalten ist. Wir besitzen jetzt dank einer Arbeit von Franz Baumeyer (1956) eine beträchtliche Menge weiteren Materials. Baumeyer war von 1946 bis 1949 Chefarzt der Landesanstalt Arnsdorf bei Dresden und fand dort zahlreiche alte Krankenblätter von Schrebers verschiedenen Krankheitsphasen. Baumeyer hat über einige dieser Akten zusammenfassend berichtet, andere im vollen Wortlaut wiedergegeben. Ferner hat er eine Fülle von Fakten über Schrebers Vorfahren und Familiengeschichte gesammelt[1]. Wo immer etwas von diesen Informationen für Freuds Abhandlung unmittelbar relevant erscheint, ist es in editorischen Fußnoten erwähnt. Hier soll nur die in den *Denkwürdigkeiten* erzählte Lebensgeschichte Schrebers zu Ende geführt werden. Nach seiner Entlassung Ende 1902 scheint Schreber einige Jahre lang ein äußerlich normales Leben geführt zu haben. Im November 1907 erlitt seine Frau einen Schlaganfall (sie lebte noch bis 1912). Dies scheint bei Schreber einen neuen Schub seiner Krankheit bewirkt zu haben, und er wurde vierzehn Tage später neuerlich in eine Anstalt eingewiesen, diesmal in Dösen bei Leipzig[2]. Dort lebte er in äußerst gestörtem und fast unzugänglichem Zustand bis zu seinem Tode, der nach allmählichem körperlichem Verfall im Frühjahr 1911 eintrat, nur kurze Zeit vor Veröffentlichung von Freuds Studie.

Die folgende chronologische Aufstellung, die auf Daten sowohl aus den *Denkwürdigkeiten* als auch aus Baumeyers Material fußt, mag dem Leser das Verfolgen der Details in Freuds Darstellung erleichtern.

1842 25. Juli. Geburt Daniel Paul Schrebers in Leipzig.
1861 November. Tod des Vaters im Alter von 53 Jahren.
1877 Tod des 3 Jahre älteren Bruders im Alter von 38 Jahren.
1878 Heirat.

Erste Erkrankung

1884 Herbst. Kandidatur für den Reichstag[3].
1884 Oktober. Einige Wochen in der Landesheilanstalt Sonnenstein.
8. Dezember. Psychiatrische Universitätsklinik Leipzig.
1885 1. Juni. Entlassung.
1886 1. Januar. Schreber tritt seinen Posten am Landgericht Leipzig an.

---

[1] W. G. Niederland (1959 *a* und *b*, 1960, 1963) entdeckte weiteres interessantes Material über Schrebers Vater.

[2] Aus einem am 13. September 1926 an Prinzessin Marie Bonaparte geschriebenen Brief, der im dritten Band von Jones' Freud-Biographie (1962 *b*, 517 f.) im Auszug abgedruckt ist, geht hervor, daß Freud von diesem Rückfall und dessen Ursachen durch einen Dr. Stegmann informiert war, obgleich er diese Tatsache in seiner Abhandlung nicht erwähnt. S. Freuds Anm. auf S. 172 und S. 176, unten.

[3] Zu dieser Zeit hatte Schreber schon ein hohes Richteramt inne, nämlich als Landgerichtsdirektor in Chemnitz. Nach seiner Genesung von seiner ersten Erkrankung bekleidete er eine ähnliche Position am Landgericht Leipzig. Kurz vor seiner zweiten Erkrankung war er zum Senatspräsidenten des Oberlandesgerichts in Dresden ernannt worden.

Zweite Erkrankung

1893 Juni. Schreber erhält Nachricht von seiner bevorstehenden Berufung an das Oberlandesgericht.
1. Oktober. Schreber tritt seinen Posten als Senatspräsident an.
21. November. Zweite Aufnahme in die Psychiatrische Universitätsklinik Leipzig.

1894 14. Juni. Überführung in die Heilanstalt Lindenhof.
29. Juni. Überführung in die Heilanstalt Sonnenstein.

1900–1902 Schreber schreibt seine *Denkwürdigkeiten* und unternimmt rechtliche Schritte zur Aufhebung seiner Entmündigung.

1902 14. Juli. Das Oberlandesgericht hebt die Entmündigung auf.
20. Dezember. Entlassung.

1903 Veröffentlichung der *Denkwürdigkeiten.*

Dritte Erkrankung

1907 Mai. Tod der Mutter im Alter von 92 Jahren.
14. November. Schlaganfall der Ehefrau. Unmittelbar darauf Erkrankung Schrebers.
27. November. Einweisung in die Anstalt Leipzig-Dösen.

1911 14. April. Tod Schrebers.

1912 Mai. Tod der Ehefrau im Alter von 54 Jahren.

Ferner mag noch ein Hinweis auf die drei psychiatrischen Anstalten, auf die im Text nicht in einheitlicher Weise Bezug genommen wird, von Nutzen sein:

1. Psychiatrische Klinik (geschlossene Abteilung) der Universität Leipzig. Direktor: Professor Flechsig.
2. Schloß Sonnenstein. Sächsische Landesheilanstalt bei Pirna an der Elbe, etwa 15 km südostwärts von Dresden gelegen. Direktor: Dr. G. Weber.
3. Private Heilanstalt Lindenhof bei Coswig, etwa 18 km nordwestlich von Dresden. Direktor: Dr. Pierson.

Für die gesamte Abhandlung gilt, daß die in Klammern stehenden Ziffern *ohne* vorgestelltes »S.« Seitenhinweise auf die Originalausgabe von Schrebers *Denkwürdigkeiten eines Nervenkranken* (1903) darstellen. In Klammern gesetzte Ziffern *mit* vorangestelltem »S.« beziehen sich auf Seiten im vorliegenden Band.

Die Schreber-Zitate sowie Seitenhinweise auf die *Denkwürdigkeiten* und die ›Anlagen‹ jenes Buches sind mit dem Original verglichen und, soweit nötig, korrigiert worden. Dabei wurden nur diejenigen Verbesserungen ausdrücklich gekennzeichnet, die sinnverändernd wirken könnten. Orthographie und Interpunktion sind den heutigen Gepflogenheiten angepaßt; Freud selbst hatte bereits zahlreiche Modernisierungen vorgenommen.

[EINLEITUNG]

Die analytische Untersuchung der Paranoia bietet uns Ärzten, die nicht an öffentlichen Anstalten tätig sind, Schwierigkeiten besonderer Natur. Wir können solche Kranke nicht annehmen oder nicht lange behalten, weil die Aussicht auf therapeutischen Erfolg die Bedingung unserer Behandlung ist. So trifft es sich also nur ausnahmsweise, daß ich einen tieferen Einblick in die Struktur der Paranoia machen kann, sei es, daß die Unsicherheit der nicht immer leichten Diagnose den Versuch einer Beeinflussung rechtfertigt, sei es, daß ich den Bitten der Angehörigen nachgebe und einen solchen Kranken trotz der gesicherten Diagnose für eine gewisse Zeit in Behandlung nehme. Ich sehe sonst natürlich Paranoiker (und Demente) genug und erfahre von ihnen soviel wie andere Psychiater von ihren Fällen, aber das reicht in der Regel nicht aus, um analytische Entscheidungen zu treffen.

Die psychoanalytische Untersuchung der Paranoia wäre überhaupt unmöglich, wenn die Kranken nicht die Eigentümlichkeit besäßen, allerdings in entstellter Form, gerade das zu verraten, was die anderen Neurotiker als Geheimnis verbergen. Da die Paranoiker nicht zur Überwindung ihrer inneren Widerstände gezwungen werden können und ohnedies nur sagen, was sie sagen wollen, darf gerade bei dieser Affektion der schriftliche Bericht oder die gedruckte Krankengeschichte als Ersatz für die persönliche Bekanntschaft mit dem Kranken eintreten. Ich halte es darum nicht für unstatthaft, analytische Deutungen an die Krankengeschichte eines Paranoikers (Dementia paranoides) zu knüpfen, den ich nie gesehen habe, der aber seine Krankengeschichte selbst beschrieben und zur öffentlichen Kenntnis durch den Druck gebracht hat.

Es ist dies der ehemalige sächsische Senatspräsident Dr. jur. Daniel Paul Schreber, dessen *Denkwürdigkeiten eines Nervenkranken* im Jahre 1903 als Buch erschienen sind und, wenn ich recht berichtet bin, ein ziemlich großes Interesse bei den Psychiatern erweckt haben. Es ist möglich, daß Dr. Schreber heute noch lebt und sich von seinem 1903 vertretenen Wahnsystem so weit zurückgezogen hat, daß er diese Bemerkungen über sein Buch peinlich empfindet [1]. Soweit er aber die Identität seiner heutigen Persönlichkeit mit der damaligen noch festhält, darf ich mich auf seine eigenen Argumente berufen, die der »geistig hochstehende Mensch von ungewöhnlich scharfem Verstand und scharfer Beobachtungsgabe« [2] den Bemühungen, ihn von der Publikation abzuhalten, entgegensetzte: »Dabei habe ich mir die Bedenken nicht verhehlt, die einer Veröffentlichung entgegenzustehen scheinen: es handelt sich namentlich um die Rücksicht auf einzelne noch lebende Personen. Auf der anderen Seite bin ich der Meinung, daß es für die Wissenschaft und für die Erkenntnis religiöser Wahrheiten von Wert sein könnte, wenn noch bei meinen Lebzeiten irgendwelche Beobachtungen von berufener Seite an meinem Körper und meinen persönlichen Schicksalen zu ermöglichen wären. Dieser Erwägung gegenüber müssen alle persönlichen Rücksichten schweigen.« [3] An einer andern Stelle des Buches spricht er aus, daß er sich entschlossen habe, an dem Vorhaben der Veröffentlichung festzuhalten, auch wenn sein Arzt Geh. Rat Dr. Flechsig in Leipzig [4] deswegen die Anklage gegen ihn erheben würde. Er mutet dabei Flechsig dasselbe zu, was ihm selbst jetzt von meiner Seite zugemutet wird: »Ich hoffe, daß dann auch bei Geh. Rath Prof. Dr. Flechsig das wissenschaftliche Interesse an dem Inhalte meiner Denkwürdigkeiten etwaige persönliche Empfindlichkeiten zurückdrängen würde.« [445–6.] [5]

Wiewohl ich im folgenden alle Stellen der *Denkwürdigkeiten*, die meine Deutungen stützen, im Wortlaut anführen werde, bitte ich doch die Leser dieser Arbeit, sich vorher mit dem Buche wenigstens durch einmalige Lektüre vertraut zu machen.

---

[1] [Tatsächlich starb Schreber am 14. April 1911, nur wenige Monate, nachdem Freud seine Krankengeschichte niedergeschrieben hatte (s. oben, S. 135).]

[2] Diese gewiß nicht unberechtigte Selbstcharakteristik findet sich auf S. 35 des Schreberschen Buches.

[3] Vorrede der *Denkwürdigkeiten* [›Vorwort‹, im ersten Absatz. Vgl. den Schluß der Anm., S. 159.].

[4] [Paul Emil Flechsig (1847–1929), Professor der Psychiatrie in Leipzig von 1877 bis 1921, weithin bekannt durch seine neuroanatomischen Forschungen.]

[5] [Über das in der vorliegenden Ausgabe dieser Arbeit verwendete System der Seitenverweise unterrichtet eine Notiz gegen Ende der ›Editorischen Vorbemerkung‹, S. 138.]

I
KRANKENGESCHICHTE

Dr. Schreber berichtet: »Ich bin zweimal nervenkrank gewesen, beide Male infolge von geistiger Überanstrengung; das erstemal (als Landgerichtsdirektor in Chemnitz) aus Anlaß einer Reichstagskandidatur, das zweitemal aus Anlaß der ungewöhnlichen Arbeitslast, die ich beim Antritt des mir neu übertragenen Amtes eines Senatspräsidenten beim Oberlandesgericht Dresden vorfand.« (34.)

Die erste Erkrankung trat im Herbste 1884 hervor und war Ende 1885 vollkommen geheilt. Flechsig, auf dessen Klinik der Patient damals 6 Monate verbrachte, bezeichnete in einem später abgegebenen »Formulargutachten« den Zustand als einen Anfall schwerer Hypochondrie [379]. Dr. Schreber versichert, daß diese Krankheit »ohne jede an das Gebiet des Übersinnlichen anstreifenden Zwischenfälle« verlief. (35.)

Über die Vorgeschichte und die näheren Lebensumstände des Patienten geben weder seine Niederschriften noch die ihr angefügten Gutachten der Ärzte genügende Auskunft[1]. Ich wäre nicht einmal in der Lage, sein Alter zur Zeit der Erkrankung anzugeben[2], wiewohl die vor der zweiten Erkrankung erreichte hohe Stellung im Justizdienst eine gewisse untere Grenze sichert. Wir erfahren, daß Dr. Schreber zur Zeit der »Hypochondrie« bereits lange verheiratet war. Er schreibt: »Fast noch inniger wurde der Dank von meiner Frau empfunden, die in Professor Flechsig geradezu denjenigen verehrte, der ihr ihren Mann wiedergeschenkt habe, und aus diesem Grunde sein Bildnis jahrelang auf ihrem Arbeitstische stehen hatte.« (36.) Und ebenda: »Nach der Genesung von meiner ersten Krankheit habe ich acht im ganzen recht glückliche, auch an äußeren Ehren reiche und nur durch die mehrmalige Vereitelung der Hoffnung auf Kindersegen zeitweilig getrübte Jahre mit meiner Frau verlebt.«

Im Juni 1893 wurde ihm seine bevorstehende Ernennung zum Senats-

[1] [Die fast 140 Seiten umfassenden Anlagen zu Schrebers Buch enthalten drei gerichtsärztliche Gutachten von Dr. Weber (vom Dezember 1899, November 1900 und April 1902), Schrebers eigene ›Berufungsbegründung‹ (Juli 1901) und das Urteil des Oberlandesgerichts Dresden vom Juli 1902.]

[2] [Er war zur Zeit seiner ersten Erkrankung 42 (s. oben, S. 137), bei der zweiten, wie Freud auf S. 171 selber mitteilt, 51 Jahre alt.]

präsidenten angezeigt; er trat sein Amt am 1. Oktober desselben Jahres an. In die Zwischenzeit[1] fallen einige Träume, denen Bedeutung beizulegen er erst später veranlaßt wurde. Es träumte ihm einige Male, daß seine frühere Nervenkrankheit zurückgekehrt war, worüber er sich im Traume ebenso unglücklich fühlte wie nach dem Erwachen glücklich, daß es eben nur ein Traum gewesen war. Ferner hatte er einmal gegen Morgen in einem Zustande zwischen Schlafen und Wachen »die Vorstellung, daß es doch eigentlich recht schön sein müsse, ein Weib zu sein, das dem Beischlaf unterliege« (36), eine Vorstellung, die er bei vollem Bewußtsein mit großer Entrüstung zurückgewiesen hätte.

Die zweite Erkrankung setzte Ende Oktober 1893 mit quälender Schlaflosigkeit ein, die ihn die Flechsigsche Klinik von neuem aufsuchen ließ, wo sich aber sein Zustand rasch verschlechterte. Die weitere Entwicklung derselben schildert ein späteres [1899 verfaßtes] Gutachten, welches von dem Direktor der Anstalt Sonnenstein abgegeben wurde (380): »Im Beginn seines dortigen Aufenthaltes[2] äußerte er mehr hypochondrische Ideen, klagte, daß er an Hirnerweichung leide, bald sterben müsse, p. p., doch mischten sich schon Verfolgungsideen in das Krankheitsbild, und zwar auf Grund von Sinnestäuschungen, die anfangs allerdings mehr vereinzelt aufzutreten schienen, während gleichzeitig hochgradige Hyperästhesie, große Empfindlichkeit gegen Licht und Geräusch sich geltend machte. Später häuften sich die Gesichts- und Gehörstäuschungen und beherrschten in Verbindung mit Gemeingefühlsstörungen sein ganzes Empfinden und Denken, er hielt sich für tot und angefault, für pestkrank, wähnte, daß an seinem Körper allerhand abscheuliche Manipulationen vorgenommen würden, und machte, wie er sich selbst noch jetzt ausspricht, entsetzlichere Dinge durch, als jemand geahnt, und zwar um eines heiligen Zweckes willen. Die krankhaften Eingebungen nahmen den Kranken so sehr in Anspruch, daß er, für jeden andern Eindruck unzugänglich, stundenlang völlig starr und unbeweglich dasaß (halluzinatorischer Stupor), andererseits quälten sie ihn derartig, daß er sich den Tod herbeiwünschte, im Bade wiederholt Ertränkungsversuche machte und das ›für ihn bestimmte Zyankalium‹ verlangte. Allmählich nahmen die Wahnideen den Charakter des Mystischen, Religiösen an, er verkehrte direkt mit Gott, die Teufel trieben ihr Spiel mit

[1] Also noch vor der Einwirkung der von ihm beschuldigten Überarbeitung in seiner neuen Stellung.

[2] Auf der Leipziger Klinik bei Prof. Flechsig. [S. die ›Editorische Vorbemerkung‹, S. 138.]

ihm, er sah ›Wundererscheinungen‹, hörte ›heilige Musik‹ und glaubte schließlich sogar in einer andern Welt zu weilen.«
Fügen wir hinzu, daß er verschiedene Personen, von denen er sich verfolgt und beeinträchtigt glaubte, vor allen seinen früheren Arzt Flechsig, beschimpfte, ihn »Seelenmörder« nannte und ungezählte Male »kleiner Flechsig«, das erste Wort scharf betonend, ausrief (383). In die Anstalt Sonnenstein bei Pirna war er aus Leipzig nach kurzem Zwischenaufenthalt[1] im Juni 1894 gekommen und verblieb dort bis zur endgültigen Gestaltung seines Zustandes. Im Laufe der nächsten Jahre veränderte sich das Krankheitsbild in einer Weise, die wir am besten mit den Worten des Anstaltsdirektors Dr. Weber beschreiben werden[2]:
»Ohne noch weiter auf alle Einzelheiten des Krankheitsverlaufes einzugehen, sei nur darauf hingewiesen, wie in der Folge aus der anfänglichen akuteren, das gesamte psychische Geschehen unmittelbar in Mitleidenschaft ziehenden Psychose, die als halluzinatorischer Wahnsinn zu bezeichnen war, immer entschiedener das paranoische Krankheitsbild sich hervorhob, sozusagen herauskristallisierte, das man gegenwärtig vor sich hat.« (385.) Er hatte nämlich einerseits ein kunstvolles Wahngebäude entwickelt, welches den größten Anspruch auf unser Interesse hat, anderseits hatte sich seine Persönlichkeit rekonstruiert und sich den Aufgaben des Lebens bis auf einzelne Störungen gewachsen gezeigt.
Dr. Weber berichtet über ihn im Gutachten von 1899:
»So erscheint zurzeit Herr Senatspräsident Dr. Schreber, abgesehen von den selbst für den flüchtigen Beobachter unmittelbar als krankhaft sich aufdrängenden psychomotorischen Symptomen, weder verwirrt noch psychisch gehemmt, noch in seiner Intelligenz merklich beeinträchtigt – er ist besonnen, sein Gedächtnis vorzüglich, er verfügt über ein erhebliches Maß von Wissen, nicht nur in juristischen Dingen, sondern auch auf vielen anderen Gebieten, und vermag es in geordnetem Gedankengange wiederzugeben, er hat Interesse für die Vorgänge in Politik, Wissenschaft und Kunst usw. und beschäftigt sich fortgesetzt mit ihnen ... und wird in den angedeuteten Richtungen den von seinem Gesamtzustande nicht näher unterrichteten Beobachter kaum viel Auffälliges wahrnehmen lassen. Bei alledem ist der Patient von krankhaft bedingten Vorstellungen erfüllt, die sich zu einem vollständigen System geschlossen haben, mehr oder weniger fixiert sind und einer Korrektur

[1] [In der Privatklinik von Dr. Pierson in Lindenhof.]
[2] [In seinem Gutachten vom Dezember 1899.]

durch objektive Auffassung und Beurteilung der tatsächlichen Verhältnisse nicht zugänglich erscheinen.« (385–6.)

Der so weit veränderte Kranke hielt sich selbst für existenzfähig und unternahm zweckmäßige Schritte, um die Aufhebung seiner Kuratel und die Entlassung aus der Anstalt durchzusetzen. Dr. Weber widerstrebte diesen Wünschen und gab Gutachten im entgegengesetzten Sinne ab; doch kann er nicht umhin, das Wesen und Benehmen des Patienten im Gutachten von 1900 in folgender anerkennenden Weise zu schildern: »Der Unterzeichnete hat seit 3/4 Jahren bei Einnahme der täglichen Mahlzeiten am Familientisch ausgiebigste Gelegenheit gehabt, mit Herrn Präsidenten Schreber über alle möglichen Gegenstände sich zu unterhalten. Welche Dinge nun auch – von seinen Wahnideen natürlich abgesehen – zur Sprache gekommen sind, mochten sie Vorgänge im Bereiche der Staatsverwaltung und Justiz, der Politik, der Kunst und Literatur, des gesellschaftlichen Lebens oder was sonst berühren, überall bekundete Doktor Schreber reges Interesse, eingehende Kenntnisse, gutes Gedächtnis und zutreffendes Urteil und auch in ethischer Beziehung eine Auffassung, der nur beigetreten werden konnte. Ebenso zeigte er sich in leichter Plauderei mit den anwesenden Damen nett und liebenswürdig und bei humoristischer Behandlung mancher Dinge immer taktvoll und dezent, niemals hat er in die harmlose Tischunterhaltung die Erörterung von Angelegenheiten hineingezogen, die nicht dort, sondern bei der ärztlichen Visite zu erledigen gewesen wären.« (397–8.) Selbst in eine geschäftliche, die Interessen der ganzen Familie berührende Angelegenheit hatte er damals in fachgemäßer und zweckentsprechender Weise eingegriffen. (401 und 510.)

In den wiederholten Eingaben an das Gericht, mittels deren Dr. Schreber um seine Befreiung kämpfte, verleugnete er durchaus nicht seinen Wahn und machte kein Hehl aus seiner Absicht, die *Denkwürdigkeiten* der Öffentlichkeit zu übergeben. Er betonte vielmehr den Wert seiner Gedankengänge für das religiöse Leben und deren Unzersetzbarkeit durch die heutige Wissenschaft; gleichzeitig berief er sich aber auch auf die absolute Harmlosigkeit (430) all jener Handlungen, zu denen er sich durch den Inhalt des Wahnes genötigt wußte. Der Scharfsinn und die logische Treffsicherheit des als Paranoiker Erkannten führten denn auch zum Triumph. Im Juli 1902 wurde die über Dr. Schreber verhängte Entmündigung aufgehoben; im nächsten Jahr erschienen die *Denkwürdigkeiten eines Nervenkranken* als Buch, allerdings zensuriert und um manches wertvolle Stück ihres Inhaltes geschmälert.

In der Entscheidung, welche Dr. Schreber die Freiheit wiedergab, ist der Inhalt seines Wahnsystems in wenigen Sätzen zusammengefaßt: »Er halte sich für berufen, die Welt zu erlösen und ihr die verlorengegangene Seligkeit[1] wiederzubringen. Das könne er aber nur, wenn er sich zuvor aus einem Manne zu einem Weibe verwandelt habe.« (475.)

Eine ausführlichere Darstellung des Wahnes in seiner endgültigen Gestaltung können wir dem 1899 vom Anstaltsarzte Dr. Weber erstatteten Gutachten entnehmen: »Das Wahnsystem des Patienten gipfelt darin, daß er berufen sei, die Welt zu erlösen und der Menschheit die verlorengegangene Seligkeit wiederzubringen. Er sei, so behauptet er, zu dieser Aufgabe gekommen durch unmittelbar göttliche Eingebungen, ähnlich wie dies von den Propheten gelehrt wird; gerade aufgeregtere Nerven, wie es die seinigen so lange Zeit hindurch gewesen seien, hätten nämlich die Eigenschaft, anziehend auf Gott zu wirken, es handle sich dabei aber um Dinge, die sich entweder gar nicht oder doch nur sehr schwer in menschlicher Sprache ausdrücken lassen, weil sie außerhalb aller menschlichen Erfahrung lägen und eben nur ihm offenbart seien. Das wesentlichste bei seiner erlösenden Mission sei, daß zunächst seine *Verwandlung zum Weibe* zu erfolgen habe. Nicht etwa, daß er sich zum Weibe verwandeln *wolle*, es handle sich vielmehr um ein in der Weltordnung begründetes ›Muß‹, dem er schlechterdings nicht entgehen könne, wenn es ihm persönlich auch viel lieber gewesen wäre, in seiner ehrenvollen männlichen Lebensstellung zu verbleiben, das Jenseits sei aber nun einmal für ihn und die ganze übrige Menschheit nicht anders wieder zu erobern als durch eine ihm vielleicht erst nach Ablauf vieler Jahre oder Jahrzehnte bevorstehende Verwandlung in ein Weib im Wege göttlicher Wunder. Er sei, das stehe für ihn fest, der ausschließliche Gegenstand göttlicher Wunder, somit der merkwürdigste Mensch, der je auf Erden gelebt habe, seit Jahren, in jeder Stunde und jeder Minute erfahre er diese Wunder an seinem Leibe, erhalte sie auch durch die Stimmen, die mit ihm sprächen, bestätigt. Er habe in den ersten Jahren seiner Krankheit Zerstörungen an einzelnen Organen seines Körpers erfahren, die jedem andern Menschen längst den Tod hätten bringen müssen, habe lange Zeit gelebt ohne Magen, ohne Därme, fast ohne Lungen, mit zerrissener Speiseröhre, ohne Blase, mit zerschmetterten Rippenknochen, habe seinen Kehlkopf manchmal zum Teil mit aufgegessen usf., göttliche Wunder (›Strahlen‹) aber hätten das Zerstörte immer wiederhergestellt und er

[1] [S. Anm. 1, S. 151.]

sei daher, solange er ein Mann bleibe, überhaupt nicht sterblich. Jene bedrohlichen Erscheinungen seien nun längst verschwunden, dafür sei in den Vordergrund getreten seine ›Weiblichkeit‹, wobei es sich um einen Entwicklungsprozeß handle, der wahrscheinlich noch Jahrzehnte, wenn nicht Jahrhunderte zu seiner Vollendung beanspruche und dessen Ende schwerlich einer der jetzt lebenden Menschen erleben werde. Er habe das Gefühl, daß bereits massenhafte ›weibliche Nerven‹ in seinen Körper übergegangen seien, aus denen durch unmittelbare Befruchtung Gottes neue Menschen hervorgehen würden. Erst dann werde er wohl eines natürlichen Todes sterben können und sich wie allen Menschen die Seligkeit wieder erworben haben. Einstweilen sprächen nicht nur die Sonne, sondern auch die Bäume und die Vögel, die so etwas wie ›verwunderte Reste früherer Menschenseelen‹ seien, in menschlichen Lauten zu ihm und überall geschähen Wunderdinge um ihn her.« (386–8.)
Das Interesse des praktischen Psychiaters an solchen Wahnbildungen ist in der Regel erschöpft, wenn er die Leistung des Wahnes festgestellt und seinen Einfluß auf die Lebensführung des Kranken beurteilt hat; seine Verwunderung ist nicht der Anfang seines Verständnisses. Der Psychoanalytiker bringt von seiner Kenntnis der Psychoneurosen her die Vermutung mit, daß auch so absonderliche, so weit von dem gewohnten Denken der Menschen abweichende Gedankenbildungen aus den allgemeinsten und begreiflichsten Regungen des Seelenlebens hervorgegangen sind, und möchte die Motive wie die Wege dieser Umbildung kennenlernen. In dieser Absicht wird er sich gerne in die Entwicklungsgeschichte wie in die Einzelheiten des Wahnes vertiefen.

a) Als die beiden Hauptpunkte werden vom ärztlichen Begutachter die *Erlöserrolle* und die *Verwandlung zum Weibe* hervorgehoben. Der Erlöserwahn ist eine uns vertraute Phantasie, er bildet so häufig den Kern der religiösen Paranoia. Der Zusatz, daß die Erlösung durch die Verwandlung des Mannes in ein Weib erfolgen müsse, ist ungewöhnlich und an sich befremdend, da er sich weit von dem historischen Mythos entfernt, den die Phantasie des Kranken reproduzieren will. Es liegt nahe, mit dem ärztlichen Gutachten anzunehmen, daß der Ehrgeiz, den Erlöser zu spielen, das Treibende dieses Wahnkomplexes sei, wobei die *Entmannung* nur die Bedeutung eines Mittels zu diesem Zweck in Anspruch nehmen könne. Mag sich dies auch in der endgültigen Gestaltung des Wahnes so darstellen, so wird uns doch durch das Studium der *Denkwürdigkeiten* eine ganz andere Auffassung aufgenötigt. Wir erfahren, daß die Verwandlung in ein Weib (Entmannung) der primäre Wahn war, daß sie zunächst als ein Akt schwerer Beeinträchtigung und Verfolgung beurteilt wurde und daß sie erst sekundär in Beziehung zur Erlöserrolle trat. Auch wird es unzweifelhaft, daß sie zuerst zum Zwecke sexuellen Mißbrauches und nicht im Dienste höherer Absichten erfolgen sollte. Formal ausgedrückt, ein sexueller Verfolgungswahn hat sich dem Patienten nachträglich zum religiösen Größenwahn umgebildet. Als Verfolger galt zuerst der behandelnde Arzt Prof. Flechsig, später trat *Gott* selbst an dessen Stelle.

Ich setze die beweisenden Stellen aus den *Denkwürdigkeiten* ungekürzt hierher: »Auf diese Weise wurde ein gegen mich gerichtetes Komplott fertig (etwa im März oder April 1894), welches dahin ging, nach einmal erkannter oder angenommener Unheilbarkeit meiner Nervenkrankheit mich einem Menschen in der Weise auszuliefern, daß meine Seele demselben überlassen, mein Körper aber – in mißverständlicher Auffassung der oben bezeichneten, der Weltordnung zugrunde liegenden Tendenz – in einen weiblichen Körper verwandelt, als solcher dem betreffenden Menschen[1] zum geschlechtlichen Mißbrauch überlassen und dann einfach ›liegengelassen‹, also wohl der Verwesung anheimgegeben werden sollte.« (56.)

»Dabei war es vom menschlichen Gesichtspunkte aus, der mich damals noch vorzugsweise beherrschte, wohl durchaus natürlich, daß ich meinen eigentlichen Feind immer nur in Professor Flechsig oder dessen Seele erblickte (später kam noch die v. W.sche Seele hinzu, worüber weiter unten das Nähere) und Gottes Allmacht als meine natürliche Bundesgenossin betrachtete, die ich nur dem Professor Flechsig gegenüber in einer Notlage wähnte und deshalb mit allen erdenklichen Mitteln bis zur Selbstaufopferung unterstützen zu müssen glaubte. Daß Gott selbst der Mitwisser, wenn nicht gar der Anstifter des auf den an mir zu verübenden Seelenmord und die Preisgabe meines Körpers als weibliche Dirne gerichteten Planes gewesen sei, ist ein Gedanke, der sich mir erst sehr viel später aufgedrängt hat, ja zum Teil, wie ich sagen darf, mir erst während der Niederschrift des gegenwärtigen Aufsatzes zu klarem Bewußtsein gekommen ist.« (59.)

»Alle auf Verübung eines Seelenmords, auf Entmannung zu *weltord-*

---

[1] Es geht aus dem Zusammenhange dieser und anderer Stellen hervor, daß der betreffende Mensch, von dem der Mißbrauch geübt werden sollte, kein anderer als Flechsig ist (vgl. unten [S. 164 ff.]).

nungswidrigen Zwecken[34] (d. h. zur Befriedigung der geschlechtlichen Begierde eines Menschen) und später auf Zerstörung meines Verstandes gerichteten Versuche sind gescheitert. Ich gehe aus dem anscheinend so ungleichen Kampfe eines einzelnen schwachen Menschen mit Gott selbst, wenn schon nach manchen bitteren Leiden und Entbehrungen, als Sieger hervor, weil die Weltordnung auf meiner Seite steht.« (61.)
In der Anmerkung 34 wird dann die spätere Umgestaltung des Entmannungswahnes und des Verhältnisses zu Gott angekündigt: »Daß eine Entmannung zu einem anderen – weltordnungs*mäßigen* Zweck im Bereiche der Möglichkeit liegt, ja sogar vielleicht die wahrscheinliche Lösung des Konfliktes enthält, wird später noch ausgeführt werden.«
Diese Äußerungen sind entscheidend für die Auffassung des Entmannungswahnes und somit für das Verständnis des Falles überhaupt. Fügen wir hinzu, daß die »Stimmen«, die der Patient hörte, die Umwandlung in ein Weib nie anders denn als eine sexuelle Schmach behandelten, wegen welcher sie den Kranken höhnen durften. »Gottesstrahlen[1] glaubten mich nicht selten mit Rücksicht auf die angeblich bevorstehende Entmannung als *›Miss Schreber‹* verhöhnen zu dürfen.« (127.) – »Das will ein Senatspräsident gewesen ein, der sich f...[2] läßt?« – »Schämen Sie sich denn nicht vor Ihrer Frau Gemahlin?« [177.]
Die primäre Natur der Entmannungsphantasie und ihre anfängliche Unabhängigkeit von der Erlöseridee wird ferner durch die eingangs [S. 142] erwähnte, im Halbschlaf aufgetretene »Vorstellung« bezeugt, daß es schön sein müsse, ein Weib zu sein, das dem Beischlaf unterliege. (36.) Diese Phantasie war in der Inkubationszeit der Erkrankung, noch vor der Einwirkung der Überbürdung in Dresden bewußt worden.
Der Monat November 1895 wird von Schreber selbst als die Zeit hingestellt, in welcher sich der Zusammenhang der Entmannungsphantasie mit der Erlöseridee herstellte und solcherart eine Versöhnung mit der ersteren angebahnt wurde. »Nunmehr aber wurde mir unzweifelhaft bewußt, daß die Weltordnung die Entmannung, mochte sie mir persönlich zusagen oder nicht, gebieterisch verlange und daß mir daher *aus Vernunftgründen* gar nichts anderes übrigbleibe, als mich mit dem Gedanken der Verwandlung in ein Weib zu befreunden. Als weitere Folge

[1] Die »Gottesstrahlen« sind, wie sich ergeben wird [S. 151], identisch mit den in der »Grundsprache« redenden Stimmen.
[2] Diese Auslassung sowie alle anderen Eigentümlichkeiten der Schreibweise kopiere ich nach den *Denkwürdigkeiten*. Ich selbst wüßte kein Motiv, in ernster Sache so schamhaft zu sein.

der Entmannung konnte natürlich nur eine Befruchtung durch göttliche Strahlen zum Zwecke der Erschaffung neuer Menschen in Betracht kommen.« (177.)
Die Verwandlung in ein Weib war das *punctum saliens*, der erste Keim der Wahnbildung gewesen; sie erwies sich auch als das einzige Stück, welches die Herstellung überdauerte, und als das einzige, das im wirklichen Handeln des Genesenen seinen Platz zu behaupten wußte. »Das *einzige*, was in den Augen anderer Menschen als etwas Unvernünftiges gelten kann, ist der auch von dem Herrn Sachverständigen berührte Umstand, daß ich zuweilen mit etwas weiblichem Zierat (Bändern, unechten Ketten u. dgl.) bei halb entblößtem Oberkörper vor dem Spiegel stehend oder sonst angetroffen wurde. Es geschieht dies übrigens nur *im Alleinsein*, niemals, wenigstens soweit ich es vermeiden kann, zu Angesicht anderer Personen.« (429.) Diese Spielereien gestand der Herr Senatspräsident zu einer Zeit ein (Juli 1901)[1], da er für seine wiedergewonnene praktische Gesundheit den treffenden Ausdruck fand: »Jetzt weiß ich schon längst, daß die Personen, die ich vor mir sehe, nicht ›flüchtig hingemachte Männer‹, sondern wirkliche Menschen sind und daß ich mich daher ihnen gegenüber so zu verhalten habe, wie ein vernünftiger Mensch im Verkehr mit anderen Menschen zu tun pflegt.« (409.) Im Gegensatz zu dieser Betätigung der Entmannungsphantasie hat der Kranke für die Anerkennung seiner Erlösermission nie etwas anderes unternommen als eben die Veröffentlichung seiner *Denkwürdigkeiten*.

b) Das Verhältnis unseres Kranken zu *Gott* ist so sonderbar und von einander widersprechenden Bestimmungen erfüllt, daß ein gutes Stück Zuversicht dazu gehört, wenn man an der Erwartung festhält, daß in diesem »Wahnsinn« doch »Methode« zu finden sei. Wir müssen uns nun mit Hilfe der Äußerungen in den *Denkwürdigkeiten* über das theologisch-psychologische System des Dr. Schreber genauere Orientierung schaffen und seine Ansichten über die *Nerven*, die *Seligkeit*, die *göttliche Hierarchie* und die *Eigenschaften Gottes* in ihrem scheinbaren (wahnhaften) Zusammenhange darlegen. In allen Stücken der Theorie fällt die merkwürdige Mischung von Plattem und Geistreichem, von geborgten und originellen Elementen auf.
Die menschliche Seele ist in den *Nerven* des Körpers enthalten, die als Gebilde von außerordentlicher Feinheit – den feinsten Zwirnfäden ver-

[1] [In seiner Berufungsbegründung (s. oben, S. 141, Anm. 1).]

gleichbar – vorzustellen sind. Einige dieser Nerven sind nur zur Aufnahme sinnlicher Wahrnehmungen geeignet, andere (*die Verstandesnerven*) leisten alles Psychische, wobei das Verhältnis stattfindet, daß *jeder einzelne Verstandesnerv die gesamte geistige Individualität des Menschen repräsentiert* und die größere oder geringere Zahl der vorhandenen Verstandesnerven nur von Einfluß ist auf die Zeitdauer, während deren die Eindrücke festgehalten werden können [1].

Während die Menschen aus Körper und Nerven bestehen, ist Gott von vornherein nur Nerv. Die Gottesnerven sind jedoch nicht wie im menschlichen Körper in beschränkter Zahl vorhanden, sondern unendlich oder ewig. Sie besitzen alle Eigenschaften der menschlichen Nerven in enorm gesteigertem Maße. In ihrer Fähigkeit zu schaffen, d. h. sich umzusetzen in alle möglichen Dinge der erschaffenen Welt, heißen sie *Strahlen.* Zwischen Gott und dem gestirnten Himmel oder der Sonne besteht eine innige Beziehung [2].

Nach dem Schöpfungswerk zog sich Gott in ungeheuere Entfernung zurück (10–11 und 252) und überließ die Welt im allgemeinen ihren Gesetzen. Er beschränkte sich darauf, die Seelen Verstorbener zu sich heraufzuziehen. Nur ausnahmsweise mochte er sich mit einzelnen hochbegabten Menschen in Verbindung setzen [3] oder mit einem Wunder in die Geschicke der Welt eingreifen. Ein regelmäßiger Verkehr Gottes mit Menschenseelen findet nach der Weltordnung erst nach dem Tode statt [4]. Wenn ein Mensch gestorben ist, so werden seine Seelenteile (Nerven) einem Läuterungsverfahren unterworfen, um endlich als »Vorhöfe des Himmels« Gott selbst wieder angegliedert zu werden. Es entsteht so ein

---

[1] In der Anmerkung zu dieser von Schreber unterstrichenen Lehre wird deren Brauchbarkeit zur Erklärung der Erblichkeit betont. »Der männliche Samen enthält einen Nerv des Vaters und vereinigt sich mit einem aus dem Leib der Mutter entnommenen Nerven zu einer neuentstehenden Einheit.« (7.) Es ist also hier ein Charakter, den wir dem Spermatozoon zuschreiben müssen, auf die Nerven übertragen worden und dadurch die Herkunft der Schreberschen »Nerven« aus dem sexuellen Vorstellungskreis wahrscheinlich gemacht. In den *Denkwürdigkeiten* trifft es sich nicht so selten, daß eine beiläufige Anmerkung zu einer wahnhaften Lehre den erwünschten Hinweis auf die Genese und somit auf die Bedeutung des Wahnes enthält. [Vgl. unten, S. 162–3.]

[2] Über diese siehe weiter unten [S. 178 ff.]: Sonne. – Die Gleichstellung (oder vielmehr Verdichtung) von Nerven und Strahlen könnte leicht deren lineare Erscheinung zum Gemeinsamen genommen haben. – Die Strahlen-Nerven sind übrigens ebenso schöpferisch wie die Samenfäden-Nerven.

[3] Das wird in der »Grundsprache« (s. unten [S. 151]) als »Nervenanhang bei ihnen nehmen« bezeichnet.

[4] Welche Einwürfe gegen Gott sich hieran knüpfen, werden wir später [S. 152 ff.) erfahren.

ewiger Kreislauf der Dinge, welcher der Weltordnung zugrunde liegt. Indem Gott etwas schafft, entäußert er sich eines Teiles seiner selbst, gibt einem Teile seiner Nerven eine veränderte Gestalt. Der scheinbar hierdurch entstehende Verlust wird wiederum ersetzt, wenn nach Jahrhunderten und Jahrtausenden die selig gewordenen Nerven verstorbener Menschen als »Vorhöfe des Himmels« ihm wieder zuwachsen. (18 und 19, Anm.)

Die durch den Läuterungsprozeß gereinigten Seelen befinden sich im Genusse der *Seligkeit*[1]. Sie haben unterdes ihr Selbstbewußtsein abgeschwächt und sind mit anderen Seelen zu höheren Einheiten zusammengeschmolzen. Bedeutsame Seelen, wie die eines Goethe, Bismarck u. a., haben ihr Identitätsbewußtsein vielleicht noch durch Jahrhunderte zu bewahren, bis sie selbst in höheren Seelenkomplexen (wie »Jehovastrahlen« für das alte Judentum, »Zoroasterstrahlen« für das Persertum) aufgehen können. Während der Läuterung lernen die Seelen »die von Gott selbst gesprochene Sprache, die sogenannte ›Grundsprache‹, ein etwas altertümliches, aber immerhin kraftvolles Deutsch, das sich namentlich durch einen großen Reichtum an Euphemismen auszeichnete« (13)[2].

Gott selbst ist kein einfaches Wesen. »Über den ›Vorhöfen des Himmels‹ schwebte Gott selbst, dem im Gegensatz zu diesen ›vorderen Gottesreichen‹ auch die Bezeichnung der ›hinteren Gottesreiche‹ gegeben wurde. Die hinteren Gottesreiche unterlagen (und unterliegen noch jetzt) einer eigentümlichen Zweiteilung, nach der ein niederer Gott (Ariman) und ein oberer Gott (Ormuzd) unterschieden wurde.« (19.) Über die nähere Bedeutung dieser Zweiteilung weiß Schreber nichts anderes zu sagen, als daß der niedere Gott sich vorzugsweise den Völkern brünetter Rasse (den Semiten) und der obere den blonden Völkern (Ariern) zugeneigt hat. Doch wird man von menschlicher Erkenntnis in solchen Höhen auch nicht mehr fordern dürfen. Immerhin erfahren wir noch, daß der niedere und der obere Gott »ungeachtet der in gewisser Beziehung vorhandenen Einheit von Gottes Allmacht doch als

[1] Diese besteht wesentlich in einem Wollustgefühl (s. unten [S. 156; s. a. Freuds Anm. 2, S. 157]).

[2] Es war dem Patienten ein einziges Mal während seiner Krankheit vergönnt, Gottes Allmacht in ihrer vollständigen Reinheit vor seinem geistigen Auge zu sehen. Gott äußerte damals das in der Grundsprache ganz geläufige, kraftvolle, aber nicht freundlich klingende Wort: Luder! (136.) [Freud kam noch einmal auf die »Grundsprache« zurück, und zwar am Ende der 10. der *Vorlesungen zur Einführung in die Psychoanalyse* (1916–17), *Studienausgabe*, Bd. 1, S. 174–75.]

verschiedene Wesen aufgefaßt werden müssen, die, ein jedes von ihnen, *auch im Verhältnis untereinander,* ihren besonderen Egoismus und ihren besonderen Selbsterhaltungstrieb haben und sich daher immer wechselseitig vorzuschieben trachten« (140, Anm.). Die beiden göttlichen Wesen benahmen sich auch während des akuten Krankheitsstadiums in ganz verschiedener Weise gegen den unglücklichen Schreber [1].

Der Senatspräsident Schreber war in gesunden Tagen ein Zweifler in religiösen Dingen gewesen (29 und 64); er hatte sich zu einem festen Glauben an die Existenz eines persönlichen Gottes nicht aufzuschwingen vermocht. Ja, er zieht aus dieser Tatsache seiner Vorgeschichte ein Argument, um die volle Realität seines Wahnes zu stützen [2]. Wer aber das Folgende über die Charaktereigenschaften des Schreberschen Gottes erfährt, wird sagen müssen, daß die durch die paranoische Erkrankung erzeugte Umwandlung keine sehr gründliche war und daß in dem nunmehrigen Erlöser noch viel vom vormaligen Zweifler übriggeblieben ist.

Die Weltordnung hat nämlich eine Lücke, infolge deren die Existenz Gottes selbst gefährdet erscheint. Vermöge eines nicht näher aufzuklärenden Zusammenhanges üben die Nerven *lebender* Menschen, namentlich im Zustand *einer hochgradigen Erregung,* eine derartige Anziehung auf die Gottesnerven aus, daß Gott nicht wieder von ihnen loskommen kann, also in seiner eigenen Existenz bedroht ist (11). Dieser außerordentlich seltene Fall ereignete sich nun bei Schreber und hatte die größten Leiden für ihn zur Folge. Gottes Selbsterhaltungstrieb wurde dadurch regegemacht (30), und es ergab sich, daß Gott von der Vollkommenheit, die ihm die Religionen beilegen, weit entfernt ist. Durch das ganze Buch Schrebers zieht sich die bittere Anklage, daß Gott, nur an den Verkehr mit Verstorbenen gewöhnt, *den lebenden Menschen nicht versteht.*

»Dabei waltet nun aber *ein fundamentales Mißverständnis* ob, welches sich seitdem wie ein roter Faden durch mein ganzes Leben hindurch-

---

[1] Eine Anmerkung (20) läßt erraten, daß eine Stelle in Byrons *Manfred* für die Wahl der persischen Gottesnamen den Ausschlag gegeben hat. Wir werden dem Einflusse dieser Dichtung noch ein anderes Mal begegnen. [S. unten, S. 170.]

[2] »Daß *bei mir* bloße Sinnestäuschungen vorliegen sollen, erscheint mir schon [von] vornherein psychologisch undenkbar. Denn die Sinnestäuschung, mit Gott oder abgeschiedenen Seelen in Verkehr zu stehen, kann doch füglich nur in solchen Menschen entstehen, die in ihren krankhaft erregten Nervenzustand bereits einen sicheren Glauben an Gott und an die Unsterblichkeit der Seele mitgebracht haben. *Dies ist aber bei mir nach dem im Eingang dieses Kapitels Erwähnten gar nicht der Fall gewesen.«* (79.)

zieht und welches eben darauf beruht, daß *Gott nach der Weltordnung den lebenden Menschen eigentlich nicht kannte* und nicht zu kennen brauchte, sondern weltordnungsmäßig nur mit Leichen zu verkehren hatte.« (55.) – »Daß ..., muß nach meiner Überzeugung wiederum damit in Zusammenhang gebracht werden, daß Gott mit dem lebenden Menschen sozusagen nicht umzugehen wußte, sondern nur den Verkehr mit Leichen oder allenfalls mit dem im Schlaf daliegenden (träumenden) Menschen gewöhnt war.« (141.) – »*Incredibile scriptu*, möchte ich selbst hinzufügen, und doch ist alles tatsächlich wahr, sowenig andere Menschen den Gedanken einer so totalen Unfähigkeit Gottes, den lebenden Menschen richtig zu beurteilen, werden fassen können, und so langer Zeit es auch für mich bedurft hat, um mich an diesen Gedanken nach den unzähligen hierüber gemachten Beobachtungen zu gewöhnen.« (246.)

Allein infolge dieses Mißverständnisses Gottes für den lebenden Menschen konnte es geschehen, daß Gott selbst der Anstifter des gegen Schreber gerichteten Komplottes wurde, daß Gott ihn für blödsinnig hielt und ihm die beschwerlichsten Prüfungen auferlegte (264). Er unterwarf sich einem höchst lästigen »Denkzwange«, um dieser Verurteilung zu entgehen. »Bei jeder Einstellung meiner Denktätigkeit erachtet Gott augenblicklich meine geistigen Fähigkeiten für erloschen, die von ihm erhoffte Zerstörung des Verstandes (den Blödsinn) für eingetreten und damit die Möglichkeit eines Rückzugs für gegeben.« (206.)

Eine besonders heftige Empörung wird durch das Benehmen Gottes in der Sache des Entleerungs- oder Sch ... dranges hervorgerufen. Die Stelle ist so charakteristisch, daß ich sie ganz zitieren will. Zu ihrem Verständnis schicke ich voraus, daß sowohl die Wunder als auch die Stimmen von Gott (d. h. von den göttlichen Strahlen) ausgehen.

»Wegen ihrer charakteristischen Bedeutung muß ich der oben erwähnten Frage ›Warum sch ... Sie denn nicht?‹ noch einige Bemerkungen widmen, sowenig dezent auch das Thema ist, das ich dabei zu berühren genötigt bin. Wie alles andere an meinem Körper, wird nämlich auch das Ausleerungsbedürfnis durch Wunder hervorgerufen; es geschieht dies, indem der Kot in den Därmen vorwärts (manchmal auch wieder rückwärts) gedrängt wird und wenn infolge bereits geschehener Ausleerungen genügendes Material nicht mehr vorhanden ist, wenigstens die noch vorhandenen geringen Reste des Darminhalts auf meine Gesäßöffnung geschmiert werden. Es handelt sich dabei um ein Wunder des oberen Gottes, das an jedem Tage mindestens mehrere Dutzende von Malen wiederholt wird. Damit verbindet sich die für Menschen geradezu unbegreifliche und nur aus der völligen Unbekanntschaft Gottes mit dem lebenden Menschen als Organismus erklärliche Vorstellung, daß das ›Sch...‹ gewissermaßen das letzte sei, d.h. mit dem Anwundern des Sch... dranges das Ziel der Zerstörung des Verstandes erreicht und die Möglichkeit eines endgiltigen Rückzugs der Strahlen gegeben sei. Wie mir scheint, muß man, um der Entstehung dieser Vorstellung auf den Grund zu gehen, an das Vorliegen eines Mißverständnisses in betreff der symbolischen Bedeutung des Ausleerungsaktes denken, daß nämlich derjenige, der zu göttlichen Strahlen in ein dem meinigen entsprechendes Verhältnis gekommen ist, gewissermaßen berechtigt sei, auf alle Welt zu sch...«

»Zugleich äußert sich dabei aber auch die ganze Perfidie[1] der Politik, die mir gegenüber verfolgt wird. Nahezu jedesmal, wenn man mir das Ausleerungsbedürfnis wundert, schickt man – indem man die Nerven des betreffenden Menschen dazu anregt – irgendeine andere Person meiner Umgebung auf den Abtritt, um mich am Ausleeren zu verhindern; es ist dies eine Erscheinung, die ich seit Jahren in so unzähligen (Tausenden von) Malen und so regelmäßig beobachtet habe, daß jeder Gedanke an einen Zufall ausgeschlossen ist. Mir selbst gegenüber wird dann aber auf die Frage: ›Warum sch... Sie denn nicht?‹ mit der famosen Antwort fortgefahren: ›Weil ich dumm bin so etwa.‹ Die Feder sträubt sich fast dagegen, den formidablen Unsinn niederzuschreiben, daß Gott in der Tat in seiner auf Unkenntnis der Menschennatur beruhenden Verblendung so weit geht anzunehmen, es könne einen Menschen geben, der – was doch jedes Tier zu tun vermag – vor Dummheit nicht sch... könne. Wenn ich dann im Falle eines Bedürfnisses wirklich ausleere – wozu ich mich, da ich den Abtritt fast stets besetzt finde, in der Regel eines Eimers bediene –, so ist dies jedesmal mit einer überaus kräftigen Entwickelung der Seelenwollust verbunden. Die Befreiung von dem Druck, der durch den in den Därmen vorhandenen Kot verursacht wird, hat nämlich für die Wollustnerven ein intensives Wohlbehagen zur Folge; das gleiche ist auch beim Pissen der Fall. Aus diesem Grunde sind noch stets und ohne jede Ausnahme beim Ausleeren und Pissen alle Strahlen vereinigt gewesen; aus eben diesem Grunde sucht man auch stets, wenn ich mich zu diesen natürlichen Funktionen anschicke, den

[1] Eine Anmerkung bemüht sich hier, das harte Wort »Perfidie« zu mildern, indem auf eine der noch zu erwähnenden Rechtfertigungen Gottes verwiesen wird. [S. unten, S. 155 f.]

Ausleerungs- und Pißdrang, wenn auch meist vergeblich, wieder zurückzuwundern.« (225–7.)[1]

Der sonderbare *Gott* Schrebers ist auch nicht imstande, etwas aus der Erfahrung zu lernen: »Aus der so gewonnenen Erfahrung eine Lehre für die Zukunft zu ziehen scheint vermöge irgendwelcher in dem Wesen Gottes liegenden Eigenschaften eine Unmöglichkeit zu sein.« (186.) Er kann daher dieselben quälenden Proben, Wunder und Stimmenäußerungen Jahre hindurch ohne Abänderung wiederholen, bis er dem Verfolgten zum Gespötte werden muß.

»Daraus ergibt sich, daß Gott fast in allem, was mir gegenüber geschieht, nachdem die Wunder ihre frühere furchtbare Wirkung zum größten Teile eingebüßt haben, mir überwiegend lächerlich oder kindisch erscheint. Daraus folgt für mein Verhalten, daß ich häufig durch die Notwehr gezwungen bin, nach Befinden auch in lauten Worten den *Gottesspötter* zu spielen...« (333.)[2]

Diese Kritik Gottes und Auflehnung gegen Gott begegnet bei Schreber indes einer energischen Gegenströmung, welcher an zahlreichen Stellen Ausdruck gegeben wird: »Auf das allerentschiedenste habe ich aber auch hier zu betonen, daß es sich dabei nur um eine Episode handelt, die, wie ich hoffe, spätestens mit meinem Ableben ihre Endschaft erreichen wird, daß daher das Recht, Gottes zu spotten, nur mir, nicht aber anderen Menschen zusteht. Für andere Menschen bleibt Gott der allmächtige Schöpfer [des] Himmels und der Erde, der Urgrund aller Dinge und das Heil ihrer Zukunft, dem – mögen auch einzelne der herkömmlichen religiösen Vorstellungen einer Berichtigung bedürfen – Anbetung und höchste Verehrung gebührt.« (333–4.)

Es wird darum zu wiederholten Malen eine Rechtfertigung Gottes wegen seines Benehmens gegen den Patienten versucht, die, ebenso spitzfindig wie alle Theodizeen, bald in der allgemeinen Natur der Seelen, bald in der Nötigung Gottes, sich selbst zu erhalten, und in dem irreführenden Einflusse der Flechsigschen Seele die Erklärung findet (60–1 und 160). Im ganzen aber wird die Krankheit als ein Kampf des Menschen Schreber gegen Gott aufgefaßt, in welchem der schwache

---

[1] Dies Eingeständnis der Exkretionslust, die wir als eine der autoerotischen Komponenten der infantilen Sexualität kennengelernt haben, möge man mit den Äußerungen des kleinen Hans in der ›Analyse der Phobie eines fünfjährigen Knaben‹ (1909 *b*, S. 333 [*Studienausgabe*, Bd. 8, S. 86]) zusammenhalten.

[2] Auch in der »Grundsprache« war Gott nicht immer der schimpfende Teil, sondern gelegentlich auch der beschimpfte, z. B.: »Ei verflucht, das sagt sich schwer, daß der liebe Gott sich f... läßt.« (194.)

Mensch Sieger bleibt, weil er die Weltordnung auf seiner Seite hat (61).

Aus den ärztlichen Gutachten hätte man leicht schließen können, daß man es bei Schreber mit der landläufigen Form der Erlöserphantasie zu tun habe. Der Betreffende sei Gottes Sohn, dazu bestimmt, die Welt aus ihrem Elend oder vor dem ihr drohenden Untergang zu retten usw. Ich habe es daher nicht unterlassen, die Besonderheiten des Schreberschen Verhältnisses zu Gott ausführlich darzustellen. Die Bedeutung, welche diesem Verhältnisse für die übrige Menschheit zukommt, wird in den *Denkwürdigkeiten* nur selten und erst zu Ende der Wahnbildung erwähnt. Sie besteht wesentlich darin, daß kein Verstorbener selig werden kann, solange seine (Schrebers) Person die Hauptmasse der Gottesstrahlen durch ihre Anziehungskraft absorbiert (32). Auch die unverhüllte Identifizierung mit Jesus Christus kommt erst sehr spät zum Vorscheine (338 und 431).

Es wird kein Erklärungsversuch des Falles Schreber Aussicht auf Richtigkeit haben, der nicht diesen Besonderheiten seiner Gottesvorstellung, dieser Mischung von Zügen der Verehrung und der Auflehnung, Rechnung trägt. Wir wenden uns nun einem andern in inniger Beziehung zu Gott stehenden Thema, dem der *Seligkeit*, zu.

Die Seligkeit ist auch bei Schreber »das jenseitige Leben«, zu dem die Menschenseele durch die Läuterung nach dem Tod erhoben wird. Er beschreibt sie als einen Zustand ununterbrochenen Genießens, verbunden mit der Anschauung Gottes. Das ist nun wenig originell, aber dafür werden wir durch die Unterscheidung überrascht, die Schreber zwischen einer männlichen und einer weiblichen Seligkeit macht. »Die männliche Seligkeit stand höher als die weibliche Seligkeit, welch letztere vorzugsweise in einem ununterbrochenen Wollustgefühle bestanden zu haben scheint.« (18.)[1] Andere Stellen verkünden das Zusammenfallen von Seligkeit und Wollust in deutlicherer Sprache und ohne Bezug auf den Geschlechtsunterschied, so wie auch von dem Bestandteile der Seligkeit, der Anschauung Gottes ist, weiter nicht gehandelt wird. So z. B.: »... mit der Natur der Gottesnerven, vermöge deren die Seligkeit ..., wenn auch nicht ausschließlich, so doch mindestens zugleich eine hochgesteigerte

[1] Es liegt doch ganz im Sinne der Wunscherfüllung vom Leben im Jenseits, daß man dort endlich des Geschlechtsunterschiedes ledig wird.

»Und jene himmlischen Gestalten,
sie fragen nicht nach Mann und Weib.«

(Mignon [in Goethes *Wilhelm Meisters Lehrjahre*, VIII. Buch, 2. Kapitel].)

Wollustempfindung ist.« (51.) Und: »Die Wollust darf als ein Stück Seligkeit aufgefaßt werden, das dem Menschen und anderen lebenden Geschöpfen gewissermaßen im voraus verliehen ist« (281), so daß die himmlische Seligkeit wesentlich als Steigerung und Fortsetzung der irdischen Sinneslust zu verstehen wäre!

Diese Auffassung der Seligkeit ist keineswegs ein aus den ersten Stadien der Krankheit stammendes, später als unverträglich eliminiertes Stück des Schreberschen Wahnes. Noch in der ›Berufungsbegründung‹ (Juli 1901) hebt der Kranke als eine seiner großen Einsichten hervor, »daß die Wollust nun einmal in einer – für andere Menschen bisher nicht erkennbar gewordenen – nahen Beziehung zu der Seligkeit der abgeschiedenen Geister steht.« [442.] [1]

Ja, wir werden hören, daß diese »nahe Beziehung« der Fels ist, auf welchem der Kranke die Hoffnung einer endlichen Versöhnung mit Gott und eines Aufhörens seiner Leiden gebaut hat. Die Strahlen Gottes verlieren ihre feindselige Gesinnung, sobald sie versichert sind, mit Seelenwollust in seinem Körper aufzugehen (133); Gott selbst verlangt danach, die Wollust bei ihm zu finden (283), und droht mit dem Rückzuge seiner Strahlen, wenn er in der Pflege der Wollust nachläßt und Gott das Verlangte nicht bieten kann (320).

Diese überraschende Sexualisierung der himmlischen Seligkeit macht uns den Eindruck, als ob Schrebers Seligkeitsbegriff durch die Verdichtung der zwei Hauptbedeutungen des deutschen Wortes: *verstorben* und *sinnlich glücklich* entstanden wäre [2]. Wir werden in ihr aber auch den Anlaß finden, das Verhältnis unseres Patienten zur Erotik überhaupt, zu den Fragen des sexuellen Genießens, der Prüfung zu unterziehen, denn wir Psychoanalytiker huldigen bis jetzt der Meinung, daß die Wurzeln jeder nervösen und psychischen Erkrankung vorzugsweise im Sexualleben zu finden seien, und zwar die einen von uns nur aus Gründen der Erfahrung, die anderen überdies noch infolge theoretischer Erwägungen.

Nach den bisher gegebenen Proben des Schreberschen Wahnes ist die Be-

---

[1] Über den möglichen Tiefsinn dieses Schreberschen Fundes vgl. unten. [Der Hinweis bezieht sich wohl auf S. 172 ff.]

[2] »Mein seliger Vater« und der Text der Arie aus dem *Don Juan* [vielmehr des Duetts ›*Là ci darem*‹]:

> »Ja, dein zu sein auf ewig,
> wie selig werd' ich sein«

als extreme Vertreter der beiden Bedeutungen. Es kann aber auch nicht ohne Sinn sein, daß unsere Sprache dasselbe Wort für so verschiedene Situationen verwendet.

fürchtung, gerade diese paranoide Erkrankung könnte sich als der so lange gesuchte »negative Fall« herausstellen, in dem die Sexualität eine allzu geringe Rolle spiele, ohneweiters abzuweisen. Schreber selbst äußert sich ungezählte Male in solcher Art, als ob er ein Anhänger unseres Vorurteils wäre. Er nennt »Nervosität« und erotische Verfehlung stets in einem Atem, als ob die beiden nicht voneinander zu trennen wären[1].

Vor seiner Erkrankung war der Senatspräsident Schreber ein sittenstrenger Mann gewesen: »Es wird wenige Menschen geben« – behauptet er, und ich sehe keine Berechtigung, ihm zu mißtrauen –, »die in so strengen sittlichen Grundsätzen aufgewachsen sind wie ich und die sich ihr ganzes Leben hindurch, namentlich auch in geschlechtlicher Beziehung, eine diesen Grundsätzen entsprechende Zurückhaltung in dem Maße auferlegt haben, wie ich es von mir behaupten darf.« (281.) Nach dem schweren Seelenkampfe, der sich nach außen durch die Erscheinungen der Krankheit kundgab, hatte sich das Verhältnis zur Erotik verändert. Er war zur Einsicht gekommen, daß die Pflege der Wollust eine Pflicht für ihn sei, deren Erfüllung allein den schweren in ihm, wie er meinte, um ihn, ausgebrochenen Konflikt beenden könne. Die Wollust war, wie ihm die Stimmen versicherten, »gottesfürchtig« geworden (285), und er bedauert nur, daß er nicht imstande sei, sich den ganzen Tag über der Pflege der Wollust zu widmen[2] (loc. cit.).

Das also war das Fazit der Krankheitsveränderung bei Schreber nach den beiden Hauptrichtungen seines Wahnes. Er war vorher ein zur se-

---

[1] »Wenn auf irgendeinem Weltkörper *sittliche Fäulnis* (›wollüstige Ausschweifungen‹) *oder vielleicht auch Nervosität* die ganze Menschheit derart ergriffen hatten« – dann, meint Schreber, in Anlehnung an die biblischen Berichte von Sodom und Gomorrha, von der Sündflut usw., könnte es zu einer Weltkatastrophe gekommen sein. (52.) – »[... die Kunde] ... habe Furcht und Schrecken unter den Menschen verbreitet, die Grundlagen der Religion zerstört und das Umsichgreifen *einer allgemeinen Nervosität und Unsittlichkeit* verursacht, in deren Folge dann verheerende Seuchen über die Menschheit hereingebrochen seien.« (91.) »Als ›Höllenfürst‹ galt daher wahrscheinlich den Seelen die unheimliche Macht, die aus einem *sittlichen Verfall* der Menschheit *oder aus allgemeiner Nervenüberreizung infolge von Überkultur* als eine gottfeindliche sich entwickeln konnte.« (163.) [Die Hervorhebungen stammen von Freud.]

[2] Im Zusammenhange des Wahnes heißt es (179–80): *»Die Anziehung* [d.h. die von Schreber ausgehende Anziehung auf die Gottesnerven (siehe S. 152)] *verlor jedoch ihre Schrecken für die betreffenden Nerven, wenn und soweit sie beim Eingehen in meinem Körper das Gefühl der Seelenwollust antrafen*, an dem sie ihrerseits teilnahmen. Sie fanden dann für die verlorengegangene himmlische Seligkeit, die wohl ebenfalls in einem wollustartigen Genießen bestand ..., einen ganz oder mindestens annähernd gleichwertigen Ersatz in meinem Körper wieder.«

xuellen Askese Geneigter und ein Zweifler an Gott gewesen, er war nach Ablauf der Krankheit ein Gottesgläubiger und der Wollust Beflissener. Aber wie sein wiedergewonnener Gottesglaube von absonderlicher Art war, so zeigte auch das Stück Sexualgenießen, das er sich erobert hatte, einen ganz ungewöhnlichen Charakter. Es war nicht mehr männliche Sexualfreiheit, sondern weibliches Sexualgefühl, er stellte sich feminin gegen Gott ein, fühlte sich als Gottes Weib [1].

Kein anderes Stück seines Wahnes wird von dem Kranken so ausführlich, man könnte sagen, so aufdringlich behandelt wie die von ihm behauptete Verwandlung in ein Weib. Die von ihm aufgesogenen Nerven haben in seinem Körper den Charakter weiblicher Wollustnerven angenommen und demselben auch sonst ein mehr oder weniger weibliches Gepräge, insbesondere seiner Haut die dem weiblichen Geschlecht eigentümliche Weichheit verliehen (87). Er fühlt diese Nerven, wenn er einen leisen Druck mit der Hand an einer beliebigen Körperstelle ausübt, als Gebilde von faden- oder strangartiger Beschaffenheit unter der Hautoberfläche, dieselben sind namentlich an der Brust, da wo beim Weibe der Busen ist, vorhanden. »Durch einen auf diese Gebilde auszuübenden Druck vermag ich mir, namentlich wenn ich an etwas Weibliches denke, eine der weiblichen entsprechende Wollustempfindung zu verschaffen.« (277.) Er weiß sicher, daß diese Gebilde nach ihrer Herkunft weiter nichts sind als ehemalige Gottesnerven, die doch durch ihren Übergang in seinen Körper ihre Eigenschaft als Nerven kaum eingebüßt haben können (279). Er ist imstande, sich und den Strahlen durch »Zeichnen« (visuelles Vorstellen) den Eindruck zu verschaffen, daß sein Körper mit weiblichen Brüsten und weiblichem Geschlechtsteil ausgestattet sei: »Das Zeichnen eines weiblichen Hinteren an meinen Körper – *honny soit qui mal y pense* – ist mir so zur Gewohnheit geworden, daß ich dies beim Bücken jedesmal fast unwillkürlich tue.« (233.) Er will es »kühn be-

[1] Anmerkung zu der Vorrede (4): »Etwas der Empfängnis Jesu Christi von seiten einer unbefleckten Jungfrau – d. h. von einer solchen, die niemals Umgang mit einem Manne gepflogen hat – Ähnliches ist in meinem eigenen Leibe vorgegangen. Ich habe (und zwar zu der Zeit, als ich noch in der Flechsigschen Anstalt war) zu zwei verschiedenen Malen bereits einen, wenn auch etwas mangelhaft entwickelten weiblichen Geschlechtsteil gehabt und in meinem Leibe hüpfende Bewegungen, wie sie den ersten Lebensregungen des menschlichen Embryo entsprechen, empfunden: durch göttliches Wunder waren dem männlichen Samen entsprechende Gottesnerven in meinen Leib geworfen worden; es hatte also eine Befruchtung stattgefunden.« [Schrebers Buch enthält sowohl ein ›Vorwort‹ und eine ›Einleitung‹ als auch einen vorangestellten ›Offenen Brief an Herrn Geh. Rath Prof. Dr. Flechsig‹. Vgl. S. 140, Anm. 3, und S. 164, Anm. 2.]

haupten, daß jeder, der mich mit entblößtem oberen Teile des Rumpfes vor dem Spiegel [stehen] sehen würde – zumal wenn die Illusion durch etwas weiblichen Aufputz unterstützt wird –, den unzweifelhaften Eindruck eines *weiblichen Oberkörpers* empfangen würde« (280). Er fordert die ärztliche Untersuchung heraus, um feststellen zu lassen, daß sein ganzer Körper vom Scheitel bis zur Sohle mit Wollustnerven durchsetzt ist, was nach seiner Meinung nur beim weiblichen Körper der Fall ist, während beim Manne, soviel ihm bekannt ist, Wollustnerven nur am Geschlechtsteile und in unmittelbarer Nähe desselben sich befinden (274). Die Seelenwollust, die sich durch diese Anhäufung der Nerven in seinem Körper entwickelt hat, ist so stark, daß es namentlich beim Liegen im Bette nur eines geringen Aufwandes von Einbildungskraft bedarf, um sich ein sinnliches Behagen zu schaffen, das eine ziemlich deutliche Vorahnung von dem weiblichen Geschlechtsgenusse beim Beischlafe gewährt (269).

Erinnern wir uns des Traumes, welcher in der Inkubationszeit der Erkrankung, noch vor der Übersiedlung nach Dresden, vorfiel [s. S. 142], so wird es über jeden Zweifel evident, daß der Wahn der Verwandlung in ein Weib nichts anderes ist als die Realisierung jenes Trauminhalts. Gegen diesen Traum hatte er sich damals mit männlicher Empörung gesträubt, und ebenso wehrte er sich anfänglich gegen dessen Erfüllung während der Krankheit, sah die Wandlung zum Weib als eine Schmach an, die in feindseliger Absicht über ihn verhängt werden sollte. Aber es kam ein Zeitpunkt (November 1895), in dem er sich mit dieser Wandlung zu versöhnen begann und sie mit höheren Absichten Gottes in Verbindung brachte: »Ich habe seitdem die Pflege der Weiblichkeit mit vollem Bewußtsein auf meine Fahne geschrieben.« (177–8.)

Er kam dann zur sicheren Überzeugung, daß Gott selbst zu seiner eigenen Befriedigung die Weiblichkeit von ihm verlange:

»Sobald ich aber – wenn ich mich so ausdrücken darf – mit Gott allein bin, ist es eine Notwendigkeit für mich, mit allen erdenklichen Mitteln sowie mit dem vollen Aufgebote meiner Verstandeskräfte, insbesondere meiner Einbildungskraft, dahin zu wirken, daß die göttlichen Strahlen von mir möglichst fortwährend oder – da dies der Mensch einfach nicht kann – wenigstens zu gewissen Tageszeiten den Eindruck eines in wollüstigen Empfindungen schwelgenden Weibes empfangen.« (281.)

»Auf der andern Seite verlangt Gott ein den weltordnungsmäßigen Daseinsbedingungen der Seelen entsprechendes *beständiges Genießen*; es ist meine Aufgabe, ihm dasselbe, ... in der Form ausgiebigster Entwicklung der Seelenwollust zu verschaffen[1]; soweit dabei für mich etwas von sinnlichem Genusse abfällt, bin ich berechtigt, denselben als eine kleine Entschädigung für das Übermaß der Leiden und Entbehrungen, das mir seit Jahren auferlegt ist, mitzunehmen; ...« (283.)

»... ich glaube sogar nach den gewonnenen Eindrücken die Ansicht aussprechen zu dürfen, daß Gott niemals zu einer Rückzugsaktion vorschreiten würde (wodurch mein körperliches Wohlbefinden jedesmal zunächst erheblich verschlechtert wird), sondern ohne jedes Widerstreben und in dauernder Gleichmäßigkeit der Anziehung folgen würde, wenn es mir möglich wäre, *immer* das in geschlechtlicher Umarmung mit mir selbst daliegende Weib zu spielen, meinen Blick *immer* auf weiblichen Wesen ruhen zu lassen, *immer* weibliche Bilder zu besehen usw.« (284–5.)

Die beiden Hauptstücke des Schreberschen Wahnes, die Wandlung zum Weibe und die bevorzugte Beziehung zu Gott, sind in seinem System durch die feminine Einstellung gegen Gott verknüpft. Es wird eine unabweisbare Aufgabe für uns, eine wesentliche *genetische* Beziehung zwischen diesen beiden Stücken nachzuweisen, sonst wären wir mit unseren Erläuterungen zu Schrebers Wahn in die lächerliche Rolle geraten, die Kant in dem berühmten Gleichnis der *Kritik der reinen Vernunft* als die des Mannes beschreibt, der das Sieb unterhält, während ein anderer den Bock melkt.

---

[1] [In allen bisherigen deutschen Ausgaben von Freuds Schreber-Analyse steht hier irrtümlich: »zu bieten«.]

II
DEUTUNGSVERSUCHE

Von zwei Seiten her könnte man den Versuch machen, zum Verständnis dieser paranoischen Krankengeschichte vorzudringen, die bekannten Komplexe und Triebkräfte des Seelenlebens in ihr aufzudecken. Von den wahnhaften Äußerungen des Kranken selbst und von den Anlässen seiner Erkrankung.

Der erste Weg erschiene verlockend, seitdem C. G. Jung uns das glänzende Beispiel der Deutung eines ungleich schwereren Falles von Dementia praecox, mit vom Normalen ungleich weiter abliegenden Symptomäußerungen gegeben hat. [1]. Auch die hohe Intelligenz und Mitteilsamkeit des Kranken scheint uns die Lösung der Aufgabe auf diesem Wege zu erleichtern. Gar nicht so selten drückt er uns den Schlüssel selbst in die Hand, indem er zu einem wahnhaften Satz eine Erläuterung, ein Zitat oder Beispiel, wie beiläufig, hinzufügt oder eine ihm selbst auftauchende Ähnlichkeit ausdrücklich bestreitet. Man braucht dann nur im letzten Falle die negative Einkleidung wegzulassen, wie man es in der psychoanalytischen Technik zu tun gewohnt ist, das Beispiel für das Eigentliche, das Zitat oder die Bestätigung für die Quelle zu nehmen, und befindet sich im Besitze der gesuchten Übersetzung aus der paranoischen Ausdrucksweise ins Normale. Ein Beleg für diese Technik verdient vielleicht eine ausführlichere Darstellung. Schreber beklagt sich über die Belästigung durch die sogenannten »gewunderten Vögel« oder »sprechenden Vögel«, denen er eine Reihe recht auffälliger Eigenschaften zuschreibt (208–14). Sie sind nach seiner Überzeugung aus Resten ehemaliger »Vorhöfe des Himmels«, also selig gewesener Menschenseelen, gebildet und mit Leichengift beladen auf ihn gehetzt worden. Sie sind in den Stand versetzt, »sinnlos auswendig gelernte Redensarten« herzusagen, die ihnen »eingebleut« worden sind. Jedesmal, wenn sie das ihnen aufgepackte Leichengift bei ihm abgelagert, d. h. »die ihnen gewissermaßen eingebleuten Phrasen abgeleiert haben«, gehen sie mit den Worten »verfluchter Kerl« oder »ei verflucht einigermaßen« in seiner Seele auf, den einzigen Worten, deren sie im Ausdruck einer echten

---

[1] C. G. Jung (1907).

Empfindung überhaupt noch fähig sind. Den Sinn der von ihnen gesprochenen Worte verstehen sie nicht, haben aber eine natürliche Empfänglichkeit für den Gleichklang der Laute, der kein vollständiger zu sein braucht. Es verschlägt daher für sie wenig, ob man sagt:

Santiago oder *Karthago*,
Chinesentum oder *Jesum Christum*,
Abendrot oder *Atemnot*,
Ariman oder *Ackermann* usw. (210.)

Während man diese Schilderung liest, kann man sich des Einfalles nicht erwehren, daß mit ihr junge Mädchen gemeint sein müssen, die man in kritischer Stimmung gerne mit Gänsen vergleicht, denen man ungalanterweise ein »Vogelgehirn« zuschreibt, von denen man behauptet, daß sie nichts zu reden wissen als eingelernte Phrasen, und die ihre Unbildung durch die Verwechslung ähnlich klingender Fremdwörter verraten. Das »verfluchter Kerl«, mit dem es ihnen allein Ernst ist, wäre dann der Triumph des jungen Mannes, der ihnen zu imponieren verstanden hat. Und siehe da, einige Seiten später (214) stößt man auf die Sätze Schrebers, welche eine solche Deutung sicherstellen. »Einer großen Anzahl der übrigen Vogelseelen habe ich scherzweise zur Unterscheidung Mädchennamen beigelegt, da sie sich sämtlich nach ihrer Neugier, ihrem Hang zur Wollust usw. am ersten mit kleinen Mädchen vergleichen lassen. Diese Mädchennamen sind dann zum Teil auch von den Gottesstrahlen aufgegriffen und zur Bezeichnung der betreffenden Vogelseelen beibehalten worden.« Aus dieser mühelosen Deutung der »gewunderten Vögel« entnimmt man dann einen Wink fürs Verständnis der rätselhaften »Vorhöfe des Himmels«.

Ich verkenne nicht, daß es jedesmal eines guten Stückes Takt und Zurückhaltung bedarf, wenn man die typischen Fälle der Deutung in der psychoanalytischen Arbeit verläßt, und daß der Hörer oder Leser nur so weit mitgeht, als die von ihm gewonnene Vertrautheit mit der analytischen Technik ihm gestattet. Man hat also allen Grund vorzusorgen, daß nicht dem gesteigerten Aufwand von Scharfsinn ein gemindertes Maß von Sicherheit und Glaubwürdigkeit parallel gehe. Es liegt dann in der Natur der Sache, daß der eine Arbeiter die Vorsicht, der andere die Kühnheit übertreiben wird. Die richtigen Grenzen der Berechtigung zur Deutung wird man erst nach vielerlei Versuchen und besserer Bekanntschaft mit dem Gegenstand abstecken können. Bei der Bearbeitung des Falles Schreber wird mir die Zurückhaltung durch den Umstand vorgeschrieben, daß die Widerstände gegen die Publikation der *Denkwürdigkeiten* doch den Erfolg gehabt haben, einen beträchtlichen Anteil des Materials und wahrscheinlich den für das Verständnis bedeutsamsten unserer Kenntnis zu entziehen[1]. So z. B. schließt das Kapitel III des Buches, das mit der vielversprechenden Ankündigung begonnen hat: »Ich behandele nun zunächst einige Vorkommnisse an *andern Mitgliedern meiner Familie*, die denkbarerweise in Beziehung zu dem vorausgesetzten Seelenmord stehen könnten und die jedenfalls alle ein mehr oder weniger rätselhaftes, nach sonstigen menschlichen Erfahrungen schwer zu erklärendes Gepräge an sich tragen« (33), unmittelbar darauf mit dem Satze: »Der weitere Inhalt des Kapitels kommt als zur Veröffentlichung ungeeignet für den Druck in Wegfall.« Ich werde also zufrieden sein müssen, wenn es mir gelingt, gerade den Kern der Wahnbildung mit einiger Sicherheit auf seine Herkunft aus bekannten menschlichen Motiven zurückzuführen.

Ich werde in dieser Absicht ein Stückchen der Krankengeschichte nachtragen, welches in den Gutachten nicht entsprechend gewürdigt wird, obwohl der Kranke selbst alles dazu getan hat, es in den Vordergrund zu drängen. Ich meine das Verhältnis Schrebers zu seinem ersten Arzte, dem Geheimrate Prof. Flechsig in Leipzig.

Wir wissen bereits, daß der Fall Schrebers zu Anfang das Gepräge des Verfolgungswahnes an sich trug, welches erst von dem Wendepunkte der Krankheit an (der »Versöhnung«) verwischt wurde. Die Verfolgungen werden dann immer erträglicher, der weltordnungsmäßige Zweck der angedrohten Entmannung drängt das Schmachvolle derselben zurück. Der Urheber aller Verfolgungen aber ist Flechsig, und er bleibt ihr Anstifter über den ganzen Verlauf der Krankheit[2].

---

[1] Gutachten des Dr. Weber: »Überblickt man den Inhalt seiner Schrift, berücksichtigt man die Fülle der Indiskretionen, die in bezug auf ihn und andere in ihr enthalten sind, die ungenierte Ausmalung der bedenklichsten und ästhetisch geradezu unmöglichen Situationen und Vorgänge, die Verwendung der anstößigsten Kraftausdrücke usw., so würde man es ganz unverständlich finden, daß ein Mann, der sich sonst durch Takt und Feingefühl ausgezeichnet hat, eine ihn vor der Öffentlichkeit so schwer kompromittierende Handlung beabsichtigen könne, wenn eben nicht ...« usw. (402.) – Von einer Krankengeschichte, die die gestörte Menschlichkeit und deren Ringen nach Wiederherstellung schildern soll, wird man eben nicht fordern dürfen, daß sie »diskret« und »ästhetisch« ansprechend sei.

[2] Vorrede, VIII: »Noch jetzt wird mir an jedem Tage Ihr Name von den mit mir redenden Stimmen in stets wiederkehrenden Zusammenhängen insbesondere als Urheber jener Schädigungen zu Hunderten von Malen zugerufen, obwohl die persönlichen Beziehungen, die eine Zeitlang zwischen uns bestanden haben, für mich längst in den Hintergrund getreten sind und ich selbst daher schwerlich irgendwelchen Anlaß

Was nun eigentlich die Untat Flechsigs und welches seine Motive dabei waren, das wird von dem Kranken mit jener charakteristischen Unbestimmtheit und Unfaßbarkeit erzählt, welche als Kennzeichen einer besonders intensiven Wahnbildungsarbeit angesehen werden dürfen, wenn es gestattet ist, die Paranoia nach dem Vorbilde des um soviel besser bekannten Traumes zu beurteilen. Flechsig hat an dem Kranken einen »Seelenmord« begangen oder versucht, ein Akt, der etwa den Bemühungen des Teufels und der Dämonen, sich einer Seele zu bemächtigen, gleichzustellen ist und der vielleicht in Vorgängen zwischen längst verstorbenen Mitgliedern der Familien Flechsig und Schreber vorgebildet war. (22 ff.) Gerne möchte man über den Sinn dieses Seelenmordes mehr erfahren, aber hier versagen wiederum in tendenziöser Weise die Quellen: »Worin das eigentliche Wesen des Seelenmords und sozusagen die Technik desselben besteht, vermag ich außer dem im obigen Angedeuteten nicht zu sagen. Hinzuzufügen wäre nur noch etwa (folgt eine Stelle, die sich zur Veröffentlichung nicht eignet).« (28.) Infolge dieser Auslassung bleibt es für uns undurchsichtig, was unter dem »Seelenmord« gemeint ist. Den einzigen Hinweis, welcher der Zensur entgangen ist, werden wir an anderer Stelle [unten, S. 170] erwähnen.

Wie dem immer sei, es erfolgte bald eine weitere Entwicklung des Wahnes, welche das Verhältnis des Kranken zu Gott betraf, ohne das zu Flechsig zu ändern. Hatte er bisher seinen eigentlichen Feind nur in Flechsig (oder vielmehr in dessen Seele) erblickt und Gottes Allmacht als seine Bundesgenossin betrachtet, so konnte er dann den Gedanken nicht abweisen, daß Gott selbst der Mitwisser, wenn nicht gar Anstifter des gegen ihn gerichteten Planes sei (59). Flechsig aber blieb der erste Verführer, dessen Einfluß Gott unterlegen war (60). Er hatte es verstanden, sich mit seiner ganzen Seele oder einem Teile derselben zum Himmel aufzuschwingen und sich damit selbst – ohne Tod und vorgängige Reinigung – zum »Strahlenführer« zu machen (56)[1]. Diese

hätte, mich Ihrer immer von neuem, insbesondere mit irgendwelcher grollenden Empfindung zu erinnern.« [Aus dem ›Offenen Brief‹ an Prof. Flechsig; s. S. 159, Anm.]

[1] Nach einer anderen bedeutungsvollen, aber bald abgewiesenen Version hatte sich Prof. Flechsig entweder zu Weißenburg im Elsaß oder im Polizeigefängnis zu Leipzig erschossen. Patient sah seinen Leichenzug, der sich aber nicht in der Richtung bewegte, die man nach der Lage der Universitätsklinik zum Friedhof erwarten sollte. Andere Male erschien ihm Flechsig in Begleitung eines Schutzmannes oder in der Unterhaltung mit seiner Frau, deren Zeuge er im Wege des Nervenanhanges wurde und wobei sich Prof. Flechsig seiner Frau gegenüber »Gott Flechsig« nannte, so daß diese geneigt war, ihn für verrückt zu halten (82).

Rolle behielt die Flechsigsche Seele bei, auch nachdem der Kranke die Leipziger Klinik mit der Piersonschen Anstalt[1] vertauscht hatte. Der Einfluß der neuen Umgebung zeigte sich dann darin, daß zu ihr die Seele des Oberwärters, in dem der Kranke einen ehemaligen Hausgenossen erkannte, als v. W.sche Seele hinzutrat[2]. Die Flechsigsche Seele führte dann die »Seelenteilung« ein, die große Dimensionen annahm. Zu einer gewissen Zeit gab es 40 bis 60 solcher Abspaltungen der Flechsigschen Seele; zwei größere Seelenteile wurden der »obere Flechsig« und der »mittlere Flechsig« genannt. Ebenso verhielt sich die v. W.sche Seele (die des Oberwärters) (111). Dabei wirkte es zuweilen sehr drollig, wie die beiden Seelen sich trotz ihrer Bundesgenossenschaft befehdeten, der Adelsstolz der einen und der Professorendünkel der anderen sich gegenseitig abstießen (113). In den ersten Wochen seines endgültigen Aufenthaltes auf dem Sonnenstein (Sommer 1894) trat die Seele des neuen Arztes Dr. Weber in Aktion, und bald darauf kam jener Umschwung in der Entwicklung des Wahnes, den wir als die »Versöhnung« kennengelernt haben.

Während des späteren Aufenthaltes auf dem Sonnenstein, als Gott den Kranken besser zu würdigen begann, kam eine Razzia unter den lästigerweise vervielfältigten Seelen zustande, infolge deren die Flechsigsche Seele nur in ein oder zwei Gestalten, die v. W.sche in einziger Gestalt übrigblieb. Die letztere verschwand bald völlig; die Flechsigschen Seelenteile, die langsam ihre Intelligenz wie ihre Macht einbüßten, wurden dann als der »hintere Flechsig« und als die »Je-nun-Partei« bezeichnet. Daß die Flechsigsche Seele ihre Bedeutung bis zum Ende beibehielt, wissen wir aus der Vorrede, dem ›Offenen Brief an Herrn Geh. Rath Prof. Dr. Flechsig‹[3].

Dieses merkwürdige Schriftstück drückt die sichere Überzeugung aus, daß der ihn beeinflussende Arzt auch selbst die gleichen Visionen gehabt und dieselben Aufschlüsse über übersinnliche Dinge erhalten habe wie der Kranke, und stellt die Verwahrung voran, daß dem Autor der *Denkwürdigkeiten* die Absicht eines Angriffes auf die Ehre des Arztes ferneliege. Dasselbe wird in den Eingaben des Kranken (343 und 445) mit Ernst und Nachdruck wiederholt; man sieht, er bemüht sich, die

---

[1] [In Lindenhof. Siehe S. 143, Anm. 1.]

[2] Von diesem v. W. sagten ihm die Stimmen, er habe bei einer Enquête vorsätzlich oder fahrlässigerweise unwahre Dinge über ihn ausgesagt, namentlich ihn der Onanie beschuldigt; zur Strafe sei ihm jetzt die Bedienung des Patienten auferlegt worden. (108.)

[3] [S. Anm. 2, S. 164.]

»Seele Flechsig« von dem Lebenden dieses Namens, den wahnhaften von dem leibhaften Flechsig zu trennen[1].

Aus dem Studium einer Reihe von Fällen des Verfolgungswahnes habe ich und haben andere den Eindruck empfangen, die Relation des Kranken zu seinem Verfolger sei durch eine einfache Formel aufzulösen[2]. Die Person, welcher der Wahn so große Macht und Einfluß zuschreibt, in deren Hand alle Fäden des Komplotts zusammenlaufen, sei, wenn sie bestimmt genannt wird, die nämliche, der vor der Erkrankung eine ähnlich große Bedeutung für das Gefühlsleben der Patienten zukam, oder eine leicht kenntliche Ersatzperson derselben. Die Gefühlsbedeutung wird als äußerliche Macht projiziert, der Gefühlston ins Gegenteil verkehrt; der jetzt wegen seiner Verfolgung Gehaßte und Gefürchtete sei ein einstiger Geliebter und Verehrter. Die vom Wahne statuierte Verfolgung diene vor allem dazu, die Gefühlsverwandlung im Kranken zu rechtfertigen.

Wenden wir uns mit diesem Gesichtspunkte zu den Beziehungen, die zwischen dem Patienten und seinem Arzte und Verfolger Flechsig früher bestanden hatten. Wir wissen bereits [s. S. 141], daß Schreber in den Jahren 1884 und 1885 eine erste nervöse Erkrankung durchmachte, die »ohne jede an das Gebiet des Übersinnlichen anstreifenden Zwischenfälle« (35) verlief. Während dieses als »Hypochondrie« bezeichneten Zustandes, der anscheinend die Grenzen einer Neurose einhielt, war Flechsig der Arzt des Kranken. Schreber brachte damals 6 Monate in der Leipziger Universitätsklinik zu. Man erfährt, daß der Wiederhergestellte seinen Arzt in guter Erinnerung behielt. »Die Hauptsache war, daß ich schließlich (nach einer längeren Rekonvaleszenzreise) geheilt wurde, und ich konnte daher damals nur von Gefühlen lebhaften Dankes gegen Prof. Flechsig erfüllt sein, denen ich auch durch einen späteren Besuch und ein nach meinem Dafürhalten angemessenes Honorar noch besonderen Ausdruck gegeben habe.« [35–6.] Es ist richtig, daß Schreber in den *Denkwürdigkeiten* die Lobpreisung der ersten Be-

[1] »Ich habe demnach auch als *möglich anzuerkennen*, daß alles, was in den ersten Abschnitten meiner *Denkwürdigkeiten* über Vorgänge berichtet worden ist, die mit dem Namen Flechsig in Verbindung stehen, nur auf die von dem lebenden Menschen zu unterscheidende Seele Flechsig sich bezieht, deren besondere Existenz zwar gewiß, auf natürlichem Wege aber nicht zu erklären ist.« (342–3.)

[2] Vgl. K. Abraham (1908). – In dieser Arbeit räumt mir der gewissenhafte Autor einen aus unserem Briefverkehr stammenden Einfluß auf die Entwicklung seiner Ansichten ein. [Vgl. S. 192, Anm. 2.]

handlung Flechsigs nicht ohne einige Verklausulierungen vorbringt, aber dies mag sich leicht aus der nun zum Gegensatze veränderten Einstellung verstehen lassen. Auf die ursprüngliche Wärme der Empfindung für den erfolgreichen Arzt läßt die Bemerkung schließen, welche die angeführte Äußerung Schrebers fortsetzt. »Fast noch inniger wurde der Dank von meiner Frau empfunden, die in Prof. Flechsig geradezu denjenigen verehrte, der ihr ihren Mann wiedergeschenkt habe, und aus diesem Grunde sein Bildnis jahrelang auf ihrem Arbeitstische stehen hatte.« (36.)

Da uns der Einblick in die Verursachung der ersten Erkrankung verwehrt ist, deren Verständnis für die Aufklärung der schweren zweiten Krankheit gewiß unentbehrlich wäre, müssen wir jetzt aufs Geratewohl in einen uns unbekannten Zusammenhang hineingreifen. Wir wissen [vgl. S. 142], in der Inkubationszeit der Krankheit (zwischen seiner Ernennung und seinem Amtsantritt, Juni bis Oktober 1893) fielen wiederholt Träume des Inhalts vor, daß die frühere Nervenkrankheit wiedergekehrt sei. Ferner trat einmal in einem Zustande von Halbschlaf die Empfindung auf, es müsse doch schön sein, ein Weib zu sein, das dem Beischlaf unterliege. Bringen wir diese Träume und diese Phantasievorstellung, die bei Schreber in nächster Kontiguität mitgeteilt werden, auch in inhaltlichen Zusammenhang, so dürfen wir schließen, mit der Erinnerung an die Krankheit wurde auch die an den Arzt geweckt, und die feminine Einstellung der Phantasie galt von Anfang an dem Arzte. Oder vielleicht hatte der Traum, die Krankheit sei wiedergekehrt, überhaupt den Sinn einer Sehnsucht: Ich möchte Flechsig wieder einmal sehen. Unsere Unwissenheit über den psychischen Gehalt der ersten Krankheit läßt uns da nicht weiterkommen. Vielleicht war von diesem Zustande eine zärtliche Anhänglichkeit an den Arzt übriggeblieben, die jetzt – aus unbekannten Gründen – eine Verstärkung zur Höhe einer erotischen Zuneigung gewann. Es stellte sich sofort eine entrüstete Abweisung der noch unpersönlich gehaltenen femininen Phantasie – ein richtiger »männlicher Protest« nach dem Ausdrucke, aber nicht im Sinne Alf. Adlers[1] – ein; aber in der nun bald ausbrechenden schweren Psychose setzte sich die feminine Phantasie unaufhaltsam durch, und man

[1] Adler (1910). – Nach Adler ist der männliche Protest an der Entstehung des Symptoms beteiligt, im hier besprochenen Falle protestiert die Person gegen das fertige Symptom. [Adlers Theorie wird relativ ausführlich in Freuds späterer Arbeit ›»Ein Kind wird geschlagen«‹ (1919 *e*), s. unten, S. 251 ff., erörtert.]

braucht die paranoische Unbestimmtheit der Schreberschen Ausdrucksweise nur um weniges zu korrigieren, um zu erraten, daß der Kranke einen sexuellen Mißbrauch von seiten des Arztes selbst befürchtete. Ein Vorstoß homosexueller Libido war also die Veranlassung dieser Erkrankung, das Objekt derselben war wahrscheinlich von Anfang an der Arzt Flechsig, und das Sträuben gegen diese libidinöse Regung erzeugte den Konflikt, aus dem die Krankheitserscheinungen entsprangen.

Ich mache vor einer Flut von Anwürfen und Einwendungen einen Augenblick halt. Wer die heutige Psychiatrie kennt, darf sich auf Arges gefaßt machen.

Ist es nicht eine unverantwortliche Leichtfertigkeit, Indiskretion und Verleumdung, einen ethisch so hochstehenden Mann wie den Senatspräsidenten a. D. Schreber der Homosexualität zu bezichtigen? Nein, der Kranke hat seine Phantasie der Verwandlung in ein Weib selbst der Mitwelt kundgegeben und sich aus Interessen höherer Einsicht über persönliche Empfindlichkeiten hinweggesetzt. Er hat uns also selbst das Recht gegeben, uns mit dieser Phantasie zu beschäftigen, und unsere Übersetzung in die medizinischen Kunstworte hat dem Inhalte derselben nicht das mindeste hinzugefügt. – Ja, aber das tat er als Kranker; sein Wahn, in ein Weib verwandelt zu werden, war eine krankhafte Idee. – Das haben wir nicht vergessen. Wir haben es auch nur mit der Bedeutung und der Herkunft dieser krankhaften Idee zu tun. Wir berufen uns auf seine eigene Unterscheidung zwischen dem Menschen Flechsig und der »Flechsig-Seele«. Wir werfen ihm überhaupt nichts vor, weder daß er homosexuelle Regungen hatte, noch daß er sich bestrebte, sie zu verdrängen. Die Psychiater sollten endlich von diesem Kranken lernen, wenn er sich in all seinem Wahn bemüht, die Welt des Unbewußten nicht mit der Welt der Realität zu verwechseln.

Aber es wird an keiner Stelle ausdrücklich gesagt, daß die gefürchtete Verwandlung in ein Weib zum Vorteile Flechsigs erfolgen solle? – Das ist richtig, und es ist nicht schwer zu verstehen, daß in den für die Öffentlichkeit bestimmten *Denkwürdigkeiten*, die den Menschen »Flechsig« nicht beleidigen wollten, eine so grelle Beschuldigung vermieden wird. Die durch solche Rücksicht hervorgerufene Milderung des Ausdrucks reicht aber nicht so weit, daß sie den eigentlichen Sinn der Anklage verdecken könnte. Man darf behaupten, es ist doch auch ausdrücklich gesagt, z. B. in folgender Stelle: »Auf diese Weise wurde ein gegen mich gerichtetes Komplott fertig (etwa im März oder April 1894), welches dahin ging, nach einmal erkannter oder angenommener Unheilbarkeit meiner Nervenkrankheit *mich einem Menschen in der Weise auszuliefern*, daß meine Seele demselben überlassen, mein Körper aber, ... in einen weiblichen Körper verwandelt, *als solcher dem betreffenden Menschen* zum geschlechtlichen Mißbrauch überlassen ... werden sollte.« (56.)[1] Es ist überflüssig zu bemerken, daß keine andere Einzelperson je genannt wird, die man an die Stelle Flechsigs treten lassen könnte. Zu Ende des Aufenthaltes in der Leipziger Klinik taucht die Befürchtung auf, daß er zum Zwecke geschlechtlichen Mißbrauches »den Wärtern [...] vorgeworfen werden sollte« (98). Die in der weiteren Entwicklung des Wahnes ohne Scheu bekannte feminine Einstellung gegen Gott löscht dann wohl den letzten Zweifel an der ursprünglich dem Arzte zugedachten Rolle aus. Der andere der gegen Flechsig erhobenen Vorwürfe hallt überlaut durch das Buch. Er habe Seelenmord an ihm versucht. Wir wissen bereits [S. 165], daß der Tatbestand dieses Verbrechens dem Kranken selbst unklar ist, daß er aber mit diskreten Dingen in Beziehung steht, die man von der Veröffentlichung ausschließen muß (Kapitel III). Ein einziger Faden führt hier weiter. Der Seelenmord wird durch die Anlehnung an den Sageninhalt von Goethes *Faust*, Lord Byrons *Manfred*, Webers *Freischütz* usw. erläutert (22), und unter diesen Beispielen wird eines auch an anderer Stelle hervorgehoben. Bei der Besprechung der Spaltung Gottes in zwei Personen werden der »niedere« und der »obere« Gott von Schreber mit Ariman und Ormuzd identifiziert (19), und etwas später steht die beiläufige Bemerkung: »Der Name Ariman kommt übrigens auch z. B. in Lord Byrons *Manfred* im Zusammenhang mit einem Seelenmord vor« (20 [Anm.]). In der so ausgezeichneten Dichtung findet sich kaum etwas, was man dem Seelenpakt im *Faust* an die Seite stellen könnte, auch den Ausdruck »Seelenmord« suchte ich dort vergeblich, wohl aber ist der Kern und das Geheimnis des Gedichtes ein – Geschwisterinzest. Hier reißt der kurze Faden wieder ab[2].

---

[1] Diese Hervorhebungen habe ich angebracht.

[2] Zur Erhärtung der obenstehenden Behauptung: Manfred sagte dem Dämon, der ihn aus dem Leben holen will (Schlußszene):

»... my past power
was purchased by no compact with thy crew.«

Es wird also dem Seelenpakte direkt widersprochen. Dieser Irrtum Schrebers ist wahrscheinlich nicht tendenzlos. – Es lag übrigens nahe, diesen Inhalt des *Manfred* mit der wiederholt behaupteten inzestuösen Beziehung des Dichters zu seiner Halbschwester in Zusammenhang zu bringen, und es bleibt auffällig, daß das andere Drama Byrons, der

Indem wir uns vorbehalten, auf weitere Einwendungen im Verlaufe dieser Arbeit zurückzukommen, wollen wir uns nun für berechtigt erklären, an einem Ausbruch einer homosexuellen Regung als Grundlage der Erkrankung Schrebers festzuhalten. Zu dieser Annahme stimmt ein beachtenswertes, sonst nicht zu erklärendes Detail der Krankengeschichte. Ein weiterer und für den Verlauf entscheidender »Nervensturz« trat bei dem Kranken ein, während seine Frau einen kurzen Urlaub zu ihrer eigenen Erholung nahm. Sie hatte bis dahin täglich mehrere Stunden bei ihm verbracht und die Mittagsmahlzeiten mit ihm eingenommen. Als sie nach viertägiger Abwesenheit zurückkam, traf sie ihn aufs traurigste verändert, so daß er selbst sie nicht mehr zu sehen wünschte. »Entscheidend für meinen geistigen Zusammenbruch war namentlich eine Nacht, in welcher ich eine ganz ungewöhnliche Anzahl von Pollutionen (wohl ein halbes Dutzend) in dieser einen Nacht hatte.« (44.) Wir verstehen es wohl, daß bloß von der Anwesenheit der Frau schützende Einflüsse gegen die Anziehung der ihn umgebenden Männer ausgingen, und wenn wir zugeben, daß ein Pollutionsvorgang bei einem Erwachsenen nicht ohne seelische Mitbeteiligung erfolgen kann, werden wir zu den Pollutionen jener Nacht unbewußt gebliebene homosexuelle Phantasien ergänzen.

Warum dieser Ausbruch homosexueller Libido den Patienten gerade zu jener Zeit, in der Situation zwischen der Ernennung und der Übersiedlung traf, das können wir ohne genauere Kenntnis seiner Lebensgeschichte nicht erraten. Im allgemeinen schwankt der Mensch sein Leben lang zwischen heterosexuellem und homosexuellem Fühlen, und Versagung oder Enttäuschung von der einen Seite pflegt ihn zur andern hinüberzudrängen. Von diesen Momenten ist uns bei Schreber nichts bekannt; wir wollen aber nicht versäumen, auf einen somatischen Faktor aufmerksam zu machen, der sehr wohl in Betracht kommen könnte. Dr. Schreber war zur Zeit dieser Erkrankung 51 Jahre alt, er befand sich in jener für das Sexualleben kritischen Lebenszeit, in welcher nach vorheriger Steigerung die sexuelle Funktion des Weibes eine eingreifende Rückbildung erfährt, von deren Bedeutsamkeit aber auch der Mann nicht

---

großartige *Cain,* in der Urfamilie spielt, in welcher der Inzest unter Geschwistern vorwurfsfrei bleiben muß. – Auch wollen wir das Thema des Seelenmordes nicht verlassen, ohne noch folgender Stelle zu gedenken: »wobei in früherer Zeit Flechsig als Urheber des Seelenmords genannt wurde, während man jetzt schon seit längerer Zeit in beabsichtigter Umkehr des Verhältnisses mich selbst als denjenigen, der Seelenmord getrieben habe, ›darstellen‹ will, ...« (23.) [Vgl. unten, S. 177.]

ausgenommen zu sein scheint; es gibt auch für den Mann ein »Klimakterium« mit den abfolgenden Krankheitsdispositionen[1].

Ich kann es mir denken, wie mißlich die Annahme erscheinen muß, daß eine Empfindung von Sympathie für einen Arzt bei einem Manne acht Jahre später[2] plötzlich verstärkt hervorbrechen und zum Anlaß einer so schweren Seelenstörung werden kann. Ich meine aber, wir haben nicht das Recht, eine solche Annahme, wenn sie uns sonst empfohlen wird, ihrer inneren Unwahrscheinlichkeit wegen fallenzulassen, anstatt zu versuchen, wieweit man mit ihrer Durchführung kommt. Diese Unwahrscheinlichkeit mag eine vorläufige sein und daher rühren, daß die fragliche Annahme noch in keinen Zusammenhang eingereiht ist, daß sie die erste Annahme ist, mit welcher wir an das Problem herantreten. Wer sein Urteil nicht in der Schwebe zu halten versteht und unsere Annahme durchaus unerträglich findet, dem können wir leicht eine Möglichkeit zeigen, durch welche dieselbe ihren befremdenden Charakter verliert. Die Sympathieempfindung für den Arzt kann leicht einem »Übertragungsvorgang« entstammen, durch welchen eine Gefühlsbesetzung beim Kranken von einer für ihn bedeutsamen Person auf die eigentlich indifferente des Arztes verlegt wird, so daß der Arzt zum Ersatzmann, zum Surrogat, für einen dem Kranken weit näher Stehenden erwählt erscheint. Konkreter gesprochen, der Kranke ist durch den Arzt an das Wesen seines Bruders oder seines Vaters erinnert worden, hat seinen Bruder oder Vater in ihm wiedergefunden, und dann hat es unter gewissen Bedingungen nichts Befremdendes mehr, wenn die Sehnsucht nach dieser Ersatzperson bei ihm wieder auftritt und mit einer Heftigkeit wirkt, die sich nur aus ihrer Herkunft und ursprünglichen Bedeutung verstehen läßt.

Im Interesse dieses Erklärungsversuches mußte es mir wissenswert erscheinen, ob der Vater des Patienten zur Zeit seiner Erkrankung noch am Leben war, ob er einen Bruder gehabt und ob dieser zur gleichen Zeit ein Lebender oder ein »Seliger« war. Ich war also befriedigt, als

---

[1] Ich verdanke die Kenntnis des Alters Schrebers bei seiner Erkrankung einer freundlichen Mitteilung von seiten seiner Verwandten, die Herr Dr. Stegmann in Dresden für mich eingeholt hat. In dieser Abhandlung ist aber sonst nichts anderes verwertet, als was aus dem Text der *Denkwürdigkeiten* selbst hervorgeht. [Wie wir heute wissen, erfuhr Freud von Dr. Stegmann außerdem weitere Fakten, von denen er jedoch in seiner veröffentlichten Arbeit keinen Gebrauch machte. Siehe S. 137, Anm. 2, und S. 175, Anm. 2. – Die Bedeutung, die dem Lebensalter von 51 Jahren zugeschrieben wird, zeigt zweifellos den noch anhaltenden Einfluß der Zahlentheorien von Wilhelm Fließ auf Freuds Denken.]

[2] Das Intervall zwischen der ersten und der zweiten Erkrankung Schrebers.

ich nach langem Suchen in den *Denkwürdigkeiten* endlich auf eine Stelle stieß, in welcher der Kranke diese Unsicherheit durch die Worte behebt: »Das Andenken meines Vaters und meines Bruders ... ist mir so heilig wie« usw. (442.) Beide waren also zur Zeit der zweiten Erkrankung (vielleicht auch der ersten?) schon verstorben[1].

Ich denke, wir sträuben uns nicht weiter gegen die Annahme, daß der Anlaß der Erkrankung das Auftreten einer femininen (passiv homosexuellen) Wunschphantasie war, welche die Person des Arztes zu ihrem Objekte genommen hatte. Gegen dieselbe erhob sich von seiten der Persönlichkeit Schrebers ein intensiver Widerstand, und der Abwehrkampf, der vielleicht ebensowohl in anderen Formen sich hätte vollziehen können, wählte aus uns unbekannten Gründen die Form des Verfolgungswahnes. Der Ersehnte wurde jetzt zum Verfolger, der Inhalt der Wunschphantasie zum Inhalte der Verfolgung. Wir vermuten, daß diese schematische Auffassung sich auch bei anderen Fällen von Verfolgungswahn als durchführbar erweisen wird. Was aber den Fall Schreber vor anderen auszeichnet, das ist die Entwicklung, die er nimmt, und die Verwandlung, der er im Laufe dieser Entwicklung unterliegt.

Die eine dieser Wandlungen besteht in der Ersetzung Flechsigs durch die höhere Person Gottes; sie scheint zunächst eine Verschärfung des Konfliktes, eine Steigerung der unerträglichen Verfolgung zu bedeuten, aber es zeigt sich bald, daß sie die zweite Wandlung und mit ihr die Lösung des Konflikts vorbereitet. Wenn es unmöglich war, sich mit der Rolle der weiblichen Dirne gegen den Arzt zu befreunden, so stößt die Aufgabe, Gott selbst die Wollust zu bieten, die er sucht, nicht auf den gleichen Widerstand des Ichs. Die Entmannung ist kein Schimpf mehr, sie wird »weltordnungsgemäß«, tritt in einen großen kosmischen Zusammenhang ein, dient den Zwecken einer Neuschöpfung der untergegangenen Menschenwelt. »Neue Menschen aus Schreberschem Geist« werden in dem sich verfolgt Wähnenden ihren Ahnen verehren. Somit ist ein Ausweg gefunden, der beide streitenden Teile befriedigt. Das Ich ist durch den Größenwahn entschädigt, die feminine Wunschphantasie aber ist durchgedrungen, akzeptabel geworden. Kampf und Krankheit können aufhören. Nur daß die unterdes erstarkte Rücksicht auf die Wirklichkeit dazu nötigt, die Lösung aus der Gegenwart in die ferne Zukunft zu verschieben, sich mit einer sozusagen asymptotischen Wunsch-

---

[1] [Schrebers Vater war 1861, sein einziger Bruder 1877 gestorben (Baumeyer, 1956, 74 und 69).]

erfüllung zu begnügen[1]. Die Verwandlung in ein Weib wird voraussichtlich irgend einmal eintreten; bis dahin wird die Person des Dr. Schreber unzerstörbar bleiben.

In den Lehrbüchern der Psychiatrie ist häufig die Rede von einer Entwicklung des Größenwahns aus dem Verfolgungswahn, die auf folgende Art vor sich gehen soll: Der Kranke, der primär vom Wahne befallen worden ist, Gegenstand der Verfolgung von seiten der stärksten Mächte zu sein, fühlt das Bedürfnis, sich diese Verfolgung zu erklären, und gerät so auf die Annahme, er sei selbst eine großartige Persönlichkeit, einer solchen Verfolgung würdig. Die Auslösung des Größenwahnes wird somit einem Vorgange zugeschrieben, den wir nach einem guten Wort von E. Jones [1908] »Rationalisierung« heißen. Wir halten es aber für ein ganz und gar unpsychologisches Vorgehen, einer Rationalisierung so stark affektive Konsequenzen zuzutrauen, und wollen unsere Meinung daher scharf sondern von der aus den Lehrbüchern zitierten. Wir behaupten zunächst nicht, die Quelle des Größenwahnes zu kennen[2].

Wenn wir nun zum Falle Schreber zurückkehren, müssen wir gestehen, daß die Durchleuchtung der Wandlung in seinem Wahn ganz außerordentliche Schwierigkeiten bietet. Auf welchen Wegen und mit welchen Mitteln vollzieht sich der Aufstieg von Flechsig zu Gott? Woher bezieht er den Größenwahn, der in so glücklicher Weise eine Versöhnung mit der Verfolgung ermöglicht, analytisch ausgedrückt, die Annahme der zu verdrängenden Wunschphantasie gestattet? Die *Denkwürdigkeiten* geben uns hier zunächst einen Anhaltspunkt, indem sie uns zeigen, daß für den Kranken »Flechsig« und »Gott« in einer Reihe liegen. Eine Phantasie läßt ihn ein Gespräch Flechsigs mit seiner Frau belauschen, in dem dieser sich als »Gott Flechsig« vorstellt und darob von ihr für verrückt gehalten wird (82), ferner aber werden wir auf folgenden Zug der Schreberschen Wahnbildung aufmerksam. Wie der Verfolger sich, wenn wir das Ganze des Wahnes überblicken, in Flechsig und Gott zerlegt, so spaltet sich Flechsig selbst später in zwei Persönlichkeiten, in den »oberen« und den »mittleren« Flechsig [S. 166], und Gott in den »niederen« und den »oberen« Gott. Bei Flechsig geht die Zerlegung in späten Stadien der Krankheit noch weiter (193). Eine solche Zerlegung ist für

---

[1] »Nur als Möglichkeiten, die hierbei in Betracht kämen, erwähne ich eine doch noch etwa zu vollziehende Entmannung mit der Wirkung, daß im Wege göttlicher Befruchtung eine Nachkommenschaft aus meinem Schoße hervorginge«, heißt es gegen Ende des Buches [293].

[2] [Die Frage wird weiter unten, im Zusammenhang mit dem Begriff des Narzißmus, erneut behandelt. Siehe S. 188 und S. 194–5.]

die Paranoia recht charakteristisch. Die Paranoia zerlegt, so wie die Hysterie verdichtet. Oder vielmehr, die Paranoia bringt die in der unbewußten Phantasie vorgenommenen Verdichtungen und Identifizierungen wieder zur Auflösung. Daß diese Zerlegung bei Schreber mehrmals wiederholt wird, ist nach C. G. Jung[1] Ausdruck der Bedeutsamkeit der betreffenden Person. Alle diese Spaltungen Flechsigs und Gottes in mehrere Personen bedeuten also das nämliche wie die Zerteilung des Verfolgers in Flechsig und Gott. Es sind Doublierungen desselben bedeutsamen Verhältnisses, wie sie O. Rank (1909) in den Mythenbildungen erkannt hat. Für die Deutung all dieser Einzelzüge erübrigt uns aber der Hinweis auf die Zerlegung des Verfolgers in Flechsig und Gott und die Auffassung dieser Zerlegung als paranoide Reaktion auf eine vorhanden gewesene Identifizierung der beiden oder ihre Zugehörigkeit zur nämlichen Reihe. Wenn der Verfolger Flechsig einstmals eine geliebte Person war, so ist Gott auch nur die Wiederkehr einer anderen ähnlich geliebten, aber wahrscheinlich bedeutsameren.

Setzen wir diesen berechtigt scheinenden Gedankengang fort, so müssen wir uns sagen, diese andere Person kann niemand anderer als der Vater sein, womit ja Flechsig um so deutlicher in die Rolle des (hoffentlich älteren[2]) Bruders gedrängt wird. Die Wurzel jener femininen Phantasie, die soviel Widerstreben beim Kranken entfesselte, wäre also die zu erotischer Verstärkung gelangte Sehnsucht nach Vater und Bruder gewesen, von denen die letztere durch Übertragung auf den Arzt Flechsig überging, während mit ihrer Zurückführung auf die erstere ein Ausgleich des Kampfes erzielt wurde.

Soll uns die Einführung des Vaters in den Schreberschen Wahn gerechtfertigt erscheinen, so muß sie unserem Verständnis Nutzen bringen und uns unbegreifliche Einzelheiten des Wahnes aufklären helfen. Wir erinnern uns ja, welche sonderbaren Züge wir an dem Schreberschen Gott und an Schrebers Verhältnis zu seinem Gott fanden. Es war die merk-

---

[1] C. G. Jung (1910). Es ist wahrscheinlich richtig, wenn Jung fortfährt, daß diese Zerlegung, der allgemeinen Tendenz der Schizophrenie entsprechend, eine analytisch depotenzierende ist, welche das Zustandekommen zu starker Eindrücke verhindern soll. Die Rede einer seiner Patientinnen: »Ah, sind Sie auch ein Dr. J., heute morgen war schon einer bei mir, der sich für Dr. J. ausgab«, ist aber zu übersetzen durch ein Geständnis: »Jetzt erinnern Sie mich wieder an einen andern aus der Reihe meiner Übertragungen als bei Ihrem vorigen Besuch.«

[2] Es ist hierüber aus den *Denkwürdigkeiten* kein Aufschluß zu gewinnen. [Sein einziger Bruder war in der Tat drei Jahre älter (Baumeyer, 1956, 69). Daß er richtig geraten hatte, erfuhr Freud von Dr. Stegmann. (Siehe S. 137, Anm. 2, und S. 172, Anm. 1).]

würdigste Vermengung von blasphemischer Kritik und rebellischer Auflehnung mit verehrungsvoller Ergebenheit. Gott, der dem verführenden Einfluß Flechsigs unterlag, war nicht fähig, etwas aus der Erfahrung zu lernen, kannte den lebenden Menschen nicht, weil er nur mit Leichen umzugehen verstand, und äußerte seine Macht in einer Reihe von Wundern, die auffällig genug, dabei aber insipid und läppisch waren.

Nun war der Vater des Senatspräsidenten Dr. Schreber kein unbedeutender Mensch gewesen. Es war der Dr. Daniel Gottlob [1] Moritz Schreber, dessen Andenken heute noch von den besonders in Sachsen zahlreichen Schreber-Vereinen festgehalten wird, ein – *Arzt*, dessen Bemühungen um die harmonische Ausbildung der Jugend, um das Zusammenwirken von Familien- und Schülererziehung, um die Verwendung der Körperpflege und Körperarbeit zur Hebung der Gesundheit nachhaltige Wirkung auf die Zeitgenossen geübt haben [2]. Von seinem Ruf als Begründer der Heilgymnastik in Deutschland zeugen noch die zahlreichen Auflagen, in denen seine *Ärztliche Zimmergymnastik* in unseren Kreisen verbreitet ist [3].

Ein solcher Vater war gewiß nicht ungeeignet dazu, in der zärtlichen Erinnerung des Sohnes, dem er so früh durch den Tod entzogen wurde, zum Gotte verklärt zu werden. Für unser Gefühl besteht zwar eine unausfüllbare Kluft zwischen der Persönlichkeit Gottes und der irgendeines, auch des hervorragendsten Menschen. Aber wir müssen daran denken, daß dies nicht immer so war. Den alten Völkern standen ihre Götter menschlich näher. Bei den Römern wurde der verstorbene Imperator regelrecht deifiziert. Der nüchterne und tüchtige Vespasianus sagte bei seinem ersten Krankheitsanfall: »Weh' mir, ich glaube, ich werde ein Gott.« [4]

---

[1] [In allen früheren deutschen Ausgaben ist der Name irrtümlich mit »Gottlieb« angegeben.]

[2] Ich verdanke der gütigen Zusendung meines Kollegen Dr. Stegmann in Dresden die Einsicht in eine Nummer einer Zeitschrift, die sich *Der Freund der Schreber-Vereine* betitelt. Es sind in ihr (II. Jahrgang, Heft X) zur einhundertjährigen Wiederkehr des Geburtstages Dr. Schrebers biographische Daten über das Leben des gefeierten Mannes gegeben. Dr. Schreber sen. wurde 1808 geboren und starb 1861, nur 53 Jahre alt. Ich weiß aus der früher erwähnten Quelle, daß unser Patient damals 19 Jahre alt war. [Einige biographische Daten über Schrebers Vater finden sich auch bei Baumeyer (1956, 74). S. auch Niederland (1959 *a* und *b*, 1960, 1963).]

[3] [Sie erlebte nahezu vierzig Auflagen.]

[4] Suetonius' *Kaiserbiographien* [Buch VIII], Kapitel 23. Diese Vergottung nahm mit G. Julius Caesar ihren Anfang. Augustus nannte sich in seinen Inschriften »*Divi filius*« [Sohn des Gottes].

Die infantile Einstellung des Knaben zu seinem Vater ist uns genau bekannt; sie enthält die nämliche Vereinigung von verehrungsvoller Unterwerfung und rebellischer Auflehnung, die wir im Verhältnisse Schrebers zu seinem Gott gefunden haben, sie ist das unverkennbare, getreulich kopierte Vorbild dieses letzteren. Daß aber der Vater Schrebers ein Arzt, und zwar ein hochangesehener und gewiß von seinen Patienten verehrter Arzt war, erklärt uns die auffälligsten Charakterzüge, die Schreber an seinem Gotte kritisch hervorhebt. Kann es einen stärkeren Ausdruck des Hohnes auf einen solchen Arzt geben, als wenn man von ihm behauptet, daß er vom lebenden Menschen nichts versteht und nur mit Leichen umzugehen weiß? Es gehört gewiß zum Wesen Gottes, daß er Wunder tut, aber auch ein Arzt tut Wunder, wie ihm seine enthusiastischen Klienten nachsagen, er vollbringt wunderbare Heilungen. Wenn dann gerade diese Wunder, zu denen die Hypochondrie des Kranken das Material geliefert hat, so unglaubwürdig, absurd und teilweise läppisch ausfallen, so werden wir an die Behauptung der *Traumdeutung* gemahnt, daß die Absurdität im Traume Spott und Hohn ausdrücke[1]. Sie dient also denselben Darstellungszwecken bei der Paranoia. Für andere Vorwürfe, z. B. den, daß Gott aus Erfahrung nichts lerne, liegt die Auffassung nahe, daß wir es mit dem Mechanismus der infantilen »Retourkutsche« zu tun haben[2], der einen empfangenen Vorwurf unverändert auf den Absender zurückwendet, ähnlich wie die (23) erwähnten Stimmen vermuten lassen, daß die gegen Flechsig erhobene Anschuldigung des »Seelenmordes« ursprünglich eine Selbstanklage war[3].

Durch diese Brauchbarkeit des väterlichen Berufes zur Aufklärung der besonderen Eigenschaften des Schreberschen Gottes kühn gemacht, können wir es nun wagen, die merkwürdige Gliederung des göttlichen Wesens durch eine Deutung zu erläutern. Die Gotteswelt besteht bekanntlich aus den »vorderen Gottesreichen«, die auch »Vorhöfe des Himmels« genannt werden und die abgeschiedenen Menschenseelen enthalten, und aus dem »niederen« und »oberen« Gott, die zusammen

---

[1] *Traumdeutung* (1900 *a*, S. 428 ff. [*Studienausgabe*, Bd. 2, S. 429]). [Vgl. auch eine Fußnote zur »Rattenmann«-Fallgeschichte (1909 *d*), oben, S. 80, Anm. 3.]

[2] Einer solchen Revanche sieht es außerordentlich ähnlich, wenn der Kranke sich eines Tages den Satz aufzeichnet: *»Jeder Versuch einer erzieherischen Wirkung nach außen muß als aussichtslos aufgegeben werden.«* (188.) Der Unerziehbare ist Gott.

[3] »Während man jetzt schon seit längerer Zeit in beabsichtigter Umkehr des Verhältnisses mich selbst als denjenigen, der Seelenmord getrieben habe, ›darstellen‹ will«, usw. [S. oben, S. 171, Anm.]

»hintere Gottesreiche« heißen (19) [S. 151–2]. Wenn wir auch darauf gefaßt sind, eine hier vorliegende Verdichtung nicht auflösen zu können, so wollen wir doch den früher gewonnenen Fingerzeig, daß die »gewunderten«, als Mädchen entlarvten Vögel von den Vorhöfen des Himmels abgeleitet werden [vgl. S. 162], dazu verwenden, um die *vorderen* Gottesreiche und *Vorhöfe*[1] des Himmels als Symbolik für die Weiblichkeit, die *hinteren* Gottesreiche als eine solche für die Männlichkeit in Anspruch zu nehmen. Wüßte man sicher, daß der verstorbene Bruder Schrebers ein älterer war, so dürfte man die Zerlegung Gottes in den niederen und oberen Gott als den Ausdruck der Erinnerung ansehen, daß nach dem frühen Tode des Vaters der ältere Bruder die Stellung des Vaters übernahm[2].

Endlich will ich in diesem Zusammenhange der *Sonne* gedenken, die ja durch ihre »Strahlen« zu so großer Bedeutung für den Ausdruck des Wahnes geworden ist. Schreber hat zur Sonne ein ganz besonderes Verhältnis. Sie spricht mit ihm in menschlichen Worten und gibt sich ihm damit als belebtes Wesen oder als Organ eines noch hinter ihr stehenden höheren Wesens zu erkennen (9). Aus einem ärztlichen Gutachten erfahren wir, daß er sie »geradezu brüllend mit Droh- und Schimpfworten« anschreit (382)[3], daß er ihr zuruft, sie müsse sich vor ihm verkriechen. Er teilt selbst mit, daß die Sonne vor ihm erbleicht[4]. Der Anteil, den sie an seinem Schicksale hat, gibt sich dadurch kund, daß sie wichtige Veränderungen ihres Aussehens zeigt, sobald bei ihm Änderungen im Gange sind, z. B. in den ersten Wochen seines Aufenthaltes auf dem Sonnenstein (135). Die Deutung dieses Sonnenmythus macht uns Schreber leicht. Er identifiziert die Sonne geradezu mit Gott, bald mit dem niederen Gott (Ariman)[5], bald mit dem oberen: »An dem

---

[1] [Neben der wörtlichen Bedeutung hat »Vorhof« (als Synonym für »Vestibulum«) außerdem eine anatomische Bedeutung, bezeichnet einen Bereich des weiblichen Genitales.]

[2] [Vgl. Anm. 2, S. 175.]

[3] »Die Sonne ist eine Hure« (384).

[4] »Übrigens gewährt mir auch jetzt noch die Sonne zum Teil ein anderes Bild, als ich in den Zeiten vor meiner Krankheit von ihr hatte. Ihre Strahlen erbleichen vor mir, wenn ich gegen dieselbe gewendet laut spreche. Ich kann ruhig in die Sonne sehen und werde davon nur in sehr bescheidenem Maße geblendet, während in gesunden Tagen bei mir, wie wohl bei anderen Menschen, ein minutenlanges Hineinsehen in die Sonne gar nicht möglich gewesen wäre.« (139, Anm.) [Hierauf kommt Freud im ›Nachtrag‹ zur vorliegenden Arbeit, unten, S. 201 ff., noch einmal zurück.]

[5] »Dieser wird jetzt (seit Juli 1894) von den zu mir redenden Stimmen mit der Sonne geradezu identifiziert.« (88.)

darauffolgenden Tage ... sah ich den oberen Gott (Ormuzd), diesmal nicht mit meinem geistigen Auge, sondern mit meinem leiblichen Auge. Es war die Sonne, aber nicht die Sonne in ihrer gewöhnlichen, allen Menschen bekannten Erscheinung, sondern« usw. (137–8.) Es ist also nur folgerichtig, wenn er sie nicht anders als Gott selbst behandelt.

Ich bin für die Eintönigkeit der psychoanalytischen Lösungen nicht verantwortlich, wenn ich geltend mache, daß die Sonne nichts anderes ist als wiederum ein sublimiertes Symbol des Vaters. Die Symbolik setzt sich hier über das grammatikalische Geschlecht hinaus; wenigstens im Deutschen, denn in den meisten anderen Sprachen ist die Sonne ein Maskulinum. Ihr Widerpart in dieser Spiegelung des Elternpaares ist die allgemein so bezeichnete »Mutter Erde«. In der psychoanalytischen Auflösung pathogener Phantasien bei Neurotikern findet man oft genug die Bestätigung für diesen Satz. Auf die Beziehung zu kosmischen Mythen will ich nur mit diesem einen Wort verweisen. Einer meiner Patienten, der seinen Vater früh verloren hatte und in allem Großen und Erhabenen der Natur wiederzufinden suchte, machte es mir wahrscheinlich, daß der Hymnus Nietzsches ›Vor Sonnenaufgang‹ der gleichen Sehnsucht Ausdruck gebe[1]. Ein anderer, der in seiner Neurose nach dem Tode des Vaters den ersten Angst- und Schwindelanfall bekam, als ihn die Sonne während der Gartenarbeit mit dem Spaten beschien, vertrat selbständig die Deutung, er habe sich geängstigt, weil ihm der Vater zugeschaut, wie er mit einem scharfen Instrument die Mutter bearbeitete. Als ich nüchternen Einspruch wagte, machte er seine Auffassung durch die Mitteilung plausibler, er habe den Vater schon bei Lebzeiten mit der Sonne verglichen, allerdings damals in parodierender Absicht. Sooft er gefragt worden sei, wohin sein Vater in diesem Sommer gehe, habe er die Antwort mit den tönenden Worten des ›Prologs im Himmel‹ gegeben:

»Und seine vorgeschriebne Reise
Vollendet er mit Donnergang.«

Der Vater pflegte jedes Jahr auf ärztlichen Rat den Kurort Marienbad zu besuchen. Bei diesem Kranken hatte sich die infantile Einstellung gegen den Vater zweizeitig durchgesetzt. Solange der Vater lebte, volle Auflehnung und offenes Zerwürfnis; unmittelbar nach seinem Tode

[1] *Also sprach Zarathustra,* Dritter Teil. – Auch Nietzsche hatte seinen Vater nur als Kind gekannt.

eine Neurose, die sich auf sklavische Unterwerfung und nachträglichen Gehorsam gegen den Vater gründete [1].

Wir befinden uns also auch im Falle Schreber auf dem wohlvertrauten Boden des Vaterkomplexes [2]. Wenn sich dem Kranken der Kampf mit Flechsig als ein Konflikt mit Gott enthüllt, so müssen wir diesen in einen infantilen Konflikt mit dem geliebten Vater übersetzen, dessen uns unbekannte Einzelheiten den Inhalt des Wahns bestimmt haben. Es fehlt nichts von dem Material, das sonst durch die Analyse in solchen Fällen aufgedeckt wird, alles ist durch irgendwelche Andeutungen vertreten. Der Vater erscheint in diesen Kindererlebnissen als der Störer der vom Kinde gesuchten, meist autoerotischen Befriedigung, die in der Phantasie später oft durch eine minder ruhmlose ersetzt wird [3]. Im Ausgang des Schreberschen Wahnes feiert die infantile Sexualstrebung einen großartigen Triumph; die Wollust wird gottesfürchtig, Gott selbst (der Vater) läßt nicht ab, sie von dem Kranken zu fordern. Die gefürchtetste Drohung des Vaters, die der Kastration, hat der zuerst bekämpften und dann akzeptierten Wunschphantasie der Verwandlung in ein Weib geradezu den Stoff geliehen. Der Hinweis auf eine Verschuldung, die durch die Ersatzbildung »Seelenmord« gedeckt wird, ist überdeutlich. Der Oberwärter wird mit jenem Hausgenossen v. W. identisch gefunden [S. 166], der ihn nach Angabe der Stimmen fälschlich der Onanie beschuldigt hat (108). Die Stimmen sagen, gleichsam in der Begründung der Kastrationsdrohung: »Sie sollen nämlich als wollüstigen Ausschweifungen ergeben *dargestellt* werden.« (127–8.) [4] Endlich ist der Denkzwang (47), dem sich der Kranke unterwirft, weil er annimmt, Gott werde glauben, er sei blödsinnig geworden, und sich von ihm zurückziehen, wenn er einen Moment zu denken aussetze [s. S. 153], die uns

---

1 [Vgl. einige Bemerkungen über »nachträglichen Gehorsam« in der Analyse des »kleinen Hans« (1909 *b*), *Studienausgabe*, Bd. 8, S. 36.]

2 Wie auch die »feminine Wunschphantasie« Schrebers nur eine der typischen Gestaltungen des infantilen Kernkomplexes ist.

3 Vgl. die Bemerkungen zur Analyse des »Rattenmannes« (1909 *d*) (oben, S. 72–4, Anm.).

4 Die Systeme des »Darstellens [128, Anm.] und Aufschreibens« (126–7) deuten in Verbindung mit den »geprüften Seelen« auf Schulerlebnisse hin. [Der Vorgang der Läuterung der Seelen nach dem Tode (S. 150) hieß in der »Grundsprache« »Prüfung«. Seelen, die noch nicht gereinigt waren, hießen nicht »ungeprüft«, sondern, gemäß der Tendenz der »Grundsprache« zu Euphemismen (S. 151) »geprüft«. »Darstellen« bedeutete entsprechend »falsch darstellen«. Mittels des Systems des »Aufschreibens« durch Wesen, die des Geistes völlig entbehrten und die wahrscheinlich auf entfernten Weltkörpern wohnten, wurden alle Gedanken und Handlungen Schrebers, überhaupt alles, was mit ihm in Verbindung stand, Jahr für Jahr in Merkbüchern festgehalten.]

auch anderswoher bekannte Reaktion gegen die Drohung oder Befürchtung, man werde durch sexuelle Betätigung, speziell durch Onanie, den Verstand verlieren[1]. Bei der Unsumme hypochondrischer Wahnideen[2], die der Kranke entwickelt, ist vielleicht kein großer Wert darauf zu legen, daß sich einige derselben mit den hypochondrischen Befürchtungen der Onanisten wörtlich decken[3].

Wer in der Deutung dreister wäre als ich oder durch Beziehungen zur Familie Schrebers mehr von Personen, Milieu und kleinen Vorfällen wüßte, dem müßte es ein leichtes sein, ungezählte Einzelheiten des Schreberschen Wahnes auf ihre Quellen zurückzuführen und somit in ihrer Bedeutung zu erkennen, und dies trotz der Zensur, der die *Denkwürdigkeiten* unterlegen sind. Wir müssen uns notgedrungen mit einer so schattenhaften Skizzierung des infantilen Materials begnügen, in welchem die paranoische Erkrankung den aktuellen Konflikt dargestellt hat.

Zur Begründung jenes um die feminine Wunschphantasie ausgebrochenen Konflikts darf ich vielleicht noch ein Wort hinzufügen. Wir wissen, daß wir die Aufgabe haben, das Hervortreten einer Wunschphantasie mit einer *Versagung*[4], einer Entbehrung im realen Leben in Zusammenhang zu bringen. Nun gesteht uns Schreber eine solche Entbehrung ein. Seine sonst als glücklich geschilderte Ehe brachte ihm nicht den Kindersegen, vor allem nicht den Sohn, der ihn für den Verlust von Vater und Bruder getröstet hätte, auf den die unbefriedigte homosexuelle

---

[1] »Daß dies das erstrebte Ziel sei, wurde früher ganz offen in der vom oberen Gotte ausgehenden, unzählige Male von mir gehörten Phrase ›Wir wollen Ihnen den Verstand zerstören‹ eingestanden.« (206, Anm.)

[2] Ich will es nicht unterlassen, hier zu bemerken, daß ich eine Theorie der Paranoia erst dann für vertrauenswert halten werde, wenn es ihr gelungen ist, die fast regelmäßigen *hypochondrischen* Begleitsymptome in ihren Zusammenhang einzufügen. Es scheint mir, daß der Hypochondrie dieselbe Stellung zur Paranoia zukommt wie der Angstneurose zur Hysterie. [Etwas ausführlicher erörtert Freud die Stellung der Hypochondrie zu Beginn des Abschnitts II seiner Narzißmus-Arbeit (1914 *c*), *Studienausgabe*, Bd. 3, S. 49 ff.]

[3] »Man versuchte mir daher das Rückenmark auszupumpen, was durch sogenannte ›kleine Männer‹, die man mir in die Füße setzte, geschah. Über diese ›kleinen Männer‹, die mit der bereits in Kapitel VI besprochenen gleichnamigen Erscheinung einige Verwandtschaft zeigten, werde ich später noch Weiteres mitteilen; in der Regel waren es je zwei, ein ›kleiner Flechsig‹ und ein ›kleiner v. W.‹, deren Stimmen ich auch in meinen Füßen vernahm.« (154.) [Das Wort »gleichnamigen« in diesem Zitat ist in allen früheren deutschen Ausgaben versehentlich weggelassen worden.] – v. W. ist der nämliche, von dem die Onaniebeschuldigung ausging. Die »kleinen Männer« bezeichnet Schreber selbst als eine der merkwürdigsten und in gewisser Beziehung rätselhaftesten Erscheinungen (157). Es scheint, daß sie einer Verdichtung von Kindern und – Spermatozoen entsprungen sind.

[4] [S. Anm. 1, unten, S. 186.]

Zärtlichkeit hätte abströmen können[1]. Sein Geschlecht drohte auszusterben, und es scheint, daß er stolz genug war auf seine Abstammung und Familie. »Die Flechsigs und die Schrebers gehörten nämlich beide, wie der Ausdruck lautete, ›dem höchsten himmlischen Adel‹ an; die Schrebers führten insbesondere den Titel ›Markgrafen von Tuscien und Tasmanien‹, entsprechend einer Gewohnheit der Seelen, sich, einer Art persönlicher Eitelkeit folgend, mit etwas hochtrabenden irdischen Titeln zu schmücken.« (24.)[2] Der große Napoleon ließ sich, wiewohl erst nach schweren inneren Kämpfen, von seiner Josefine scheiden, weil sie die Dynastie nicht fortsetzen konnte[3]; Dr. Schreber mochte die Phantasie gebildet haben, wenn er ein Weib wäre, würde er das Kinderbekommen besser treffen, und fand so den Weg, sich in die feminine Einstellung zum Vater in den ersten Kinderjahren zurückzuversetzen. Der später immer weiter in die Zukunft geschobene Wahn, daß die Welt durch seine Entmannung mit »neuen Menschen aus Schreberschem Geist« (288) bevölkert würde, war also auch zur Abhilfe seiner Kinderlosigkeit bestimmt. Wenn die »kleinen Männer«, die Schreber selbst so rätselhaft findet, Kinder sind, so finden wir es durchaus verständlich, daß sie auf seinem Kopfe in großer Anzahl versammelt stehen (158); es sind ja wirklich die »Kinder seines Geistes«. (Vgl. die Bemerkung über die Darstellung der Abstammung vom Vater und über die Geburt der Athene in der Krankengeschichte des »Rattenmannes«, oben, S. 91, Anm.)

[1] »Nach der Genesung von meiner ersten Krankheit habe ich acht im ganzen recht glückliche, auch an äußeren Ehren reiche und nur durch die mehrmalige Vereitelung der Hoffnung auf Kindersegen zeitweilig getrübte Jahre mit meiner Frau verlebt.« (36.)

[2] Im Anschluß an diese Äußerung, die den liebenswürdigen Spott gesunder Tage im Wahne bewahrt hat, verfolgt er die Beziehungen zwischen den Familien Flechsig und Schreber in frühere Jahrhunderte zurück, wie ein Bräutigam, der nicht begreifen kann, wie er so lange Jahre ohne Beziehung zur Geliebten leben konnte, ihre Bekanntschaft durchaus schon in früheren Zeiten gemacht haben will.

[3] In dieser Hinsicht ist eine Verwahrung des Patienten gegen Angaben des ärztlichen Gutachtens erwähnenswert: »Ich habe niemals mit dem Gedanken einer *Scheidung* gespielt oder Gleichgültigkeit gegen das Fortbestehen des ehelichen Bandes zu erkennen gegeben, wie man nach der Ausdrucksweise des Gutachtens, ›ich sei alsbald mit der Andeutung bei der Hand, daß meine Frau sich scheiden lassen könne‹, annehmen möchte.« (436.)

III
ÜBER DEN PARANOISCHEN MECHANISMUS

Wir haben bisher den den Fall Schreber beherrschenden Vaterkomplex und die zentrale Wunschphantasie der Erkrankung behandelt. An alledem ist nichts für die Krankheitsform der Paranoia Charakteristisches, nichts, was wir nicht bei anderen Fällen von Neurose finden könnten und auch wirklich gefunden haben. Die Eigenart der Paranoia (oder der paranoiden Demenz) müssen wir in etwas anderes verlegen, in die besondere Erscheinungsform der Symptome, und für diese wird unsere Erwartung nicht die Komplexe, sondern den Mechanismus der Symptombildung oder den der Verdrängung verantwortlich machen. Wir würden sagen, der paranoische Charakter liegt darin, daß zur Abwehr einer homosexuellen Wunschphantasie gerade mit einem Verfolgungswahn von solcher Art reagiert wird.

Um so bedeutungsvoller ist es, wenn wir durch die Erfahrung gemahnt werden, gerade der homosexuellen Wunschphantasie eine innigere, vielleicht eine konstante Beziehung zur Krankheitsform zuzusprechen. Meiner eigenen Erfahrung hierüber mißtrauend, habe ich in den letzten Jahren mit meinen Freunden C. G. Jung in Zürich und S. Ferenczi in Budapest eine Anzahl von Fällen paranoider Erkrankung aus deren Beobachtung auf diesen einen Punkt hin untersucht. Es waren Männer wie Frauen, deren Krankengeschichten uns als Untersuchungsmaterial vorlagen, verschieden durch Rasse, Beruf und sozialen Rang, und wir sahen mit Überraschung, wie deutlich in all diesen Fällen die Abwehr des homosexuellen Wunsches im Mittelpunkte des Krankheitskonfliktes zu erkennen war, wie sie alle an der Bewältigung ihrer unbewußt verstärkten Homosexualität gescheitert waren[1]. Es entsprach gewiß nicht unserer Erwartung. Gerade bei der Paranoia ist die sexuelle Ätiologie keineswegs evident, dagegen drängen sich soziale Kränkungen und Zurücksetzungen, besonders für den Mann, in der Verursachung der Paranoia auffällig hervor. Es wird nun aber nur geringe Vertiefung erfordert, um an diesen sozialen Schädigungen die Beteiligung der homo-

[1] Eine weitere Bestätigung findet sich in der Analyse des Paranoiden J. B. von A. Maeder (1910). Ich bedauere, daß ich diese Arbeit zur Zeit der Abfassung der meinigen noch nicht lesen konnte.

sexuellen Komponente des Gefühlslebens als das eigentlich Wirksame zu erkennen. Solange die normale Betätigung den Einblick in die Tiefen des Seelenlebens verwehrt, darf man es ja bezweifeln, daß die Gefühlsbeziehungen eines Individuums zu seinen Nebenmenschen im sozialen Leben faktisch oder genetisch mit der Erotik etwas zu schaffen haben. Der Wahn deckt diese Beziehungen regelmäßig auf und führt das soziale Gefühl bis auf seine Wurzel im grobsinnlichen erotischen Wunsch zurück. Auch Dr. Schreber, dessen Wahn in einer unmöglich zu verkennenden homosexuellen Wunschphantasie gipfelt, hatte in den Zeiten der Gesundheit – allen Berichten zufolge – kein Anzeichen von Homosexualität im vulgären Sinne geboten.

Ich meine, es ist weder überflüssig noch unberechtigt, wenn ich zu zeigen versuche, daß unser heutiges, durch Psychoanalyse gewonnenes Verständnis der Seelenvorgänge uns bereits das Verständnis für die Rolle des homosexuellen Wunsches bei der Erkrankung an Paranoia vermitteln kann. Untersuchungen der letzten Zeit [1] haben uns auf ein Stadium in der Entwicklungsgeschichte der Libido aufmerksam gemacht, welches auf dem Wege vom Autoerotismus zur Objektliebe durchschritten wird [2]. Man hat es als *Narzissismus* bezeichnet; ich ziehe den vielleicht minder korrekten, aber kürzeren und weniger übelklingenden Namen *Narzißmus* vor [3]. Es besteht darin, daß das in der Entwicklung begriffene Individuum, welches seine autoerotisch arbeitenden Sexualtriebe zu einer Einheit zusammenfaßt, um ein Liebesobjekt zu gewinnen, zunächst sich selbst, seinen eigenen Körper zum Liebesobjekt nimmt, ehe es von diesem zur Objektwahl einer fremden Person übergeht. Eine solche zwischen Autoerotismus und Objektwahl vermittelnde Phase ist vielleicht normalerweise unerläßlich; es scheint, daß viele Personen ungewöhnlich lange in ihr aufgehalten werden und daß von diesem Zustande viel für spätere Entwicklungsstufen erübrigt. An diesem zum Liebesobjekt genommenen Selbst können bereits die Genitalien die Hauptsache sein. Der weitere Weg führt zur Wahl eines Objekts mit ähnlichen Genitalien, also über die homosexuelle Objektwahl, zur Heterosexualität. Wir nehmen an, daß die später manifest Homosexuellen

---

[1] I. Sadger (1910). – Freud, *Eine Kindheitserinnerung des Leonardo da Vinci* (1910 *c*).

[2] *Drei Abhandlungen zur Sexualtheorie* (1905 *d*) [*Studienausgabe*, Bd. 5, S. 56, Anm. Die Passage kam in der zweiten Auflage, 1910, hinzu.].

[3] [Die in der vorhergehenden Anm. genannte Belegstelle aus den *Drei Abhandlungen* enthält Freuds wahrscheinlich früheste im Druck erschienene Erwähnung des Themas Narzißmus.]

sich von der Anforderung der den eigenen gleichen Genitalien beim Objekt nie frei gemacht haben, wobei den kindlichen Sexualtheorien, die beiden Geschlechtern zunächst die gleichen Genitalien zuschreiben, ein erheblicher Einfluß zukommt[1].

Nach der Erreichung der heterosexuellen Objektwahl werden die homosexuellen Strebungen nicht etwa aufgehoben oder eingestellt, sondern bloß vom Sexualziel abgedrängt und neuen Verwendungen zugeführt. Sie treten nun mit Anteilen der Ichtriebe zusammen, um mit ihnen als »angelehnte«[2] Komponenten die sozialen Triebe zu konstituieren, und stellen so den Beitrag der Erotik zur Freundschaft, Kameradschaft, zum Gemeinsinn und zur allgemeinen Menschenliebe dar. Wie groß diese Beiträge aus erotischer Quelle mit Hemmung des Sexualziels eigentlich sind, würde man aus den normalen sozialen Beziehungen der Menschen kaum erraten. Es gehört aber in den gleichen Zusammenhang, daß gerade manifest Homosexuelle und unter ihnen wieder solche, die der sinnlichen Betätigung widerstreben, sich durch besonders intensive Beteiligung an den allgemeinen, an den durch Sublimierung der Erotik hervorgegangenen Interessen der Menschheit auszeichnen.

Ich habe in den *Drei Abhandlungen zur Sexualtheorie* die Ansicht ausgesprochen, daß jede Entwicklungsstufe der Psychosexualität eine Möglichkeit der »Fixierung« und somit eine Dispositionsstelle ergibt[3]. Personen, welche nicht völlig vom Stadium des Narzißmus losgekommen sind, also dort eine Fixierung besitzen, die als Krankheitsdisposition wirken kann, sind der Gefahr ausgesetzt, daß eine Hochflut von Libido, die keinen andern Ablauf findet, ihre sozialen Triebe der Sexualisierung unterzieht und somit ihre in der Entwicklung gewonnenen Sublimierungen rückgängig macht. Zu einem solchen Erfolg kann alles führen, was eine rückläufige Strömung der Libido (»Regression«) hervorruft, sowohl auf der einen Seite eine kollaterale Verstärkung durch Enttäuschung beim Weibe, eine direkte Rückstauung durch Mißglücken in den sozialen Beziehungen zum Manne – beides Fälle der »Versagung« – als auch eine allgemeine Libidosteigerung, die zu gewaltig ist, als daß sie auf den bereits eröffneten Wegen Erledigung finden

---

[1] [Vgl. ›Über infantile Sexualtheorien‹ (1908 *c*).]

[2] [Vgl. die Narzißmusarbeit (1914 *c*, *Studienausgabe*, Bd. 3, S. 54 und Anm.). Dort sagt Freud: »Die Sexualtriebe lehnen sich zunächst an die Befriedigung der Ichtriebe an, ...« Von daher leitete er seinen »Anlehnungstypus« der Objektwahl ab.]

[3] [S. *Studienausgabe*, Bd. 5, S. 138. Weiteres hierüber findet sich zu Beginn von ›Die Disposition zur Zwangsneurose‹ (1913 *i*), oben, S. 109. In jener Arbeit wird das im vorliegenden Absatz berührte Thema ausführlicher abgehandelt.]

könnte, und die darum an der schwachen Stelle des Baues den Damm durchbricht[1]. Da wir in unseren Analysen finden, daß die Paranoiker *sich einer solchen Sexualisierung ihrer sozialen Triebbesetzungen zu erwehren suchen,* werden wir zur Annahme gedrängt, daß die schwache Stelle ihrer Entwicklung in dem Stück zwischen Autoerotismus, Narzißmus und Homosexualität zu suchen ist, daß dort ihre, vielleicht noch genauer zu bestimmende Krankheitsdisposition liegt. Eine ähnliche Disposition müßten wir der Dementia praecox Kraepelins oder *Schizophrenie* (nach Bleuler) zuschreiben, und wir hoffen im weiteren Anhaltspunkte zu gewinnen, um die Unterschiede in Form und Ausgang der beiden Affektionen durch entsprechende Verschiedenheiten der disponierenden Fixierung zu begründen.

Wenn wir so die Zumutung der homosexuellen Wunschphantasie, *den Mann zu lieben,* für den Kern des Konflikts bei der Paranoia des Mannes halten, so werden wir doch gewiß nicht vergessen, daß die Sicherung einer so wichtigen Annahme die Untersuchung einer großen Anzahl aller Formen von paranoischer Erkrankung zur Voraussetzung haben müßte. Wir müssen also darauf vorbereitet sein, unsere Behauptung eventuell auf einen einzigen Typus der Paranoia einzuschränken. Immerhin bleibt es merkwürdig, daß die bekannten Hauptformen der Paranoia alle als Widersprüche gegen den einen Satz *»Ich* (ein Mann) *liebe ihn* (einen Mann)« dargestellt werden können, ja, daß sie alle möglichen Formulierungen dieses Widerspruches erschöpfen.

Dem Satze »Ich liebe ihn (den Mann)« widerspricht

a) der *Verfolgungs*wahn, indem er laut proklamiert:

»Ich *liebe* ihn nicht – ich *hasse* ihn ja.« Dieser Widerspruch, der im Unbewußten[2] nicht anders lauten könnte, kann aber beim Paranoiker nicht in dieser Form bewußt werden. Der Mechanismus der Symptombildung bei der Paranoia fordert, daß die innere Wahrnehmung, das Gefühl, durch eine Wahrnehmung von außen ersetzt werde. Somit verwandelt sich der Satz »Ich hasse ihn ja« durch *Projektion* in den andern: *»Er haßt* (verfolgt) *mich,* was mich dann berechtigen wird, ihn zu hassen.« Das treibende unbewußte Gefühl erscheint so als Folgerung aus einer äußern Wahrnehmung:

---

[1] [Dieses Problem und der Begriff der »Versagung« werden in Freuds etwas späterer Arbeit ›Über neurotische Erkrankungstypen‹ (1912 *c*) ausführlicher erörtert.]

[2] In seiner *»grundsprachlichen«* Fassung nach Schreber [s. oben, S. 151].

»Ich *liebe* ihn ja nicht – ich *hasse* ihn ja – weil *er mich verfolgt.*«
Die Beobachtung läßt keinen Zweifel darüber, daß der Verfolger kein anderer ist als der einst Geliebte.

b) Einen andern Angriffspunkt für den Widerspruch nimmt die *Erotomanie* auf, die ohne diese Auffassung ganz unverständlich bliebe.

»Ich liebe nicht *ihn* – ich liebe ja *sie.*«

Und der nämliche Zwang zur Projektion nötigt dem Satz die Verwandlung auf: »Ich merke, daß *sie* mich liebt.«

»Ich liebe nicht *ihn* – ich liebe ja *sie* – weil *sie mich liebt.*« Viele Fälle von Erotomanie könnten den Eindruck von übertriebenen oder verzerrten heterosexuellen Fixierungen ohne andersartige Begründung machen, wenn man nicht aufmerksam würde, daß alle diese Verliebtheiten nicht mit der internen Wahrnehmung des Liebens, sondern der von außen kommenden des Geliebtwerdens einsetzen. Bei dieser Form der Paranoia kann aber auch der Mittelsatz »Ich liebe *sie*« bewußt werden, weil sein Widerspruch zum ersten Satz kein kontradiktorischer, kein so unverträglicher ist wie der zwischen Lieben und Hassen. Es bleibt ja immerhin möglich, neben *ihm* auch *sie* zu lieben. Auf diese Art kann es geschehen, daß der Projektionsersatz *»Sie liebt mich«* wieder gegen das »grundsprachliche« »Ich liebe ja *sie*« zurücktritt.

c) Die dritte noch mögliche Art des Widerspruches wäre jetzt der *Eifersuchts*wahn, den wir in charakteristischen Formen bei Mann und Weib studieren können.

α) der Eifersuchtswahn des Alkoholikers. Die Rolle des Alkohols bei dieser Affektion ist uns nach allen Richtungen verständlich. Wir wissen, daß dies Genußmittel Hemmungen aufhebt und Sublimierungen rückgängig macht. Der Mann wird nicht selten durch die Enttäuschung beim Weibe zum Alkohol getrieben, das heißt aber in der Regel, er begibt sich ins Wirtshaus und in die Gesellschaft der Männer, die ihm die in seinem Heim beim Weibe vermißte Gefühlsbefriedigung gewährt. Werden nun diese Männer Objekte einer stärkeren libidinösen Besetzung in seinem Unbewußten, so erwehrt er sich derselben durch die dritte Art des Widerspruches:

»Nicht *ich* liebe den Mann – *sie liebt ihn ja«* – und verdächtigt die Frau mit all den Männern, die er zu lieben versucht ist.

Die Projektionsentstellung muß hier entfallen, weil mit dem Wechsel des liebenden Subjekts der Vorgang ohnedies aus dem Ich herausgeworfen ist. Daß die Frau die Männer liebt, bleibt eine Angelegenheit der äußern Wahrnehmung; daß man selbst nicht liebt, sondern haßt, daß man nicht diese, sondern jene Person liebt, das sind allerdings Tatsachen der innern Wahrnehmung.

β) Ganz analog stellt sich die eifersüchtige Paranoia der Frauen her. »Nicht *ich* liebe die Frauen – sondern *er liebt sie.*« Die Eifersüchtige verdächtigt den Mann mit all den Frauen, die ihr selbst gefallen, infolge ihres überstark gewordenen, disponierenden Narzißmus und ihrer Homosexualität. In der Auswahl der dem Manne zugeschobenen Liebesobjekte offenbart sich unverkennbar der Einfluß der Lebenszeit, in welcher die Fixierung erfolgte; es sind häufig alte, zur realen Liebe ungeeignete Personen, Auffrischungen der Pflegerinnen, Dienerinnen, Freundinnen ihrer Kindheit oder direkt ihrer konkurrierenden Schwestern.

Man sollte nun glauben, ein aus drei Gliedern bestehender Satz wie *»Ich liebe ihn«* ließe nur drei Arten des Widerspruches zu. Der Eifersuchtswahn widerspricht dem Subjekt, der Verfolgungswahn dem Verbum, die Erotomanie dem Objekt. Allein, es ist wirklich noch eine vierte Art des Widerspruches möglich, die Gesamtablehnung des ganzen Satzes:

»Ich liebe überhaupt nicht und niemand« – und dieser Satz scheint psychologisch äquivalent, da man doch mit seiner Libido irgendwohin muß, mit dem Satze: »Ich liebe nur mich.« Diese Art des Widerspruches ergäbe uns also den Größenwahn, den wir als eine *Sexualüberschätzung des eigenen Ichs* auffassen und so der bekannten Überschätzung des Liebesobjekts an die Seite stellen können [1].

Es wird nicht ohne Bedeutung für andere Stücke der Paranoialehre bleiben, daß ein Zusatz von Größenwahn bei den meisten anderen Formen paranoischer Erkrankung zu konstatieren ist. Wir haben ja das Recht anzunehmen, daß der Größenwahn überhaupt infantil ist und daß er in der späteren Entwicklung der Gesellschaft zum Opfer gebracht wird, so wie er durch keinen andern Einfluß so intensiv unterdrückt wird wie durch eine das Individuum mächtig ergreifende Verliebtheit.

»Denn wo die Lieb' erwachet, stirbt
das Ich, der finstere Despot.« [2]

---

[1] *Drei Abhandlungen zur Sexualtheorie* (1905 *d*, S. 17 [*Studienausgabe*, Bd. 5, S. 61]. – Dieselbe Auffassung und Formel bei Abraham (l. c.) und Maeder (l. c.) [s. S. 167, Anm. 2, und S. 183, Anm.].

[2] Dschelaledin Rumi, übersetzt von Rückert; zitiert nach Kuhlenbecks Einleitung zum V. Band der Werke von Giordano Bruno. [Bei Rückert heißt es allerdings der »dunkele«, nicht der »finstere« Despot.]

Nach diesen Erörterungen über die unerwartete Bedeutung der homosexuellen Wunschphantasie für die Paranoia kehren wir zu jenen beiden Momenten zurück, in welche wir das Charakteristische dieser Erkrankungsform von vornherein verlegen wollten: zum Mechanismus der *Symptombildung* und zu dem der *Verdrängung* [s. S. 183].

Wir haben zunächst gewiß kein Recht anzunehmen, daß diese beiden Mechanismen identisch seien, daß die Symptombildung auf demselben Wege vor sich gehe wie die Verdrängung, etwa indem der nämliche Weg dabei in entgegengesetzter Richtung beschritten werde. Eine solche Identität ist auch keineswegs sehr wahrscheinlich; doch wollen wir uns jeder Aussage hierüber vor der Untersuchung enthalten.

An der Symptombildung bei Paranoia ist vor allem jener Zug auffällig, der die Benennung *Projektion* verdient. Eine innere Wahrnehmung wird unterdrückt, und zum Ersatz für sie kommt ihr Inhalt, nachdem er eine gewisse Entstellung erfahren hat, als Wahrnehmung von außen zum Bewußtsein. Die Entstellung besteht beim Verfolgungswahn in einer Affektverwandlung; was als Liebe innen hätte verspürt werden sollen, wird als Haß von außen wahrgenommen. Man wäre versucht, diesen merkwürdigen Vorgang als das Bedeutsamste der Paranoia und als absolut pathognomonisch für dieselbe hinzustellen, wenn man nicht rechtzeitig daran erinnert würde, daß 1. die Projektion nicht bei allen Formen von Paranoia die gleiche Rolle spielt und 2. daß sie nicht nur bei Paranoia, sondern auch unter anderen Verhältnissen im Seelenleben vorkommt, ja, daß ihr ein regelmäßiger Anteil an unserer Einstellung zur Außenwelt zugewiesen ist. Wenn wir die Ursachen gewisser Sinnesempfindungen nicht wie die anderer in uns selbst suchen, sondern sie nach außen verlegen, so verdient auch dieser normale Vorgang den Namen einer Projektion. So aufmerksam geworden, daß es sich beim Verständnis der Projektion um allgemeinere psychologische Probleme handelt, entschließen wir uns, das Studium der Projektion, und damit des Mechanismus der paranoischen Symptombildung überhaupt, für einen andern Zusammenhang aufzusparen[1], und wenden uns der Frage zu, welche Vorstellungen wir uns über den Mechanismus der Verdrängung bei der Paranoia zu bilden vermögen. Ich schicke voraus, daß wir zur Rechtfertigung unseres vorläufigen Verzichtes finden werden, die Art des Verdrängungsvorganges hänge weit inniger mit der Entwicklungs-

[1] [Es scheint jedoch keine Spur eines solchen späteren Studiums in Freuds Werken zu geben.]

geschichte der Libido und der in ihr gegebenen Disposition zusammen als die Art der Symptombildung.

Wir haben in der Psychoanalytik die pathologischen Phänomene ganz allgemein aus der Verdrängung hervorgehen lassen. Fassen wir das »Verdrängung« Benannte schärfer ins Auge, so finden wir Anlaß, den Vorgang in drei Phasen zu zerlegen, die eine gute begriffliche Sonderung gestatten[1].

1) Die erste Phase besteht in der *Fixierung*, dem Vorläufer und der Bedingung einer jeden »Verdrängung«. Die Tatsache der Fixierung kann dahin ausgesprochen werden, daß ein Trieb oder Triebanteil die als normal vorhergesehene Entwicklung nicht mitmacht und infolge dieser Entwicklungshemmung in einem infantileren Stadium verbleibt. Die betreffende libidinöse Strömung verhält sich zu den späteren psychischen Bildungen wie eine dem System des Unbewußten angehörige, wie eine verdrängte. Wir sagten schon [S. 185–6], daß in solchen Fixierungen der Triebe die Disposition für die spätere Erkrankung liege, und können hinzufügen, die Determinierung vor allem für den Ausgang der dritten Phase der Verdrängung.

2) Die zweite Phase der Verdrängung ist die eigentliche Verdrängung, die wir bisher vorzugsweise im Auge gehabt haben. Sie geht von den höher entwickelten bewußtseinsfähigen Systemen des Ichs aus und kann eigentlich als ein »Nachdrängen« beschrieben werden. Sie macht den Eindruck eines wesentlich aktiven Vorganges, während sich die Fixierung als ein eigentlich passives Zurückbleiben darstellt. Der Verdrängung unterliegen entweder die psychischen Abkömmlinge jener primär zurückgebliebenen Triebe, wenn es durch deren Erstarkung zum Konflikt zwischen ihnen und dem Ich (oder den ichgerechten Trieben) gekommen ist, oder solche psychische Strebungen, gegen welche sich aus anderen Gründen eine starke Abneigung erhebt. Diese Abneigung würde aber nicht die Verdrängung zur Folge haben, wenn sich nicht zwischen den unliebsamen, zu verdrängenden Strebungen und den bereits verdrängten eine Verknüpfung herstellen würde. Wo dies der Fall ist, wirken die Abstoßung der bewußten und die Anziehung der unbewußten Systeme gleichsinnig für das Gelingen der Verdrängung. Die beiden hier gesonderten Fälle mögen in Wirklichkeit weniger scharf geschieden sein und sich nur durch ein Mehr oder Minder an Beitrag von seiten der primär verdrängten Triebe unterscheiden.

---

[1] [Das hier folgende wird in etwas anderen Worten in der metapsychologischen Arbeit ›Die Verdrängung‹ (1915 *d*), *Studienausgabe*, Bd. 3, S. 109, wiederholt.]

3) Als dritte, für die pathologischen Phänomene bedeutsamste Phase ist die des Mißlingens der Verdrängung, des *Durchbruchs*, der *Wiederkehr des Verdrängten* anzuführen. Dieser Durchbruch erfolgt von der Stelle der Fixierung her und hat eine Regression der Libidoentwicklung bis zu dieser Stelle zum Inhalte.

Die Mannigfaltigkeiten der Fixierung haben wir bereits [S. 185] erwähnt; es sind ihrer so viele als Stufen in der Entwicklung der Libido. Wir müssen auf andere Mannigfaltigkeiten in den Mechanismen der eigentlichen Verdrängung und in denen des Durchbruches (oder der Symptombildung) vorbereitet sein und dürfen wohl bereits jetzt vermuten, daß wir nicht alle diese Mannigfaltigkeiten allein auf die Entwicklungsgeschichte der Libido werden zurückführen können.

Es ist leicht zu erraten, daß wir mit diesen Erörterungen das Problem der Neurosenwahl streifen, welches indes nicht ohne Vorarbeiten anderer Art in Angriff genommen werden kann[1]. Erinnern wir uns jetzt, daß wir die Fixierung bereits behandelt, die Symptombildung zurückgestellt haben, und beschränken wir uns auf die Frage, ob sich aus der Analyse des Falles Schreber ein Hinweis auf den bei der Paranoia vorwaltenden Mechanismus der (eigentlichen) Verdrängung gewinnen läßt.

Auf der Höhe der Krankheit bildete sich bei Schreber unter dem Einfluß von Visionen von »zum Teil grausiger Natur, zum Teil aber wiederum von unbeschreiblicher Großartigkeit« (73) die Überzeugung einer großen Katastrophe, eines Weltunterganges. Stimmen sagten ihm, jetzt sei das Werk einer 14000jährigen Vergangenheit verloren, der Erde sei nur noch die Dauer von 212 Jahren beschieden (71); in der letzten Zeit seines Aufenthaltes in der Flechsigschen Anstalt hielt er diesen Zeitraum für bereits abgelaufen. Er selbst war der »einzige noch übriggebliebene wirkliche Mensch«, und die wenigen menschlichen Gestalten, die er noch sah, den Arzt, die Wärter und Patienten, erklärte er als »hingewunderte, flüchtig hingemachte Männer«. Zeitweilig brach sich auch die reziproke Strömung Bahn; es wurde ihm ein Zeitungsblatt vorgelegt, in dem seine eigene Todesnachricht zu lesen war (81), er war selbst in einer zweiten, minderwertigen Gestalt vorhanden und in dieser eines Tages sanft verschieden (73). Aber die Gestaltung des Wahnes, die das Ich festhielt und die Welt opferte, erwies sich als die bei weitem stärkere. Über die Verursachung dieser Katastrophe machte er sich verschiedene

[1] [Das Problem wird ferner unten, auf S. 194 und S. 198–9, erörtert.]

Vorstellungen; er dachte bald an eine Vereisung durch Zurückziehen der Sonne, bald an eine Zerstörung durch Erdbeben, wobei er als »Geisterseher« zu einer ähnlichen Urheberrolle gelangte wie ein anderer Geisterseher angeblich beim Erdbeben von Lissabon im Jahre 1755 (91). Oder aber Flechsig war der Schuldige, indem er durch seine Zauberkünste Furcht und Schrecken unter den Menschen verbreitet, die Grundlagen der Religion zerstört und das Umsichgreifen einer allgemeinen Nervosität und Unsittlichkeit verursacht hatte, in deren Folge dann verheerende Seuchen über die Menschen hereingebrochen seien (91). Jedenfalls war der Weltuntergang die Folge des zwischen ihm und Flechsig ausgebrochenen Konfliktes oder, wie sich die Ätiologie in der zweiten Phase des Wahnes darstellte, seiner unlösbar gewordenen Verbindung mit Gott, also der notwendige Erfolg seiner Erkrankung. Jahre später, als Dr. Schreber in die menschliche Gemeinschaft zurückgekehrt war und an den in seine Hände zurückgelangten Büchern, Musikalien und sonstigen Gebrauchsgegenständen nichts entdecken konnte, was mit der Annahme einer großen zeitlichen Kluft in der Geschichte der Menschheit verträglich wäre, gab er zu, daß seine Auffassung nicht mehr aufrechtzuhalten sei: »... kann ich mich der Anerkennung nicht entziehen, daß *äußerlich betrachtet* alles beim alten geblieben ist. *Ob nicht gleichwohl eine tiefgreifende innere Veränderung sich vollzogen hat,* wird weiter unten besprochen werden.« (84–5.) Er konnte nicht daran zweifeln, daß die Welt während seiner Erkrankung untergegangen war, und die er jetzt vor sich sah, war doch nicht die nämliche.

Eine solche Weltkatastrophe während des stürmischen Stadiums der Paranoia ist auch in anderen Krankengeschichten nicht selten [1]. Auf dem Boden unserer Auffassung von Libidobesetzung wird uns, wenn wir uns von der Wertung der anderen Menschen als »flüchtig hingemachter Männer« leiten lassen, die Erklärung dieser Katastrophen nicht schwer [2]. Der Kranke hat den Personen seiner Umgebung und der Außenwelt überhaupt die Libidobesetzung entzogen, die ihnen bisher zugewendet war; damit ist alles für ihn gleichgültig und beziehungslos geworden und muß durch eine sekundäre Rationalisierung als »hingewundert, flüchtig hingemacht« erklärt werden. Der Weltuntergang ist die Pro-

---

[1] Eine anders motivierte Art des »Weltunterganges« kommt auf der Höhe der Liebesekstase zustande (Wagners *Tristan und Isolde*); hier saugt nicht das Ich, sondern das eine Objekt alle der Außenwelt geschenkten Besetzungen auf.

[2] Vgl. Abraham (1908) – Jung (1907). – In der kurzen Arbeit von Abraham sind fast alle wesentlichen Gesichtspunkte dieser Studie über den Fall Schreber enthalten.

jektion dieser innerlichen Katastrophe; seine subjektive Welt ist untergegangen, seitdem er ihr seine Liebe entzogen hat[1].
Nach dem Fluche, mit dem Faust sich von der Welt lossagt, singt der Geisterchor:

»Weh! weh!
du hast sie zerstört,
die schöne Welt,
mit mächtiger Faust;
sie stürzt, sie zerfällt!
Ein Halbgott hat sie zerschlagen!
. . . .
Mächtiger
der Erdensöhne,
Prächtiger
baue sie wieder,
in deinem Busen baue sie auf!«
[*Faust*, I. Teil, 4. Szene.]

Und der Paranoiker baut sie wieder auf, nicht prächtiger zwar, aber wenigstens so, daß er wieder in ihr leben kann. Er baut sie auf durch die Arbeit seines Wahnes. *Was wir für die Krankheitsproduktion halten, die Wahnbildung, ist in Wirklichkeit der Heilungsversuch, die Rekonstruktion*[2]. Diese gelingt nach der Katastrophe mehr oder minder gut, niemals völlig; eine »tiefgreifende innere Veränderung« nach den Worten Schrebers hat sich mit der Welt vollzogen. Aber der Mensch hat eine Beziehung zu den Personen und Dingen der Welt wiedergewonnen, oft eine sehr intensive, wenn sie auch feindlich sein mag, die früher erwartungsvoll zärtlich war. Wir werden also sagen: der eigentliche Verdrängungsvorgang besteht in einer Ablösung der Libido von vorher geliebten Personen – und Dingen. Er vollzieht sich stumm; wir erhalten keine Kunde von ihm, sind genötigt, ihn aus den nachfolgenden Vorgängen zu erschließen. Was sich uns lärmend bemerkbar macht, das ist der Heilungsvorgang, der die Verdrängung rückgängig macht und die Libido wieder zu den von ihr verlassenen Personen zurückführt. Er voll-

[1] Vielleicht nicht nur die Libidobesetzung, sondern das Interesse überhaupt, also auch die vom Ich ausgehenden Besetzungen. Siehe weiter unten [S. 196–7] die Diskussion dieser Frage.
[2] [Freud kommt auf diesen Gedanken weiter unten, auf S. 198 f., noch einmal zurück und erweitert ihn auf die Symptome anderer Psychosen.]

zieht sich bei der Paranoia auf dem Wege der Projektion. Es war nicht richtig zu sagen, die innerlich unterdrückte Empfindung werde nach außen projiziert; wir sehen vielmehr ein, daß das innerlich Aufgehobene von außen wiederkehrt. Die gründliche Untersuchung des Prozesses der Projektion, die wir auf ein anderes Mal verschoben haben[1], wird uns hierüber die letzte Sicherheit bringen.

Nun aber wollen wir nicht unzufrieden sein, daß uns die neugewonnene Einsicht zu einer Reihe von weiteren Diskussionen nötigt.

1) Die nächste Erwägung sagt uns, daß eine Ablösung der Libido weder ausschließlich bei der Paranoia vorkommen noch dort, wo sie sonst vorkommt, so unheilvolle Folgen haben kann. Es ist sehr wohl möglich, daß die Ablösung der Libido der wesentliche und regelmäßige Mechanismus einer jeden Verdrängung ist; wir wissen nichts darüber, solange nicht die anderen Verdrängungsaffektionen einer analogen Untersuchung unterzogen worden sind. Es ist sicher, daß wir im normalen Seelenleben (und nicht nur in der Trauer) beständig solche Loslösungen der Libido von Personen oder anderen Objekten vollziehen, ohne dabei zu erkranken. Wenn Faust sich von der Welt mit jenen Verfluchungen lossagt, so resultiert daraus keine Paranoia oder andere Neurose, sondern eine besondere psychische Gesamtstimmung. Die Libidolösung an und für sich kann also nicht das Pathogene bei der Paranoia sein, es bedarf eines besonderen Charakters, der die paranoische Ablösung der Libido von anderen Arten des nämlichen Vorganges unterscheiden kann. Es ist nicht schwer, einen solchen Charakter in Vorschlag zu bringen. Welches ist die weitere Verwendung der durch die Lösung frei gewordenen Libido? Normalerweise suchen wir sofort einen Ersatz für die aufgehobene Anheftung; bis dieser Ersatz geglückt ist, erhalten wir die freie Libido in der Psyche schwebend, wo sie Spannungen ergibt und die Stimmung beeinflußt; in der Hysterie verwandelt sich der befreite Libidobetrag in körperliche Innervationen oder in Angst. Bei der Paranoia aber haben wir ein klinisches Anzeichen dafür, daß die dem Objekt entzogene Libido einer besonderen Verwendung zugeführt wird. Wir erinnern uns daran [s. S. 188], daß die meisten Fälle von Paranoia ein Stück Größenwahn zeigen und daß der Größenwahn für sich allein eine Paranoia konstituieren kann. Daraus wollen wir schließen, daß die frei gewordene Libido bei der Paranoia zum Ich geschlagen, zur Ichvergrö-

[1] [S. die Anm. S. 189.]

ßerung verwendet wird[1]. Damit ist das aus der Entwicklung der Libido bekannte Stadium des Narzißmus wieder erreicht, in welchem das eigene Ich das einzige Sexualobjekt war. Dieser klinischen Aussage wegen nehmen wir an, daß die Paranoischen eine *Fixierung im Narzißmus* mitgebracht haben, und sprechen wir aus, daß der *Rückschritt von der sublimierten Homosexualität bis zum Narzißmus* den Betrag der für die Paranoia charakteristischen *Regression* angibt[2].

2) Eine gleichfalls naheliegende Einwendung kann sich auf die Krankengeschichte Schrebers (wie auf viele andere) stützen, indem sie geltend macht, daß der Verfolgungswahn (gegen Flechsig) unverkennbar früher auftritt als die Phantasie des Weltunterganges, so daß die angebliche Wiederkehr des Verdrängten der Verdrängung selbst vorherginge, was offenbar widersinnig ist. Diesem Einwand zuliebe müssen wir von der allgemeinsten Betrachtung zur Einzelwürdigung der gewiß sehr viel komplizierteren realen Verhältnisse herabsteigen. Die Möglichkeit muß zugegeben werden, daß eine solche Ablösung der Libido ebensowohl eine partielle, ein Zurückziehen von einem einzelnen Komplex, wie eine allgemeine sein kann. Die partielle Lösung dürfte die bei weitem häufigere sein und diejenige, die die allgemeine einleitet, weil sie ja durch die Einflüsse des Lebens zunächst allein motiviert wird. Es kann dann bei der partiellen Lösung bleiben oder dieselbe zu einer allgemeinen vervollständigt werden, die sich durch den Größenwahn auffällig kundgibt. Im Falle Schrebers mag die Ablösung der Libido von der Person Flechsigs immerhin das Primäre gewesen sein; ihr folgt alsbald der Wahn nach, welcher die Libido wieder zu Flechsig (mit negativem Vorzeichen als Marke der stattgehabten Verdrängung) zurückführt und so das Werk der Verdrängung aufhebt. Nun bricht der Verdrängungskampf von neuem los, bedient sich aber diesmal stärkerer Mittel; in dem Maße, als das umstrittene Objekt das wichtigste in der Außenwelt wird, einerseits alle Libido an sich ziehen will, anderseits alle Widerstände gegen sich mobil macht, wird der Kampf ums einzelne Objekt mit einer allgemeinen Schlacht vergleichbar, in deren Verlauf sich der Sieg der Verdrängung durch die Überzeugung ausdrückt, die Welt sei untergegangen und das Selbst allein übriggeblieben. Überblickt man die kunstvollen Konstruktionen, welche der Wahn Schrebers auf religiösem Boden aufbaut (die Hierarchie Gottes – die geprüften Seelen – die Vor-

[1] [Die Rolle des Größenwahns in der Schizophrenie wird ferner in der Arbeit über den Narzißmus (1914*c*), *Studienausgabe*, Bd. 3, S. 53, untersucht.]

[2] [S. auch ›Die Disposition zur Zwangsneurose‹, oben, S. 110.]

höfe des Himmels – den niederen und den oberen Gott), so kann man rückschließend ermessen, welcher Reichtum von Sublimierungen durch die Katastrophe der allgemeinen Libidoablösung zum Einsturz gebracht worden war.

3) Eine dritte Überlegung, die sich auf den Boden der hier entwickelten Anschauungen stellt, wirft die Frage auf, ob wir die allgemeine Ablösung der Libido von der Außenwelt als genügend wirksam annehmen sollen, um aus ihr den »Weltuntergang« zu erklären, ob nicht in diesem Falle die festgehaltenen Ichbesetzungen[1] hinreichen müßten, um den Rapport mit der Außenwelt aufrechtzuhalten. Man müßte dann entweder das, was wir Libidobesetzung (Interesse aus erotischen Quellen) heißen, mit dem Interesse überhaupt zusammenfallen lassen oder die Möglichkeit in Betracht ziehen, daß eine ausgiebige Störung in der Unterbringung der Libido auch eine entsprechende Störung in den Ichbesetzungen induzieren kann. Nun sind dies Probleme, zu deren Beantwortung wir noch ganz hilflos und ungeschickt sind. Könnten wir von einer gesicherten Trieblehre ausgehen, so stünde es anders. Aber in Wahrheit verfügen wir über nichts dergleichen. Wir fassen den Trieb als den Grenzbegriff des Somatischen gegen das Seelische, sehen in ihm den psychischen Repräsentanten organischer Mächte und nehmen die populäre Unterscheidung von Ichtrieben und Sexualtrieb an, die uns mit der biologischen Doppelstellung des Einzelwesens, welche seine eigene Erhaltung wie die der Gattung anstrebt, übereinzustimmen scheint. Aber alles Weitere sind Konstruktionen, die wir aufstellen und auch bereitwillig wieder fallenlassen, um uns in dem Gewirre der dunkleren seelischen Vorgänge zu orientieren, und wir erwarten gerade von psychoanalytischen Untersuchungen über krankhafte Seelenvorgänge, daß sie uns gewisse Entscheidungen in den Fragen der Trieblehre aufnötigen werden. Bei der Jugend und Vereinzelung solcher Untersuchungen kann diese Erwartung noch nicht Erfüllung gefunden haben. Die Möglichkeit von Rückwirkungen der Libidostörungen auf die Ichbesetzungen wird man so wenig von der Hand weisen dürfen wie die Umkehrung davon, die sekundäre oder induzierte Störung der Libidovorgänge durch abnorme Veränderungen im Ich. Ja, es ist wahrscheinlich,

---

[1] [Das Wort »Ichbesetzungen« ist zweideutig. Hier meint es ohne Zweifel »Besetzungen *durch* das Ich« (vom Ich ausgehende Besetzungen). Es ist gleichbedeutend mit dem, was an anderer Stelle »Ichinteresse« genannt wird. Das ergibt sich unmittelbar schon aus dem nächsten Satz; es wurde übrigens ausdrücklich in Anm. 1 auf S. 193 ausgesprochen.]

daß Vorgänge dieser Art den unterscheidenden Charakter der Psychose ausmachen. Was hievon für die Paranoia in Betracht kommt, wird sich gegenwärtig nicht angeben lassen. Ich möchte nur einen einzigen Gesichtspunkt hervorheben. Man kann nicht behaupten, daß der Paranoiker sein Interesse von der Außenwelt völlig zurückgezogen hat, auch nicht auf der Höhe der Verdrängung, wie man es etwa von gewissen anderen Formen von halluzinatorischen Psychosen beschreiben muß (Meynerts Amentia). Er nimmt die Außenwelt wahr, er gibt sich Rechenschaft über ihre Veränderungen, wird durch ihren Eindruck zu Erklärungsleistungen angeregt (die »flüchtig hingemachten« Männer), und darum halte ich es für weitaus wahrscheinlicher, daß seine veränderte Relation zur Welt allein oder vorwiegend durch den Ausfall des Libidointeresses zu erklären ist[1].

4) Bei den nahen Beziehungen der Paranoia zur Dementia praecox kann man der Frage nicht ausweichen, wie eine solche Auffassung der ersteren Affektion auf die der letzteren zurückwirken muß. Ich halte es für einen wohlberechtigten Schritt Kraepelins, vieles, was man vorher Paranoia geheißen hat, mit der Katatonie und anderen Formen zu einer neuen klinischen Einheit zu verschmelzen, für welche der Name Dementia praecox allerdings besonders ungeschickt gewählt ist. Auch gegen die Bleulersche Bezeichnung des gleichen Formenkreises als Schizophrenie wäre einzuwenden, daß der Name nur dann gut brauchbar erscheint, wenn man sich an seine Wortbedeutung nicht erinnert. Er ist sonst allzu präjudizierlich, indem er einen theoretisch postulierten Charakter zur Benennung verwendet, überdies einen solchen, welcher der Affektion nicht ausschließend zukommt und im Lichte anderer Anschauungen nicht für den wesentlichen erklärt werden kann. Es ist aber im ganzen nicht sehr wichtig, wie man Krankheitsbilder benennt. Wesentlicher erschiene es mir, die Paranoia als selbständigen klinischen Typus aufrechtzuhalten, auch wenn ihr Bild noch so häufig durch schizophrene Züge kompliziert wird, denn vom Standpunkte der Libidotheorie ließe sie sich durch eine andere Lokalisation der disponierenden Fixierung und einen andern Mechanismus der Wiederkehr (Symptombildung) von der Dementia praecox sondern, mit welcher sie den Hauptcharakter der eigentlichen Verdrängung, die Libidoablösung mit Regression zum Ich, gemeinsam hätte. Ich hielte es für das zweckmäßigste, wenn man die Dementia praecox mit dem Namen *Paraphrenie* belegen wollte, wel-

[1] [An diesen Absatz knüpft C. G. Jung seine kritischen Bemerkungen an, die von Freud in seiner Narzißmus-Arbeit (1914 *c*; *Studienausgabe,* Bd. 3, S. 46 ff.) diskutiert werden.]

cher, an sich unbestimmten Inhalts, ihre Beziehungen zu der unabänderlich benannten Paranoia zum Ausdruck bringt und überdies an die in ihr aufgegangene Hebephrenie erinnert. Es käme dabei nicht in Betracht, daß dieser Name bereits früher für anderes vorgeschlagen wurde, da sich diese anderen Verwendungen nicht durchgesetzt haben[1].

Daß bei der Dementia praecox der Charakter der Abkehr der Libido von der Außenwelt ganz besonders deutlich ist, hat Abraham (loc. cit. [s. S. 192, Anm. 2]) auf sehr eindringliche Weise auseinandergesetzt. Aus diesem Charakter erschließen wir die Verdrängung durch Libidoablösung. Die Phase der stürmischen Halluzinationen fassen wir auch hier als eine des Kampfes der Verdrängung mit einem Heilungsversuch, der die Libido wieder zu ihren Objekten bringen will. [Vgl. S. 193 f.] In den Delirien[2] und motorischen Stereotypien der Krankheit hat Jung [1908] mit außerordentlichem analytischem Scharfsinn die krampfhaft festgehaltenen Reste der einstigen Objektbesetzungen erkannt. Dieser vom Beobachter für die Krankheit selbst gehaltene Heilungsversuch bedient sich aber nicht wie bei Paranoia der Projektion, sondern des halluzinatorischen (hysterischen) Mechanismus. Dies ist der eine der großen Unterschiede von der Paranoia; er ist einer genetischen Aufklärung von anderer Seite her fähig[3]. Der Ausgang der Dementia praecox, wo die Affektion nicht allzusehr partiell bleibt, bringt den zweiten Unterschied. Er ist im allgemeinen ungünstiger als der der Paranoia; der Sieg bleibt nicht wie bei letzterer der Rekonstruktion, sondern der Verdrängung. Die Regression geht nicht nur bis zum Narzißmus, der sich in Größenwahn äußert, sondern bis zur vollen Auflassung der Objektliebe und Rückkehr zum infantilen Autoerotismus. Die disponierende Fixierung muß also weiter zurückliegen als die der Paranoia, im Beginn der Entwicklung, die vom Autoerotismus zur Objekt-

[1] [Von den hier erstmals vorgetragenen Erwägungen ausgehend, schlägt Freud offensichtlich vor, die Bezeichnungen »Dementia praecox« und »Schizophrenie« durch »Paraphrenie« zu ersetzen und diese von der damit verwandten »Paranoia« zu trennen. Etwa drei Jahre später begann er jedoch, den Terminus »Paraphrenie« in einem weiteren Sinne als übergreifende Bezeichnung zu gebrauchen, unter der »Dementia praecox« *und* »Paranoia« subsumiert werden. Daß dieser Bedeutungswandel absichtlich geschah, geht aus einer Passage in ›Die Disposition zur Zwangsneurose‹ (1913 *i*) hervor, die in der zweiten Auflage (1918) umformuliert worden ist, s. oben, S. 110, und die editorische Anm. dazu. In seinen Arbeiten nach 1918 scheint Freud jedoch den Versuch, den Terminus »Paraphrenie« einzuführen, aufgegeben zu haben.]

[2] [Vgl. die Verwendung dieses Terminus in der Krankengeschichte des »Rattenmannes« (1909 *d*) und die Definition, die Freud ihm auf S. 84 gibt.]

[3] [Die genetische Aufklärung des Unterschieds wird drei Sätze weiter unten gegeben – aus der früheren disponierenden Fixierung im Falle der Dementia praecox.]

liebe strebt, enthalten sein. Es ist auch keineswegs wahrscheinlich, daß die homosexuellen Anstöße, die wir bei der Paranoia so häufig, vielleicht regelmäßig finden, in der Ätiologie der weit uneingeschränkteren Dementia praecox eine ähnlich bedeutsame Rolle spielen.
Unsere Annahmen über die disponierenden Fixierungen bei Paranoia und Paraphrenie machen es ohne weiteres verständlich, daß ein Fall mit paranoischen Symptomen beginnen und sich doch zur Demenz entwickeln kann, daß paranoide und schizophrene Erscheinungen sich in jedem Ausmaße kombinieren, daß ein Krankheitsbild wie das Schrebers zustande kommen kann, welches den Namen einer paranoischen Demenz verdient, durch das Hervortreten der Wunschphantasie und der Halluzinationen dem paraphrenen, durch den Anlaß, den Projektionsmechanismus und den Ausgang dem paranoiden Charakter Rechnung trägt. Es können ja in der Entwicklung mehrere Fixierungen zurückgelassen worden sein und der Reihe nach den Durchbruch der abgedrängten Libido gestatten, etwa die später erworbene zuerst und im weiteren Verlaufe der Krankheit dann die ursprüngliche, dem Ausgangspunkt näher liegende[1]. Man möchte gerne wissen, welchen Bedingungen dieser Fall die relativ günstige Erledigung verdankt, denn man wird sich nicht gerne entschließen, etwas so Zufälliges wie die »Versetzungsbesserung«, die mit dem Verlassen der Flechsigschen Anstalt eintrat[2], allein für den Ausgang verantwortlich zu machen. Aber unsere unzulängliche Kenntnis der intimen Zusammenhänge in dieser Krankengeschichte macht die Antwort auf diese interessante Frage unmöglich. Als Vermutung könnte man hinstellen, daß die wesentlich positive Tönung des Vaterkomplexes, das in der Realität späterer Jahre wahrscheinlich ungetrübte Verhältnis zu einem vortrefflichen Vater, die Versöhnung mit der homosexuellen Phantasie und damit den heilungsartigen Ablauf ermöglicht hat.

Da ich weder die Kritik fürchte noch die Selbstkritik scheue, habe ich kein Motiv, die Erwähnung einer Ähnlichkeit zu vermeiden, die vielleicht unsere Libidotheorie im Urteile vieler Leser schädigen wird. Die durch Verdichtung von Sonnenstrahlen, Nervenfasern und Samenfäden komponierten »Gottesstrahlen« Schrebers [s. S. 150] sind eigentlich nichts anderes als die dinglich dargestellten, nach außen projizierten

---

[1] [Ein Fall dieser Art, der von einer Hysterie zu einer Zwangsneurose überwechselte, spielt in ›Die Disposition zur Zwangsneurose‹ (S. 111 ff., oben) eine wichtige Rolle.]
[2] Vgl. Riklin (1905).

Libidobesetzungen und verleihen seinem Wahn eine auffällige Übereinstimmung mit unserer Theorie. Daß die Welt untergehen muß, weil das Ich des Kranken alle Strahlen an sich zieht, daß er später während des Rekonstruktionsvorganges ängstlich besorgt sein muß, daß Gott nicht die Strahlenverbindung mit ihm löse, diese und manche andere Einzelheiten der Schreberschen Wahnbildung klingen fast wie endopsychische Wahrnehmungen der Vorgänge, deren Annahme ich hier einem Verständnis der Paranoia zugrunde gelegt habe. Ich kann aber das Zeugnis eines Freundes und Fachmannes dafür vorbringen, daß ich die Theorie der Paranoia entwickelt habe, ehe mir der Inhalt des Schreberschen Buches bekannt war. Es bleibt der Zukunft überlassen zu entscheiden, ob in der Theorie mehr Wahn enthalten ist, als ich möchte, oder in dem Wahn mehr Wahrheit, als andere heute glaublich finden.

Endlich möchte ich diese Arbeit, die doch wiederum nur ein Bruchstück eines größeren Zusammenhanges darstellt, nicht beschließen, ohne einen Ausblick auf die beiden Hauptsätze zu geben, auf deren Erweis die Libidotheorie der Neurosen und Psychosen hinsteuert, daß die Neurosen im wesentlichen aus dem Konflikte des Ichs mit dem Sexualtrieb hervorgehen und daß ihre Formen die Abdrücke der Entwicklungsgeschichte der Libido – und des Ichs bewahren.

NACHTRAG
(1912 [1911])

In der Behandlung der Krankengeschichte des Senatspräsidenten Schreber habe ich mich mit Absicht auf ein Mindestmaß von Deutung eingeschränkt und darf darauf vertrauen, daß jeder psychoanalytisch geschulte Leser aus dem mitgeteilten Material mehr entnommen haben wird, als ich ausdrücklich ausspreche, daß es ihm nicht schwergefallen ist, die Fäden des Zusammenhanges enger anzuziehen und Schlußfolgerungen zu erreichen, die ich bloß andeute. Ein freundlicher Zufall, der die Aufmerksamkeit anderer Autoren des gleichen Bandes auf die Schrebersche Selbstbiographie gelenkt hat, läßt auch erraten, wieviel noch aus dem symbolischen Gehalt der Phantasien und Wahnideen des geistreichen Paranoikers zu schöpfen ist[1].

Eine zufällige Bereicherung meiner Kenntnisse seit der Veröffentlichung meiner Arbeit über Schreber hat mich nun in den Stand gesetzt, eine seiner wahnhaften Behauptungen besser zu würdigen und als *mythologisch* beziehungsreich zu erkennen. Auf Seite 178 erwähne ich das besondere Verhältnis des Kranken zur Sonne, die ich für ein sublimiertes »Vatersymbol« erklären mußte. Die Sonne spricht mit ihm in menschlichen Worten und gibt sich ihm so als ein belebtes Wesen zu erkennen. Er pflegt sie zu beschimpfen, mit Drohworten anzuschreien; er versichert auch, daß ihre Strahlen vor ihm erbleichen, wenn er gegen sie gewendet laut spricht. Nach seiner »Genesung« rühmt er sich, daß er ruhig in die Sonne sehen kann und davon nur in sehr bescheidenem Maße geblendet wird, was natürlich früher nicht möglich gewesen wäre (Anmerkung auf S. 139 des Schreberschen Buches [zitiert auf S. 178, Anm. 4, oben]).

An dieses wahnhafte Vorrecht, ungeblendet in die Sonne schauen zu können, knüpft nun das mythologische Interesse an. Man liest bei S. Reinach[2], daß die alten Naturforscher dieses Vermögen allein den Adlern zugestanden, die als Bewohner der höchsten Luftschichten zum Himmel, zur Sonne und zum Blitze in besonders innige Beziehung ge-

[1] Vgl. Jung (1911, 164 und 207); Spielrein (1911, 350).
[2] (1905–12), Bd. 3 (1908), 80. (Nach Keller, 1887 [268].)

bracht wurden [1]. Dieselben Quellen berichten aber auch, daß der Adler seine Jungen einer Probe unterzieht, ehe er sie als legitim anerkennt. Wenn sie es nicht zustande bringen, in die Sonne zu schauen, ohne zu blinzeln, werden sie aus dem Nest geworfen.

Über die Bedeutung dieses Tiermythus kann kein Zweifel sein. Gewiß wird hier den Tieren nur zugeschrieben, was bei den Menschen geheiligter Gebrauch ist. Was der Adler mit seinen Jungen anstellt, ist ein *Ordal*, eine Abkunftsprobe, wie sie von den verschiedensten Völkern aus alten Zeiten berichtet wird. So vertrauten die am Rhein wohnenden Kelten ihre Neugeborenen den Fluten des Stromes an, um sich zu überzeugen, ob sie wirklich ihres Blutes wären. Der Stamm der Psyllen im heutigen Tripolis, der sich der Abkunft von Schlangen rühmte, setzte seine Kinder der Berührung solcher Schlangen aus; die rechtmäßig Geborenen wurden entweder nicht gebissen oder erholten sich rasch von den Folgen des Bisses [2]. Die Voraussetzung dieser Erprobungen führt tief in die *totemistische* Denkweise primitiver Völker hinein. Der Totem – das Tier oder die animistisch gedachte Naturmacht, von der der Stamm seine Abkunft herleitet – verschont die Angehörigen dieses Stammes als seine Kinder, wie er selbst von ihnen als Stammvater verehrt und eventuell verschont wird. Wir sind hier bei Dingen angelangt, die mir berufen erscheinen, ein psychoanalytisches Verständnis für die Ursprünge der Religion zu ermöglichen [3].

Der Adler, der seine Jungen in die Sonne schauen läßt und verlangt, daß sie von ihrem Lichte nicht geblendet werden, benimmt sich also wie ein Abkömmling der Sonne, der seine Kinder der Ahnenprobe unterwirft. Und wenn Schreber sich rühmt, daß er ungestraft und ungeblendet in die Sonne schauen kann, hat er den mythologischen Ausdruck für seine Kindesbeziehung zur Sonne wiedergefunden, hat uns von neuem bestätigt, wenn wir seine Sonne als ein Symbol des Vaters auffassen. Erinnern wir uns daran, daß Schreber in seiner Krankheit seinen Familienstolz frei äußert (»Die Schrebers gehören dem höchsten himmlischen Adel an«) [4], daß wir ein menschliches Motiv für seine Erkrankung an einer femininen Wunschphantasie in seiner Kinderlosigkeit gefunden

---

[1] An den höchsten Stellen der Tempel waren Bilder von Adlern angebracht, um als »magische« Blitzableiter zu wirken. (S. Reinach, loc. cit.)

[2] Siehe Literaturnachweise bei Reinach, loc. cit. und ibid., Bd. 1, 74.

[3] [Freud verfolgte diesen Gedankengang bald darauf in *Totem und Tabu* (1912–13) weiter.]

[4] *Denkwürdigkeiten* (24). [S. oben, S. 182.] – »Adel« gehört zu »Adler«.

haben [S. 182], so wird uns der Zusammenhang seines wahnhaften Vorrechtes [1] mit den Grundlagen seines Krankseins deutlich genug.
Dieser kleine Nachtrag zur Analyse eines Paranoiden mag dartun, wie wohlbegründet die Behauptung Jungs ist, daß die mythenbildenden Kräfte der Menschheit nicht erloschen sind, sondern heute noch in den Neurosen dieselben psychischen Produkte erzeugen wie in den ältesten Zeiten. Ich möchte eine früher gemachte Andeutung [2] wiederaufnehmen, indem ich ausspreche, daß für die religionsbildenden Kräfte dasselbe gilt. Und ich meine, es wird bald an der Zeit sein, einen Satz, den wir Psychoanalytiker schon vor langem ausgesprochen haben, zu erweitern, zu seinem individuellen, ontogenetisch verstandenen Inhalt die anthropologische, phylogenetisch zu fassende Ergänzung hinzuzufügen. Wir haben gesagt: Im Traume und in der Neurose finden wir das *Kind* wieder mit den Eigentümlichkeiten seiner Denkweisen und seines Affektlebens. Wir werden ergänzen: auch den *wilden*, den *primitiven* Menschen, wie er sich uns im Lichte der Altertumswissenschaft und der Völkerforschung zeigt.

---

[1] [Nämlich ungeblendet in die Sonne schauen zu können.]
[2] ›Zwangshandlungen und Religionsübungen‹ (1907 *b*). [Im vorliegenden Band enthalten, S. 13 ff.]

Mitteilung eines der psychoanalytischen Theorie widersprechenden Falles von Paranoia

(1915)

EDITORISCHE VORBEMERKUNG

Deutsche Ausgaben:

1915 *Int. Z. ärztl. Psychoanal.*, Bd. 3 (6), 321–29.
1918 *S.K.S.N.*, Bd. 4, 125–38. (1922, 2. Aufl.)
1924 *G.S.*, Bd. 5, 288–300.
1926 *Psychoanalyse der Neurosen*, 23–37.
1931 *Neurosenlehre und Technik*, 23–36.
1946 *G.W.*, Bd. 10, 234–46.

Die in dieser Arbeit dargestellte Krankengeschichte diente Freud zur Bestätigung seiner in der Schreber-Analyse (der vorhergehenden Arbeit in diesem Band) vorgetragenen Ansicht, daß zwischen Paranoia und Homosexualität eine enge Verbindung bestehe. Nebenbei ist sie für den praktischen Arzt ein Denkzettel, keine vorschnelle Diagnose über einen Fall aufgrund nur oberflächlicher Kenntnis der Fakten zu stellen. Die letzten Seiten enthalten einige interessante Bemerkungen allgemeinerer Art über die im neurotischen Konflikt ablaufenden Prozesse.

Vor Jahren ersuchte mich ein bekannter Rechtsanwalt um Begutachtung eines Falles, dessen Auffassung ihm zweifelhaft erschien. Eine junge Dame hatte sich an ihn gewendet, um Schutz gegen die Verfolgungen eines Mannes zu finden, der sie zu einem Liebesverhältnis bewogen hatte. Sie behauptete, daß dieser Mann ihre Gefügigkeit mißbraucht hatte, um von ungesehenen Zuschauern photographische Aufnahmen ihres zärtlichen Beisammenseins herstellen zu lassen; nun läge es in seiner Hand, sie durch das Zeigen dieser Bilder zu beschämen und zum Aufgeben ihrer Stellung zu zwingen. Der Rechtsfreund war erfahren genug, das krankhafte Gepräge dieser Anklage zu erkennen, meinte aber, es komme so viel im Leben vor, was man für unglaubwürdig halten möchte, daß ihm das Urteil eines Psychiaters über die Sache wertvoll wäre. Er versprach, mich ein nächstes Mal in Gesellschaft der Klägerin zu besuchen.

Ehe ich meinen Bericht fortsetze, will ich bekennen, daß ich das Milieu der zu untersuchenden Begebenheit zur Unkenntlichkeit verändert habe, aber auch nichts anderes als dies. Ich halte es sonst für einen Mißbrauch, aus irgendwelchen, wenn auch aus den besten Motiven Züge einer Krankengeschichte in der Mitteilung zu entstellen, da man unmöglich wissen kann, welche Seite des Falles ein selbständig urteilender Leser herausgreifen wird, und somit Gefahr läuft, diesen letzteren in die Irre zu führen[1].

Die Patientin, die ich nun bald darauf kennenlernte, war ein dreißigjähriges Mädchen von ungewöhnlicher Anmut und Schönheit; sie schien viel jünger zu sein, als sie angab, und machte einen echt weiblichen Eindruck. Gegen den Arzt benahm sie sich voll ablehnend und gab sich keine Mühe, ihr Mißtrauen zu verbergen. Offenbar nur unter dem Drucke des mitanwesenden Rechtsfreundes erzählte sie die folgende Geschichte, die mir ein später zu erwähnendes Problem aufgab. Ihre Mienen und Affektäußerungen verrieten dabei nichts von einer scham-

[1] [Vgl. einige Bemerkungen zum gleichen Problem in der Einleitung zur »Rattenmann«-Fallgeschichte (1909 *d*), oben, S. 35–6.]

haften Befangenheit, wie sie der Einstellung zu dem fremden Zuhörer entsprochen hätte. Sie stand ausschließlich unter dem Banne der Besorgnis, die sich aus ihrem Erlebnis ergeben hatte.

Sie war jahrelang Angestellte in einem großen Institut gewesen, in dem sie einen verantwortlichen Posten zur eigenen Befriedigung und zur Zufriedenheit der Vorgesetzten innehatte. Liebesbeziehungen zu Männern hatte sie nie gesucht; sie lebte ruhig neben einer alten Mutter, deren einzige Stütze sie war. Geschwister fehlten, der Vater war vor vielen Jahren gestorben. In der letzten Zeit hatte sich ein männlicher Beamter desselben Bureaus ihr genähert, ein sehr gebildeter, einnehmender Mann, dem auch sie ihre Sympathie nicht versagen konnte. Eine Heirat zwischen ihnen war durch äußere Verhältnisse ausgeschlossen, aber der Mann wollte nichts davon wissen, dieser Unmöglichkeit wegen den Verkehr aufzugeben. Er hielt ihr vor, wie unsinnig es sei, wegen sozialer Konventionen auf alles zu verzichten, was sie sich beide wünschten, worauf sie ein unzweifelhaftes Anrecht hätten und was wie nichts anderes zur Erhöhung des Lebens beitrüge. Da er versprochen hatte, sie nicht in Gefahr zu bringen, willigte sie endlich ein, ihn in seiner Junggesellenwohnung bei Tage zu besuchen. Dort kam es nun zu Küssen und Umarmungen, sie lagerten sich nebeneinander, er bewunderte ihre zum Teil enthüllte Schönheit. Mitten in dieser Schäferstunde wurde sie durch ein einmaliges Geräusch wie ein Pochen oder Ticken erschreckt. Es kam von der Gegend des Schreibtisches her, welcher schräg vor dem Fenster stand; der Zwischenraum zwischen Tisch und Fenster war zum Teil von einem schweren Vorhang eingenommen. Sie erzählte, daß sie den Freund sofort nach der Bedeutung des Geräusches gefragt und von ihm die Auskunft bekommen hatte, es rühre wahrscheinlich von der kleinen, auf dem Schreibtisch befindlichen Stehuhr her; ich werde mir aber die Freiheit nehmen, zu diesem Teil ihres Berichts später eine Bemerkung zu machen.

Als sie das Haus verließ, traf sie noch auf der Treppe mit zwei Männern zusammen, die bei ihrem Anblick einander etwas zuflüsterten. Einer der beiden Unbekannten trug einen verhüllten Gegenstand wie ein Kästchen. Die Begegnung beschäftigte ihre Gedanken; noch auf dem Heimwege bildete sie die Kombination, dies Kästchen könnte leicht ein photographischer Apparat gewesen sein, der Mann, der es trug, ein Photograph, der während ihrer Anwesenheit im Zimmer hinter dem Vorhang versteckt geblieben war, und das Ticken, das sie gehört, das Geräusch des Abdrückens, nachdem der Mann die besonders verfängliche Situation herausgefunden, die er im Bilde festhalten wollte. Ihr Argwohn gegen den Geliebten war von da an nicht mehr zum Schweigen zu bringen; sie verfolgte ihn mündlich und schriftlich mit der Anforderung, ihr Aufklärung und Beruhigung zu geben, und mit Vorwürfen, erwies sich aber unzugänglich gegen die Versicherungen, die er ihr machte, mit denen er die Aufrichtigkeit seiner Gefühle und die Grundlosigkeit ihrer Verdächtigung vertrat. Endlich wandte sie sich an den Advokaten, erzählte ihm ihr Erlebnis und übergab ihm die Briefe, die sie in dieser Angelegenheit von dem Verdächtigten erhalten hatte. Ich konnte später in einige dieser Briefe Einsicht nehmen; sie machten mir den besten Eindruck; ihr Hauptinhalt war das Bedauern, daß ein so schönes, zärtliches Einvernehmen durch diese »unglückselige krankhafte Idee« zerstört worden sei.

Es bedarf wohl keiner Rechtfertigung, daß ich das Urteil des Beschuldigten auch zu dem meinigen machte. Aber der Fall hatte für mich ein anderes als bloß diagnostisches Interesse. Es war in der psychoanalytischen Literatur behauptet worden, daß der Paranoiker gegen eine Verstärkung seiner homosexuellen Strebungen ankämpft, was im Grunde auf eine narzißtische Objektwahl zurückweist. Es war ferner gedeutet worden, daß der Verfolger im Grunde der Geliebte oder der ehemals Geliebte sei [1]. Aus der Zusammensetzung beider Aufstellungen ergibt sich die Forderung, der Verfolger müsse von demselben Geschlecht sein wie der Verfolgte. Den Satz von der Bedingtheit der Paranoia durch die Homosexualität hatten wir allerdings nicht als allgemein und ausnahmslos gültig hingestellt, aber nur darum nicht, weil unsere Beobachtungen nicht genug zahlreich waren. Er gehörte sonst zu jenen, die infolge gewisser Zusammenhänge nur dann bedeutungsvoll sind, wenn sie Allgemeinheit beanspruchen können. In der psychiatrischen Literatur fehlte es gewiß nicht an Fällen, in denen sich der Kranke von Angehörigen des anderen Geschlechtes verfolgt glaubte, aber es blieb ein anderer Eindruck, von solchen Fällen zu lesen, als einen derselben selbst vor sich zu sehen. Was ich und meine Freunde hatten beobachten und analysieren können, hatte bisher die Beziehung der Paranoia zur Homosexualität ohne Schwierigkeit bestätigt. Der hier vorgeführte Fall sprach mit aller Entschiedenheit dagegen. Das Mädchen schien die Liebe zu einem Mann abzuwehren, indem sie den Geliebten unmittelbar in den

---

[1] [S. Teil III der Schreber-Analyse (1911 *c*), oben, S. 183 ff.]

Verfolger verwandelte; vom Einfluß des Weibes, von einem Sträuben gegen eine homosexuelle Bindung war nichts zu finden.

Bei dieser Sachlage war es wohl das einfachste, die Parteinahme für eine allgemeingültige Abhängigkeit des Verfolgungswahnes von der Homosexualität und alles, was sich weiter daran knüpfte, wieder aufzugeben. Man mußte wohl auf diese Erkenntnis verzichten, wenn man sich nicht etwa durch diese Abweichung von der Erwartung bestimmen ließ, sich auf die Seite des Rechtsfreundes zu schlagen und wie er ein richtig gedeutetes Erlebnis anstatt einer paranoischen Kombination anzuerkennen. Ich sah aber einen anderen Ausweg, welcher die Entscheidung zunächst hinausschob. Ich erinnerte mich daran, wie oft man in die Lage gekommen war, psychisch Kranke falsch zu beurteilen, weil man sich nicht eindringlich genug mit ihnen beschäftigt und so zuwenig von ihnen erfahren hatte. Ich erklärte also, es sei mir unmöglich, heute ein Urteil zu äußern, und bitte sie vielmehr, mich ein zweites Mal zu besuchen, um mir die Geschichte ausführlicher und mit allen, diesmal vielleicht übergangenen, Nebenumständen zu erzählen. Durch die Vermittlung des Advokaten erreichte ich dies Zugeständnis von der sonst unwilligen Patientin; er kam mir auch durch die Erklärung zu Hilfe, daß bei dieser zweiten Unterredung seine Anwesenheit überflüssig sei.

Die zweite Erzählung der Patientin hob die frühere nicht auf, brachte aber solche Ergänzungen, daß alle Zweifel und Schwierigkeiten wegfielen. Vor allem, sie hatte den jungen Mann nicht einmal, sondern zweimal in seiner Wohnung besucht. Beim zweiten Zusammensein ereignete sich die Störung durch das Geräusch, an welches sie ihren Verdacht angeknüpft hatte; den ersten Besuch hatte sie bei der ersten Mitteilung unterschlagen, ausgelassen, weil er ihr nicht mehr bedeutsam vorkam. Bei diesem ersten Besuch hatte sich nichts Auffälliges zugetragen, wohl aber am Tage nachher. Die Abteilung des großen Unternehmens, bei welcher sie tätig war, stand unter der Leitung einer alten Dame, die sie mit den Worten beschrieb: »Sie hat weiße Haare wie meine Mutter.« Sie war es gewöhnt, von dieser alten Vorgesetzten sehr zärtlich behandelt, auch wohl manchmal geneckt zu werden, und hielt sich für ihren besonderen Liebling. Am Tage nach ihrem ersten Besuch bei dem jungen Beamten erschien dieser in den Geschäftsräumen, um der alten Dame etwas dienstlich mitzuteilen, und während er leise mit dieser sprach, entstand in ihr plötzlich die Gewißheit, er mache ihr Mitteilung von dem gestrigen Abenteuer, ja, er unterhalte längst ein Verhältnis mit ihr, von dem sie selbst nur bisher nichts gemerkt habe. Die weißhaarige, mütterliche Alte wisse nun alles. Im weiteren Verlaufe des Tages konnte sie aus dem Benehmen und den Äußerungen der Alten diesen ihren Verdacht bekräftigen. Sie ergriff die nächste Gelegenheit, den Geliebten wegen seines Verrates zur Rede zu stellen. Der sträubte sich natürlich energisch gegen das, was er eine unsinnige Zumutung hieß, und es gelang ihm in der Tat, sie für diesmal von ihrem Wahn abzubringen, so daß sie einige Zeit – ich glaube einige Wochen – später vertrauensvoll genug war, den Besuch in seiner Wohnung zu wiederholen. Das Weitere ist uns aus der ersten Erzählung der Patientin bekannt.

Was wir neu erfahren haben, macht zunächst dem Zweifel an der krankhaften Natur der Verdächtigung ein Ende. Unschwer erkennt man, daß die weißhaarige Vorsteherin ein Muttterersatz ist, daß der geliebte Mann trotz seiner Jugend an die Stelle des Vaters gerückt wird und daß es die Macht des Mutterkomplexes ist, welche die Kranke zwingt, ein Liebesverhältnis zwischen den beiden ungleichen Partnern, aller Unwahrscheinlichkeit zum Trotze, anzunehmen. Damit verflüchtigt sich aber auch der anscheinende Widerspruch gegen die von der psychoanalytischen Lehre genährte Erwartung, eine überstarke homosexuelle Bindung werde sich als die Bedingung zur Entwicklung eines Verfolgungswahnes herausstellen. Der ursprüngliche Verfolger, die Instanz, deren Einfluß man sich entziehen will, ist auch in diesem Falle nicht der Mann, sondern das Weib. Die Vorsteherin weiß von den Liebesbeziehungen des Mädchens, mißbilligt sie und gibt ihr diese Verurteilung durch geheimnisvolle Andeutungen zu erkennen. Die Bindung an das gleiche Geschlecht widersetzt sich den Bemühungen, ein Mitglied des anderen Geschlechts zum Liebesobjekt zu gewinnen. Die Liebe zur Mutter wird zur Wortführerin all der Strebungen, welche in der Rolle eines »Gewissens« das Mädchen bei dem ersten Schritt auf dem neuen, in vielen Hinsichten gefährlichen Weg zur normalen Sexualbefriedigung zurückhalten wollen, und sie erreicht es auch, die Beziehung zum Manne zu stören.

Wenn die Mutter die Sexualbetätigung der Tochter hemmt oder aufhält, so erfüllt sie eine normale Funktion, welche durch Kindheitsbeziehungen vorgezeichnet ist, starke, unbewußte Motivierungen besitzt und die Sanktion der Gesellschaft gefunden hat. Sache der Tochter ist es, sich von diesem Einfluß abzulösen und sich auf Grund breiter, rationeller Motivierung für ein Maß von Gestattung oder Versagung des Sexualgenusses zu entscheiden. Verfällt sie bei dem Versuch dieser Befreiung in neurotische Erkrankung, so liegt ein in der Regel überstarker, sicherlich aber unbeherrschter Mutterkomplex vor, dessen Konflikt mit der neuen libidinösen Strömung je nach der verwendbaren Disposition in der Form dieser oder jener Neurose erledigt wird. In allen Fällen werden die Erscheinungen der neurotischen Reaktion nicht durch die gegenwärtige Beziehung zur aktuellen Mutter, sondern durch die infantilen Beziehungen zum urzeitlichen Mutterbild bestimmt werden.

Von unserer Patientin wissen wir, daß sie seit langen Jahren vaterlos war, wir dürfen auch annehmen, daß sie nicht bis zum Alter von dreißig Jahren frei vom Manne geblieben wäre, wenn ihr nicht eine starke Gefühlsbindung an die Mutter eine Stütze geboten hätte. Diese Stütze wird ihr zur lästigen Fessel, da ihre Libido auf den Anruf einer eindringlichen Werbung zum Manne zu streben beginnt. Sie sucht sie abzustreifen, sich ihrer homosexuellen Bindung zu entledigen. Ihre Disposition – von der hier nicht die Rede zu sein braucht – gestattet, daß dies in der Form der paranoischen Wahnbildung vor sich gehe. Die Mutter wird also zur feindseligen, mißgünstigen Beobachterin und Verfolgerin. Sie könnte als solche überwunden werden, wenn nicht der Mutterkomplex die Macht behielte, die in seiner Absicht liegende Fernhaltung vom Manne durchzusetzen. Am Ende dieser ersten Phase des Konflikts hat sie sich also der Mutter entfremdet und dem Manne nicht angeschlossen. Beide konspirieren ja gegen sie. Da gelingt es der kräftigen Bemühung des Mannes, sie entscheidend an sich zu ziehen. Sie überwindet den Einspruch der Mutter und ist bereit, dem Geliebten eine neue Zusammenkunft zu gewähren. Die Mutter kommt in den weiteren Geschehnissen nicht mehr vor; wir dürfen aber daran festhalten, daß in dieser [ersten] Phase der geliebte Mann nicht direkt zum Verfolger geworden war, sondern auf dem Wege über die Mutter und kraft seiner Beziehung zur Mutter, welcher in der ersten Wahnbildung die Hauptrolle zugefallen war.

Man sollte nun glauben, der Widerstand sei endgültig überwunden und das bisher an die Mutter gebundene Mädchen habe es erreicht, einen Mann zu lieben. Aber nach dem zweiten Beisammensein erfolgt eine neue Wahnbildung, welche es durch geschickte Benützung einiger Zufälligkeiten durchsetzt, diese Liebe zu verderben, und somit die Absicht des Mutterkomplexes erfolgreich fortführt. Es erscheint uns noch immer befremdlich, daß das Weib sich der Liebe zum Manne mit Hilfe eines paranoischen Wahnes erwehren sollte. Ehe wir aber dieses Verhältnis näher beleuchten, wollen wir den Zufälligkeiten einen Blick schenken, auf welche sich die zweite Wahnbildung, die allein gegen den Mann gerichtete, stützt.

Halb entkleidet auf dem Diwan neben dem Geliebten liegend, hört sie ein Geräusch wie ein Ticken, Klopfen, Pochen, dessen Ursache sie nicht kennt, das sie aber später deutet, nachdem sie auf der Treppe des Hauses zwei Männern begegnet ist, von denen einer etwas wie ein verdecktes Kästchen trägt. Sie gewinnt die Überzeugung, daß sie im Auftrage des Geliebten während des intimen Beisammenseins belauscht und photographiert wurde. Es liegt uns natürlich fern zu denken, wenn dies unglückselige Geräusch sich nicht ereignet hätte, wäre auch die Wahnbildung nicht zustande gekommen. Wir erkennen vielmehr hinter dieser Zufälligkeit etwas Notwendiges, was sich ebenso zwanghaft durchsetzen mußte wie die Annahme eines Liebesverhältnisses zwischen dem geliebten Manne und der alten, zum Mutterersatz erkorenen Vorsteherin. Die Beobachtung des Liebesverkehres der Eltern ist ein selten vermißtes Stück aus dem Schatze unbewußter Phantasien, die man bei allen Neurotikern, wahrscheinlich bei allen Menschenkindern, durch die Analyse auffinden kann. Ich heiße diese Phantasiebildungen, die der Beobachtung des elterlichen Geschlechtsverkehres, die der Verführung, der Kastration und andere, *Urphantasien* und werde an anderer Stelle deren Herkunft sowie ihr Verhältnis zum individuellen Erleben eingehend untersuchen[1]. Das zufällige Geräusch spielt also nur die Rolle einer Provokation, welche die typische, im Elternkomplex enthaltene Phantasie von der Belauschung aktiviert. Ja, es ist fraglich, ob wir es als ein »zufälliges« bezeichnen sollen. Wie O. Rank mir bemerkt hat, ist es vielmehr ein notwendiges Requisit der Belauschungsphantasie und wiederholt entweder das Geräusch, durch welches sich der Verkehr der Eltern verrät, oder auch das, wodurch sich das lauschende Kind zu verraten fürchtet. Nun erkennen wir aber mit einem Male, auf welchem Boden wir uns befinden. Der Geliebte ist noch immer der Vater, an Stelle der Mutter ist sie selbst getreten. Die Belauschung muß dann einer fremden Person zugeteilt werden. Es wird uns ersichtlich, auf welche Weise sie sich von der homosexuellen Abhängigkeit von der Mutter frei gemacht hat. Durch ein Stückchen Regression; anstatt die Mutter zum Liebesobjekt zu nehmen, hat sie sich mit ihr identifiziert,

[1] [Vgl. die lange Anm. zum Fall des »Rattenmannes« (oben, S. 72–4), mit einem editorischen Zusatz, in welchem auf weitere Diskussionen über »Urphantasien« hingewiesen wird.]

ist sie selbst zur Mutter geworden. Die Möglichkeit dieser Regression weist auf den narzißtischen Ursprung ihrer homosexuellen Objektwahl und somit auf die bei ihr vorhandene Disposition zur paranoischen Erkrankung hin. Man könnte einen Gedankengang entwerfen, der zu demselben Ergebnis führt wie diese Identifizierung: »Wenn die Mutter das tut, darf ich es auch; ich habe dasselbe Recht wie die Mutter.«

Man kann in der Aufhebung der Zufälligkeiten einen Schritt weiter gehen, ohne zu fordern, daß ihn der Leser mitmache, denn das Unterbleiben einer tieferen analytischen Untersuchung macht es in unserem Falle unmöglich, hier über eine gewisse Wahrscheinlichkeit hinauszukommen. Die Kranke hatte in unserer ersten Besprechung angegeben, daß sie sich sofort nach der Ursache des Geräusches erkundigt und die Auskunft erhalten habe, wahrscheinlich habe die auf dem Schreibtisch befindliche kleine Standuhr getickt. Ich nehme mir die Freiheit, diese Mitteilung als eine Erinnerungstäuschung aufzulösen. Es ist mir viel glaubhafter, daß sie zunächst jede Reaktion auf das Geräusch unterlassen und daß ihr dies erst nach dem Zusammentreffen mit den beiden Männern auf der Treppe bedeutungsvoll erschienen ist. Den Erklärungsversuch aus dem Ticken der Uhr wird der Mann, der das Geräusch vielleicht überhaupt nicht gehört hatte, später einmal gewagt haben, als ihn der Argwohn des Mädchens bestürmte. »Ich weiß nicht, was du da gehört haben kannst; vielleicht hat gerade die Standuhr getickt, wie sie es manchmal tut.« Solche Nachträglichkeit in der Verwertung von Eindrücken und solche Verschiebung in der Erinnerung sind gerade bei der Paranoia häufig und für sie charakteristisch. Da ich aber den Mann nie gesprochen habe und die Analyse des Mädchens nicht fortsetzen konnte, bleibt meine Annahme unbeweisbar.

Ich könnte es wagen, in der Zersetzung der angeblich realen »Zufälligkeit« noch weiter zu gehen. Ich glaube überhaupt nicht, daß die Standuhr getickt hat oder daß ein Geräusch zu hören war. Die Situation, in der sie sich befand, rechtfertigte eine Empfindung von Pochen oder Klopfen an der Klitoris. Dies war es dann, was sie nachträglich als Wahrnehmung von einem äußeren Objekt hinausprojizierte. Ganz Ähnliches ist im Traume möglich. Eine meiner hysterischen Patientinnen berichtete einmal einen kurzen Weckraum, zu dem sich kein Material von Einfällen ergeben wollte. Der Traum hieß: Es klopft, und sie wachte auf. Es hatte niemand an die Tür geklopft, aber sie war in den Nächten vorher durch die peinlichen Sensationen von Pollutionen geweckt worden und hatte nun ein Interesse daran zu erwachen, sobald sich die ersten Zeichen der Genitalerregung einstellten. Es hatte an der Klitoris geklopft[1]. Den nämlichen Projektionsvorgang möchte ich bei unserer Paranoika an die Stelle des zufälligen Geräusches setzen. Ich werde selbstverständlich nicht dafür einstehen, daß mir die Kranke bei einer flüchtigen Bekanntschaft unter allen Anzeichen eines ihr unliebsamen Zwanges einen aufrichtigen Bericht über die Vorgänge bei den beiden zärtlichen Zusammenkünften gegeben, aber die vereinzelte Klitoriskontraktion stimmt wohl zu ihrer Behauptung, daß eine Vereinigung der Genitalien dabei nicht stattgefunden habe. An der resultierenden Ablehnung des Mannes hat sicherlich neben dem »Gewissen« auch die Unbefriedigung ihren Anteil.

Wir kehren nun zu der auffälligen Tatsache zurück, daß sich die Kranke der Liebe zum Manne mit Hilfe einer paranoischen Wahnbildung erwehrt. Den Schlüssel zum Verständnis gibt die Entwicklungsgeschichte dieses Wahnes. Dieser richtete sich ursprünglich, wie wir erwarten durften, gegen das Weib, aber nun *wurde auf dem Boden der Paranoia der Fortschritt vom Weibe zum Manne als Objekt vollzogen.* Ein solcher Fortschritt ist bei der Paranoia nicht gewöhnlich; wir finden in der Regel, daß der Verfolgte an denselben Personen, also auch an demselben Geschlecht fixiert bleibt, dem seine Liebeswahl vor der paranoischen Umwandlung galt. Aber er wird durch die neurotische Affektion nicht ausgeschlossen; unsere Beobachtung dürfte für viele andere vorbildlich sein. Es gibt außerhalb der Paranoia viele ähnliche Vorgänge, welche bisher nicht unter diesem Gesichtspunkte zusammengefaßt worden sind, darunter sehr allgemein bekannte. So wird z. B. der sogenannte Neurastheniker durch seine unbewußte Bindung an inzestuöse Liebesobjekte davon abgehalten, ein fremdes Weib zum Objekt zu nehmen, und in seiner Sexualbetätigung auf die Phantasie eingeschränkt. Auf dem Boden der Phantasie bringt er aber den ihm versagten Fortschritt zustande und kann Mutter und Schwester durch fremde Objekte ersetzen. Da bei diesen der Einspruch der Zensur entfällt, wird ihm die Wahl dieser Ersatzpersonen in seinen Phantasien bewußt.

Die Phänomene des versuchten Fortschrittes, von dem neuen, meist regressiv erworbenen Boden her, stellen sich den Bemühungen zur Seite, welche bei manchen Neurosen unternommen werden, um eine bereits innegehabte, aber verlorene Position der Libido wiederzugewinnen. Die beiden Reihen von Erscheinungen sind begrifflich kaum vonein-

[1] [Vgl. ein ähnliches Beispiel in der 17. der *Vorlesungen zur Einführung in die Psychoanalyse* (1916–17, *Studienausgabe*, Bd. 1, S. 266 f.).]

ander zu trennen. Wir neigen allzusehr zu der Auffassung, daß der Konflikt, welcher der Neurose zugrunde liegt, mit der Symptombildung abgeschlossen sei. In Wirklichkeit geht der Kampf vielfach auch nach der Symptombildung weiter. Auf beiden Seiten tauchen neue Triebanteile auf, welche ihn fortführen. Das Symptom selbst wird zum Objekt dieses Kampfes; Strebungen, die es behaupten wollen, messen sich mit anderen, die seine Aufhebung und die Herstellung des früheren Zustandes durchzusetzen bemüht sind. Häufig werden Wege gesucht, um das Symptom zu entwerten, indem man das Verlorene und durch das Symptom Versagte von anderen Zugängen her zu gewinnen trachtet. Diese Verhältnisse werfen ein klärendes Licht auf eine Aufstellung von C. G. Jung, demzufolge eine eigentümliche psychische Trägheit, die sich der Veränderung und dem Fortschritt widersetzt, die Grundbedingung der Neurose ist. Diese Trägheit ist in der Tat sehr eigentümlich; sie ist keine allgemeine, sondern eine höchst spezialisierte, sie ist auch auf ihrem Gebiete nicht Alleinherrscherin, sondern kämpft mit Fortschritts- und Wiederherstellungstendenzen, die sich selbst nach der Symptombildung der Neurose nicht beruhigen. Spürt man dem Ausgangspunkte dieser speziellen Trägheit nach, so enthüllt sie sich als die Äußerung von sehr frühzeitig erfolgten, sehr schwer lösbaren Verknüpfungen von Trieben mit Eindrücken und den in ihnen gegebenen Objekten, durch welche die Weiterentwicklung dieser Triebanteile zum Stillstand gebracht wurde. Oder, um es anders zu sagen, diese spezialisierte »psychische Trägheit« ist nur ein anderer, kaum ein besserer Ausdruck für das, was wir in der Psychoanalyse eine *Fixierung* zu nennen gewohnt sind[1].

[1] [Auf diese Fixierbarkeit oder, wie Freud an anderer Stelle sagt, »Klebrigkeit der Libido«, war schon in der ersten Auflage der *Drei Abhandlungen* (1905 *d*, *Studienausgabe,* Bd. 5, S. 144) angespielt worden. Sie wird ferner gegen Schluß der Krankengeschichte des »Wolfsmannes« (1918 *b*, ibid., Bd. 8, S. 226) und in der 22. der *Vorlesungen* (1916–17, ibid., Bd. 1, S. 341) erörtert, die beide etwa gleichzeitig mit der vorliegenden Arbeit entstanden.]

Über einige neurotische Mechanismen bei Eifersucht, Paranoia und Homosexualität

(1922 [1921])

EDITORISCHE VORBEMERKUNG

Deutsche Ausgaben:

(1921 Januar, vermutliches Datum des Beginns der Niederschrift.)
1922 *Int. Z. Psychoanal.*, Bd. 8 (3), 249–58.
1924 *G. S.*, Bd. 5, 387–99.
1926 *Psychoanalyse der Neurosen*, 125–39.
1931 *Neurosenlehre und Technik*, 173–86.
1940 *G. W.*, Bd. 13, 195–207.

Wir erfahren von Ernest Jones (1926 *b*, Bd. 3, S. 104), daß Freud über diese Arbeit höchstwahrscheinlich im Januar 1921 nachzudenken begonnen hatte; er las sie jedenfalls im September jenes Jahres bei einem informellen Zusammentreffen auf einer Harzreise einer kleinen Gruppe seiner engsten Mitarbeiter (Abraham, Eitingon, Ferenczi, Rank, Sachs und Jones selbst) vor.

A

Die Eifersucht gehört zu den Affektzuständen, die man ähnlich wie die Trauer als normal bezeichnen darf. Wo sie im Charakter und Benehmen eines Menschen zu fehlen scheint, ist der Schluß gerechtfertigt, daß sie einer starken Verdrängung erlegen ist und darum im unbewußten Seelenleben eine um so größere Rolle spielt. Die Fälle von abnorm verstärkter Eifersucht, mit denen die Analyse zu tun bekommt, erweisen sich als dreifach geschichtet. Die drei Schichten oder Stufen der Eifersucht verdienen die Namen der 1. *konkurrierenden* oder normalen, 2. der *projizierten*, 3. der *wahnhaften*.

Über die *normale* Eifersucht ist analytisch wenig zu sagen. Es ist leicht zu sehen, daß sie sich wesentlich zusammensetzt aus der Trauer, dem Schmerz um das verlorengeglaubte Liebesobjekt, und der narzißtischen Kränkung, soweit sich diese vom anderen sondern läßt, ferner aus feindseligen Gefühlen gegen den bevorzugten Rivalen und aus einem mehr oder minder großen Beitrag von Selbstkritik, die das eigene Ich für den Liebesverlust verantwortlich machen will. Diese Eifersucht ist, wenn wir sie auch normal heißen, keineswegs durchaus rationell, das heißt aus aktuellen Beziehungen entsprungen, den wirklichen Verhältnissen proportional und restlos vom bewußten Ich beherrscht, denn sie wurzelt tief im Unbewußten, setzt früheste Regungen der kindlichen Affektivität fort und stammt aus dem Ödipus- oder aus dem Geschwisterkomplex der ersten Sexualperiode. Es ist immerhin bemerkenswert, daß sie von manchen Personen bisexuell erlebt wird, das heißt beim Manne wird außer dem Schmerz um das geliebte Weib und dem Haß gegen den männlichen Rivalen auch Trauer um den unbewußt geliebten Mann und Haß gegen das Weib als Rivalin bei ihm zur Verstärkung wirksam. Ich weiß auch von einem Manne, der sehr arg unter seinen Eifersuchtsanfällen litt und die nach seinen Angaben ärgsten Qualen in der bewußten Versetzung in das ungetreue Weib durchmachte. Die Empfindung der Hilflosigkeit, die er dann verspürte, die Bilder, die er für seinen Zustand fand, als ob er wie Prometheus dem Geierfraß preisgegeben oder gefesselt in ein Schlangennest geworfen worden wäre, bezog er selbst auf den Eindruck mehrerer homosexueller Angriffe, die er als Knabe erlebt hatte.

Die Eifersucht der zweiten Schichte oder die *projizierte* geht beim Manne wie beim Weibe aus der eigenen, im Leben betätigten Untreue oder aus Antrieben zur Untreue hervor, die der Verdrängung verfallen sind. Es ist eine alltägliche Erfahrung, daß die Treue, zumal die in der Ehe geforderte, nur gegen beständige Versuchungen aufrechterhalten werden kann. Wer dieselben in sich verleugnet, verspürt deren Andrängen doch so stark, daß er gerne einen unbewußten Mechanismus zu seiner Erleichterung in Anspruch nimmt. Eine solche Erleichterung, ja einen Freispruch vor seinem Gewissen erreicht er, wenn er die eigenen Antriebe zur Untreue auf die andere Partei, welcher er die Treue schuldig ist, projiziert. Dieses starke Motiv kann sich dann des Wahrnehmungsmaterials bedienen, welches die gleichartigen unbewußten Regungen des anderen Teiles verrät, und könnte sich durch die Überlegung rechtfertigen, daß der Partner oder die Partnerin wahrscheinlich auch nicht viel besser ist als man selbst[1].

Die gesellschaftlichen Sitten haben diesem allgemeinen Sachverhalt in kluger Weise Rechnung getragen, indem sie der Gefallsucht der verheirateten Frau und der Eroberungssucht des Ehemannes einen gewissen Spielraum gestatten in der Erwartung, die unabweisbare Neigung zur Untreue dadurch zu drainieren und unschädlich zu machen. Die Konvention setzt fest, daß beide Teile diese kleinen Schrittchen in der Richtung der Untreue einander nicht anzurechnen haben, und erreicht zumeist, daß die am fremden Objekt entzündete Begierde in einer gewissen Rückkehr zur Treue am eigenen Objekt befriedigt wird. Der Eifersüchtige will aber diese konventionelle Toleranz nicht anerkennen, er glaubt nicht, daß es ein Stillhalten oder Umkehren auf dem einmal betretenen Weg gibt, daß der gesellschaftliche »Flirt« auch eine Versicherung gegen wirkliche Untreue sein kann. In der Behandlung eines solchen Eifersüchtigen muß man es vermeiden, ihm das Material, auf das er sich stützt, zu bestreiten, man kann ihn nur zu einer anderen Einschätzung desselben bestimmen wollen.

---

[1] Vgl. die Strophe im Liede der Desdemona [*Othello*, IV. Akt, 3. Szene; in den bisherigen deutschen Ausgaben ist das englische Zitat falsch wiedergegeben]:

I called my love false love; but what said he then?
If I court moe women, you'll couch with moe men.
(Ich nannt' ihn: Du Falscher. Was sagt er dazu?
Schau ich nach den Mägdlein, nach den Büblein schielst du.)

Die durch solche Projektion entstandene Eifersucht hat zwar fast wahnhaften Charakter, sie widersteht aber nicht der analytischen Arbeit, welche die unbewußten Phantasien der eigenen Untreue aufdeckt. Schlimmer ist es mit der Eifersucht der dritten Schicht, der eigentlich *wahnhaften*. Auch diese geht aus verdrängten Untreuestrebungen hervor, aber die Objekte dieser Phantasien sind gleichgeschlechtlicher Art. Die wahnhafte Eifersucht entspricht einer vergorenen Homosexualität und behauptet mit Recht ihren Platz unter den klassischen Formen der Paranoia. Als Versuch zur Abwehr einer überstarken homosexuellen Regung wäre sie (beim Manne) durch die Formel zu umschreiben:
Ich liebe ihn ja nicht, *sie* liebt ihn [1].

In einem Falle von Eifersuchtswahn wird man darauf vorbereitet sein, die Eifersucht aus allen drei Schichten zu finden, niemals die aus der dritten allein.

B

Paranoia. Aus bekannten Gründen entziehen sich Fälle von Paranoia zumeist der analytischen Untersuchung. Indes konnte ich doch in letzter Zeit aus dem intensiven Studium zweier Paranoiker einiges, was mir neu war, entnehmen.

Der erste Fall betraf einen jugendlichen Mann mit voll ausgebildeter Eifersuchtsparanoia, deren Objekt seine tadellos getreue Frau war. Eine stürmische Periode, in der ihn der Wahn ohne Unterbrechung beherrscht hatte, lag bereits hinter ihm. Als ich ihn sah, produzierte er nur noch gut gesonderte Anfälle, die über mehrere Tage anhielten und interessanterweise regelmäßig am Tage nach einem, übrigens für beide Teile befriedigenden, Sexualakt auftraten. Es ist der Schluß berechtigt, daß jedesmal nach der Sättigung der heterosexuellen Libido die mitgereizte homosexuelle Komponente sich ihren Ausdruck im Eifersuchtsanfall erzwang.

Sein Material bezog der Anfall aus der Beobachtung der kleinsten Anzeichen, durch welche sich die völlig unbewußte Koketterie der Frau, einem anderen unmerklich, ihm verraten hatte. Bald hatte sie den Herrn, der neben ihr saß, unabsichtlich mit ihrer Hand gestreift, bald ihr Gesicht zu sehr gegen ihn geneigt oder ein freundlicheres Lächeln aufgesetzt, als wenn sie mit ihrem Mann allein war. Für all diese Äußerungen ihres Unbewußten zeigte er eine außerordentliche Aufmerksam-

---

[1] Vgl. die Ausführungen zum Falle Schreber (1911 *c*) [Abschnitt III; s. oben, S. 186 ff.].

keit und verstand sie immer richtig zu deuten, so daß er eigentlich immer recht hatte und die Analyse noch zur Rechtfertigung seiner Eifersucht anrufen konnte. Eigentlich reduzierte sich seine Abnormität darauf, daß er das Unbewußte seiner Frau schärfer beobachtete und dann weit höher einschätzte, als einem anderen eingefallen wäre.

Wir erinnern uns daran, daß auch die verfolgten Paranoiker sich ganz ähnlich benehmen. Auch sie anerkennen bei anderen nichts Indifferentes und verwerten in ihrem »Beziehungswahn« die kleinsten Anzeichen, die ihnen diese anderen, Fremden geben. Der Sinn ihres Beziehungswahnes ist nämlich, daß sie von allen Fremden etwas wie Liebe erwarten; diese anderen zeigen ihnen aber nichts dergleichen, sie lachen vor sich hin, fuchteln mit ihren Stöcken oder spucken sogar auf den Boden, wenn sie vorbeigehen, und das tut man wirklich nicht, wenn man an der Person, die in der Nähe ist, irgendein freundliches Interesse nimmt. Man tut es nur dann, wenn einem diese Person ganz gleichgültig ist, wenn man sie als Luft behandeln kann, und der Paranoiker hat bei der Grundverwandtschaft der Begriffe »fremd« und »feindlich« nicht so unrecht, wenn er solche Indifferenz im Verhältnis zu seiner Liebesforderung als Feindseligkeit empfindet.

Es ahnt uns nun, daß wir das Verhalten des eifersüchtigen wie des verfolgten Paranoikers sehr ungenügend beschreiben, wenn wir sagen, sie projizieren nach außen auf andere hin, was sie im eigenen Innern nicht wahrnehmen wollen.

Gewiß tun sie das, aber sie projizieren sozusagen nicht ins Blaue hinaus, nicht dorthin, wo sich nichts Ähnliches findet, sondern sie lassen sich von ihrer Kenntnis des Unbewußten leiten und verschieben auf das Unbewußte der anderen die Aufmerksamkeit, die sie dem eigenen Unbewußten entziehen. Unser Eifersüchtiger erkennt die Untreue seiner Frau an Stelle seiner eigenen; indem er die seiner Frau sich in riesiger Vergrößerung bewußtmacht, gelingt es ihm, die eigene unbewußt zu erhalten. Wenn wir sein Beispiel für maßgebend erachten, dürfen wir schließen, daß auch die Feindseligkeit, die der Verfolgte bei anderen findet, der Widerschein der eigenen feindseligen Gefühle gegen diese anderen ist. Da wir wissen, daß beim Paranoiker gerade die geliebteste Person des gleichen Geschlechts zum Verfolger wird, entsteht die Frage, woher diese Affektumkehrung rührt, und die naheliegende Antwort wäre, daß die stets vorhandene Gefühlsambivalenz die Grundlage für den Haß abgibt und die Nichterfüllung der Liebesansprüche ihn verstärkt. So leistet die Gefühlsambivalenz dem Verfolgten denselben

Dienst zur Abwehr der Homosexualität wie unserem Patienten die Eifersucht.

Die Träume meines Eifersüchtigen bereiteten mir eine große Überraschung. Sie zeigten sich zwar nicht gleichzeitig mit dem Ausbruch des Anfalls, aber doch noch unter der Herrschaft des Wahns, waren vollkommen wahnfrei und ließen die zugrundeliegenden homosexuellen Regungen in nicht stärkerer Verkleidung als sonst gewöhnlich erkennen. Bei meiner geringen Erfahrung über die Träume von Paranoikern lag es mir damals nahe, allgemein anzunehmen, die Paranoia dringe nicht in den Traum.

Der Zustand der Homosexualität war bei diesem Patienten leicht zu überblicken. Er hatte keine Freundschaft und keine sozialen Interessen gebildet; man mußte den Eindruck bekommen, als ob erst der Wahn die weitere Entwicklung seiner Beziehungen zum Manne übernommen hätte, wie um ein Stück des Versäumten nachzuholen. Die geringe Bedeutung des Vaters in seiner Familie und ein beschämendes homosexuelles Trauma in frühen Knabenjahren hatten zusammengewirkt, um seine Homosexualität in die Verdrängung zu treiben und ihr den Weg zur Sublimierung zu verlegen. Seine ganze Jugendzeit war von einer starken Mutterbindung beherrscht. Unter vielen Söhnen war er der erklärte Liebling der Mutter und entwickelte auf sie bezüglich eine starke Eifersucht von normalem Typus. Als er später eine Ehewahl traf, wesentlich unter der Herrschaft des Motivs, die Mutter reich zu machen, äußerte sich sein Bedürfnis nach einer virginalen Mutter in zwanghaften Zweifeln an der Virginität seiner Braut. Die ersten Jahre seiner Ehe waren von Eifersucht frei. Er wurde dann seiner Frau untreu und ging ein langdauerndes Verhältnis mit einer anderen ein. Erst als er diese Liebesbeziehung, durch einen bestimmten Verdacht geschreckt, aufgegeben hatte, brach bei ihm eine Eifersucht vom zweiten, vom Projektionstypus los, mit welcher er die Vorwürfe wegen seiner Untreue beschwichtigen konnte. Sie komplizierte sich bald durch das Hinzutreten der homosexuellen Regungen, deren Objekt der Schwiegervater war, zur vollen Eifersuchtsparanoia.

Mein zweiter Fall wäre wahrscheinlich ohne Analyse nicht als *paranoia persecutoria* klassifiziert worden, aber ich mußte den jungen Mann als einen Kandidaten für diesen Krankheitsausgang auffassen. Es bestand bei ihm eine Ambivalenz im Verhältnis zum Vater von ganz außerordentlicher Spannweite. Er war einerseits der ausgesprochenste Rebell, der sich manifest in allen Stücken von den Wünschen und Idealen des

Vaters wegentwickelt hatte, anderseits in tieferer Schicht noch immer der unterwürfigste Sohn, der nach dem Tode des Vaters sich in zärtlichem Schuldbewußtsein den Genuß des Weibes versagte. Seine realen Beziehungen zu Männern standen offenbar unter dem Zeichen des Mißtrauens; mit seinem starken Intellekte wußte er diese Einstellung zu rationalisieren und verstand es so einzurichten, daß er von Bekannten und Freunden betrogen und ausgebeutet wurde. Was ich Neues an ihm lernte, war, daß klassische Verfolgungsgedanken vorhanden sein können, ohne Glauben und Anwert zu finden. Sie blitzten während seiner Analyse gelegentlich auf, aber er legte ihnen keine Bedeutung bei und bespöttelte sie regelmäßig. Dies mag in vielen Fällen von Paranoia ähnlich vorkommen, und wenn eine solche Erkrankung losbricht, halten wir vielleicht die geäußerten Wahnideen für Neuproduktionen, während sie längst bestanden haben mögen.

Es scheint mir eine wichtige Einsicht, daß ein qualitatives Moment, das Vorhandensein gewisser neurotischer Bildungen, praktisch weniger bedeutet als das quantitative Moment, welchen Grad von Aufmerksamkeit, richtiger, welches Maß von Besetzung diese Gebilde an sich ziehen können. Die Erörterung unseres ersten Falles, der Eifersuchtsparanoia, hatte uns zur gleichen Wertschätzung des quantitativen Moments aufgefordert, indem sie uns zeigte, daß dort die Abnormität wesentlich in der Überbesetzung der Deutungen des fremden Unbewußten bestand. Aus der Analyse der Hysterie kennen wir längst eine analoge Tatsache. Die pathogenen Phantasien, Abkömmlinge verdrängter Triebregungen, werden lange Zeit neben dem normalen Seelenleben geduldet und wirken nicht eher pathogen, als bis sie aus einem Umschwung der Libidoökonomie eine Überbesetzung erhalten; erst dann bricht der Konflikt los, der zur Symptombildung führt. Wir werden so im Fortschritt unserer Erkenntnis immer mehr dazu gedrängt, den *ökonomischen* Gesichtspunkt in den Vordergrund zu rücken. Ich möchte auch die Frage aufwerfen, ob das hier betonte quantitative Moment nicht hinreicht, um die Phänomene zu decken, für die Bleuler [1916] und andere neuerdings den Begriff der »Schaltung« einführen wollen. Man müßte nur annehmen, daß eine Widerstandssteigerung in einer Richtung des psychischen Ablaufs eine Überbesetzung eines anderen Weges und damit die Einschaltung desselben in den Ablauf zur Folge hat.

Ein lehrreicher Gegensatz zeigte sich bei meinen zwei Fällen von Paranoia im Verhalten der Träume. Während im ersten Fall die Träume, wie erwähnt, wahnfrei waren, produzierte der andere Patient in großer

Zahl Verfolgungsträume, die man als Vorläufer oder Ersatzbildungen für die Wahnideen gleichen Inhalts ansehen kann. Das Verfolgende, dem er sich nur mit großer Angst entziehen konnte, war in der Regel ein starker Stier oder ein anderes Symbol der Männlichkeit, das er manchmal noch im Traum selbst als Vatervertretung erkannte. Einmal berichtete er einen sehr charakteristischen paranoischen Übertragungstraum. Er sah, daß ich mich in seiner Gegenwart rasierte, und merkte am Geruche, daß ich dabei dieselbe Seife wie sein Vater gebrauchte. Das tat ich, um ihn zur Vaterübertragung auf meine Person zu nötigen. In der Wahl der geträumten Situation erwies sich unverkennbar die Geringschätzung des Patienten für seine paranoischen Phantasien und sein Unglaube gegen sie, denn der tägliche Augenschein konnte ihn belehren, daß ich überhaupt nicht in die Lage komme, mich einer Rasierseife zu bedienen, und also in diesem Punkte der Vaterübertragung keinen Anhalt biete.

Der Vergleich der Träume bei unseren beiden Patienten belehrt uns aber, daß unsere Fragestellung, ob die Paranoia (oder eine andere Psychoneurose) auch in den Traum dringen könne, nur auf einer unrichtigen Auffassung des Traumes beruht. Der Traum unterscheidet sich vom Wachdenken darin, daß er Inhalte (aus dem Bereich des Verdrängten) aufnehmen kann, die im Wachdenken nicht vorkommen dürfen. Davon abgesehen, ist er nur eine *Form des Denkens*, eine Umformung des vorbewußten Denkstoffes durch die Traumarbeit und ihre Bedingungen[1]. Auf das Verdrängte ist unsere Terminologie der Neurosen nicht anwendbar, es kann weder hysterisch noch zwangsneurotisch, noch paranoisch genannt werden. Dagegen kann der andere Anteil des Stoffes, welcher der Traumbildung unterliegt, die vorbewußten Gedanken, normal sein oder den Charakter irgendeiner Neurose an sich tragen. Die vorbewußten Gedanken mögen Ergebnisse all jener pathogenen Prozesse sein, in denen wir das Wesen einer Neurose erkennen. Es ist nicht einzusehen, warum nicht jede solche krankhafte Idee die Umformung in einen Traum erfahren sollte. Ein Traum kann also ohne weiteres einer hysterischen Phantasie, einer Zwangsvorstellung, einer Wahnidee entsprechen, das heißt bei seiner Deutung eine solche ergeben. In unserer Beobachtung an zwei Paranoikern finden wir, daß der Traum des einen normal ist, während sich der Mann im Anfall befindet,

[1] [Vgl. einige Bemerkungen in der Darstellung eines Falles von weiblicher Homosexualität (1920 *a*), unten, S. 274–5.]

und daß der des anderen einen paranoischen Inhalt hat, während der Mann noch über seine Wahnideen spottet. Der Traum hat also in beiden Fällen aufgenommen, was im Wachleben derzeit zurückgedrängt war. Aber auch das braucht nicht die Regel zu sein.

C

Homosexualität. Die Anerkennung des organischen Faktors der Homosexualität überhebt uns nicht der Verpflichtung, die psychischen Vorgänge bei ihrer Entstehung zu studieren. Der typische[1], bereits bei einer Unzahl von Fällen festgestellte Vorgang besteht darin, daß der bis dahin intensiv an die Mutter fixierte junge Mann einige Jahre nach abgelaufener Pubertät eine Wendung vornimmt, sich selbst mit der Mutter identifiziert und nach Liebesobjekten ausschaut, in denen er sich selbst wiederfinden kann, die er dann lieben möchte, wie die Mutter ihn geliebt hat. Als Merkzeichen dieses Prozesses stellt sich gewöhnlich für viele Jahre die Liebesbedingung her, daß die männlichen Objekte das Alter haben müssen, in dem bei ihm die Umwandlung erfolgt ist. Wir haben verschiedene Faktoren kennengelernt, die wahrscheinlich in wechselnder Stärke zu diesem Ergebnis beitragen. Zunächst die Mutterfixierung, die den Übergang zu einem anderen Weibobjekt erschwert. Die Identifizierung mit der Mutter ist ein Ausgang dieser Objektbindung und ermöglicht es gleichzeitig, diesem ersten Objekt in gewissem Sinne treu zu bleiben. Sodann die Neigung zur narzißtischen Objektwahl, die im allgemeinen näherliegt und leichter auszuführen ist als die Wendung zum anderen Geschlecht. Hinter diesem Moment verbirgt sich ein anderes von ganz besonderer Stärke, oder es fällt vielleicht mit ihm zusammen: die Hochschätzung des männlichen Organs und die Unfähigkeit, auf dessen Vorhandensein beim Liebesobjekt zu verzichten. Die Geringschätzung des Weibes, die Abneigung gegen dasselbe, ja der Abscheu vor ihm, leiten sich in der Regel von der früh gemachten Entdeckung ab, daß das Weib keinen Penis besitzt. Später haben wir noch als mächtiges Motiv für die homosexuelle Objektwahl die Rücksicht auf den Vater oder die Angst vor ihm kennengelernt, da der Verzicht auf das Weib die Bedeutung hat, daß man der Konkurrenz mit ihm (oder allen männlichen Personen, die für ihn eintreten) ausweicht. Die

---

[1] [Dieser typische Vorgang ist von Freud im III. Kapitel seiner Leonardo-Studie (1910 *c*) beschrieben worden; vgl. insbesondere *Studienausgabe*, Bd. 10, S. 124–26.]

beiden letzten Motive, das Festhalten an der Penisbedingung sowie das Ausweichen, können dem Kastrationskomplex zugezählt werden. Mutterbindung – Narzißmus – Kastrationsangst, diese übrigens in keiner Weise spezifischen Momente hatten wir bisher in der psychischen Ätiologie der Homosexualität aufgefunden, und zu ihnen gesellten sich noch der Einfluß der Verführung, welche eine frühzeitige Fixierung der Libido verschuldet, sowie der des organischen Faktors, der die passive Rolle im Liebesleben begünstigt.

Wir haben aber niemals geglaubt, daß diese Analyse der Entstehung der Homosexualität vollständig ist. Ich kann heute auf einen neuen Mechanismus hinweisen, der zur homosexuellen Objektwahl führt, wenngleich ich nicht angeben kann, wie groß seine Rolle bei der Gestaltung der extremen, der manifesten und ausschließlichen Homosexualität anzuschlagen ist. Die Beobachtung machte mich auf mehrere Fälle aufmerksam, bei denen in früher Kindheit besonders starke eifersüchtige Regungen [beim Knaben] aus dem Mutterkomplex gegen Rivalen, meist ältere Brüder, aufgetreten waren. Diese Eifersucht führte zu intensiv feindseligen und aggressiven Einstellungen gegen die Geschwister, die sich bis zum Todeswunsch steigern konnten, aber der Entwicklung nicht standhielten. Unter den Einflüssen der Erziehung, gewiß auch infolge der anhaltenden Ohnmacht dieser Regungen, kam es zur Verdrängung derselben und zu einer Gefühlsumwandlung, so daß die früheren Rivalen nun die ersten homosexuellen Liebesobjekte wurden. Ein solcher Ausgang der Mutterbindung zeigt mehrfache interessante Beziehungen zu anderen uns bekannten Prozessen. Er ist zunächst das volle Gegenstück zur Entwicklung der *paranoia persecutoria,* bei welcher die zuerst geliebten Personen zu den gehaßten Verfolgern werden, während hier die gehaßten Rivalen sich in Liebesobjekte umwandeln. Er stellt sich ferner als eine Übertreibung des Vorganges dar, welcher nach meiner Anschauung zur individuellen Genese der sozialen Triebe führt[1]. Hier wie dort sind zunächst eifersüchtige und feindselige Regungen vorhanden, die es nicht zur Befriedigung bringen können, und die zärtlichen wie die sozialen Identifizierungsgefühle entstehen als Reaktionsbildungen gegen die verdrängten Aggressionsimpulse.

Dieser neue Mechanismus der homosexuellen Objektwahl, die Entstehung aus überwundener Rivalität und verdrängter Aggressionsneigung, mengt sich in manchen Fällen den uns bekannten typischen Bedingungen

---

[1] Siehe *Massenpsychologie und Ich-Analyse* (1921 c) [*Studienausgabe,* Bd. 9, S. 111 ff.].

bei. Man erfährt nicht selten aus der Lebensgeschichte Homosexueller, daß ihre Wendung eintrat, nachdem die Mutter einen anderen Knaben gelobt und als Vorbild angepriesen hatte. Dadurch wurde die Tendenz zur narzißtischen Objektwahl gereizt, und nach einer kurzen Phase scharfer Eifersucht war der Rivale zum Liebesobjekt geworden. Sonst aber sondert sich der neue Mechanismus dadurch ab, daß bei ihm die Umwandlung in viel früheren Jahren vor sich geht und die Mutteridentifizierung in den Hintergrund tritt. Auch führte er in den von mir beobachteten Fällen nur zu homosexuellen Einstellungen, welche die Heterosexualität nicht ausschlossen und keinen *horror feminae* mit sich brachten.

Es ist bekannt, daß eine ziemliche Anzahl homosexueller Personen sich durch besondere Entwicklung der sozialen Triebregungen und durch Hingabe an gemeinnützige Interessen auszeichnet. Man wäre versucht, dafür die theoretische Erklärung zu geben, daß ein Mann, der in anderen Männern mögliche Liebesobjekte sieht, sich gegen die Gemeinschaft der Männer anders benehmen muß als ein anderer, der genötigt ist, im Mann zunächst den Rivalen beim Weibe zu erblicken. Dem steht nur die Erwägung entgegen, daß es auch bei homosexueller Liebe Eifersucht und Rivalität gibt und daß die Gemeinschaft der Männer auch diese möglichen Rivalen umschließt. Aber auch, wenn man von dieser spekulativen Begründung absieht, kann die Tatsache für den Zusammenhang von Homosexualität und sozialem Empfinden nicht gleichgültig sein, daß die homosexuelle Objektwahl nicht selten aus frühzeitiger Überwindung der Rivalität mit dem Manne hervorgeht.

In der psychoanalytischen Betrachtung sind wir gewöhnt, die sozialen Gefühle als Sublimierungen homosexueller Objekteinstellungen aufzufassen. Bei den sozial gesinnten Homosexuellen wäre die Ablösung der sozialen Gefühle von der Objektwahl nicht voll geglückt.

»Ein Kind wird geschlagen«

(Beitrag zur Kenntnis der Entstehung sexueller Perversionen)

(1919)

EDITORISCHE VORBEMERKUNG

Deutsche Ausgaben:

1919 *Int. Z. ärztl. Psychoanal.*, Bd. 5 (3), 151–72.
1922 *S. K. S. N.*, Bd. 5, 195–228.
1924 *G. S.*, Bd. 5, 344–73.
1926 *Psychoanalyse der Neurosen*, 50–84.
1931 *Sexualtheorie und Traumlehre*, 124–55.
1947 *G. W.*, Bd. 12, 197–226.

Diese Arbeit, Anfang 1919 geschrieben, war Mitte März abgeschlossen und wurde im Sommer desselben Jahres veröffentlicht.

Zum größeren Teil besteht die Arbeit aus einer sehr eingehenden klinischen Untersuchung einer besonderen Form von Perversion. Freuds Funde werfen insbesondere Licht auf das Problem des Masochismus; aber, wie der Untertitel sagt, war die Arbeit auch dazu bestimmt, das Wissen über die Perversionen im allgemeinen zu erweitern. Von diesem Gesichtspunkt aus kann man sie als Ergänzung zur ersten von Freuds *Drei Abhandlungen zur Sexualtheorie* (1905 *d*) betrachten.

Darüber hinaus enthält die Arbeit noch ein Thema, dem Freud erhebliche Bedeutung zumaß, nämlich eine Diskussion über die Motive, aus welchen es zur Verdrängung kommt, mit besonderem Bezug auf die beiden hierzu vorgetragenen Theorien von Fließ bzw. Adler (vgl. S. 250–3). Der *Mechanismus* der Verdrängung wird in zweien von Freuds metapsychologischen Arbeiten erschöpfend erörtert – in ›Die Verdrängung‹ (1915 *d*) und in Abschnitt IV von ›Das Unbewußte‹ (1915 *e*); aber die Frage der zur Verdrängung führenden *Motive*, die zwar im letzten Abschnitt der »Wolfsmann«-Analyse (1918 *b*, *Studienausgabe*, Bd. 8, S. 221–22) berührt ist, wird an keiner anderen Stelle so ausführlich untersucht wie in der vorliegenden Arbeit.

I

Die Phantasievorstellung: »ein Kind wird geschlagen« wird mit überraschender Häufigkeit von Personen eingestanden, die wegen einer Hysterie oder einer Zwangsneurose die analytische Behandlung aufgesucht haben. Es ist recht wahrscheinlich, daß sie noch öfter bei anderen vorkommt, die nicht durch manifeste Erkrankung zu diesem Entschluß genötigt worden sind.

An diese Phantasie sind Lustgefühle geknüpft, wegen welcher sie ungezählte Male reproduziert worden ist oder noch immer reproduziert wird. Auf der Höhe der vorgestellten Situation setzt sich fast regelmäßig eine onanistische Befriedigung (an den Genitalien also) durch, anfangs mit Willen der Person, aber ebenso späterhin mit Zwangscharakter gegen ihr Widerstreben.

Das Eingeständnis dieser Phantasie erfolgt nur zögernd, die Erinnerung an ihr erstes Auftreten ist unsicher, der analytischen Behandlung des Gegenstandes tritt ein unzweideutiger Widerstand entgegen, Schämen und Schuldbewußtsein regen sich hiebei vielleicht kräftiger als bei ähnlichen Mitteilungen über die erinnerten Anfänge des Sexuallebens.

Es läßt sich endlich feststellen, daß die ersten Phantasien dieser Art sehr frühzeitig gepflegt worden sind, gewiß vor dem Schulbesuch, schon im fünften und sechsten Jahr. Wenn das Kind in der Schule mitangesehen hat, wie andere Kinder vom Lehrer geschlagen wurden, so hat dies Erleben die Phantasien wieder hervorgerufen, wenn sie eingeschlafen waren, hat sie verstärkt, wenn sie noch bestanden, und ihren Inhalt in merklicher Weise modifiziert. Es wurden von da an »unbestimmt viele« Kinder geschlagen. Der Einfluß der Schule war so deutlich, daß die betreffenden Patienten zunächst versucht waren, ihre Schlagephantasien ausschließlich auf diese Eindrücke der Schulzeit, nach dem sechsten Jahr, zurückzuführen. Allein dies ließ sich niemals halten; sie waren schon vorher vorhanden gewesen.

Hörte das Schlagen der Kinder in höheren Schulklassen auf, so wurde dessen Einfluß durch die Einwirkung der bald zu Bedeutung kommenden Lektüre mehr als nur ersetzt. In dem Milieu meiner Patienten waren es fast immer die nämlichen, der Jugend zugänglichen Bücher, aus deren Inhalt sich die Schlagephantasien neue Anregungen holten: die sogenannte *Bibliothèque rose*[1], *Onkel Toms Hütte*[2] und dergleichen. Im Wetteifer mit diesen Dichtungen begann die eigene Phantasietätigkeit des Kindes, einen Reichtum von Situationen und Institutionen zu erfinden, in denen Kinder wegen ihrer Schlimmheit und ihrer Unarten geschlagen oder in anderer Weise bestraft und gezüchtigt werden.

Da die Phantasievorstellung, ein Kind wird geschlagen, regelmäßig mit hoher Lust besetzt war und in einen Akt lustvoller autoerotischer Befriedigung auslief, könnte man erwarten, daß auch das Zuschauen, wie ein anderes Kind in der Schule geschlagen wurde, eine Quelle ähnlichen Genusses gewesen sei. Allein dies war nie der Fall. Das Miterleben realer Schlageszenen in der Schule rief beim zuschauenden Kinde ein eigentümlich aufgeregtes, wahrscheinlich gemischtes Gefühl hervor, an dem die Ablehnung einen großen Anteil hatte. In einigen Fällen wurde das reale Erleben der Schlageszenen als unerträglich empfunden. Übrigens wurde auch in den raffinierten Phantasien späterer Jahre an der Bedingung festgehalten, daß den gezüchtigten Kindern kein ernsthafter Schaden zugefügt werde.

Man mußte die Frage aufwerfen, welche Beziehung zwischen der Bedeutung der Schlagephantasien und der Rolle bestehen möge, die reale körperliche Züchtigungen in der häuslichen Erziehung des Kindes gespielt hätten. Die nächstliegende Vermutung, es werde sich hiebei eine umgekehrte Relation ergeben, ließ sich infolge der Einseitigkeit des Materials nicht erweisen. Die Personen, die den Stoff für diese Analysen hergaben, waren in ihrer Kindheit sehr selten geschlagen, waren jedenfalls nicht mit Hilfe von Prügeln erzogen worden. Jedes dieser Kinder hatte natürlich doch irgendeinmal die überlegene Körperkraft seiner Eltern oder Erzieher zu spüren bekommen; daß es an Schlägereien zwischen den Kindern selbst in keiner Kinderstube gefehlt, bedarf keiner ausdrücklichen Hervorhebung.

Bei jenen frühzeitigen und simplen Phantasien, die nicht offenkundig auf den Einfluß von Schuleindrücken oder Szenen aus der Lektüre hinwiesen, wollte die Forschung gern mehr erfahren. Wer war das geschlagene Kind? Das phantasierende selbst oder ein fremdes? War es immer dasselbe Kind oder beliebig oft ein anderes? Wer war es, der das Kind schlug? Ein Erwachsener? Und wer dann? Oder phantasierte das Kind,

---

[1] [Eine damals vielgelesene Buchserie der Madame de Ségur; der bekannteste Band war vielleicht *Les malheurs de Sophie*.]

[2] [Der Roman von Harriet Beecher Stowe.]

daß es selbst ein anderes schlüge? Auf alle diese Fragen kam keine aufklärende Auskunft, immer nur die eine scheue Antwort: »Ich weiß nichts mehr darüber; ein Kind wird geschlagen.«
Erkundigungen nach dem Geschlecht des geschlagenen Kindes hatten mehr Erfolg, brachten aber auch kein Verständnis. Manchmal wurde geantwortet: »Immer nur Buben«, oder: »Nur Mädel«; öfter hieß es: »Das weiß ich nicht«, oder: »Das ist gleichgültig.« Das, worauf es dem Fragenden ankam, eine konstante Beziehung zwischen dem Geschlecht des phantasierenden und dem des geschlagenen Kindes, stellte sich niemals heraus. Gelegentlich einmal kam noch ein charakteristisches Detail aus dem Inhalt der Phantasie zum Vorschein: »Das kleine Kind wird auf den nackten Popo geschlagen.«
Unter diesen Umständen konnte man vorerst nicht einmal entscheiden, ob die an der Schlagephantasie haftende Lust als eine sadistische oder als eine masochistische zu bezeichnen sei.

II

Die Auffassung einer solchen, im frühen Kindesalter vielleicht bei zufälligen Anlässen auftauchenden und zur autoerotischen Befriedigung festgehaltenen Phantasie kann nach unseren bisherigen Einsichten nur lauten, daß es sich hiebei um einen primären Zug von Perversion handle. Eine der Komponenten der Sexualfunktion sei den anderen in der Entwicklung vorangeeilt, habe sich vorzeitig selbständig gemacht, sich fixiert und dadurch den späteren Entwicklungsvorgängen entzogen, damit aber ein Zeugnis für eine besondere, anormale Konstitution der Person gegeben. Wir wissen, daß eine solche infantile Perversion nicht fürs Leben zu verbleiben braucht, sie kann noch später der Verdrängung verfallen, durch eine Reaktionsbildung ersetzt oder durch eine Sublimierung umgewandelt werden. (Vielleicht ist es aber so, daß die Sublimierung aus einem besonderen Prozeß hervorgeht[1], welcher durch die Verdrängung hintangehalten würde.) Wenn aber diese Vorgänge ausbleiben, dann erhält sich die Perversion im reifen Leben, und wo wir beim Erwachsenen eine sexuelle Abirrung – Perversion, Fetischismus, Inversion – vorfinden, da erwarten wir mit Recht, ein solches fixierendes Ereignis der Kinderzeit durch anamnestische Erforschung aufzudecken. Ja lange vor der Zeit der Psychoanalyse haben Beobachter wie

[1] [In diesem Zusammenhang sei auf die in Kapitel III von *Das Ich und das Es* (1923 *b*) berührte Theorie der Sublimierung hingewiesen; s. *Studienausgabe*, Bd. 3, S. 298–306.]

Binet die sonderbaren sexuellen Abirrungen der Reifezeit auf solche Eindrücke, gerade der nämlichen Kinderjahre von fünf oder sechs an, zurückführen können[1]. Man war hiebei allerdings auf eine Schranke unseres Verständnisses gestoßen, denn den fixierenden Eindrücken fehlte jede traumatische Kraft, sie waren zumeist banal und für andere Individuen nicht aufregend; man konnte nicht sagen, warum sich das Sexualstreben gerade an sie fixiert hatte. Aber man konnte ihre Bedeutung darin suchen, daß sie eben der voreiligen und sprungbereiten Sexualkomponente den, wenn auch zufälligen Anlaß zur Anheftung geboten hatten, und man mußte ja darauf vorbereitet sein, daß die Kette der Kausalverknüpfung irgendwo ein vorläufiges Ende finden werde. Gerade die mitgebrachte Konstitution schien allen Anforderungen an einen solchen Haltepunkt zu entsprechen.

Wenn die frühzeitig losgerissene Sexualkomponente die sadistische ist, so bilden wir auf Grund anderswo gewonnener Einsicht die Erwartung, daß durch spätere Verdrängung derselben eine Disposition zur Zwangsneurose geschaffen werde[2]. Man kann nicht sagen, daß dieser Erwartung durch das Ergebnis der Untersuchung widersprochen wird. Unter den sechs Fällen, auf deren eingehendem Studium diese kleine Mitteilung aufgebaut ist (vier Frauen, zwei Männer), befanden sich Fälle von Zwangsneurose, ein allerschwerster, lebenszerstörender, und ein mittelschwerer, der Beeinflussung gut zugänglicher, ferner ein dritter, der wenigstens einzelne deutliche Züge der Zwangsneurose aufwies. Ein vierter Fall war freilich eine glatte Hysterie mit Schmerzen und Hemmungen, und ein fünfter, der die Analyse bloß wegen Unschlüssigkeiten im Leben aufsuchte, wäre von grober klinischer Diagnostik überhaupt nicht klassifiziert oder als »Psychasthenie« abgetan worden[3]. Man darf in dieser Statistik keine Enttäuschung erblicken, denn erstens wissen wir, daß nicht jegliche Disposition sich zur Affektion weiterentwickeln muß, und zweitens darf es uns genügen zu erklären, was vorhanden ist, und dürfen wir uns der Aufgabe, auch verstehen zu lassen, warum etwas nicht zustande gekommen ist, im allgemeinen entziehen.

So weit und nicht weiter würden uns unsere gegenwärtigen Einsichten ins Verständnis der Schlagephantasien eindringen lassen. Eine Ahnung,

[1] [Diese Beobachtung Binets (1888) erwähnt Freud auch in seinen *Drei Abhandlungen* (1905 *d*); er kommentiert sie in einer 1920 diesem Werk beigefügten Anm. (*Studienausgabe*, Bd. 5, S. 64–5).]

[2] [Vgl. die Arbeit zu diesem Thema (1913 *i*), oben, S. 109 ff.]

[3] [Vom sechsten Fall sagt Freud hier nichts.]

daß das Problem hiemit nicht erledigt ist, regt sich allerdings beim analysierenden Arzte, wenn er sich eingestehen muß, daß diese Phantasien meist abseits vom übrigen Inhalt der Neurose bleiben und keinen rechten Platz in deren Gefüge einnehmen; aber man pflegt, wie ich aus eigener Erfahrung weiß, über solche Eindrücke gern hinwegzugehen.

III

Strenggenommen – und warum sollte man dies nicht so streng als möglich nehmen? – verdient die Anerkennung als korrekte Psychoanalyse nur die analytische Bemühung, der es gelungen ist, die Amnesie zu beheben, welche dem Erwachsenen die Kenntnis seines Kinderlebens vom Anfang an (das heißt etwa vom zweiten bis zum fünften Jahr) verhüllt. Man kann das unter Analytikern nicht laut genug sagen und nicht oft genug wiederholen. Die Motive, sich über diese Mahnung hinwegzusetzen, sind ja begreiflich. Man möchte brauchbare Erfolge in kürzerer Zeit und mit geringerer Mühe erzielen. Aber gegenwärtig ist die theoretische Erkenntnis noch ungleich wichtiger für jeden von uns als der therapeutische Erfolg, und wer die Kindheitsanalyse vernachlässigt, muß notwendig den folgenschwersten Irrtümern verfallen. Eine Unterschätzung des Einflusses späterer Erlebnisse wird durch diese Betonung der Wichtigkeit der frühesten nicht bedingt; aber die späteren Lebenseindrücke sprechen in der Analyse laut genug durch den Mund des Kranken, für das Anrecht der Kindheit muß erst der Arzt die Stimme erheben.

Die Kinderzeit zwischen zwei und vier oder fünf Jahren ist diejenige, in welcher die mitgebrachten libidinösen Faktoren von den Erlebnissen zuerst geweckt und an gewisse Komplexe gebunden werden. Die hier behandelten Schlagephantasien zeigen sich erst zu Ende oder nach Ablauf dieser Zeit. Es könnte also wohl sein, daß sie eine Vorgeschichte haben, eine Entwicklung durchmachen, einem Endausgang, nicht einer Anfangsäußerung entsprechen.

Diese Vermutung wird durch die Analyse bestätigt. Die konsequente Anwendung derselben lehrt, daß die Schlagephantasien eine gar nicht einfache Entwicklungsgeschichte haben, in deren Verlauf sich das meiste an ihnen mehr als einmal ändert: ihre Beziehung zur phantasierenden Person, ihr Objekt, Inhalt und ihre Bedeutung.

Zur leichteren Verfolgung dieser Wandlungen in den Schlagephantasien werde ich mir nun gestatten, meine Beschreibungen auf die weiblichen

Personen einzuschränken, die ohnedies (vier gegen zwei) die Mehrheit meines Materials ausmachen. An die Schlagephantasien der Männer knüpft außerdem ein anderes Thema an, das ich in dieser Mitteilung beiseite lassen will [1]. Ich werde mich dabei bemühen, nicht mehr zu schematisieren, als zur Darstellung eines durchschnittlichen Sachverhaltes unvermeidlich ist. Mag dann weitere Beobachtung auch eine größere Mannigfaltigkeit der Verhältnisse ergeben, so bin ich doch sicher, ein typisches Vorkommnis, und zwar nicht von seltener Art, erfaßt zu haben.

Die erste Phase der Schlagephantasien bei Mädchen also muß einer sehr frühen Kinderzeit angehören. Einiges an ihnen bleibt in merkwürdiger Weise unbestimmbar, als ob es gleichgültig wäre. Die kärgliche Auskunft, die man von den Patienten bei der ersten Mitteilung erhalten hat: »Ein Kind wird geschlagen«, erscheint für diese Phantasie gerechtfertigt. Allein anderes ist mit Sicherheit bestimmbar und dann allemal im gleichen Sinne. Das geschlagene Kind ist nämlich nie das phantasierende, regelmäßig ein anderes Kind, zumeist ein Geschwisterchen, wo ein solches vorhanden ist. Da dies Bruder oder Schwester sein kann, kann sich hier auch keine konstante Beziehung zwischen dem Geschlecht des phantasierenden und dem des geschlagenen Kindes ergeben. Die Phantasie ist also sicherlich keine masochistische; man möchte sie sadistisch nennen, allein man darf nicht außer acht lassen, daß das phantasierende Kind auch niemals selbst das schlagende ist. Wer in Wirklichkeit die schlagende Person ist, bleibt zunächst unklar. Es läßt sich nur feststellen: kein anderes Kind, sondern ein Erwachsener. Diese unbestimmte erwachsene Person wird dann späterhin klar und eindeutig als der *Vater* (des Mädchens) kenntlich.

Diese erste Phase der Schlagephantasie wird also voll wiedergegeben durch den Satz: *»Der Vater schlägt das Kind.«* Ich verrate viel von dem später aufzuzeigenden Inhalt, wenn ich anstatt dessen sage: »Der Vater schlägt *das mir verhaßte* Kind.« Man kann übrigens schwankend werden, ob man dieser Vorstufe der späteren Schlagephantasie auch schon den Charakter einer »Phantasie« zuerkennen soll. Es handelt sich vielleicht eher um Erinnerungen an solche Vorgänge, die man mitangesehen hat, an Wünsche, die bei verschiedenen Anlässen aufgetreten sind, aber diese Zweifel haben keine Wichtigkeit.

[1] [Freud spricht jedoch über Schlagephantasien bei Männern weiter unten (S. 241 und S. 274 ff.). Er dachte vermutlich an ihre spezifisch feminine Grundlage, wenn er oben »ein anderes Thema« sagt.]

Zwischen dieser ersten und der nächsten Phase haben sich große Umwandlungen vollzogen. Die schlagende Person ist zwar die nämliche, die des Vaters, geblieben, aber das geschlagene Kind ist ein anderes geworden, es ist regelmäßig die des phantasierenden Kindes selbst, die Phantasie ist in hohem Grade lustbetont und hat sich mit einem bedeutsamen Inhalt erfüllt, dessen Ableitung uns später beschäftigen wird. Ihr Wortlaut ist jetzt also: *»Ich werde vom Vater geschlagen.«* Sie hat unzweifelhaft masochistischen Charakter.
Diese zweite Phase ist die wichtigste und folgenschwerste von allen. Aber man kann in gewissem Sinne von ihr sagen, sie habe niemals eine reale Existenz gehabt. Sie wird in keinem Falle erinnert, sie hat es nie zum Bewußtwerden gebracht. Sie ist eine Konstruktion der Analyse, aber darum nicht minder eine Notwendigkeit.
Die dritte Phase ähnelt wiederum der ersten. Sie hat den aus der Mitteilung der Patientin bekannten Wortlaut. Die schlagende Person ist niemals die des Vaters, sie wird entweder wie in der ersten Phase unbestimmt gelassen oder in typischer Weise durch einen Vatervertreter (Lehrer) besetzt. Die eigene Person des phantasierenden Kindes kommt in der Schlagephantasie nicht mehr zum Vorschein. Auf eindringliches Befragen äußern die Patienten nur: »Ich schaue wahrscheinlich zu.« Anstatt des einen geschlagenen Kindes sind jetzt meistens viele Kinder vorhanden. Überwiegend häufig sind es (in den Phantasien der Mädchen) Buben, die geschlagen werden, aber auch nicht individuell bekannte. Die ursprüngliche einfache und monotone Situation des Geschlagenwerdens kann die mannigfaltigsten Abänderungen und Ausschmückungen erfahren, das Schlagen selbst durch Strafen und Demütigungen anderer Art ersetzt werden. Der wesentliche Charakter aber, der auch die einfachsten Phantasien dieser Phase von denen der ersten unterscheidet und der die Beziehung zur mittleren Phase herstellt, ist der folgende: die Phantasie ist jetzt der Träger einer starken, unzweideutig sexuellen Erregung und vermittelt als solcher die onanistische Befriedigung. Gerade das ist aber das Rätselhafte; auf welchem Wege ist die nunmehr sadistische Phantasie, daß fremde und unbekannte Buben geschlagen werden, zu dem von da an dauernden Besitz der libidinösen Strebung des kleinen Mädchens gekommen?
Wir verhehlen uns auch nicht, daß Zusammenhang und Aufeinanderfolge der drei Phasen der Schlagephantasie wie alle ihre anderen Eigentümlichkeiten bisher ganz unverständlich geblieben sind.

IV

Führt man die Analyse durch jene frühen Zeiten, in die die Schlagephantasie verlegt und aus denen sie erinnert wird, so zeigt sie das Kind in die Erregungen seines Elternkomplexes verstrickt.

Das kleine Mädchen ist zärtlich an den Vater fixiert, der wahrscheinlich alles getan hat, um seine Liebe zu gewinnen, und legt dabei den Keim zu einer Haß- und Konkurrenzeinstellung gegen die Mutter, die neben einer Strömung von zärtlicher Anhänglichkeit bestehen bleibt und der vorbehalten sein kann, mit den Jahren immer stärker und deutlicher bewußt zu werden oder den Anstoß zu einer übergroßen reaktiven Liebesbindung an sie zu geben. Aber nicht an das Verhältnis zur Mutter knüpft die Schlagephantasie an. Es gibt in der Kinderstube noch andere Kinder, um ganz wenige Jahre älter oder jünger, die man aus allen anderen Gründen, hauptsächlich aber darum nicht mag, weil man die Liebe der Eltern mit ihnen teilen soll, und die man darum mit der ganzen wilden Energie, die dem Gefühlsleben dieser Jahre eigen ist, von sich stößt. Ist es ein jüngeres Geschwisterchen (wie in drei von meinen vier Fällen), so verachtet man es, außerdem daß man es haßt, und muß doch zusehen, wie es jenen Anteil von Zärtlichkeit an sich zieht, den die verblendeten Eltern jedesmal für das Jüngste bereit haben. Man versteht bald, daß Geschlagenwerden, auch wenn es nicht sehr wehe tut, eine Absage der Liebe und eine Demütigung bedeutet. So manches Kind, das sich für sicher thronend in der unerschütterlichen Liebe seiner Eltern hielt, ist durch einen einzigen Schlag aus allen Himmeln seiner eingebildeten Allmacht gestürzt worden. Also ist es eine behagliche Vorstellung, daß der Vater dieses verhaßte Kind schlägt, ganz unabhängig davon, ob man gerade ihn schlagen gesehen hat. Es heißt: »Der Vater liebt dieses andere Kind nicht, *er liebt nur mich.«*

Dies ist also Inhalt und Bedeutung der Schlagephantasie in ihrer ersten Phase. Die Phantasie befriedigt offenbar die Eifersucht des Kindes und hängt von seinem Liebesleben ab, aber sie wird auch von dessen egoistischen Interessen kräftig gestützt. Es bleibt also zweifelhaft, ob man sie als eine rein »sexuelle« bezeichnen darf; auch eine »sadistische« getraut man sich nicht, sie zu nennen. Man weiß ja, daß gegen den Ursprung hin alle die Kennzeichen zu verschwimmen pflegen, auf welche wir unsere Unterscheidungen aufzubauen gewohnt sind. Also vielleicht ähnlich wie die Verheißung der drei Schicksalsschwestern an Banquo lautete: nicht sicher sexuell, nicht selbst sadistisch, aber doch der Stoff, aus dem später beides werden soll[1]. Keinesfalls aber liegt ein Grund zur Vermutung vor, daß schon diese erste Phase der Phantasie einer Erregung dient, welche sich unter Inanspruchnahme der Genitalien Abfuhr in einem onanistischen Akt zu verschaffen lernt.

In dieser vorzeitigen Objektwahl der inzestuösen Liebe erreicht das Sexualleben des Kindes offenbar die Stufe der genitalen Organisation. Es ist dies für den Knaben leichter nachzuweisen, aber auch fürs kleine Mädchen nicht zu bezweifeln. Etwas wie eine Ahnung der späteren definitiven und normalen Sexualziele beherrscht das libidinöse Streben des Kindes; man mag sich füglich verwundern, woher es kommt, darf es aber als Beweis dafür nehmen, daß die Genitalien ihre Rolle beim Erregungsvorgang bereits angetreten haben. Der Wunsch, mit der Mutter ein Kind zu haben, fehlt nie beim Knaben, der Wunsch, vom Vater ein Kind zu bekommen, ist beim Mädchen konstant, und dies bei völliger Unfähigkeit, sich Klarheit über den Weg zu schaffen, der zur Erfüllung dieser Wünsche führen kann. Daß die Genitalien etwas damit zu tun haben, scheint beim Kinde festzustehen, wenngleich seine grübelnde Tätigkeit das Wesen der zwischen den Eltern vorausgesetzten Intimität in andersartigen Beziehungen suchen mag, zum Beispiel im Beisammenschlafen, in gemeinsamer Harnentleerung und dergleichen, und solcher Inhalt eher in Wortvorstellungen erfaßt werden kann als das Dunkle, das mit dem Genitalen zusammenhängt.

Allein es kommt die Zeit, zu der diese frühe Blüte vom Frost geschädigt wird; keine dieser inzestuösen Verliebtheiten kann dem Verhängnis der Verdrängung entgehen. Sie verfallen ihr entweder bei nachweisbaren äußeren Anlässen, die eine Enttäuschung hervorrufen, bei unerwarteten Kränkungen, bei der unerwünschten Geburt eines neuen Geschwisterchens, die als Treulosigkeit empfunden wird usw., oder ohne solche Veranlassungen, von innen heraus, vielleicht nur infolge des Ausbleibens der zu lange ersehnten Erfüllung. Es ist unverkennbar, daß die Veranlassungen nicht die wirkenden Ursachen sind, sondern daß es diesen Liebesbeziehungen bestimmt ist, irgendeinmal unterzugehen, wir können nicht sagen, woran. Am wahrscheinlichsten ist es, daß sie vergehen, weil ihre Zeit um ist, weil die Kinder in eine neue Entwicklungsphase eintreten, in welcher sie genötigt sind, die Verdrängung der

---

[1] [*Macbeth*, I. Akt, 3. Szene:

> »Lesser than Macbeth, and greater.
> Not so happy, yet much happier.
> Thou shalt get kings, though thou be none.«]

inzestuösen Objektwahl aus der Menschheitsgeschichte zu wiederholen, wie sie vorher gedrängt waren, solche Objektwahl vorzunehmen. (Siehe das Schicksal in der Ödipusmythe.) Was als psychisches Ergebnis der inzestuösen Liebesregungen unbewußt vorhanden ist, wird vom Bewußtsein der neuen Phase nicht mehr übernommen, was davon bereits bewußt geworden war, wieder herausgedrängt. Gleichzeitig mit diesem Verdrängungsvorgang erscheint ein Schuldbewußtsein, auch dieses unbekannter Herkunft, aber ganz unzweifelhaft an jene Inzestwünsche geknüpft und durch deren Fortdauer im Unbewußten gerechtfertigt[1]. Die Phantasie der inzestuösen Liebeszeit hatte gesagt: »Er (der Vater) liebt nur mich, nicht das andere Kind, denn dieses schlägt er ja.« Das Schuldbewußtsein weiß keine härtere Strafe zu finden als die Umkehrung dieses Triumphes: »Nein, er liebt dich nicht, denn er schlägt dich.« So würde die Phantasie der zweiten Phase, selbst vom Vater geschlagen zu werden, zum direkten Ausdruck des Schuldbewußtseins, dem nun die Liebe zum Vater unterliegt. Sie ist also masochistisch geworden; meines Wissens ist es immer so, jedesmal ist das Schuldbewußtsein das Moment, welches den Sadismus zum Masochismus umwandelt. Dies ist aber gewiß nicht der ganze Inhalt des Masochismus. Das Schuldbewußtsein kann nicht allein das Feld behauptet haben; der Liebesregung muß auch ihr Anteil werden. Erinnern wir uns daran, daß es sich um Kinder handelt, bei denen die sadistische Komponente aus konstitutionellen Gründen vorzeitig und isoliert hervortreten konnte. Wir brauchen diesen Gesichtspunkt nicht aufzugeben. Bei eben diesen Kindern ist ein Rückgreifen auf die prägenitale, sadistisch-anale Organisation des Sexuallebens besonders erleichtert. Wenn die kaum erreichte genitale Organisation von der Verdrängung betroffen wird, so tritt nicht nur die eine Folge auf, daß jegliche psychische Vertretung der inzestuösen Liebe unbewußt wird oder bleibt, sondern es kommt noch als andere Folge hinzu, daß die Genitalorganisation selbst eine regressive Erniedrigung erfährt. Das: »Der Vater liebt mich«, war im genitalen Sinne gemeint; durch die Regression verwandelt es sich in: »Der Vater schlägt mich (ich werde vom Vater geschlagen).« Dies Geschlagenwerden ist nun ein Zusammentreffen von Schuldbewußtsein und Erotik; *es ist nicht nur die Strafe für die verpönte genitale Beziehung, sondern auch der regressive Ersatz für sie,* und aus dieser letzteren Quelle bezieht es die libidinöse

---

[1] [*Zusatz 1924:*] Siehe die Fortführung in ›Der Untergang des Ödipuskomplexes‹ (1924 *d*).

Erregung, die ihm von nun anhaften und in onanistischen Akten Abfuhr finden wird. Dies ist aber erst das Wesen des Masochismus.
Die Phantasie der zweiten Phase, selbst vom Vater geschlagen zu werden, bleibt in der Regel unbewußt, wahrscheinlich infolge der Intensität der Verdrängung. Ich kann nicht angeben, warum sie doch in einem meiner sechs Fälle (einem männlichen) bewußt erinnert wurde. Dieser jetzt erwachsene Mann hatte es klar im Gedächtnis bewahrt, daß er die Vorstellung, von der Mutter geschlagen zu werden, zu onanistischen Zwecken zu gebrauchen pflegte; allerdings ersetzte er die eigene Mutter bald durch die Mütter von Schulkollegen oder andere, ihr irgendwie ähnliche Frauen. Es ist nicht zu vergessen, daß bei der Verwandlung der inzestuösen Phantasie des Knaben in die entsprechende masochistische eine Umkehrung mehr vor sich geht als im Falle des Mädchens, nämlich die Ersetzung von Aktivität durch Passivität, und dies Mehr von Entstellung mag die Phantasie vor dem Unbewußtbleiben als Erfolg der Verdrängung schützen. Dem Schuldbewußtsein hätte so die Regression an Stelle der Verdrängung genügt; in den weiblichen Fällen wäre das, vielleicht an sich anspruchsvollere, Schuldbewußtsein erst durch das Zusammenwirken beider begütigt worden.
In zweien meiner vier weiblichen Fälle hatte sich über der masochistischen Schlagephantasie ein kunstvoller, für das Leben der Betreffenden sehr bedeutsamer Überbau von Tagträumen entwickelt, dem die Funktion zufiel, das Gefühl der befriedigten Erregung auch bei Verzicht auf den onanistischen Akt möglich zu machen. In einem dieser Fälle durfte der Inhalt, vom Vater geschlagen zu werden, sich wieder ins Bewußtsein wagen, wenn das eigene Ich durch leichte Verkleidung unkenntlich gemacht war. Der Held dieser Geschichten wurde regelmäßig vom Vater geschlagen, später nur gestraft, gedemütigt usw.
Ich wiederhole aber, in der Regel bleibt die Phantasie unbewußt und muß erst in der Analyse rekonstruiert werden. Dies läßt vielleicht den Patienten recht geben, die sich erinnern wollen, die Onanie sei bei ihnen früher aufgetreten als die – gleich zu besprechende – Schlagephantasie der dritten Phase; letztere habe sich erst später hinzugesellt, etwa unter dem Eindruck von Schulszenen. Sooft wir diesen Angaben Glauben schenkten, waren wir immer geneigt anzunehmen, die Onanie sei zunächst unter der Herrschaft unbewußter Phantasien gestanden, die später durch bewußte ersetzt wurden.
Als solchen Ersatz fassen wir dann die bekannte Schlagephantasie der dritten Phase auf, die endgültige Gestaltung derselben, in der das phan-

tasierende Kind höchstens noch als Zuschauer vorkommt, der Vater in der Person eines Lehrers oder sonstigen Vorgesetzten erhalten ist. Die Phantasie, die nun jener der ersten Phase ähnlich ist, scheint sich wieder ins Sadistische gewendet zu haben. Es macht den Eindruck, als wäre in dem Satze: »Der Vater schlägt das andere Kind, er liebt nur mich«, der Akzent auf den ersten Teil zurückgewichen, nachdem der zweite der Verdrängung erlegen ist. Allein nur die Form dieser Phantasie ist sadistisch, die Befriedigung, die aus ihr gewonnen wird, ist eine masochistische, ihre Bedeutung liegt darin, daß sie die libidinöse Besetzung des verdrängten Anteils übernommen hat und mit dieser auch das am Inhalt haftende Schuldbewußtsein. Alle die vielen unbestimmten Kinder, die vom Lehrer geschlagen werden, sind doch nur Ersetzungen der eigenen Person.

Hier zeigt sich auch zum erstenmal etwas wie eine Konstanz des Geschlechtes bei den der Phantasie dienenden Personen. Die geschlagenen Kinder sind fast durchwegs Knaben, in den Phantasien der Knaben ebensowohl wie in denen der Mädchen. Dieser Zug erklärt sich greifbarerweise nicht aus einer etwaigen Konkurrenz der Geschlechter, denn sonst müßten ja in den Phantasien der Knaben vielmehr Mädchen geschlagen werden; er hat auch nichts mit dem Geschlecht des gehaßten Kindes der ersten Phase zu tun, sondern er weist auf einen komplizierenden Vorgang bei den Mädchen hin. Wenn sie sich von der genital gemeinten inzestuösen Liebe zum Vater abwenden, brechen sie überhaupt leicht mit ihrer weiblichen Rolle, beleben ihren »Männlichkeitskomplex« (van Ophuijsen [1917]) und wollen von da an nur Buben sein. Daher sind auch ihre Prügelknaben, die sie vertreten, Buben. In beiden Fällen von Tagträumen – der eine erhob sich beinahe zum Niveau einer Dichtung – waren die Helden immer nur junge Männer, ja Frauen kamen in diesen Schöpfungen überhaupt nicht vor und fanden erst nach vielen Jahren in Nebenrollen Aufnahme.

V

Ich hoffe, ich habe meine analytischen Erfahrungen detailliert genug vorgetragen, und bitte nur noch in Betracht zu ziehen, daß die oft erwähnten sechs Fälle nicht mein Material erschöpfen, sondern daß ich auch wie andere Analytiker über eine weit größere Anzahl von minder gut untersuchten Fällen verfüge. Diese Beobachtungen können nach mehreren Richtungen verwertet werden, zur Aufklärung über die Genese der Perversionen überhaupt, im besonderen des Masochismus, und zur Würdigung der Rolle, welche der Geschlechtsunterschied in der Dynamik der Neurose spielt.

Das augenfälligste Ergebnis einer solchen Diskussion betrifft die Entstehung der Perversionen. An der Auffassung, die bei ihnen die konstitutionelle Verstärkung oder Voreiligkeit einer Sexualkomponente in den Vordergrund rückt, wird zwar nicht gerüttelt, aber damit ist nicht alles gesagt. Die Perversion steht nicht mehr isoliert im Sexualleben des Kindes, sondern sie wird in den Zusammenhang der uns bekannten typischen – um nicht zu sagen: normalen – Entwicklungsvorgänge aufgenommen. Sie wird in Beziehung zur inzestuösen Objektliebe des Kindes, zum Ödipuskomplex desselben, gebracht, tritt auf dem Boden dieses Komplexes zuerst hervor, und nachdem er zusammengebrochen ist, bleibt sie, oft allein, von ihm übrig als Erbe seiner libidinösen Ladung und belastet mit dem an ihm haftenden Schuldbewußtsein. Die abnorme Sexualkonstitution hat schließlich ihre Stärke darin gezeigt, daß sie den Ödipuskomplex in eine besondere Richtung gedrängt und ihn zu einer ungewöhnlichen Resterscheinung gezwungen hat.

Die kindliche Perversion kann, wie bekannt, das Fundament für die Ausbildung einer gleichsinnigen, durchs Leben bestehenden Perversion werden, die das ganze Sexualleben des Menschen aufzehrt, oder sie kann abgebrochen werden und im Hintergrunde einer normalen Sexualentwicklung erhalten bleiben, der sie dann doch immer einen gewissen Energiebetrag entzieht. Der erstere Fall ist der bereits in voranalytischen Zeiten erkannte, aber die Kluft zwischen beiden wird durch die analytische Untersuchung solcher ausgewachsener Perversionen nahezu ausgefüllt. Man findet nämlich häufig genug bei diesen Perversen, daß auch sie, gewöhnlich in der Pubertätszeit, einen Ansatz zur normalen Sexualtätigkeit gebildet haben. Aber der war nicht kräftig genug, wurde vor den ersten, nie ausbleibenden Hindernissen aufgegeben, und dann griff die Person endgültig auf die infantile Fixierung zurück.

Es wäre natürlich wichtig zu wissen, ob man die Entstehung der infantilen Perversionen aus dem Ödipuskomplex ganz allgemein behaupten darf. Das kann ja ohne weitere Untersuchungen nicht entschieden werden, aber unmöglich erschiene es nicht. Wenn wir der Anamnesen gedenken, die von den Perversionen Erwachsener gewonnen wurden, so merken wir doch, daß der maßgebende Eindruck, das »erste Erlebnis«, all dieser Perversen, Fetischisten und dergleichen fast niemals in Zeiten früher als das sechste Jahr verlegt wird. Um diese Zeit ist die Herrschaft des Ödipuskomplexes aber bereits abgelaufen; das erinnerte, in so rätselhafter Weise wirksame Erlebnis könnte sehr wohl die Erbschaft desselben vertreten haben. Die Beziehungen zwischen ihm und dem nun verdrängten Komplex müssen dunkle bleiben, solange nicht die Analyse in die Zeit hinter dem ersten, »pathogenen« Eindruck Licht getragen hat. Man erwäge nun, wie wenig Wert zum Beispiel die Behauptung einer angeborenen Homosexualität hat, die sich auf die Mitteilung stützt, die betreffende Person habe schon vom achten oder vom sechsten Jahre an nur Zuneigung zum gleichen Geschlecht verspürt.

Wenn aber die Ableitung der Perversionen aus dem Ödipuskomplex allgemein durchführbar ist, dann hat unsere Würdigung desselben eine neue Bekräftigung erfahren. Wir meinen ja, der Ödipuskomplex sei der eigentliche Kern der Neurose[1], die infantile Sexualität, die in ihm gipfelt, die wirkliche Bedingung der Neurose, und was von ihm im Unbewußten erübrigt, stelle die Disposition zur späteren neurotischen Erkrankung des Erwachsenen dar. Die Schlagephantasie und andere analoge perverse Fixierungen wären dann auch nur Niederschläge des Ödipuskomplexes, gleichsam Narben nach dem abgelaufenen Prozeß, geradeso wie die berüchtigte »Minderwertigkeit« einer solchen narzißtischen Narbe entspricht. Ich muß in dieser Auffassung Marcinowski, der sie kürzlich in glücklicher Weise vertreten hat (›Erotische Quellen der Minderwertigkeitsgefühle‹, 1918), uneingeschränkt beistimmen. Dieser Kleinheitswahn der Neurotiker ist bekanntlich auch nur ein partieller und mit der Existenz von Selbstüberschätzung aus anderen Quellen vollkommen verträglich. Über die Herkunft des Ödipuskomplexes selbst und über das den Menschen wahrscheinlich allein unter allen Tieren zugemessene Schicksal, das Sexualleben zweimal beginnen zu müssen, zuerst wie alle anderen Geschöpfe von früher Kindheit an und dann nach langer Unterbrechung in der Pubertätszeit von neuem, über all das, was mit seinem »archaischen Erbe« zusammenhängt, habe ich mich an anderer Stelle geäußert, und darauf gedenke ich hier nicht einzugehen[2].

Zur Genese des Masochismus liefert die Diskussion unserer Schlagephantasien nur spärliche Beiträge. Es scheint sich zunächst zu bestätigen

---

[1] [S. unten, S. 254.]

[2] [Freud hatte diese Fragen kurz zuvor in seinen *Vorlesungen zur Einführung in die Psychoanalyse* (1916–17), besonders in der 21. und 23. Vorlesung, ausführlich erörtert.]

daß der Masochismus keine primäre Triebäußerung ist, sondern aus einer Rückwirkung des Sadismus gegen die eigene Person, also durch Regression vom Objekt aufs Ich entsteht. (Vgl. ›Triebe und Triebschicksale‹ [1915 *c*].)[1] Triebe mit passivem Ziele sind, zumal beim Weibe, von Anfang zuzugeben, aber die Passivität ist noch nicht das Ganze des Masochismus; es gehört noch der Unlustcharakter dazu, der bei einer Trieberfüllung so befremdlich ist. Die Umwandlung des Sadismus in Masochismus scheint durch den Einfluß des am Verdrängungsakt beteiligten Schuldbewußtseins zu geschehen. Die Verdrängung äußert sich also hier in dreierlei Wirkungen; sie macht die Erfolge der Genitalorganisation unbewußt, nötigt diese selbst zur Regression auf die frühere, sadistisch-anale Stufe und verwandelt deren Sadismus in den passiven, in gewissem Sinne wiederum narzißtischen Masochismus. Der mittlere dieser drei Erfolge wird durch die in diesen Fällen anzunehmende Schwäche der Genitalorganisation ermöglicht; der dritte wird notwendig, weil das Schuldbewußtsein am Sadismus ähnlichen Anstoß nimmt wie an der genital gefaßten inzestuösen Objektwahl. Woher das Schuldbewußtsein selbst stammt, sagen wiederum die Analysen nicht. Es scheint von der neuen Phase, in die das Kind eintritt, mitgebracht zu werden und, wenn es von da an verbleibt, einer ähnlichen Narbenbildung, wie es das Minderwertigkeitsgefühl ist, zu entsprechen. Nach unserer bisher noch unsicheren Orientierung in der Struktur des Ichs würden wir es jener Instanz zuteilen, die sich als kritisches Gewissen dem übrigen Ich entgegenstellt, im Traum das Silberersche funktionale Phänomen erzeugt und sich im Beachtungswahn vom Ich ablöst[2]. [Vgl. Silberer (1910).]

Im Vorbeigehen wollen wir auch zur Kenntnis nehmen, daß die Analyse der hier behandelten kindlichen Perversion auch ein altes Rätsel lösen hilft, welches allerdings die außerhalb der Analyse Stehenden immer mehr gequält hat als die Analytiker selbst. Aber noch kürzlich hat selbst E. Bleuler [1913] als merkwürdig und unerklärlich anerkannt, daß von den Neurotikern die Onanie zum Mittelpunkt ihres Schuldbewußtseins gemacht werde. Wir haben von jeher angenommen, daß dies Schuldbewußtsein die frühkindliche und nicht die Pubertätsonanie meine und daß es zum größten Teil nicht auf den onanistischen Akt,

---

[1] [In *Jenseits des Lustprinzips* (1920 *g*; *Studienausgabe*, Bd. 3, S. 263) äußert Freud die Vermutung, daß es vielleicht doch einen primären Masochismus gebe.]

[2] [S. Abschnitt III von Freuds Narzißmus-Arbeit (1914 *c*; ibid., Bd. 3, S. 62–68). Diese Instanz wird natürlich später als »Überich« beschrieben.]

sondern auf die ihm zugrunde liegende, wenn auch unbewußte Phantasie – aus dem Ödipuskomplex also – zu beziehen sei[1].

Ich habe bereits [S. 241–2] ausgeführt, welche Bedeutung die dritte, scheinbar sadistische Phase der Schlagephantasie als Träger der zur Onanie drängenden Erregung [zu] gewinnen und zu welcher teils gleichsinnig fortsetzenden, teils kompensatorisch aufhebenden Phantasietätigkeit sie anzuregen pflegt. Doch ist die zweite, unbewußte und masochistische Phase, die Phantasie, selbst vom Vater geschlagen zu werden, die ungleich wichtigere. Nicht nur, daß sie ja durch Vermittlung der sie ersetzenden fortwirkt; es sind auch Wirkungen auf den Charakter nachzuweisen, welche sich unmittelbar von ihrer unbewußten Fassung ableiten. Menschen, die eine solche Phantasie bei sich tragen, entwickeln eine besondere Empfindlichkeit und Reizbarkeit gegen Personen, die sie in die Vaterreihe einfügen können; sie lassen sich leicht von ihnen kränken und bringen so die Verwirklichung der phantasierten Situation, daß sie vom Vater geschlagen werden, zu ihrem Leid und Schaden zustande. Ich würde nicht verwundert sein, wenn es einmal gelänge, dieselbe Phantasie als Grundlage des paranoischen Querulantenwahns nachzuweisen.

VI

Die Beschreibung der infantilen Schlagephantasien wäre völlig unübersichtlich geraten, wenn ich sie nicht, von wenigen Beziehungen abgesehen, auf die Verhältnisse bei weiblichen Personen eingeschränkt hätte. Ich wiederhole kurz die Ergebnisse: Die Schlagephantasie der kleinen Mädchen macht drei Phasen durch, von denen die erste und letzte als bewußt erinnert werden, die mittlere unbewußt bleibt. Die beiden bewußten scheinen sadistisch, die mittlere, unbewußte, ist unzweifelhaft masochistischer Natur; ihr Inhalt ist, vom Vater geschlagen zu werden, an ihr hängt die libidinöse Ladung und das Schuldbewußtsein. Das geschlagene Kind ist in den beiden ersteren Phantasien stets ein anderes, in der mittleren Phase nur die eigene Person, in der dritten, bewußten Phase sind es weit überwiegend nur Knaben, die geschlagen werden. Die schlagende Person ist von Anfang an der Vater, später ein Stellvertreter aus der Vaterreihe. Die unbewußte Phantasie der mittleren Phase hatte

---

[1] [S. z. B. eine Diskussion in der Krankengeschichte des »Rattenmannes« (1909 *d*, oben, S. 69 ff.)]

ursprünglich genitale Bedeutung, ist durch Verdrängung und Regression aus dem inzestuösen Wunsch, vom Vater geliebt zu werden, hervorgegangen. In anscheinend lockerem Zusammenhange schließt sich an, daß die Mädchen zwischen der zweiten und dritten Phase ihr Geschlecht wechseln, indem sie sich zu Knaben phantasieren.

In der Kenntnis der Schlagephantasien der Knaben bin ich, vielleicht nur durch die Ungunst des Materials, weniger weit gekommen. Ich habe begreiflicherweise volle Analogie der Verhältnisse bei Knaben und Mädchen erwartet, wobei an die Stelle des Vaters in der Phantasie die Mutter hätte treten müssen. Die Erwartung schien sich auch zu bestätigen, denn die für entsprechend gehaltene Phantasie des Knaben hatte zum Inhalt, von der Mutter (später von einer Ersatzperson) geschlagen zu werden. Allein diese Phantasie, in welcher die eigene Person als Objekt festgehalten war, unterschied sich von der zweiten Phase bei Mädchen dadurch, daß sie bewußt werden konnte. Wollte man sie aber darum eher der dritten Phase beim Mädchen gleichstellen, so blieb als neuer Unterschied, daß die eigene Person des Knaben nicht durch viele, unbestimmte, fremde, am wenigsten durch viele Mädchen ersetzt war. Die Erwartung eines vollen Parallelismus hatte sich also getäuscht.

Mein männliches Material umfaßte nur wenige Fälle mit infantiler Schlagephantasie ohne sonstige grobe Schädigung der Sexualtätigkeit, dagegen eine größere Anzahl von Personen, die als richtige Masochisten im Sinne der sexuellen Perversion bezeichnet werden mußten. Es waren entweder solche, die ihre Sexualbefriedigung ausschließlich in Onanie bei masochistischen Phantasien fanden, oder denen es gelungen war, Masochismus und Genitalbetätigung so zu verkoppeln, daß sie bei masochistischen Veranstaltungen und unter ebensolchen Bedingungen Erektion und Ejakulation erzielten oder zur Ausführung eines normalen Koitus befähigt wurden. Dazu kam der seltenere Fall, daß ein Masochist in seinem perversen Tun durch unerträglich stark auftretende Zwangsvorstellungen gestört wurde. Befriedigte Perverse haben nun selten Grund, die Analyse aufzusuchen; für die drei angeführten Gruppen von Masochisten können sich aber starke Motive ergeben, die sie zum Analytiker führen. Der masochistische Onanist findet sich absolut impotent, wenn er endlich doch den Koitus mit dem Weibe versucht, und wer bisher mit Hilfe einer masochistischen Vorstellung oder Veranstaltung den Koitus zustande gebracht hat, kann plötzlich die Entdeckung machen, daß dies ihm bequeme Bündnis versagt hat, indem das Genitale auf den masochistischen Anreiz nicht mehr reagiert. Wir sind gewohnt, den psychisch Impotenten, die sich in unsere Behandlung begeben, zuversichtlich Herstellung zu versprechen, aber wir sollten auch in dieser Prognose zurückhaltender sein, solange uns die Dynamik der Störung unbekannt ist. Es ist eine böse Überraschung, wenn uns die Analyse als Ursache der »bloß psychischen« Impotenz eine exquisite, vielleicht längst eingewurzelte, masochistische Einstellung enthüllt.

Bei diesen masochistischen Männern macht man nun eine Entdeckung, welche uns mahnt, die Analogie mit den Verhältnissen beim Weibe vorerst nicht weiter zu verfolgen, sondern den Sachverhalt selbständig zu beurteilen. Es stellt sich nämlich heraus, daß sie in den masochistischen Phantasien wie bei den Veranstaltungen zur Realisierung derselben sich regelmäßig in die Rolle von Weibern versetzen, daß also ihr Masochismus mit einer *femininen* Einstellung zusammenfällt. Dies ist aus den Einzelheiten der Phantasien leicht nachzuweisen; viele Patienten wissen es aber auch und äußern es als eine subjektive Gewißheit. Daran wird nichts geändert, wenn der spielerische Aufputz der masochistischen Szene an der Fiktion eines unartigen Knaben, Pagen oder Lehrlings, der gestraft werden soll, festhält. Die züchtigenden Personen sind aber in den Phantasien wie in den Veranstaltungen jedesmal Frauen. Das ist verwirrend genug; man möchte auch wissen, ob schon der Masochismus der *infantilen* Schlagephantasie auf solcher femininen Einstellung beruht[1].

Lassen wir darum die schwer aufzuklärenden Verhältnisse des Masochismus der Erwachsenen beiseite und wenden uns zu den infantilen Schlagephantasien beim männlichen Geschlecht. Hier gestattet uns die Analyse der frühesten Kinderzeit wiederum, einen überraschenden Fund zu machen: Die bewußte oder bewußtseinsfähige Phantasie des Inhalts, von der Mutter geschlagen zu werden, ist nicht primär. Sie hat ein Vorstadium, das regelmäßig unbewußt ist und das den Inhalt hat: *»Ich werde vom Vater geschlagen.«* Dieses Vorstadium entspricht also wirklich der zweiten Phase der Phantasie beim Mädchen. Die bekannte und bewußte Phantasie: Ich werde von der Mutter geschlagen, steht an der Stelle der dritten Phase beim Mädchen, in der, wie erwähnt, unbekannte Knaben die geschlagenen Objekte sind. Ein der ersten Phase beim Mädchen vergleichbares Vorstadium sadistischer Natur konnte ich beim Knaben nicht nachweisen, aber ich will hier keine

---

[1] [*Zusatz 1924:*] Weiteres darüber in ›Das ökonomische Problem des Masochismus‹ (1924 *c*).

endgültige Ablehnung aussprechen, denn ich sehe die Möglichkeit komplizierterer Typen wohl ein.

Das Geschlagenwerden der männlichen Phantasie, wie ich sie kurz und hoffentlich nicht mißverständlich nennen werde, ist gleichfalls ein durch Regression erniedrigtes Geliebtwerden im genitalen Sinne. Die unbewußte männliche Phantasie hat also ursprünglich nicht gelautet: »Ich werde vom Vater geschlagen«, wie wir es vorhin vorläufig hinstellten, sondern vielmehr: *»Ich werde vom Vater geliebt.«* Sie ist durch die bekannten Prozesse umgewandelt worden in die bewußte Phantasie: *»Ich werde von der Mutter geschlagen.«* Die Schlagephantasie des Knaben ist also von Anfang an eine passive, wirklich aus der femininen Einstellung zum Vater hervorgegangen. Sie entspricht auch ebenso wie die weibliche (die des Mädchens) dem Ödipuskomplex, nur ist der von uns erwartete Parallelismus zwischen beiden gegen eine Gemeinsamkeit anderer Art aufzugeben: *In beiden Fällen leitet sich die Schlagephantasie von der inzestuösen Bindung an den Vater ab* [1].

Es wird der Übersichtlichkeit dienen, wenn ich hier die anderen Übereinstimmungen und Verschiedenheiten zwischen den Schlagephantasien der beiden Geschlechter anfüge. Beim Mädchen geht die unbewußte masochistische Phantasie von der normalen Ödipuseinstellung aus; beim Knaben von der verkehrten, die den Vater zum Liebesobjekt nimmt. Beim Mädchen hat die Phantasie eine Vorstufe (die erste Phase), in welcher das Schlagen in seiner indifferenten Bedeutung auftritt und eine eifersüchtig gehaßte Person betrifft; beides entfällt beim Knaben, doch könnte gerade diese Differenz durch glücklichere Beobachtung beseitigt werden. Beim Übergang zur ersetzenden bewußten Phantasie [der dritten Phase] hält das Mädchen die Person des Vaters und somit das Geschlecht der schlagenden Person fest; es ändert aber die geschlagene Person und ihr Geschlecht, so daß am Ende ein Mann männliche Kinder schlägt; der Knabe ändert im Gegenteil Person und Geschlecht des Schlagenden, indem er Vater durch Mutter ersetzt, und behält seine Person bei, so daß am Ende der Schlagende und die geschlagene Person verschiedenen Geschlechts sind. Beim Mädchen wird die ursprünglich masochistische (passive) Situation durch die Verdrängung in eine sadistische umgewandelt, deren sexueller Charakter sehr verwischt ist, beim Knaben bleibt sie masochistisch und bewahrt infolge der Geschlechtsdifferenz zwischen schlagender und geschlagener Person mehr Ähnlich-

[1] [Eine Schlagephantasie spielt auch in der Analyse des »Wolfsmannes« (1918 *b*) eine gewisse Rolle. (Vgl. *Studienausgabe*, Bd. 8, S. 145 und S. 165.)]

keit mit der ursprünglichen, genital gemeinten Phantasie. Der Knabe entzieht sich durch die Verdrängung und Umarbeitung der unbewußten Phantasie seiner Homosexualität; das Merkwürdige an seiner späteren, bewußten Phantasie ist, daß sie feminine Einstellung ohne homosexuelle Objektwahl zum Inhalt hat. Das Mädchen dagegen entläuft bei dem gleichen Vorgang dem Anspruch des Liebeslebens überhaupt, phantasiert sich zum Manne, ohne selbst männlich aktiv zu werden, und wohnt dem Akt, welcher einen sexuellen ersetzt, nur mehr als Zuschauer bei.
Wir sind berechtigt anzunehmen, daß durch die Verdrängung der ursprünglichen, unbewußten Phantasie nicht allzuviel geändert wird. Alles fürs Bewußtsein Verdrängte und Ersetzte bleibt im Unbewußten erhalten und wirkungsfähig. Anders ist es mit dem Effekt der Regression auf eine frühere Stufe der Sexualorganisation. Von dieser dürfen wir glauben, daß sie auch die Verhältnisse im Unbewußten ändert, so daß nach der Verdrängung im Unbewußten bei beiden Geschlechtern zwar nicht die (passive) Phantasie, vom Vater geliebt zu werden, aber doch die masochistische, von ihm geschlagen zu werden, bestehenbleibt. Es fehlt auch nicht an Anzeichen dafür, daß die Verdrängung ihre Absicht nur sehr unvollkommen erreicht hat. Der Knabe, der ja der homosexuellen Objektwahl entfliehen wollte und sein Geschlecht nicht gewandelt hat, fühlt sich doch in seinen bewußten Phantasien als Weib und stattet die schlagenden Frauen mit männlichen Attributen und Eigenschaften aus. Das Mädchen, das selbst sein Geschlecht aufgegeben und im ganzen gründlichere Verdrängungsarbeit geleistet hat, wird doch den Vater nicht los, getraut sich nicht, selbst zu schlagen, und weil es selbst zum Buben geworden ist, läßt es hauptsächlich Buben geschlagen werden.

Ich weiß, daß die hier beschriebenen Unterschiede im Verhalten der Schlagephantasie bei beiden Geschlechtern nicht genügend aufgeklärt sind, unterlasse aber den Versuch, diese Komplikationen durch Verfolgung ihrer Abhängigkeit von anderen Momenten zu entwirren, weil ich selbst das Material der Beobachtung nicht für erschöpfend halte. Soweit es aber vorliegt, möchte ich es zur Prüfung zweier Theorien benützen, die, einander entgegengesetzt, beide die Beziehung der Verdrängung zum Geschlechtscharakter behandeln und dieselbe, jede in ihrem Sinne, als eine sehr innige darstellen. Ich schicke voraus, daß ich beide immer für unzutreffend und irreführend gehalten habe.
Die erste dieser Theorien ist anonym; sie wurde mir vor vielen Jahren

von einem damals befreundeten Kollegen vorgetragen[1]. Ihre großzügige Einfachheit wirkt so bestechend, daß man sich nur verwundert fragen muß, warum sie sich seither in der Literatur nur durch vereinzelte Andeutungen vertreten findet. Sie lehnt sich an die bisexuelle Konstitution der menschlichen Individuen und behauptet, bei jedem einzelnen sei der Kampf der Geschlechtscharaktere das Motiv der Verdrängung. Das stärker ausgebildete, in der Person vorherrschende Geschlecht habe die seelische Vertretung des unterlegenen Geschlechtes ins Unbewußte verdrängt. Der Kern des Unbewußten, das Verdrängte, sei also bei jedem Menschen das in ihm vorhandene Gegengeschlechtliche. Das kann einen greifbaren Sinn wohl nur dann geben, wenn wir das Geschlecht eines Menschen durch die Ausbildung seiner Genitalien bestimmt sein lassen, sonst wird ja das stärkere Geschlecht eines Menschen unsicher, und wir laufen Gefahr, das, was uns als Anhaltspunkt bei der Untersuchung dienen soll, selbst wieder aus deren Ergebnis abzuleiten. Kurz zusammengefaßt: Beim Manne ist das unbewußte Verdrängte auf weibliche Triebregungen zurückzuführen; umgekehrt so beim Weibe.

Die zweite Theorie ist neuerer Herkunft[2]; sie stimmt mit der ersten darin überein, daß sie wiederum den Kampf der beiden Geschlechter als entscheidend für die Verdrängung hinstellt. Im übrigen muß sie mit der ersteren in Gegensatz geraten; sie beruft sich auch nicht auf biologische, sondern auf soziologische Stützen. Diese von Alf. Adler [1910] ausgesprochene Theorie des »männlichen Protestes« hat zum Inhalt, daß jedes Individuum sich sträubt, auf der minderwertigen »weiblichen Linie« [der Entwicklung] zu verbleiben, und zur allein befriedigenden männlichen Linie hindrängt. Aus diesem männlichen Protest erklärt Adler ganz allgemein die Charakter- wie die Neurosenbildung. Leider sind die beiden doch gewiß auseinanderzuhaltenden Vorgänge bei Adler so wenig scharf geschieden und wird die Tatsache der Verdrängung überhaupt so wenig gewürdigt, daß man sich der Gefahr eines Mißverständnisses aussetzt, wenn man die Lehre vom männlichen Protest auf die Verdrängung anzuwenden versucht. Ich meine, dieser Versuch müßte ergeben, daß der männliche Protest, das Abrückenwollen von der weiblichen Linie, in allen Fällen das Motiv der Verdrängung

---

[1] [Es handelt sich um Wilhelm Fließ.]

[2] [Adlers Theorie der Verdrängung wird kurz in der Krankengeschichte des »Wolfsmannes« diskutiert (*Studienausgabe*, Bd. 8, S. 221–22). S. auch einen Hinweis auf den »männlichen Protest« in der Schreber-Analyse, oben, S. 168 und Anm., sowie eine Erörterung in ›Eine Teufelsneurose im siebzehnten Jahrhundert‹, unten, S. 306 f.]

ist. Das Verdrängende wäre also stets eine männliche, das Verdrängte eine weibliche Triebregung. Aber auch das Symptom wäre Ergebnis einer weiblichen Regung, denn wir können den Charakter des Symptoms, daß es ein Ersatz des Verdrängten sei, der sich der Verdrängung zum Trotze durchgesetzt hat, nicht aufgeben.

Erproben wir nun die beiden Theorien, denen sozusagen die Sexualisierung des Verdrängungsvorganges gemeinsam ist, an dem Beispiel der hier studierten Schlagephantasie. Die ursprüngliche Phantasie: »Ich werde vom Vater geschlagen«, entspricht beim Knaben einer femininen Einstellung, ist also eine Äußerung seiner gegengeschlechtlichen Anlage. Wenn sie der Verdrängung unterliegt, so scheint die erstere Theorie recht behalten zu sollen, die ja die Regel aufgestellt hat, das Gegengeschlechtliche deckt sich mit dem Verdrängten. Es entspricht freilich unseren Erwartungen wenig, wenn das, was sich nach erfolgter Verdrängung herausstellt, die bewußte Phantasie, doch wiederum die feminine Einstellung, nur diesmal zur Mutter, aufweist. Aber wir wollen nicht auf Zweifel eingehen, wo die Entscheidung so nahe bevorsteht. Die ursprüngliche Phantasie der Mädchen: »Ich werde vom Vater geschlagen (das heißt: geliebt)«, entspricht doch gewiß als feminine Einstellung dem bei ihnen vorherrschenden, manifesten Geschlecht, sie sollte also der Theorie zufolge der Verdrängung entgehen, brauchte nicht unbewußt zu werden. In Wirklichkeit wird sie es doch und erfährt eine Ersetzung durch eine bewußte Phantasie, welche den manifesten Geschlechtscharakter verleugnet. Diese Theorie ist also für das Verständnis der Schlagephantasien unbrauchbar und durch sie widerlegt. Man könnte einwenden, es seien eben weibische Knaben und männische Mädchen, bei denen diese Schlagephantasien vorkommen und die diese Schicksale erfahren, oder es sei ein Zug von Weiblichkeit beim Knaben und von Männlichkeit beim Mädchen dafür verantwortlich zu machen, beim Knaben für die Entstehung der passiven Phantasie, beim Mädchen für deren Verdrängung. Wir würden dieser Auffassung wahrscheinlich zustimmen, aber die behauptete Beziehung zwischen manifestem Geschlechtscharakter und Auswahl des zur Verdrängung Bestimmten wäre darum nicht minder unhaltbar. Wir sehen im Grunde nur, daß bei männlichen und weiblichen Individuen sowohl männliche wie weibliche Triebregungen vorkommen und ebenso durch Verdrängung unbewußt werden können.

Sehr viel besser scheint sich die Theorie des männlichen Protestes gegen die Probe an den Schlagephantasien zu behaupten. Beim Knaben wie beim Mädchen entspricht die Schlagephantasie einer femininen Einstellung, also einem Verweilen auf der weiblichen Linie, und beide Geschlechter beeilen sich, durch Verdrängung der Phantasie von dieser Einstellung loszukommen. Allerdings scheint der männliche Protest nur beim Mädchen vollen Erfolg zu erzielen, hier stellt sich ein geradezu ideales Beispiel für das Wirken des männlichen Protestes her. Beim Knaben ist der Erfolg nicht voll befriedigend, die weibliche Linie wird nicht aufgegeben, der Knabe ist in seiner bewußten masochistischen Phantasie gewiß nicht »oben«. Es entspricht also der aus der Theorie abgeleiteten Erwartung, wenn wir in dieser Phantasie ein Symptom erkennen, das durch Mißglücken des männlichen Protestes entstanden ist. Es stört uns freilich, daß die aus der Verdrängung hervorgegangene Phantasie des Mädchens ebenfalls Wert und Bedeutung eines Symptoms hat. Hier, wo der männliche Protest seine Absicht voll durchgesetzt hat, müßte doch die Bedingung für die Symptombildung entfallen sein.

Ehe wir noch aus dieser Schwierigkeit die Vermutung schöpfen, daß die ganze Betrachtungsweise des männlichen Protestes den Problemen der Neurosen und Perversionen unangemessen und in ihrer Anwendung auf sie unfruchtbar sei, werden wir unseren Blick von den passiven Schlagephantasien weg zu anderen Triebäußerungen des kindlichen Sexuallebens richten, die gleichfalls der Verdrängung unterliegen. Es kann doch niemand daran zweifeln, daß es auch Wünsche und Phantasien gibt, die von vornherein die männliche Linie einhalten und Ausdruck männlicher Triebregungen sind, z. B. sadistische Impulse oder die aus dem normalen Ödipuskomplex hervorgehenden Gelüste des Knaben gegen seine Mutter. Es ist ebensowenig zweifelhaft, daß auch diese von der Verdrängung befallen werden; wenn der männliche Protest die Verdrängung der passiven, später masochistischen Phantasien gut erklärt haben sollte, so wird er eben dadurch für den entgegengesetzten Fall der aktiven Phantasien völlig unbrauchbar. Das heißt: die Lehre vom männlichen Protest ist mit der Tatsache der Verdrängung überhaupt unvereinbar. Nur wer bereit ist, alle psychologischen Erwerbungen von sich zu werfen, die seit der ersten kathartischen Kur Breuers[1] und durch sie gemacht worden sind, kann erwarten, daß dem Prinzip des männlichen Protestes in der Aufklärung der Neurosen und Perversionen eine Bedeutung zukommen wird.

---

[1] [Gemeint ist der Fall ›Anna O.‹, der in den *Studien über Hysterie* (Breuer und Freud, 1895) veröffentlicht wurde.]

Die auf Beobachtung gestützte psychoanalytische Theorie hält fest daran, daß die Motive der Verdrängung nicht sexualisiert werden dürfen. Den Kern des seelisch Unbewußten bildet die archaische Erbschaft des Menschen, und dem Verdrängungsprozeß verfällt, was immer davon beim Fortschritt zu späteren Entwicklungsphasen als unbrauchbar, als mit dem Neuen unvereinbar und ihm schädlich zurückgelassen werden soll. Diese Auswahl gelingt bei einer Gruppe von Trieben besser als bei der anderen. Letztere, die Sexualtriebe, vermögen es, kraft besonderer Verhältnisse, die schon oftmals aufgezeigt worden sind [1], die Absicht der Verdrängung zu vereiteln und sich die Vertretung durch störende Ersatzbildungen zu erzwingen. Daher ist die der Verdrängung unterliegende infantile Sexualität die Haupttriebkraft der Symptombildung, und das wesentliche Stück ihres Inhalts, der Ödipuskomplex, der Kernkomplex der Neurose [2]. Ich hoffe, in dieser Mitteilung die Erwartung regegemacht zu haben, daß auch die sexuellen Abirrungen des kindlichen wie des reifen Alters von dem nämlichen Komplex abzweigen [3].

---

[1] [S. z. B. Freuds ›Formulierungen über die zwei Prinzipien des psychischen Geschehens‹ (1911 *b*).]

[2] [Vgl. den letzten Teil der langen Fußnote zur Falldarstellung des »Rattenmannes«, oben, S. 74, und die editorische Erläuterung dazu.]

[3] [Einige weitere Bemerkungen über die erste Phase der Schlagephantasie beim Mädchen finden sich in Freuds späterer Arbeit über den anatomischen Geschlechtsunterschied (1925 *j*, *Studienausgabe*, Bd. 5, S. 262 f.).]

Über die Psychogenese eines Falles von weiblicher Homosexualität

(1920)

EDITORISCHE VORBEMERKUNG

Deutsche Ausgaben:

1920 *Int. Z. Psychoanal.*, Bd. 6 (1), 1–24.
1922 *S. K. S. N.*, Bd. 5, 159–94.
1924 *G. S.*, Bd. 5, 312–43.
1926 *Psychoanalyse der Neurosen*, 87–124.
1931 *Sexualtheorie und Traumlehre*, 155–88.
1947 *G. W.*, Bd. 12, 271–302.

Wie wir von Ernest Jones (1962 *b*, Bd. 2, S. 331) erfahren, wurde die vorliegende Arbeit im Januar 1920 abgeschlossen und im März veröffentlicht. Nach einer Pause von fast zwanzig Jahren legt Freud hier eine recht detaillierte, wenn auch nicht abgeschlossene Krankengeschichte eines weiblichen Patienten vor. Aber während es sich in der »Dora«-Analyse (1905 *e* [1901]) wie auch in seinen Beiträgen zu den *Studien über Hysterie* (1895 *d*) ausschließlich um Hysterie handelte, begann Freud jetzt, die gesamte Frage der weiblichen Sexualität näher zu untersuchen. Seine Forschungen führten schließlich zu den Arbeiten über die Folgen des anatomischen Geschlechtsunterschieds (1925 *j*), über die weibliche Sexualität (1931 *b*) und zur 23. Vorlesung seiner *Neuen Folge der Vorlesungen* (1933 *a*). Darüber hinaus enthält die vorliegende Arbeit Formulierungen einiger späterer Ansichten Freuds über die Homosexualität im allgemeinen sowie einige interessante Bemerkungen zu technischen Fragen.

I

Die weibliche Homosexualität, gewiß nicht weniger häufig als die männliche, aber doch weit weniger lärmend als diese, ist nicht nur vom Strafgesetz übergangen, sondern auch von der psychoanalytischen Forschung vernachlässigt worden. Die Mitteilung eines einzelnen, nicht allzu grellen Falles, in dem es möglich wurde, dessen psychische Entstehungsgeschichte fast lückenlos und mit voller Sicherheit zu erkennen, mag daher einen gewissen Anspruch auf Beachtung erheben. Wenn die Darstellung nur die allgemeinsten Umrisse der Geschehnisse und die aus dem Falle gewonnenen Einsichten bringt und alle charakteristischen Einzelheiten unterschlägt, auf denen die Deutung ruht, so ist diese Einschränkung durch die von einem frischen Fall geforderte ärztliche Diskretion leicht erklärlich.

Ein achtzehnjähriges, schönes und kluges Mädchen aus sozial hochstehender Familie hat das Mißfallen und die Sorge seiner Eltern durch die Zärtlichkeit erweckt, mit der sie eine etwa zehn Jahre ältere Dame »aus der Gesellschaft« verfolgt. Die Eltern behaupten, daß diese Dame trotz ihres vornehmen Namens nichts anderes sei als eine Kokotte. Es sei von ihr bekannt, daß sie bei einer verheirateten Freundin lebt, mit der sie intime Beziehungen unterhält, während sie gleichzeitig in lockeren Liebesverhältnissen zu einer Anzahl von Männern steht. Das Mädchen bestreitet diese üble Nachrede nicht, läßt sich aber durch sie in der Verehrung der Dame nicht beirren, obwohl es ihr an Sinn für das Schickliche und Reinliche keineswegs gebricht. Kein Verbot und keine Überwachung hält sie ab, jede der spärlichen Gelegenheiten zum Beisammensein mit der Geliebten auszunützen, alle ihre Lebensgewohnheiten auszukundschaften, stundenlang vor ihrem Haustor oder an Trambahnhaltestellen auf sie zu warten, ihr Blumen zu schicken u. dgl. Es ist offenkundig, daß dies eine Interesse bei dem Mädchen alle anderen verschlungen hat. Sie kümmert sich nicht um ihre weitere Ausbildung, legt keinen Wert auf gesellschaftlichen Verkehr und mädchenhafte Vergnügungen und hält nur den Umgang mit einigen Freundinnen aufrecht, die ihr als Vertraute oder als Helferinnen dienen können. Wie weit es zwischen ihrer Tochter und jener zweifelhaften Dame gekommen ist, ob die Grenzen einer zärtlichen Schwärmerei bereits überschritten worden sind, wissen die Eltern nicht. Ein Interesse für junge Männer und Wohlgefallen an deren Huldigungen haben sie an dem Mädchen nie bemerkt; dagegen sind sie sich klar darüber, daß diese gegenwärtige Neigung für eine Frau nur in erhöhtem Maße fortsetzt, was sich in den letzten Jahren für andere weibliche Personen angezeigt und den Argwohn sowie die Strenge des Vaters wachgerufen hatte.

Zwei Stücke ihres Benehmens, scheinbar einander gegensätzlich, wurden dem Mädchen von den Eltern am stärksten verübelt. Daß sie keine Bedenken trug, sich öffentlich in belebten Straßen mit der anrüchigen Geliebten zu zeigen, und also die Rücksicht auf ihren eigenen Ruf vernachlässigte und daß sie kein Mittel der Täuschung, keine Ausrede und keine Lüge verschmähte, um die Zusammenkünfte mit ihr zu ermöglichen und zu decken. Also zuviel Offenheit in dem einen, vollste Verstellung im anderen Falle. Eines Tages traf es sich, was ja unter diesen Umständen einmal geschehen mußte, daß der Vater seiner Tochter in Begleitung jener ihm bekannt gewordenen Dame auf der Straße begegnete. Er ging mit einem zornigen Blick, der nichts Gutes ankündigte, an den beiden vorüber. Unmittelbar darauf riß sich das Mädchen los und stürzte sich über die Mauer in den dort nahen Einschnitt der Stadtbahn. Sie büßte diesen unzweifelhaft ernst gemeinten Selbstmordversuch mit einem langen Krankenlager, aber zum Glück mit nur geringer dauernder Schädigung. Nach ihrer Herstellung fand sie die Situation für ihre Wünsche günstiger als zuvor. Die Eltern wagten es nicht mehr, ihr ebenso entschieden entgegenzutreten, und die Dame, die sich bis dahin gegen ihre Werbung spröde ablehnend verhalten hatte, war durch einen so unzweideutigen Beweis ernster Leidenschaft gerührt und begann sie freundlicher zu behandeln.

Etwa ein halbes Jahr nach diesem Unfall wendeten sich die Eltern an den Arzt und stellten ihm die Aufgabe, ihre Tochter zur Norm zurückzubringen. Der Selbstmordversuch des Mädchens hatte ihnen wohl gezeigt, daß die Machtmittel der häuslichen Disziplin nicht imstande waren, die vorliegende Störung zu bewältigen. Es ist aber gut, hier die Stellung des Vaters und die der Mutter gesondert zu behandeln. Der Vater war ein ernsthafter, respektabler Mann, im Grunde sehr zärtlich, durch seine angenommene Strenge den Kindern etwas entfremdet. Sein Benehmen gegen die einzige Tochter wurde allzusehr durch Rücksichten auf seine Frau, ihre Mutter, bestimmt. Als er zuerst von den homosexuellen Neigungen der Tochter Kenntnis bekam, wallte er zornig auf und wollte sie durch Drohungen unterdrücken; er mag damals zwischen verschiedenen, gleich peinlichen Auffassungen geschwankt haben, ob er ein lasterhaftes, ein entartetes oder ein geisteskrankes Wesen in ihr sehen sollte. Auch nach dem Unfall brachte er es nicht zur Höhe jener überlegenen Resignation, welcher einer unserer ärztlichen Kollegen bei einer irgendwie ähnlichen Entgleisung in seiner Familie durch die Rede Ausdruck gab: »Es ist eben ein Malheur wie ein anderes!« Die Homosexualität seiner Tochter hatte etwas, was seine vollste Erbitterung weckte. Er war entschlossen, sie mit allen Mitteln zu bekämpfen; die in Wien so allgemein verbreitete Geringschätzung der Psychoanalyse hielt ihn nicht ab, sich an sie um Hilfe zu wenden. Wenn dieser Weg versagte, hatte er noch immer das stärkste Gegenmittel im Rückhalt; eine rasche Verheiratung sollte die natürlichen Instinkte des Mädchens wachrufen und dessen unnatürliche Neigungen ersticken.

Die Einstellung der Mutter des Mädchens war nicht so leicht zu durchschauen. Sie war eine noch jugendliche Frau, die dem Anspruch, selbst durch Schönheit zu gefallen, offenbar nicht entsagen wollte. Es war nur klar, daß sie die Schwärmerei ihrer Tochter nicht so tragisch nahm und sich keineswegs so sehr darüber entrüstete wie der Vater. Sie hatte sogar durch längere Zeit das Vertrauen des Mädchens in betreff ihrer Verliebtheit in jene Dame genossen; ihre Parteinahme dagegen schien wesentlich durch die schädliche Offenheit bestimmt, mit der die Tochter ihre Gefühle vor aller Welt kundgab. Sie war selbst durch mehrere Jahre neurotisch gewesen, erfreute sich großer Schonung von seiten ihres Mannes, behandelte ihre Kinder recht ungleichmäßig, war eigentlich hart gegen die Tochter und überzärtlich mit ihren drei Knaben, von denen der jüngste ein Spätling war, gegenwärtig noch nicht drei Jahre alt. Bestimmteres über ihren Charakter zu erfahren war nicht leicht, denn infolge von Motiven, die erst später verstanden werden können, hielten die Angaben der Patientin über ihre Mutter stets eine Reserve ein, von der im Falle des Vaters keine Rede war.

Der Arzt, der die analytische Behandlung des Mädchens übernehmen sollte, hatte mehrere Gründe, sich unbehaglich zu fühlen. Er fand nicht die Situation vor, welche die Analyse anfordert und in der sie allein ihre Wirksamkeit erproben kann. Diese Situation sieht in ihrer idealen Ausprägung bekanntlich so aus, daß jemand, der sonst sein eigener Herr ist, an einem inneren Konflikt leidet, den er allein nicht zu Ende bringen kann, daß er dann zum Analytiker kommt, es ihm klagt und ihn um seine Hilfeleistung bittet. Der Arzt arbeitet dann Hand in Hand mit dem einen Anteil der krankhaft entzweiten Persönlichkeit gegen den anderen Partner des Konflikts. Andere Situationen als diese sind für die Analyse mehr oder minder ungünstig, fügen zu den inneren Schwierigkeiten des Falles neue hinzu. Situationen wie die des Bauherrn, der beim Architekten eine Villa nach seinem Geschmack und Bedürfnis bestellt, oder des frommen Stifters, der sich vom Künstler ein Heiligenbild malen läßt, in dessen Ecke dann sein eigenes Porträt als Anbetender Platz findet, sind mit den Bedingungen der Psychoanalyse im Grunde nicht vereinbar. Es kommt zwar alle Tage vor, daß sich ein Ehemann an den Arzt mit der Information wendet: »Meine Frau ist nervös, sie verträgt sich darum schlecht mit mir; machen Sie sie gesund, so daß wir wieder eine glückliche Ehe führen können.« Aber es stellt sich oft genug heraus, daß ein solcher Auftrag unausführbar ist, das heißt, daß der Arzt nicht das Ergebnis herstellen kann, wegen dessen der Mann die Behandlung wünschte. Sowie die Frau von ihren neurotischen Hemmungen befreit ist, setzt sie die Trennung der Ehe durch, deren Erhaltung nur unter der Voraussetzung ihrer Neurose möglich war. Oder Eltern verlangen, daß man ihr Kind gesund mache, welches nervös und unfügsam ist. Sie verstehen unter einem gesunden Kind ein solches, das den Eltern keine Schwierigkeiten bereitet, an dem sie ihre Freude haben können. Die Herstellung des Kindes mag dem Arzt gelingen, aber es geht nach der Genesung um so entschiedener seine eigenen Wege, und die Eltern sind jetzt weit mehr unzufrieden als vorher. Kurz, es ist nicht gleichgültig, ob ein Mensch aus eigenem Streben in die Analyse kommt oder darum, weil andere ihn dahin bringen, ob er selbst seine Veränderung wünscht oder nur seine Angehörigen, die ihn lieben oder von denen man solche Liebe erwarten sollte.

Als weitere ungünstige Momente waren die Tatsachen zu bewerten, daß das Mädchen ja keine Kranke war – sie litt nicht aus inneren Gründen, beklagte sich nicht über ihren Zustand – und daß die gestellte Aufgabe nicht darin bestand, einen neurotischen Konflikt zu lösen, sondern die eine Variante der genitalen Sexualorganisation in die andere überzuführen. Diese Leistung, die Beseitigung der genitalen Inversion oder Homosexualität, ist meiner Erfahrung niemals leicht erschienen. Ich habe vielmehr gefunden, daß sie nur unter besonders günstigen Umständen gelingt, und auch dann bestand der Erfolg wesentlich darin, daß man der homosexuell eingeengten Person den bis dahin versperrten Weg zum anderen Geschlechte frei machen konnte, also ihre volle bisexuelle Funktion wiederherstellte. Es lag dann in ihrem Belieben, ob sie den anderen, von der Gesellschaft geächteten Weg veröden lassen wollte, und in einzelnen Fällen hat sie es auch so getan. Man muß sich sagen, daß auch die normale Sexualität auf einer Einschränkung der Objektwahl beruht, und im allgemeinen ist das Unternehmen, einen vollentwickelten Homosexuellen in einen Heterosexuellen zu verwandeln, nicht viel aussichtsreicher als das umgekehrte, nur daß man dies letztere aus guten praktischen Gründen niemals versucht.

Die Erfolge der psychoanalytischen Therapie in der Behandlung der allerdings sehr vielgestaltigen Homosexualität sind der Zahl nach wirklich nicht bedeutsam. In der Regel vermag der Homosexuelle sein Lustobjekt nicht aufzugeben; es gelingt nicht, ihn zu überzeugen, daß er die Lust, auf die er hier verzichtet, im Falle der Umwandlung am anderen Objekt wiederfinden würde. Wenn er sich überhaupt in Behandlung begibt, so haben ihn zumeist äußere Motive dazu gedrängt, die sozialen Nachteile und Gefahren seiner Objektwahl, und solche Komponenten des Selbsterhaltungstriebes erweisen sich als zu schwach im Kampfe gegen die Sexualstrebungen. Man kann dann bald seinen geheimen Plan aufdecken, sich durch den eklatanten Mißerfolg dieses Versuches die Beruhigung zu schaffen, daß er das Möglichste gegen seine Sonderartung getan habe und sich ihr nun mit gutem Gewissen überlassen könne. Wo die Rücksicht auf geliebte Eltern und Angehörige den Versuch zur Heilung motiviert hat, da liegt der Fall etwas anders. Es sind dann wirklich libidinöse Strebungen vorhanden, die zur homosexuellen Objektwahl gegensätzliche Energien entwickeln können, aber deren Kraft reicht selten aus. Nur wo die Fixierung an das gleichgeschlechtliche Objekt noch nicht stark genug geworden ist oder wo sich erhebliche Ansätze und Reste der heterosexuellen Objektwahl vorfinden, also bei noch schwankender oder bei deutlich bisexueller Organisation, darf die Prognose der psychoanalytischen Therapie günstiger gestellt werden.

Aus diesen Gründen vermied ich es durchaus, den Eltern die Erfüllung ihres Wunsches in Aussicht zu stellen. Ich erklärte mich bloß bereit dazu, das Mädchen durch einige Wochen oder Monate sorgfältig zu studieren, um mich danach über die Aussichten einer Beeinflussung durch Fortsetzung der Analyse äußern zu können. In einer ganzen Anzahl von Fällen zerlegt sich ja die Analyse in zwei deutlich gesonderte Phasen; in einer ersten verschafft sich der Arzt die notwendigen Kenntnisse vom Patienten, macht ihn mit den Voraussetzungen und Postulaten der Analyse bekannt und entwickelt vor ihm die Konstruktion der Entstehung seines Leidens, zu welcher er sich auf Grund des von der Analyse gelieferten Materials berechtigt glaubt. In einer zweiten Phase bemächtigt sich der Patient selbst des ihm vorgelegten Stoffes, arbeitet an ihm, erinnert von dem bei ihm angeblich Verdrängten, was er erinnern kann, und trachtet, das andere in einer Art von Neubelebung zu wiederholen. Dabei kann er die Aufstellungen des Arztes bestätigen, ergänzen und richtigstellen. Erst während dieser Arbeit erfährt er durch die Überwindung von Widerständen die innere Veränderung, die man erzielen will, und gewinnt die Überzeugungen, die ihn von der ärztlichen Autorität unabhängig machen. Nicht immer sind diese beiden Phasen im Ablauf der analytischen Kur scharf voneinander geschieden; es kann dies nur geschehen, wenn der Widerstand bestimmte Bedingungen einhält. Aber wo es der Fall ist, kann man den Vergleich mit zwei entsprechenden Abschnitten einer Reise heranziehen. Der erste umfaßt alle notwendigen, heute so komplizierten und schwer zu erfüllenden Vorbereitungen, bis man endlich die Fahrkarte gelöst, den Perron betreten und seinen Platz im Wagen erobert hat. Man hat jetzt das Recht und die Möglichkeit, in das ferne Land zu reisen, aber man ist nach all diesen Vorarbeiten noch nicht dort, eigentlich dem Ziele um keinen Kilometer näher gerückt. Es gehört noch dazu, daß man die Reise selbst von einer Station zur anderen zurücklege, und dieses Stück der Reise ist mit der zweiten Phase gut vergleichbar.

Die Analyse bei meiner nunmehrigen Patientin verlief nach diesem Zweiphasenschema, wurde aber nicht über den Beginn der zweiten Phase hinaus fortgeführt. Eine besondere Konstellation des Widerstandes ermöglichte es trotzdem, die volle Bestätigung meiner Konstruktionen und eine im großen und ganzen zureichende Einsicht in den Entwicklungsgang ihrer Inversion zu gewinnen. Ehe ich aber die Ergebnisse der Analyse bei ihr darlege, muß ich einige Punkte erledigen, die ich entweder schon selbst gestreift oder die sich dem Leser als die ersten Gegenstände seines Interesses aufgedrängt haben.

Ich hatte die Prognose zum Teil davon abhängig gemacht, wie weit das Mädchen in der Befriedigung seiner Leidenschaft gekommen war. Die Auskunft, die ich während der Analyse erhielt, schien in dieser Hinsicht günstig. Bei keinem der Objekte ihrer Schwärmerei hatte sie mehr als einzelne Küsse und Umarmungen genossen, ihre Genitalkeuschheit, wenn man so sagen darf, war unversehrt geblieben. Die Halbweltdame gar, die die jüngsten und weitaus stärksten Gefühle bei ihr erweckt hatte, war spröde gegen sie geblieben, hatte ihr nie eine höhere Gunst gegönnt als die, ihr die Hand küssen zu dürfen. Das Mädchen machte wahrscheinlich eine Tugend aus ihrer Not, wenn sie immer wieder die Reinheit ihrer Liebe und ihre physische Abneigung gegen einen Sexualverkehr betonte. Vielleicht hatte sie aber nicht ganz unrecht, wenn sie von ihrer hehren Geliebten rühmte, daß sie, von vornehmer Herkunft und nur durch widrige Familienverhältnisse in ihre gegenwärtige Position gedrängt, sich auch hier noch ein ganzes Stück Würde bewahrt habe. Denn diese Dame pflegte ihr bei jedem Zusammentreffen zuzureden, ihre Neigung von ihr und von den Frauen überhaupt abzuwenden, und hatte sich bis zum Selbstmordversuch immer nur streng abweisend gegen sie benommen.

Ein zweiter Punkt, den ich alsbald aufzuklären versuchte, betraf die eigenen Motive des Mädchens, auf welche die analytische Behandlung sich etwa stützen konnte. Sie versuchte mich nicht durch die Behauptung zu täuschen, daß es ihr ein dringendes Bedürfnis sei, von ihrer Homosexualität befreit zu werden. Sie könne sich im Gegenteil gar keine andere Verliebtheit vorstellen, aber, setzte sie hinzu, der Eltern wegen wolle sie den therapeutischen Versuch ehrlich unterstützen, denn sie empfinde es sehr schwer, den Eltern solchen Kummer zu bereiten. Auch diese Äußerung mußte ich zunächst als günstig auffassen; ich konnte nicht ahnen, welche unbewußte Affekteinstellung sich hinter ihr verbarg. Was hier dann später zum Vorschein kam, hat die Gestaltung der Kur und deren vorzeitigen Abbruch entscheidend beeinflußt.

Nichtanalytische Leser werden längst die Beantwortung zweier anderer Fragen ungeduldig erwarten. Zeigte dieses homosexuelle Mädchen deutliche somatische Charaktere des anderen Geschlechts, und erwies sie sich als ein Fall von angeborener oder von erworbener (später entwickelter) Homosexualität?

Ich verkenne die Bedeutung nicht, welche der ersteren Frage zukommt. Nur möge man diese Bedeutung nicht übertreiben und zu ihren Gunsten die Tatsachen verdunkeln, daß vereinzelte sekundäre Merkmale des anderen Geschlechts bei normalen menschlichen Individuen überhaupt sehr häufig vorkommen und daß sehr gut ausgeprägte somatische Charaktere des anderen Geschlechtes sich an Personen finden können, deren Objektwahl keine Abänderung im Sinne einer Inversion erfahren hat. Daß also, anders ausgedrückt, bei beiden Geschlechtern *das Maß des physischen Hermaphroditismus von dem des psychischen in hohem Grade unabhängig ist.* Als Einschränkung der beiden Sätze ist hinzuzufügen, daß diese Unabhängigkeit beim Manne deutlicher ist als beim

Weibe, wo die körperliche und die seelische Ausprägung des entgegengesetzten Geschlechtscharakters eher regelmäßig zusammentreffen [1]. Ich bin aber doch nicht in der Lage, die erste der hier gestellten Fragen für meinen Fall befriedigend zu beantworten. Der Psychoanalytiker pflegt sich ja eine eingehende körperliche Untersuchung seiner Patienten in bestimmten Fällen zu versagen. Eine auffällige Abweichung vom körperlichen Typus des Weibes bestand jedenfalls nicht, auch keine menstruale Störung. Wenn das schöne und wohlgebildete Mädchen den hohen Wuchs des Vaters und eher scharfe als mädchenhaft weiche Gesichtszüge zeigte, so mag man darin Andeutungen einer somatischen Männlichkeit erblicken. Auf männliches Wesen konnte man auch einige ihrer intellektuellen Eigenschaften beziehen, so die Schärfe ihres Verständnisses und die kühle Klarheit ihres Denkens, insoweit sie nicht unter der Herrschaft ihrer Leidenschaft stand. Doch sind diese Unterscheidungen eher konventionell als wissenschaftlich berechtigt. Bedeutsamer ist gewiß, daß sie in ihrem Verhalten zu ihrem Liebesobjekt durchaus den männlichen Typus angenommen hatte, also die Demut und großartige Sexualüberschätzung des liebenden Mannes zeigte, den Verzicht auf jede narzißtische Befriedigung, die Bevorzugung des Liebens vor dem Geliebtwerden. Sie hatte also nicht nur ein weibliches Objekt gewählt, sondern auch eine männliche Einstellung zu ihm gewonnen.

Die andere Frage, ob ihr Fall einer angeborenen oder einer erworbenen Homosexualität entsprach, soll durch die ganze Entwicklungsgeschichte ihrer Störung beantwortet werden. Dabei wird sich ergeben, inwieweit diese Fragestellung selbst unfruchtbar und unangemessen ist.

II

Auf eine so weitschweifige Einleitung kann ich nur eine ganz knappe und übersichtliche Darstellung der Libidogeschichte dieses Falles folgen lassen. Das Mädchen hatte in den Kinderjahren die normale Einstellung des weiblichen Ödipuskomplexes [2] in wenig auffälliger Weise durch-

[1] [Vgl. die Diskussion dieser Frage in den *Drei Abhandlungen zur Sexualtheorie* (1905 *d*), *Studienausgabe*, Bd. 5, S. 52 ff.]

[2] Ich sehe in der Einführung des Terminus »Elektrakomplex« keinen Fortschritt oder Vorteil und möchte denselben nicht befürworten. [Der Terminus wurde von Jung eingeführt (1913, 370). Vgl. einen ähnlichen Kommentar Freuds in ›Über die weibliche Sexualität‹ (1931 *b*), *Studienausgabe*, Bd. 5, S. 278.]

gemacht, später auch begonnen, den Vater durch den um wenig älteren Bruder zu ersetzen. Sexuelle Traumen in früher Jugend wurden weder erinnert noch durch die Analyse aufgedeckt. Die Vergleichung der Genitalien des Bruders mit den eigenen, die etwa zu Beginn der Latenzzeit (zu fünf Jahren oder etwas früher) vorfiel, hinterließ ihr einen starken Eindruck und war in ihren Nachwirkungen weit zu verfolgen. Auf frühinfantile Onanie deutete sehr wenig, oder die Analyse kam nicht so weit, um diesen Punkt aufzuklären. Die Geburt eines zweiten Bruders, als sie zwischen fünf und sechs Jahren alt war, äußerte keinen besonderen Einfluß auf ihre Entwicklung. In den Schul- und Vorpubertätsjahren wurde sie allmählich mit den Tatsachen des Sexuallebens bekannt und empfing dieselben mit dem normal zu nennenden, auch im Ausmaße nicht übertriebenen Gemenge von Lüsternheit und erschreckter Ablehnung. Alle diese Auskünfte erscheinen recht mager, ich kann auch nicht dafür einstehen, daß sie vollständig sind. Vielleicht war die Jugendgeschichte doch weit reichhaltiger; ich weiß es nicht. Die Analyse brach, wie gesagt, nach kurzer Zeit ab und lieferte darum eine Anamnese, die nicht viel verläßlicher ist als die anderen, mit gutem Recht beanstandeten Anamnesen von Homosexuellen. Das Mädchen war auch niemals neurotisch gewesen, brachte nicht ein hysterisches Symptom in die Analyse mit, so daß sich die Anlässe zur Durchforschung ihrer Kindergeschichte nicht so bald ergeben konnten.

Mit dreizehn und vierzehn Jahren zeigte sie eine nach dem Urteil aller übertrieben starke, zärtliche Vorliebe für einen kleinen, noch nicht dreijährigen Jungen, den sie in einem Kinderpark regelmäßig sehen konnte. Sie nahm sich des Kindes so herzlich an, daß daraus eine langdauernde freundschaftliche Beziehung zu den Eltern des Kleinen entstand. Man darf aus diesem Vorfall schließen, daß sie damals von einem starken Wunsche, selbst Mutter zu sein und ein Kind zu haben, beherrscht war. Aber kurze Zeit nachher wurde ihr der Knabe gleichgültig, und sie begann ein Interesse für reife, doch noch jugendliche Frauen zu zeigen, dessen Äußerungen ihr bald eine empfindliche Züchtigung von seiten des Vaters zuzogen.

Es wurde über jeden Zweifel sichergestellt, daß diese Wandlung zeitlich mit einem Ereignis in der Familie zusammenfällt, von dem wir demnach die Aufklärung der Wandlung erwarten dürfen. Vorher war ihre Libido auf Mütterlichkeit eingestellt gewesen, nachher war sie eine in reifere Frauen verliebte Homosexuelle, was sie seitdem geblieben ist. Dies für unser Verständnis so bedeutsame Ereignis war eine neue Gravidität der Mutter und die Geburt eines dritten Bruders, als sie etwa sechzehn Jahre alt war.

Der Zusammenhang, den ich nun im folgenden aufdecken werde, ist kein Produkt meiner Kombinationsgabe; er ist mir durch so vertrauenswürdiges analytisches Material nahegelegt worden, daß ich objektive Sicherheit für ihn beanspruchen kann. Insbesondere hat eine Reihe von ineinandergreifenden, leicht deutbaren Träumen für ihn entschieden.

Die Analyse ließ unzweideutig erkennen, daß die geliebte Dame ein Ersatz für die – Mutter war. Nun war diese selbst allerdings keine Mutter, aber sie war auch nicht die erste Liebe des Mädchens gewesen. Die ersten Objekte ihrer Neigung seit der Geburt des letzten Bruders waren wirklich Mütter, Frauen zwischen dreißig und fünfunddreißig Jahren, die sie mit ihren Kindern in der Sommerfrische oder im Familienverkehr der Großstadt kennenlernte. Die Bedingung der Mütterlichkeit wurde später fallengelassen, weil sie sich mit einer anderen, die immer gewichtiger wurde, in der Realität nicht gut vertrug. Die besonders intensive Bindung an die letzte Geliebte, die »Dame«, hatte noch einen anderen Grund, den das Mädchen eines Tages ohne Mühe auffand. Sie wurde durch die schlanke Erscheinung, die strenge Schönheit und das rauhe Wesen der Dame an ihren eigenen, etwas älteren Bruder gemahnt. Das endlich gewählte Objekt entsprach also nicht nur ihrem Frauen-, sondern auch ihrem Männerideal, es vereinigte die Befriedigung der homosexuellen Wunschrichtung mit jener der heterosexuellen. Bekanntlich hat die Analyse männlicher Homosexueller in zahlreichen Fällen das nämliche Zusammentreffen gezeigt, ein Wink, sich Wesen und Entstehung der Inversion nicht allzu einfach vorzustellen und die durchgängige Bisexualität des Menschen nicht aus dem Auge zu verlieren[1].

Wie soll man es aber verstehen, daß das Mädchen gerade durch die Geburt eines späten Kindes, als sie selbst schon reif geworden war und eigene starke Wünsche hatte, bewogen wurde, ihre leidenschaftliche Zärtlichkeit der Gebärerin dieses Kindes, ihrer eigenen Mutter, zuzuwenden und an einer Vertreterin der Mutter zum Ausdruck zu bringen? Nach allem, was man sonst weiß, hätte man das Gegenteil erwarten sollen. Die Mütter pflegen sich unter solchen Umständen vor ihren beinahe heiratsfähigen Töchtern zu genieren, die Töchter haben für die

---

[1] Vgl. I. Sadger (1914).

Mutter ein aus Mitleid, Verachtung und Neid gemischtes Gefühl bereit, das nichts dazu beiträgt, die Zärtlichkeit für die Mutter zu steigern. Das Mädchen unserer Beobachtung hatte überhaupt wenig Grund, für ihre Mutter zärtlich zu empfinden. Der selbst noch jugendlichen Frau war diese rasch erblühte Tochter eine unbequeme Konkurrentin, sie setzte sie hinter den Knaben zurück, schränkte ihre Selbständigkeit möglichst ein und wachte besonders eifrig darüber, daß sie dem Vater ferne blieb. Ein Bedürfnis nach einer liebenswürdigeren Mutter mag also bei dem Mädchen von jeher gerechtfertigt gewesen sein; warum es aber damals und in Gestalt einer verzehrenden Leidenschaft aufflackerte, ist nicht begreiflich.

Die Erklärung ist die folgende: Das Mädchen befand sich in der Phase der Pubertätsauffrischung des infantilen Ödipuskomplexes, als die Enttäuschung über sie kam. Hell bewußt wurde ihr der Wunsch, ein Kind zu haben, und zwar ein männliches; daß es ein Kind vom Vater und dessen Ebenbild sein sollte, durfte ihr Bewußtes nicht erfahren. Aber da geschah es, daß nicht sie das Kind bekam, sondern die im Unbewußten gehaßte Konkurrentin, die Mutter. Empört und erbittert wendete sie sich vom Vater, ja vom Manne überhaupt ab. Nach diesem ersten großen Mißerfolg verwarf sie ihre Weiblichkeit und strebte nach einer anderen Unterbringung ihrer Libido.

Sie benahm sich dabei ganz ähnlich wie viele Männer, die nach einer ersten peinlichen Erfahrung dauernd mit dem treulosen Geschlecht der Frauen zerfallen und Weiberfeinde werden. Von einer der anziehendsten und unglücklichsten fürstlichen Persönlichkeiten unserer Lebenszeit wird erzählt, daß er darum homosexuell geworden, weil ihn die verlobte Braut mit einem fremden Gesellen hintergangen hatte. Ich weiß nicht, ob dies historische Wahrheit ist, aber ein Stück psychologischer Wahrheit steckt hinter diesem Gerücht. Unser aller Libido schwankt normalerweise lebenslang zwischen dem männlichen und dem weiblichen Objekt; der Junggeselle gibt seine Freundschaften auf, wenn er heiratet, und kehrt zum Stammtisch zurück, wenn seine Ehe schal geworden ist. Freilich, wo die Schwankung so gründlich und so endgültig ist, da richtet sich unsere Vermutung auf ein besonderes Moment, welches die eine oder die andere Seite entscheidend begünstigt, vielleicht nur auf den geeigneten Zeitpunkt gewartet hat, um die Objektwahl nach seinem Sinne durchzusetzen.

Unser Mädchen hatte also nach jener Enttäuschung den Wunsch nach dem Kinde, die Liebe zum Manne und die weibliche Rolle überhaupt von sich gewiesen. Und nun hätte offenbar sehr Verschiedenartiges geschehen können; was wirklich geschah, war das Extremste. Sie wandelte sich zum Manne um und nahm die Mutter an Stelle des Vaters zum Liebesobjekt[1]. Ihre Beziehung zur Mutter war sicherlich von Anfang an ambivalent gewesen, es gelang leicht, die frühere Liebe zur Mutter wiederzubeleben und mit ihrer Hilfe die gegenwärtige Feindseligkeit gegen die Mutter zur Überkompensation zu bringen. Da mit der realen Mutter wenig anzufangen war, ergab sich aus der geschilderten Gefühlsumsetzung das Suchen nach einem Muttterersatz, an dem man mit leidenschaftlicher Zärtlichkeit hängen konnte[2].

Ein praktisches Motiv aus ihren realen Beziehungen zur Mutter kam als [sekundärer] »Krankheitsgewinn« noch hinzu. Die Mutter legte selbst noch Wert darauf, von Männern hofiert und gefeiert zu werden. Wenn sie also homosexuell wurde, der Mutter die Männer überließ, ihr sozusagen »auswich«, räumte sie etwas aus dem Wege, was bisher an der Mißgunst der Mutter Schuld getragen hatte[3].

---

[1] Es ist gar nicht so selten, daß man eine Liebesbeziehung dadurch abbricht, daß man sich selbst mit dem Objekt derselben identifiziert, was einer Art von Regression zum Narzißmus entspricht. Nachdem dies erfolgt ist, kann man bei neuerlicher Objektwahl leicht das dem früheren entgegengesetzte Geschlecht mit seiner Libido besetzen.

[2] Die hier beschriebenen Verschiebungen der Libido sind gewiß jedem Analytiker aus der Erforschung der Anamnesen von Neurotikern bekannt. Nur fallen sie bei diesen letzteren im zarten Kindesalter, zur Zeit der Frühblüte des Liebeslebens vor, bei unserem ganz und gar nicht neurotischen Mädchen vollziehen sie sich in den ersten Jahren nach der Pubertät, übrigens gleichfalls völlig unbewußt. Ob dieses zeitliche Moment sich nicht einstmals als sehr bedeutsam herausstellen wird?

[3] Da ein solches Ausweichen bisher unter den Ursachen der Homosexualität wie im Mechanismus der Libidofixierung überhaupt keine Erwähnung gefunden hat, will ich eine ähnliche analytische Beobachtung hier anschließen, die durch einen besonderen Umstand interessant ist. Ich habe einst zwei Zwillingsbrüder kennengelernt, die beide mit starken libidinösen Impulsen begabt waren. Der eine von ihnen hatte viel Glück bei Frauen und ließ sich in ungezählte Verhältnisse mit Frauen und Mädchen ein. Der andere war zuerst auf demselben Wege, aber dann wurde es ihm unangenehm, dem Bruder ins Gehege zu kommen, infolge seiner Ähnlichkeit bei intimen Anlässen mit ihm verwechselt zu werden, und er half sich dadurch, daß er homosexuell wurde. Er überließ dem Bruder die Frauen und war ihm so »ausgewichen«. Ein andermal behandelte ich einen jüngeren Mann, Künstler und unverkennbar bisexuell angelegt, bei dem sich die Homosexualität gleichzeitig mit einer Arbeitsstörung durchgesetzt hatte. Er floh in einem die Frauen und sein Werk. Die Analyse, die ihn zu beiden zurückführen konnte, wies die Scheu vor dem Vater als das mächtigste psychische Motiv für beide Störungen, eigentlich Entsagungen, nach. In seiner Vorstellung gehörten alle Frauen dem Vater, und er flüchtete zu den Männern aus Ergebenheit, um dem Konflikt mit dem Vater auszuweichen. Solche Motivierung der homosexuellen Objektwahl muß sich häufiger finden lassen; in den Urzeiten des Menschengeschlechts war es wohl so, daß alle Frauen dem Vater und Oberhaupt der Urhorde gehörten. – Bei Geschwistern, die nicht Zwillinge sind, spielt solches Ausweichen auch auf anderen Gebieten als dem der

Die so gewonnene Libidoeinstellung wurde nun gefestigt, als das Mädchen merkte, wie unangenehm sie dem Vater war. Seit jener ersten Züchtigung wegen einer allzu zärtlichen Annäherung an eine Frau wußte sie, womit sie den Vater kränken und wie sie sich an ihm rächen konnte. Sie blieb jetzt homosexuell aus Trotz gegen den Vater. Sie machte sich auch kein Gewissen daraus, ihn auf jede Weise zu hintergehen und zu belügen. Gegen die Mutter war sie ja nur so weit unaufrichtig, als es nötig war, damit der Vater nichts erfahre. Ich hatte den Eindruck, daß sie nach dem Grundsatz der Talion handelte: »Hast du mich betrogen, so mußt du es dir gefallen lassen, daß ich auch dich betrüge.« Auch die auffälligen Unvorsichtigkeiten des sonst raffiniert klugen Mädchens kann ich nicht anders beurteilen. Der Vater mußte doch gelegentlich von ihrem Umgang mit der Dame erfahren, sonst wäre ihr die Rachebefriedigung, die ihr die dringendste war, entgangen. So sorgte sie dafür, indem sie sich mit der Angebeteten öffentlich zeigte, in den Straßen nahe dem Geschäftslokal des Vaters spazierenging und dergleichen. Auch diese Ungeschicklichkeiten geschahen nicht absichtslos. Es ist übrigens merkwürdig, daß beide Eltern sich so benahmen, als ob sie die geheime Psychologie der Tochter verstünden. Die Mutter zeigte sich tolerant, als ob sie das Ausweichen der Tochter als Gefälligkeit würdigte, der Vater raste, als fühlte er die gegen seine Person gerichtete Racheabsicht.

Die letzte Kräftigung erfuhr aber die Inversion des Mädchens, als sie in der »Dame« auf ein Objekt stieß, welches gleichzeitig dem noch am Bruder haftenden Anteil ihrer heterosexuellen Libido Befriedigung bot.

III

Die lineare Darstellung eignet sich wenig zur Beschreibung der verschlungenen und in verschiedenen seelischen Schichten ablaufenden seelischen Vorgänge. Ich bin genötigt, in der Diskussion des Falles innezuhalten und einiges von dem Mitgeteilten zu erweitern und zu vertiefen.

Ich habe erwähnt, daß das Mädchen in ihrem Verhältnis zur verehrten

---

Liebeswahl eine große Rolle. Der ältere Bruder pflegt z. B. Musik und findet dafür Anerkennung, der jüngere, musikalisch weit begabter, bricht trotz seiner Sehnsucht danach das Musikstudium bald ab und ist nicht mehr zu bewegen, ein Instrument zu berühren. Es ist dies ein einzelnes Beispiel für ein sehr häufiges Vorkommen, und die Untersuchung der Motive, die zum Ausweichen anstatt zur Aufnahme der Konkurrenz führen, deckt sehr komplizierte psychische Bedingungen auf.

Dame den männlichen Typus der Liebe annahm. Ihre Demut und zärtliche Anspruchslosigkeit, *»che poco spera e nulla chiede«* [1], die Seligkeit, wenn ihr gestattet wurde, die Dame ein Stück weit zu begleiten und ihr beim Abschied die Hand zu küssen, die Freude, wenn sie sie als schön rühmen hörte, während die Anerkennung ihrer eigenen Schönheit von fremder Seite ihr gar nichts bedeutete, ihre Pilgerbesuche nach Örtlichkeiten, wo die Geliebte sich vorher einmal aufgehalten hatte, das Verstummen aller weiterreichenden sinnlichen Wünsche: alle diese kleinen Züge entsprachen etwa der ersten schwärmerischen Leidenschaft eines Jünglings für eine gefeierte Künstlerin, die er hoch über sich stehend glaubt und zu der er seinen Blick nur schüchtern zu erheben wagt. Die Übereinstimmung mit einem von mir beschriebenen »Typus der männlichen Objektwahl«, dessen Besonderheiten ich auf die Bindung an die Mutter zurückgeführt habe (1910 *h*), ging bis in die Einzelheiten. Es konnte auffällig erscheinen, daß sie durch den schlechten Leumund der Geliebten nicht im mindesten abgeschreckt wurde, obwohl ihre eigenen Beobachtungen sie von der Berechtigung dieser Nachrede genügend überzeugten. Sie war doch eigentlich ein wohlerzogenes und keusches Mädchen, das für ihre eigene Person sexuellen Abenteuern aus dem Wege gegangen war und grobsinnliche Befriedigungen als unästhetisch empfand. Aber bereits ihre ersten Schwärmereien hatten Frauen gegolten, denen man keine Neigung zu besonders strenger Sittlichkeit nachrühmte. Den ersten Protest des Vaters gegen ihre Liebeswahl hatte sie durch die Hartnäckigkeit hervorgerufen, mit der sie sich um den Verkehr mit einer Kinoschauspielerin an jenem Sommerorte bemühte. Dabei hatte es sich keineswegs um Frauen gehandelt, die etwa im Rufe der Homosexualität standen und ihr somit Aussicht auf solche Befriedigung geboten hätten; vielmehr warb sie unlogischerweise um kokette Frauen im gewöhnlichen Sinne des Wortes; eine homosexuelle, ihr gleichaltrige Freundin, die sich ihr bereitwilligst zur Verfügung stellte, wies sie ohne Bedenken ab. Der schlechte Ruf der »Dame« aber war geradezu eine Liebesbedingung für sie, und alles Rätselhafte dieses Verhaltens verschwindet, wenn wir uns erinnern, daß auch für jenen von der Mutter abgeleiteten männlichen Typus der Objektwahl die Bedingung besteht, daß die Geliebte irgendwie »sexuell anrüchig« sei, eigentlich eine Kokotte genannt werden dürfe. Als sie später erfuhr, in welchem Ausmaß diese Kennzeichnung für ihre verehrte Dame zutraf

[1] [»Die wenig erhofft und nichts verlangt«.]

und daß diese einfach von der Preisgabe ihres Körpers lebte, bestand ihre Reaktion in einem großen Mitleid und in der Entwicklung von Phantasien und Vorsätzen, wie sie die Geliebte aus diesen unwürdigen Verhältnissen »retten« könne. Dieselben Rettungsbestrebungen sind uns bei den Männern jenes von mir beschriebenen Typus aufgefallen, und ich habe an der erwähnten Stelle die analytische Ableitung dieses Strebens zu geben versucht.

In ganz andere Regionen der Erklärung führt die Analyse des Selbstmordversuches, den ich als einen ernstgemeinten gelten lassen muß, der übrigens ihre Position sowohl bei den Eltern als auch bei der geliebten Dame beträchtlich verbesserte. Sie ging eines Tages mit ihr in einer Gegend und zu einer Stunde spazieren, wo eine Begegnung mit dem vom Bureau kommenden Vater nicht unwahrscheinlich war. Der Vater ging auch an ihnen vorüber und warf einen wütenden Blick auf sie und die ihm bereits bekannte Begleiterin. Kurz darauf stürzte sie sich in den Stadtbahngraben. Ihre Rechenschaft von der näheren Verursachung ihres Entschlusses klingt nun ganz plausibel. Sie hatte der Dame eingestanden, daß der Herr, der sie beide so böse angeschaut hatte, ihr Vater sei, der von diesem Verkehr absolut nichts wissen wolle. Die Dame war nun aufgebraust, hatte ihr befohlen, sie sofort zu verlassen und nie mehr zu erwarten oder anzureden, diese Geschichte müsse nun ein Ende haben. In der Verzweiflung darüber, daß sie so die Geliebte für immer verloren habe, wollte sie sich den Tod geben. Die Analyse gestattete aber eine andere und tiefer greifende Deutung hinter der ihrigen aufzudecken und durch ihre eigenen Träume zu stützen. Der Selbstmordversuch war, wie man erwarten durfte, außerdem noch zweierlei: eine Straferfüllung (Selbstbestrafung) und eine Wunscherfüllung. Als letztere bedeutete er die Durchsetzung jenes Wunsches, dessen Enttäuschung sie in die Homosexualität getrieben hatte, nämlich vom Vater ein Kind zu bekommen, denn nun kam sie durch die Schuld des Vaters nieder[1]. Es stellt die Verbindung dieser Tiefendeutung mit der dem Mädchen bewußten, oberflächlichen her, daß in diesem Moment die Dame genauso gesprochen hatte wie der Vater und das nämliche Verbot hatte ergehen lassen. Als Selbstbestrafung bürgt uns die Handlung des Mädchens dafür, daß sie starke Todeswünsche gegen den einen oder den anderen Elternteil in ihrem Unbewußten entwickelt hatte. Viel-

[1] Diese Deutungen der Wege des Selbstmordes durch sexuelle Wunscherfüllungen sind längst allen Analytikern vertraut. (Vergiften = schwanger werden, ertränken = gebären, von einer Höhe herabstürzen = niederkommen.)

leicht aus Rachsucht gegen den ihre Liebe störenden Vater, noch wahrscheinlicher aber auch gegen die Mutter, als sie mit dem kleinen Bruder schwanger ging. Denn die Analyse hat uns zum Rätsel des Selbstmordes die Aufklärung gebracht, daß vielleicht niemand die psychische Energie, sich zu töten, findet, der nicht erstens dabei ein Objekt mittötet, mit dem er sich identifiziert hat, und der nicht zweitens dadurch einen Todeswunsch gegen sich selbst wendet, welcher gegen eine andere Person gerichtet war. Die regelmäßige Aufdeckung solcher unbewußter Todeswünsche beim Selbstmörder braucht übrigens weder zu befremden noch als Bestätigung unserer Ableitungen zu imponieren, denn das Unbewußte aller Lebenden ist von solchen Todeswünschen, selbst gegen sonst geliebte Personen, übervoll [1]. In der Identifizierung mit der Mutter, die an der Niederkunft mit diesem, ihr (der Tochter) vorenthaltenen, Kinde hätte sterben sollen, ist aber diese Straferfüllung selbst wieder eine Wunscherfüllung. Endlich, daß die verschiedensten starken Motive zusammenwirken mußten, um eine Tat wie die unseres Mädchens zu ermöglichen, wird unserer Erwartung nicht widersprechen.

In der Motivierung des Mädchens kommt der Vater nicht vor, nicht einmal die Angst vor seinem Zorne wird erwähnt. In der von der Analyse erratenen Motivierung fällt ihm die Hauptrolle zu. Dieselbe entscheidende Bedeutung hatte das Verhältnis zum Vater auch für den Verlauf und den Ausgang der analytischen Behandlung oder vielmehr Exploration. Hinter der vorgeschützten Rücksicht auf die Eltern, denen zuliebe sie den Versuch einer Umwandlung unterstützen wollte, verbarg sich die Trotz- und Racheeinstellung gegen den Vater, welche sie in der Homosexualität festhielt. Durch solche Deckung gesichert, gab der Widerstand ein großes Gebiet der analytischen Erforschung frei. Die Analyse vollzog sich fast ohne Anzeichen von Widerstand, unter reger intellektueller Beteiligung der Analysierten, aber auch bei völliger Gemütsruhe derselben. Als ich ihr einmal ein besonders wichtiges und sie nahe betreffendes Stück der Theorie auseinandersetzte, äußerte sie mit unnachahmlicher Betonung: »Ach, das ist ja sehr interessant«, wie eine Weltdame, die durch ein Museum geführt wird und Gegenstände, die ihr vollkommen gleichgültig sind, durch ein Lorgnon in Augenschein nimmt. Der Eindruck von ihrer Analyse näherte sich dem einer hypnotischen Behandlung, in welcher sich der Widerstand gleichfalls bis zu einer bestimmten Grenze zurückgezogen hat, an der er sich dann als

[1] Vgl. ›Zeitgemäßes über Krieg und Tod‹ (1915 *b*).

unbesiegbar erweist. Dieselbe – russische – Taktik, könnte man sie nennen, befolgt der Widerstand sehr oft in Fällen von Zwangsneurose, die darum eine Zeitlang die klarsten Ergebnisse liefern und einen tiefen Einblick in die Verursachung der Symptome gestatten. Man beginnt dann sich zu wundern, warum so große Fortschritte im analytischen Verständnis auch nicht die leiseste Änderung in den Zwängen und Hemmungen des Kranken mit sich bringen, bis man endlich bemerkt, daß alles, was man zustande gebracht hat, mit dem Vorbehalt des Zweifels behaftet war, hinter welchem Schutzwall sich die Neurose sicher fühlen durfte. »Es wäre ja alles recht schön«, heißt es im Kranken, oft auch bewußterweise, »wenn ich dem Manne Glauben schenken müßte, aber davon ist ja keine Rede, und solange das nicht der Fall ist, brauche ich auch nichts zu ändern.« Nähert man sich dann der Motivierung dieses Zweifels, so bricht der Kampf mit den Widerständen ernsthaft los.

Bei unserem Mädchen war es nicht der Zweifel, sondern das affektive Moment der Rache am Vater, das ihre kühle Reserve ermöglichte, die Analyse deutlich in zwei Phasen zerlegte und die Ergebnisse der ersten Phase so vollständig und übersichtlich werden ließ. Es hatte auch den Anschein, als ob bei dem Mädchen nichts einer Übertragung auf den Arzt Ähnliches zustande gekommen wäre. Aber das ist natürlich ein Widersinn oder eine ungenaue Ausdrucksweise; irgendein Verhältnis zum Arzt muß sich doch herstellen, und dies wird zu allermeist aus einer infantilen Relation übertragen sein. In Wirklichkeit übertrug sie auf mich die gründliche Ablehnung des Mannes, von der sie seit ihrer Enttäuschung durch den Vater beherrscht war. Die Erbitterung gegen den Mann hat es in der Regel leicht, sich am Arzt zu befriedigen, sie braucht keine stürmischen Gefühlsäußerungen hervorzurufen, sie äußert sich einfach in der Vereitlung all seiner Bemühungen und im Festhalten am Kranksein. Ich weiß aus Erfahrung, wie schwierig es ist, den Analysierten zum Verständnis gerade dieser stummen Symptomatik zu bringen und solche latente, oft exzessiv große Feindseligkeit ohne Gefährdung der Kur bewußtzumachen. Ich brach also ab, sobald ich die Einstellung des Mädchens zum Vater erkannt hatte, und gab den Rat, den therapeutischen Versuch, wenn man Wert auf ihn legte, bei einer Ärztin fortführen zu lassen. Das Mädchen hatte unterdes dem Vater das Versprechen abgegeben, wenigstens den Verkehr mit der »Dame« zu unterlassen, und ich weiß nicht, ob mein Rat, dessen Motivierung ja durchsichtig ist, befolgt werden wird.

Ein einziges Mal kam auch in dieser Analyse etwas vor, was ich als positive Übertragung, als außerordentlich abgeschwächte Erneuerung der ursprünglichen leidenschaftlichen Verliebtheit in den Vater auffassen konnte. Auch diese Äußerung war vom Zusatz eines anderen Motivs nicht frei, ich erwähne sie aber, weil sie nach anderer Richtung ein interessantes Problem der analytischen Technik zur Frage bringt. Zu einer gewissen Zeit, nicht lange nach dem Beginne der Kur, brachte das Mädchen eine Reihe von Träumen vor, die, gebührend entstellt und in korrekter Traumsprache abgefaßt, doch leicht und sicher zu übersetzen waren. Ihr gedeuteter Inhalt war aber auffällig. Sie antizipierten die Heilung der Inversion durch die Behandlung, drückten ihre Freude über die ihr nun eröffneten Lebensaussichten aus, gestanden die Sehnsucht nach der Liebe eines Mannes und nach Kindern ein und konnten somit als erfreuliche Vorbereitung zur erwünschten Wandlung begrüßt werden. Der Widerspruch gegen ihre gleichzeitigen Äußerungen im Wachen war sehr groß. Sie machte mir kein Hehl daraus, daß sie zwar zu heiraten gedenke, aber nur um sich der Tyrannei des Vaters zu entziehen und ungestört ihren wirklichen Neigungen zu leben. Mit dem Manne, meinte sie etwas verächtlich, würde sie schon fertig werden, und endlich könne man ja, wie das Beispiel der verehrten Dame zeige, auch gleichzeitig sexuelle Beziehungen mit einem Manne und mit einer Frau haben. Durch irgendeinen leisen Eindruck gewarnt, erklärte ich ihr eines Tages, ich glaube diesen Träumen nicht, sie seien lügnerisch oder heuchlerisch, und ihre Absicht sei, mich zu betrügen, wie sie den Vater zu betrügen pflegte[1]. Ich hatte recht, diese Art von Träumen blieb von dieser Aufklärung an aus. Ich glaube aber doch, neben der Absicht der Irreführung lag auch ein Stück Werbung in diesen Träumen; es war auch ein Versuch, mein Interesse und meine gute Meinung zu gewinnen, vielleicht um mich später desto gründlicher zu enttäuschen.

Ich kann mir vorstellen, daß der Hinweis auf die Existenz solch lügnerischer Gefälligkeitsträume bei manchen, die sich Analytiker nennen, einen wahren Sturm von hilfloser Entrüstung entfesseln wird. »Also kann auch das Unbewußte lügen, der wirkliche Kern unseres Seelenlebens, dasjenige in uns, was dem Göttlichen soviel näher ist als unser armseliges Bewußtsein! Wie kann man dann noch auf die Deutungen der Analyse und die Sicherheit unserer Erkenntnisse bauen?« Dagegen muß gesagt werden, daß die Anerkennung solch lügenhafter Träume

[1] [Wegen weiterer Bemerkungen über »heuchlerische Träume« s. *Die Traumdeutung* (1900*a*), *Studienausgabe*, Bd. 2, S. 161, Anm. 1, und S. 456 ff.]

eine erschütternde Neuheit nicht bedeutet. Ich weiß zwar, daß das Bedürfnis der Menschen nach Mystik unausrottbar ist und daß es unablässige Versuche macht, das durch die »Traumdeutung« der Mystik entrissene Gebiet für sie wiederzugewinnen, aber in dem Falle, der uns beschäftigt, liegt doch alles einfach genug. Der Traum ist nicht das »Unbewußte«, er ist die Form, in welche ein aus dem Vorbewußten oder selbst aus dem Bewußten des Wachlebens erübrigter Gedanke dank der Begünstigungen des Schlafzustandes umgegossen werden konnte[1]. Im Schlafzustand hat er die Unterstützung unbewußter Wunschregungen gewonnen und dabei die Entstellung durch die »Traumarbeit« erfahren, welche durch die fürs Unbewußte geltenden Mechanismen bestimmt wird. Bei unserer Träumerin stammte die Absicht, mich irrezuführen, wie sie es beim Vater zu tun pflegte, gewiß aus dem Vorbewußten, wenn sie nicht etwa gar bewußt war; sie konnte sich nun durchsetzen, indem sie mit der unbewußten Wunschregung, dem Vater (oder Vaterersatz) zu gefallen, in Verbindung trat, und schuf so einen lügnerischen Traum. Die beiden Absichten, den Vater zu betrügen und dem Vater zu gefallen, stammen aus demselben Komplex; die erstere ist aus der Verdrängung der letzteren erwachsen, die spätere wird durch die Traumarbeit auf die frühere zurückgeführt. Von einer Entwürdigung des Unbewußten, von einer Erschütterung des Zutrauens in die Ergebnisse unserer Analyse kann also nicht die Rede sein.

Ich will die Gelegenheit nicht versäumen, auch einmal das Erstaunen darüber zu Worte kommen zu lassen, daß die Menschen so große und bedeutungsvolle Stücke ihres Liebeslebens durchmachen können, ohne viel davon zu bemerken, ja mitunter, ohne das mindeste davon zu ahnen, oder daß sie, wenn es zu ihrem Bewußtsein kommt, sich mit dem Urteil so gründlich darüber täuschen. Das geschieht nicht nur unter den Bedingungen der Neurose, wo wir mit dem Phänomen vertraut sind, sondern scheint auch sonst recht gewöhnlich zu sein. In unserem Falle entwickelt ein Mädchen eine Schwärmerei für Frauen, die von den Eltern zuerst nur als ärgerlich empfunden, aber kaum ernst genommen wird; sie selbst weiß wohl, wie sehr sie davon in Anspruch genommen wird, fühlt aber doch nur wenig von den Sensationen einer intensiven Verliebtheit, bis sich bei einer bestimmten Versagung eine ganz exzessive Reaktion ergibt, die allen Teilen zeigt, daß man es mit einer verzehrenden Leidenschaft von elementarer Stärke zu tun hat. Von den

---

[1] [Vgl. eine Formulierung in ›Einige neurotische Mechanismen‹ (1922 *b*), S. 225, oben.]

Voraussetzungen, die für das Hervorbrechen eines solchen seelischen Sturmes erforderlich sind, hat auch das Mädchen niemals etwas bemerkt. Andere Male trifft man auf Mädchen oder Frauen in schweren Depressionen, die, nach der möglichen Verursachung ihres Zustandes befragt, die Auskunft geben, sie haben wohl ein gewisses Interesse für eine bestimmte Person verspürt, aber es sei ihnen nicht tief gegangen und sie seien sehr bald damit fertig geworden, nachdem es aufgegeben werden mußte. Und doch ist dieser anscheinend so leicht ertragene Verzicht die Ursache der schweren Störung geworden. Oder man hat es mit Männern zu tun, die oberflächliche Liebesbeziehungen zu Frauen erledigt haben und erst aus den Folgeerscheinungen erfahren müssen, daß sie in das angeblich geringgeschätzte Objekt leidenschaftlich verliebt waren. Man erstaunt auch über die ungeahnten Wirkungen, die von einem künstlichen Abortus, der Tötung einer Leibesfrucht, ausgehen können, zu der man sich ohne Reue und Bedenken entschlossen hatte. Man sieht sich so genötigt, den Dichtern recht zu geben, die uns mit Vorliebe Personen schildern, welche lieben, ohne es zu wissen, oder die es nicht wissen, ob sie lieben, oder die zu hassen glauben, während sie lieben. Es scheint, daß gerade die Kunde, die unser Bewußtsein von unserem Liebesleben erhält, besonders leicht unvollständig, lückenhaft oder gefälscht sein kann. In diesen Erörterungen habe ich es natürlich nicht versäumt, den Anteil eines nachträglichen Vergessens in Abzug zu bringen.

IV

Ich kehre nun zu der vorhin abgebrochenen Diskussion des Falles zurück. Wir haben uns einen Überblick über die Kräfte verschafft, welche die Libido des Mädchens aus der normalen Ödipuseinstellung in die der Homosexualität überführt haben, und über die psychischen Wege, die dabei beschritten worden sind. Obenan unter diesen bewegenden Kräften stand der Eindruck der Geburt ihres kleinen Bruders, und somit ist uns nahegelegt, den Fall als einen von spät erworbener Inversion zu klassifizieren.

Allein hier werden wir auf ein Verhältnis aufmerksam, welches uns auch bei vielen anderen Beispielen von psychoanalytischer Aufklärung eines seelischen Vorganges entgegentritt. Solange wir die Entwicklung von ihrem Endergebnis aus nach rückwärts verfolgen, stellt sich uns ein lückenloser Zusammenhang her, und wir halten unsere Einsicht für vollkommen befriedigend, vielleicht für erschöpfend. Nehmen wir aber den umgekehrten Weg, gehen wir von den durch die Analyse gefundenen Voraussetzungen aus und suchen diese bis zum Resultat zu verfolgen, so kommt uns der Eindruck einer notwendigen und auf keine andere Weise zu bestimmenden Verkettung ganz abhanden. Wir merken sofort, es hätte sich auch etwas anderes ergeben können, und dies andere Ergebnis hätten wir ebensogut verstanden und aufklären können. Die Synthese ist also nicht so befriedigend wie die Analyse; mit anderen Worten, wir wären nicht imstande, aus der Kenntnis der Voraussetzungen die Natur des Ergebnisses vorherzusagen.

Es ist sehr leicht, diese betrübliche Erkenntnis auf ihre Ursachen zurückzuführen. Mögen uns auch die ätiologischen Faktoren, welche für einen bestimmten Erfolg maßgebend sind, vollständig bekannt sein, wir kennen sie doch nur nach ihrer qualitativen Eigenart und nicht nach ihrer relativen Stärke. Einige von ihnen werden als zu schwach von anderen unterdrückt werden und für das Endergebnis nicht in Betracht kommen. Wir wissen aber niemals vorher, welche der bestimmenden Momente sich als die schwächeren oder stärkeren erweisen werden. Wir sagen nur am Ende, die sich durchgesetzt haben, das waren die stärkeren. Somit ist die Verursachung in der Richtung der Analyse jedesmal sicher zu erkennen, deren Vorhersage in der Richtung der Synthese aber unmöglich.

Wir wollen also nicht behaupten, daß jedes Mädchen, dessen aus der Ödipuseinstellung der Pubertätsjahre herrührende Liebessehnsucht eine solche Enttäuschung erfährt, darum notwendigerweise der Homosexualität verfallen wird. Andersartige Reaktionen auf dieses Trauma werden im Gegenteil häufiger sein. Dann müssen aber bei diesem Mädchen besondere Momente den Ausschlag gegeben haben, solche außerhalb des Traumas, wahrscheinlich innerer Natur. Es hat auch keine Schwierigkeit, sie aufzuzeigen.

Bekanntlich braucht es auch beim Normalen eine gewisse Zeit, bis sich die Entscheidung über das Geschlecht des Liebesobjekts endgültig durchgesetzt hat. Homosexuelle Schwärmereien, übermäßig starke, sinnlich betonte Freundschaften sind bei beiden Geschlechtern in den ersten Jahren nach der Pubertät recht gewöhnlich. So war es auch bei unserem Mädchen, aber diese Neigungen zeigten sich bei ihr unzweifelhaft stärker und hielten länger an als bei anderen. Dazu kommt, daß diese Vorboten der späteren Homosexualität immer ihr bewußtes Leben eingenommen hatten, während die dem Ödipuskomplex entspringende Einstellung unbewußt geblieben war und nur in solchen Anzeichen wie jener Verzärtelung des kleinen Knaben zum Vorschein kam. Als Schulmädchen war sie lange Zeit verliebt in eine unnahbar strenge Lehrerin, einen offenkundigen Muttterersatz. Ein besonders lebhaftes Interesse für manche jungmütterliche Frauen hatte sie lange vor der Geburt des Bruders und um so sicherer lange Zeit vor jener ersten Zurechtweisung durch den Vater gezeigt. Ihre Libido lief also von sehr früher Zeit her in zwei Strömungen, von denen die oberflächlichere unbedenklich eine homosexuelle genannt werden darf. Diese war wahrscheinlich die direkte, unverwandelte Fortsetzung einer infantilen Fixierung an die Mutter. Möglicherweise haben wir durch unsere Analyse auch nichts anderes aufgedeckt als den Prozeß, der bei einem geeigneten Anlaß auch die tiefere, heterosexuelle Libidoströmung in die manifeste homosexuelle überführte.

Ferner lehrte die Analyse, daß das Mädchen aus ihren Kinderjahren einen stark betonten »Männlichkeitskomplex« mitgebracht hatte. Lebhaft, rauflustig, durchaus nicht gewillt, hinter dem wenig älteren Bruder zurückzustehen, hatte sie seit jener Inspektion der Genitalien [s. S. 265] einen mächtigen Penisneid entwickelt, dessen Abkömmlinge immer noch ihr Denken erfüllten. Sie war eigentlich eine Frauenrechtlerin, fand es ungerecht, daß die Mädchen nicht dieselben Freiheiten genießen sollten wie die Burschen, und sträubte sich überhaupt gegen das Los der Frau. Zur Zeit der Analyse waren ihr Schwangerschaft und Kindergebären unliebsame Vorstellungen, wie ich vermute, auch wegen der damit verbundenen körperlichen Entstellung. Auf diese Abwehr hatte sich ihr mädchenhafter Narzißmus zurückgezogen[1], der sich nicht mehr als Stolz auf ihre Schönheit äußerte. Verschiedene Anzeichen wiesen auf eine ehemals sehr starke Schau- und Exhibitionslust hin. Wer das Recht der Erwerbung in der Ätiologie nicht verkürzt sehen will, wird aufmerksam machen, daß das geschilderte Verhalten des Mädchens geradeso war, wie es durch die vereinte Wirkung der mütterlichen Zurücksetzung und der Vergleichung ihrer Genitalien mit denen des Bruders bei starker Mutterfixierung bestimmt werden mußte. Auch hier besteht eine Möglichkeit, etwas auf Prägung durch frühzeitig wirksamen äußeren Einfluß zurückzuführen, was man gern als konstitutionelle Eigenart aufgefaßt hätte. Und auch von dieser Erwerbung – wenn sie wirklich stattgefunden hat – wird ein Anteil auf Rechnung der mitgebrachten

[1] Vgl. Kriemhildes Bekenntnis im *Nibelungenlied.* [I, 15. Sie erklärt ihrer Mutter, sie werde keinem Mann erlauben, sie zu lieben, denn Mannesliebe würde den Verlust ihrer Schönheit bedeuten.]

Konstitution zu setzen sein. So vermengt und vereinigt sich in der Beobachtung beständig, was wir in der Theorie zu einem Paar von Gegensätzen – Vererbung und Erwerbung – auseinanderlegen möchten.
Hatte ein früherer, vorläufiger Abschluß der Analyse zum Ausspruch geführt, es handle sich um einen Fall von später Erwerbung der Homosexualität, so drängt die jetzt vorgenommene Überprüfung des Materials vielmehr zum Schluß, es liege angeborene Homosexualität vor, die sich wie gewöhnlich erst in der Zeit nach der Pubertät fixiert und unverkennbar gezeigt habe. Jede dieser Klassifizierungen wird nur einem Anteil des durch Beobachtung festzustellenden Sachverhaltes gerecht, vernachlässigt den anderen. Wir treffen das Richtige, wenn wir den Wert dieser Fragestellung überhaupt gering veranschlagen.
Die Literatur der Homosexualität pflegt die Frage der Objektwahl einerseits und des Geschlechtscharakters und der geschlechtlichen Einstellung anderseits nicht scharf genug zu trennen, als ob die Entscheidung über den einen Punkt notwendigerweise mit der des anderen verknüpft wäre. Die Erfahrung zeigt jedoch das Gegenteil: Ein Mann mit überwiegend männlichen Eigenschaften, der auch den männlichen Typus des Liebeslebens zeigt, kann doch in bezug aufs Objekt invertiert sein, nur Männer anstatt Frauen lieben. Ein Mann, in dessen Charakter die weiblichen Eigenschaften augenfällig vorwiegen, ja, der sich in der Liebe wie ein Weib benimmt, sollte durch diese weibliche Einstellung auf den Mann als Liebesobjekt hingewiesen werden; er kann aber trotzdem heterosexuell sein, nicht mehr Inversion in bezug aufs Objekt zeigen als durchschnittlich ein Normaler. Dasselbe gilt für Frauen, auch bei ihnen treffen psychischer Geschlechtscharakter und Objektwahl nicht zu fester Relation zusammen. Das Geheimnis der Homosexualität ist also keineswegs so einfach, wie man es zum populären Gebrauch gern darstellt: Eine weibliche Seele, die darum den Mann lieben muß, zum Unglück in einen männlichen Körper geraten, oder eine männliche Seele, die unwiderstehlich vom Weib angezogen wird, leider in einen weiblichen Leib gebannt. Vielmehr handelt es sich um drei Reihen von Charakteren

Somatische Geschlechtscharaktere — Psychischer Geschlechtscharakter
(Physischer Hermaphroditismus) ($\left(\begin{smallmatrix}\text{männl.}\\\text{weibl.}\end{smallmatrix}\right.$ Einstellung)

— Art der Objektwahl,

die bis zu einem gewissen Grade voneinander unabhängig variieren und sich bei den einzelnen Individuen in mannigfachen Permutationen vorfinden. Die tendenziöse Literatur hat den Einblick in diese Verhältnisse erschwert, indem sie aus praktischen Motiven das dem Laien allein auffällige Verhalten im dritten Punkt, dem der Objektwahl, in den Vordergrund rückt und außerdem die Festigkeit der Beziehung zwischen diesem und dem ersten Punkt übertreibt. Sie versperrt sich auch den Weg, der zur tieferen Einsicht in all das führt, was man uniform als Homosexualität bezeichnet, indem sie sich gegen zwei Grundtatsachen sträubt, welche die psychoanalytische Forschung aufgedeckt hat. Die erste, daß die homosexuellen Männer eine besonders starke Fixierung an die Mutter erfahren haben; die zweite, daß alle Normalen neben ihrer manifesten Heterosexualität ein sehr erhebliches Ausmaß von latenter oder unbewußter Homosexualität erkennen lassen. Trägt man diesen Funden Rechnung, so ist es allerdings um die Annahme eines von der Natur in besonderer Laune geschaffenen »dritten Geschlechts« geschehen.

Die Psychoanalyse ist nicht dazu berufen, das Problem der Homosexualität zu lösen. Sie muß sich damit begnügen, die psychischen Mechanismen zu enthüllen, die zur Entscheidung in der Objektwahl geführt haben, und die Wege von ihnen zu den Triebanlagen zu verfolgen. Dann bricht sie ab und überläßt das übrige der biologischen Forschung, die gerade jetzt in den Versuchen von Steinach[1] so bedeutungsvolle Aufschlüsse über die Beeinflussung der obigen zweiten und dritten Reihe durch die erste zutage fördert. Sie steht auf gemeinsamem Boden mit der Biologie, indem sie eine ursprüngliche Bisexualität des menschlichen (wie des tierischen) Individuums zur Voraussetzung nimmt. Aber das Wesen dessen, was man im konventionellen oder im biologischen Sinne »männlich« und »weiblich« nennt, kann die Psychoanalyse nicht aufklären, sie übernimmt die beiden Begriffe und legt sie ihren Arbeiten zugrunde. Beim Versuche einer weiteren Zurückführung verflüchtigt sich ihr die Männlichkeit zur Aktivität, die Weiblichkeit zur Passivität[2], und das ist zuwenig. Inwieweit die Erwartung zulässig oder bereits durch Erfahrung bestätigt ist, es werde sich auch aus dem Stück Aufklärungsarbeit, welches in den Bereich der Analyse fällt, eine Handhabe zur Abänderung der Inversion ergeben, habe ich vorhin auszuführen versucht [S. 260–1]. Vergleicht man dieses Ausmaß von Beeinflussung mit den großartigen Umwälzungen, die Steinach in einzelnen Fällen durch operative Eingriffe erzielt hat, so macht es wohl keinen

[1] Siehe A. Lipschütz (1919).

[2] [S. auch die Erörterung dieser beiden Begriffe in den *Drei Abhandlungen* (1905 *d*), *Studienausgabe*, Bd. 5, S. 123 f., Anm.]

imposanten Eindruck. Indes wäre es Voreiligkeit oder schädliche Übertreibung, wenn wir uns jetzt schon Hoffnung auf eine allgemein brauchbare »Therapie« der Inversion machten. Die Fälle von männlicher Homosexualität, in denen Steinach Erfolg gehabt hat, erfüllten die nicht immer vorhandene Bedingung eines überdeutlichen somatischen »Hermaphroditismus«. Die Therapie einer weiblichen Homosexualität auf analogem Wege ist zunächst ganz unklar. Sollte sie in der Entfernung der wahrscheinlich hermaphroditischen Ovarien und Einpflanzung anderer, hoffentlich eingeschlechtiger, bestehen, so würde sie praktisch wenig Aussicht auf Anwendung haben. Ein weibliches Individuum, das sich männlich gefühlt und auf männliche Weise geliebt hat, wird sich kaum in die weibliche Rolle drängen lassen, wenn es diese nicht durchaus vorteilhafte Umwandlung mit dem Verzicht auf die Mutterschaft bezahlen muß[1].

---

[1] [Vgl. die Äußerungen über Homosexualität in den *Drei Abhandlungen*, ibid., S. 48–58, wo Freud in einem 1920 (also nach der Abfassung der vorliegenden Arbeit) angefügten Zusatz zu der langen Fußnote nochmals über Steinachs Versuche spricht (s. ibid., S. 57–8). Er greift das Thema in Abschnitt C seiner Arbeit über Eifersucht, Paranoia und Homosexualität (1922 *b*, oben, S. 226 ff.) wiederum auf.]

Eine Teufelsneurose im siebzehnten Jahrhundert

(1923 [1922])

EDITORISCHE VORBEMERKUNG

Deutsche Ausgaben:

1923 *Imago*, Bd. 9 (1), 1–34.
1924 *G. S.*, Bd. 10, 409–45.
1924 Leipzig, Wien und Zürich, Internationaler Psychoanalytischer Verlag. 43 Seiten.
1928 Bibliophile Ausgabe in beschränkter Auflage, mit 7 Abbildungen, im gleichen Verlag. 81 Seiten.
1940 *G. W.*, Bd. 13, S. 317–53.

Die bibliophile Ausgabe war für den Kongreß der Deutschen Bibliophilen in Wien 1928 hergestellt worden. Sie enthält Schwarz-Weiß-Reproduktionen von dreien der Zeichnungen (dem ersten, zweiten und fünften Erscheinen des Teufels) sowie von vier Folioseiten des Manuskripts.

Freud verfaßte seine Abhandlung in den letzten Monaten des Jahres 1922 (vgl. Jones, 1962 *b*, 125). Was ihn dazu veranlaßte, beschreibt er selbst zu Beginn von Abschnitt I (S. 288). Bereits seit langem hatte er sich für Hexerei, Besessenheit und ähnliche Phänomene interessiert. Möglicherweise wurde dieses Interesse während seiner Studien an der Salpêtrière in Paris in den Jahren 1885–86 angeregt. Charcot hatte sich viel mit den historischen Aspekten der Neurose beschäftigt; in der ersten Folge der Vorlesungen Charcots, die Freud (1886 *f*) übersetzt hat, findet sich ein Bericht über einen Fall von Besessenheit aus dem 16. Jahrhundert, und in den *Leçons du mardi*, der zweiten von Freud übersetzten Sammlung (1892–94), ist eine Diskussion über den hysterischen Charakter der mittelalterlichen »Dämonomanie« enthalten. Schließlich hat Freud auch in seinem Nachruf auf Charcot (1893*f*) mit besonderem Nachdruck auf diese Seite der Arbeit seines Lehrers hingewiesen.
Zwei Briefe an Fließ vom 17. und 24. Januar 1897 (Freud, 1950 *a*, Briefe 56 und 57), die von Hexen und ihrer Beziehung zum Teufel handeln, bezeugen Freuds fortdauerndes Interesse an solchen Dingen. Hier stellt er bereits fest, der Teufel sei möglicherweise eine Vaterfigur; besonders betont er den Anteil analen Materials im mittelalterlichen Hexenglauben.
Beide Punkte kehren in einer kurzen Anspielung auf das Thema in der Arbeit ›Charakter und Analerotik‹ (1908 *b*) wieder, s. oben, S. 28 f. Aus den veröffentlichten Protokollen der Wiener Psychoanalytischen Vereinigung und von Jones (ibid., 412) wissen wir, daß der Wiener Buchhändler und Verleger Hugo Heller,

ein Mitglied der Vereinigung, am 27. Januar 1909 ein Referat über ›Die Geschichte des Teufels‹ hielt und daß Freud ausführlich über die psychologische Zusammensetzung des Glaubens an den Teufel sprach, offenbar weitgehend im Sinne von Abschnitt III der vorliegenden Arbeit. In diesem Abschnitt geht Freud auch über die Erörterung eines Einzelfalles und des dämonologischen Problems im engeren Sinne hinaus und erwägt einige allgemeinere Fragen, die mit der femininen Einstellung des Mannes zum Vater zusammenhängen. Und hier zieht er auch eine Parallele zur Krankengeschichte des Senatspräsidenten Schreber (siehe S. 305–7), obwohl er den Fall Haizmann [1] nirgendwo als eine Paranoia bezeichnet hat.

Die 1956 unter dem Titel *Schizophrenia 1677* erschienene Studie von Macalpine und Hunter enthält ein Faksimile des Wiener Manuskripts des *Trophaeum Mariano-Cellense* sowie farbige Reproduktionen der neun beigegebenen Zeichnungen. Ihre sorgfältige Untersuchung ermöglichte einige Ergänzungen und Korrekturen an Freuds Bericht über das Manuskript, der zweifellos einzig auf der Übertragung und Darstellung von Dr. Payer-Thurn beruhte (siehe S. 288) [2].

[1] [In sämtlichen Manuskripten lautet der Name »Haizmann«, nicht »Haitzmann«, wie Freud ihn benutzt. Vgl. die Anm. 1 auf S. 289, unten.]

[2] Neuerdings hat Vandendriessche einiges historische Material über Christoph Haizmann entdeckt, das Freud nicht bekannt war, darunter weitere Übertragungen von Abschnitten des *Trophaeum*, was ihm erlaubte, den Text des Wiener Manuskripts zu berichtigen und seine beschädigten Teile zu rekonstruieren. Seine Funde sind in einer interessanten kritischen Betrachtung (1965) über Freuds Abhandlung enthalten.

[EINLEITUNG][1]

An den Neurosen der Kinderzeit haben wir gelernt, daß manches hier mühelos mit freiem Auge zu sehen ist, was sich späterhin nur gründlicher Forschung zu erkennen gibt. Eine ähnliche Erwartung wird sich für die neurotischen Erkrankungen früherer Jahrhunderte ergeben, wenn wir nur darauf gefaßt sind, dieselben unter anderen Überschriften als unsere heutigen Neurosen zu finden. Wir dürfen nicht erstaunt sein, wenn die Neurosen dieser frühen Zeiten im dämonologischen Gewande auftreten, während die der unpsychologischen Jetztzeit im hypochondrischen, als organische Krankheiten verkleidet, erscheinen. Mehrere Autoren, voran Charcot[2], haben bekanntlich in den Darstellungen der Besessenheit und Verzückung, wie sie uns die Kunst hinterlassen hat, die Äußerungsformen der Hysterie agnosziert; es wäre nicht schwer gewesen, in den Geschichten dieser Kranken die Inhalte der Neurose wiederzufinden, wenn man ihnen damals mehr Aufmerksamkeit geschenkt hätte.

Die dämonologische Theorie jener dunkeln Zeiten hat gegen alle somatischen Auffassungen der »exakten« Wissenschaftsperiode recht behalten. Die Besessenheiten entsprechen unseren Neurosen, zu deren Erklärung wir wieder psychische Mächte heranziehen. Die Dämonen sind uns böse, verworfene Wünsche, Abkömmlinge abgewiesener, verdrängter Triebregungen. Wir lehnen bloß die Projektion in die äußere Welt ab, welche das Mittelalter mit diesen seelischen Wesen vornahm; wir lassen sie im Innenleben der Kranken, wo sie hausen, entstanden sein.

---

[1] [In der englischen Übersetzung dieser Arbeit, die 1925 erschien, steht an dieser Stelle die folgende Fußnote: »The author wishes to add to the English translation two footnotes (which appear within square brackets), and to express his regret that they were omitted from the German version.« Es handelt sich dabei eigentlich um *Zusätze* zu zwei vorhandenen Fußnoten, und zwar auf S. 301 und S. 302, unten. Sie werden dort, in ihrer englischen Originalfassung, erstmals in einer deutschen Ausgabe veröffentlicht.]

[2] [Vgl. die ›Editorische Vorbemerkung‹, oben, S. 285.]

I
DIE GESCHICHTE DES MALERS CHRISTOPH HAITZMANN

Einen Einblick in eine solche dämonologische Neurose des siebzehnten Jahrhunderts verdanke ich dem freundlichen Interesse des Herrn Hofrats Dr. R. Payer-Thurn, Direktor der ehemals k.k. Fideikommißbibliothek[1] in Wien. Payer-Thurn hatte in der Bibliothek ein aus dem Gnadenort Mariazell[2] stammendes Manuskript aufgefunden, in dem über eine wunderbare Erlösung von einem Teufelspakt durch die Gnade der heiligen Maria ausführlich berichtet wird. Sein Interesse wurde durch die Beziehung dieses Inhalts zur Faustsage geweckt und wird ihn zu einer eingehenden Darstellung und Bearbeitung des Stoffes veranlassen. Da er aber fand, daß die Person, deren Erlösung beschrieben wird, an Krampfanfällen und Visionen litt, wandte er sich an mich um eine ärztliche Begutachtung des Falles. Wir sind übereingekommen, unsere Arbeiten unabhängig voneinander und gesondert zu veröffentlichen[3]. Ich statte ihm für seine Anregung wie für mancherlei Hilfeleistung beim Studium des Manuskripts meinen Dank ab.
Diese dämonologische Krankengeschichte bringt wirklich einen wertvollen Fund, der ohne viel Deutung klar zutage liegt, wie manche Fundstelle als gediegenes Metall liefert, was anderwärts mühsam aus dem Erz geschmolzen werden muß.

Das Manuskript, von dem mir eine genaue Abschrift vorliegt, zerlegt sich uns in zwei Stücke von ganz verschiedener Natur: in den lateinisch abgefaßten Bericht des mönchischen Schreibers oder Kompilators und in ein deutsch geschriebenes Tagebuchbruchstück des Patienten. Der erste Teil enthält den Vorbericht und die eigentliche Wunderheilung; der zweite Teil kann für die geistlichen Herren nicht von Bedeutung gewesen sein, um so wertvoller ist er für uns. Er trägt viel dazu bei, unser sonst schwankendes Urteil über den Krankheitsfall zu festigen, und wir haben guten Grund, den Geistlichen zu danken, daß sie dies Dokument

[1] [Aktensammlung über erbrechtlich festgelegten Grundbesitz. Jetzt in der Österreichischen Nationalbibliothek.]
[2] [Berühmter Wallfahrtsort, etwa 140 km südwestlich von Wien.]
[3] [Payer-Thurns Abhandlung erschien ein Jahr nach derjenigen Freuds.]

erhalten haben, obgleich es ihrer Tendenz nichts mehr leistet, ja diese eher gestört haben mag.

Ehe ich aber in die Zusammensetzung der kleinen handschriftlichen Broschüre, die den Titel

»Trophaeum Mariano-Cellense«

führt, weiter eingehe, muß ich ein Stück ihres Inhalts erzählen, das ich dem Vorbericht entnehme.

Am 5. September 1677 wurde der Maler Christoph Haitzmann[1], ein Bayer, mit einem Geleitbrief des Pfarrers von Pottenbrunn (in Niederösterreich) nach dem nahen Mariazell gebracht[2]. Er habe sich in Ausübung seiner Kunst mehrere Monate in Pottenbrunn aufgehalten, sei dort am 29. August in der Kirche von schrecklichen Krämpfen befallen worden, und als sich diese in den nächsten Tagen wiederholten, habe ihn der *Praefectus Dominii Pottenbrunnensis*[3] examiniert, was ihn wohl bedrücke, ob er sich wohl in unerlaubten Verkehr mit dem bösen Geist eingelassen habe[4]. Worauf er gestanden, daß er wirklich vor neun Jahren zu einer Zeit der Verzagtheit an seiner Kunst und des Zweifels an seiner Selbsterhaltung dem Teufel, der ihn neunmal versucht, nachgegeben und sich schriftlich verpflichtet, ihm nach Ablauf dieser Zeit mit Leib und Seele anzugehören. Das Ende des Termins nahe mit dem 24. des laufenden Monats[5]. Der Unglückliche bereue und sei überzeugt, daß nur die Gnade der Mutter Gottes von Mariazell ihn retten könne, indem sie den Bösen zwinge, ihm die mit Blut geschriebene Verschreibung herauszugeben. Aus diesem Grund erlaube man sich *miserum hunc hominem omni auxilio destitutum*[6] dem Wohlwollen der Herren von Mariazell zu empfehlen.

Soweit der Pfarrer von Pottenbrunn, Leopoldus Braun, am 1. September 1677.

[1] [Im Originalmanuskript ist der Name, vielleicht mit einer Ausnahme, überall »Haizmann« geschrieben. Vgl. Anm. 1 der ›Editorischen Vorbemerkung‹, S. 286.]

[2] Das Alter des Malers ist nirgends angegeben. Der Zusammenhang läßt einen Mann zwischen 30 und 40, wahrscheinlich der unteren Grenze näher, erraten. Er verstarb, wie wir hören werden [S. 293], im Jahre 1700.

[3] [Gemeint ist der Pfarrer von Pottenbrunn.]

[4] Die Möglichkeit, daß diese Fragestellung dem Leidenden die Phantasie seines Teufelspaktes eingegeben, »suggeriert« hat, sei hier nur gestreift.

[5] *quorum et finis 24 mensis hujus futurus appropinquat* [»... dessen Ende am 24. dieses Monats sich nähert.« – Dies bezieht sich auf den September; am Anfang dieses Monats wurde der Geleitbrief geschrieben.].

[6] [»diesen elenden, von aller Hilfe verlassenen Menschen.«]

Ich kann nun in der Analyse des Manuskripts fortfahren. Es besteht also aus drei Teilen:

1. einem farbigen Titelblatt, welches die Szene der Verschreibung und die der Erlösung in der Kapelle von Mariazell darstellt; auf dem nächsten Blatt[1] sind acht ebenfalls farbige Zeichnungen der späteren Erscheinungen des Teufels mit kurzen Beischriften in deutscher Sprache. Diese Bilder sind nicht Originale, sondern Kopien – wie uns feierlich versichert wird: getreue Kopien – nach den ursprünglichen Malereien des Chr. Haitzmann;

2. aus dem eigentlichen *Trophaeum Mariano-Cellense* (lateinisch), dem Werk eines geistlichen Kompilators, der sich am Ende »P. A. E.« unterzeichnet und diesen Buchstaben vier Verszeilen, welche seine Biographie enthalten, beifügt. Den Abschluß bildet ein Zeugnis des Abtes Kilian von St. Lambert[2] vom 9.[3] September 1729, welches in anderer Schrift als der des Kompilators die genaue Übereinstimmung des Manuskripts und der Bilder mit den im Archiv aufbewahrten Originalen bestätigt. Es ist nicht angegeben, in welchem Jahr das *Trophaeum* angefertigt wurde. Es steht uns frei anzunehmen, daß es im gleichen Jahr geschah, in dem der Abt Kilian das Zeugnis ausstellte, also 1729, oder, da 1714 die letzte im Text genannte Jahreszahl ist, das Werk des Kompilators in irgendeine Zeit zwischen 1714 und 1729 zu verlegen. Das Wunder, welches durch diese Schrift vor Vergessenheit bewahrt werden sollte, hat sich im Jahr 1677 zugetragen, also 37 bis 52 Jahre vorher;

3. aus dem deutsch abgefaßten Tagebuch des Malers, welches von der Zeit seiner Erlösung in der Kapelle bis zum 13. Januar des nächsten Jahres 1678 reicht. Es ist in den Text des *Trophaeum* kurz vor dessen Ende eingeschaltet.

Den Kern des eigentlichen *Trophaeum* bilden zwei Schriftstücke, der bereits [S. 289] erwähnte Geleitbrief des Pfarrers Leopold Braun von Pottenbrunn vom 1. September 1677, und der Bericht des Abtes Franciscus von Mariazell und St. Lambert, der die Wunderheilung schildert, vom 12. September 1677, also nur wenige Tage später datiert. Die Tätigkeit des Redakteurs oder Kompilators P. A. E. hat eine Einlei-

---

[1] [In Wirklichkeit umfassen die acht Zeichnungen und ein Triptychon (Freuds »Titelblatt«) fünf Folioseiten des Manuskripts. (Macalpine und Hunter, 1956, siehe S. 286, oben.]

[2] [Die Mönche des Klosters St. Lambert hatten den Gnadenort zu betreuen.]

[3] [So im Manuskript. Von Freud irrtümlich als »12.« angegeben, wie Vandendriessche (1965) nachgewiesen hat.]

tung geliefert, welche die beiden Aktenstücke gleichsam verschmilzt, ferner einige wenig bedeutsame Verbindungsstücke und am Schluß einen Bericht über die weiteren Schicksale des Malers nach einer im Jahre 1714 eingeholten Erkundigung beigefügt[1].

Die Vorgeschichte des Malers wird also im *Trophaeum* dreimal erzählt,
1. im Geleitbrief des Pfarrers von Pottenbrunn,
2. im feierlichen Bericht des Abtes Franciscus und
3. in der Einleitung des Redakteurs. Beim Vergleich dieser drei Quellen stellen sich gewisse Unstimmigkeiten heraus, die zu verfolgen nicht unwichtig sein wird.

Ich kann jetzt die Geschichte des Malers fortsetzen. Nachdem er in Mariazell lange gebüßt und gebetet, erhält er am 8. September, dem Tag Mariä Geburt, um die zwölfte Nachtstunde vom Teufel, der in der heiligen Kapelle als geflügelter Drache erscheint, den mit Blut geschriebenen Pakt zurück. Wir werden später zu unserem Befremden erfahren, daß in der Geschichte des Malers Chr. Haitzmann zwei Verschreibungen an den Teufel vorkommen, eine frühere, mit schwarzer Tinte und eine spätere, mit Blut geschriebene. In der mitgeteilten Beschwörungsszene handelt es sich, wie auch noch das Bild auf dem Titelblatt erkennen läßt, um die blutige, also um die spätere.

An dieser Stelle könnte sich bei uns ein Bedenken gegen die Glaubwürdigkeit der geistlichen Berichterstatter erheben, das uns mahnen würde, doch nicht unsere Arbeit an ein Produkt mönchischen Aberglaubens zu verschwenden. Es wird erzählt, daß mehrere, mit Namen benannte Geistliche dem Exorzierten während der ganzen Zeit Beistand leisteten und auch während der Teufelserscheinung in der Kapelle anwesend waren. Wenn behauptet würde, daß auch sie den teuflischen Drachen gesehen haben, wie er dem Maler den rot beschriebenen Zettel hinhält (*Schedam sibi porrigentem conspexisset*[2]), so stünden wir vor mehreren unangenehmen Möglichkeiten, unter denen die einer kollektiven Halluzination noch die mildeste wäre. Allein der Wortlaut des vom Abt Franciscus ausgestellten Zeugnisses schlägt dieses Bedenken nieder. Es wird darin keineswegs behauptet, daß auch die geistlichen Beistände den Teufel erschaut haben, sondern es heißt ehrlich und nüchtern, daß der Maler sich plötzlich von den Geistlichen, die ihn hielten, losgerissen,

[1] Dies würde dafür sprechen, daß 1714 auch das Datum der Abfassung des *Trophaeum* ist.

[2] [»... sah, wie er ihm den Zettel hinhält.« – S. die folgende Anm.]

in die Ecke der Kapelle, wo er die Erscheinung sah, gestürmt und dann mit dem Zettel in der Hand zurückgekommen sei[1].

Das Wunder war groß, der Sieg der heiligen Mutter über Satan unzweifelhaft, die Heilung aber leider nicht beständig. Es sei nochmals zur Ehre der geistlichen Herren hervorgehoben, daß sie diese Tatsache nicht verschweigen. Der Maler verließ Mariazell nach kurzer Zeit im besten Wohlbefinden und begab sich dann nach Wien, wo er bei einer verheirateten Schwester wohnte. Dort fingen am 11. Oktober neuerliche, zum Teil sehr schwere Anfälle an, über die das Tagebuch bis zum 13. Januar [1678] berichtet. Es waren Visionen, Abwesenheiten, in denen er die mannigfaltigsten Dinge sah und erlebte, Krampfzustände, begleitet von den schmerzhaftesten Sensationen, einmal ein Zustand von Lähmung der Beine u. dgl. Diesmal plagte ihn aber nicht der Teufel, sondern es waren heilige Gestalten, die ihn heimsuchten, Christus, die heilige Jungfrau selbst. Merkwürdig, daß er unter diesen himmlischen Erscheinungen und den Strafen, die sie über ihn verhängten, nicht minder litt als früher unter dem Verkehr mit dem Teufel. Er faßte auch diese neuen Erlebnisse im Tagebuch als Erscheinungen des Teufels zusammen und beklagte sich über *maligni Spiritûs manifestationes*[2], als er im Mai 1678 nach Mariazell zurückkehrte.

Den geistlichen Herren gab er als Motiv seiner Rückkehr an, daß er auch eine andere, frühere, mit Tinte geschriebene Verschreibung vom Teufel zu fordern habe[3]. Auch diesmal verhalfen ihm die heilige Maria und die frommen Patres zur Erfüllung seiner Bitte. Aber der Bericht, wie das geschah, ist schweigsam. Es heißt nur mit kurzen Worten: *quâ iuxta votum redditâ*[4]. Er betete wieder, und er erhielt den Vertrag zurück. Dann fühlte er sich ganz frei und trat in den Orden der Barmherzigen Brüder ein.

Man hat wiederum Anlaß anzuerkennen, daß die offenkundige Tendenz seiner Bemühung den Kompilator nicht dazu verführt hat, die von einer

---

1 »... [*poenitens*] *ipsumque Daemonem ad Aram Sac. Cellae per fenestrellam in cornu Epistolae, Schedam sibi porrigentem conspexisset, eò advolans è Religiosorum manibus, qui eum tenebant, ipsam Schedam ad manum obtinuit, ...*« [»... (der Büßer) sah den Teufel selbst am Heiligen Altar von Zell durch das Fensterchen an der Epistelseite, wie er ihm den Zettel hinhält; er stürzte aus den Händen der Väter, die ihn hielten, darauf zu, ergriff denselben Zettel ...«]

2 [»Erscheinungen des Bösen Geistes«. Das Manuskript lautet: *»de ... maligni Spiritûs infestatione«* (von ... der Belästigung durch den Bösen Geist).]

3 Diese wäre, im September 1668 ausgestellt, 9½ Jahre später, im Mai 1678, längst verfallen gewesen.

4 [»als dieser gemäß seinem Gebet zurückgegeben worden war.«]

Krankengeschichte zu fordernde Wahrhaftigkeit zu verleugnen. Denn er verschweigt nicht, was die Erkundigung nach dem Ausgang des Malers beim Vorstand des Klosters der Barmherzigen Brüder [in Wien] im Jahre 1714 ergeben. Der R. Pr. Provincialis berichtet, daß Bruder Chrysostomus noch wiederholt Anfechtungen des bösen Geistes erfahren hat, der ihn zu einem neuen Pakt verleiten wollte, und zwar nur dann, *»wan er etwas mehrers von Wein getrunken«*, durch die Gnade Gottes sei es aber immer möglich gewesen, ihn abzuweisen. Bruder Chrysostomus sei dann im Kloster des Ordens Neustatt an der Moldau im Jahre 1700 *»samft vnd trostreich«* an der Hektica verstorben.

II
DAS MOTIV DES TEUFELSPAKTS

Wenn wir diese Teufelsverschreibung wie eine neurotische Krankengeschichte betrachten, wendet sich unser Interesse zunächst der Frage nach ihrer Motivierung zu, die ja mit der Veranlassung innig zusammenhängt. Warum verschreibt man sich dem Teufel? Dr. Faust fragt zwar verächtlich: »Was willst du armer Teufel geben?«[1] Aber er hat nicht recht, der Teufel hat als Entgelt für die unsterbliche Seele allerlei zu bieten, was die Menschen hoch einschätzen: Reichtum, Sicherheit vor Gefahren, Macht über die Menschen und über die Kräfte der Natur, selbst Zauberkünste und vor allem anderen: Genuß, Genuß bei schönen Frauen. Diese Leistungen oder Verpflichtungen des Teufels pflegen auch im Vertrag mit ihm ausdrücklich erwähnt zu werden[2]. Was ist nun für Christoph Haitzmann das Motiv seines Pakts gewesen?

Merkwürdigerweise keiner von all diesen so natürlichen Wünschen. Um jeden Zweifel daran zu bannen, braucht man nur die kurzen Bemerkungen einzusehen, die der Maler zu den von ihm abgebildeten Teufelserscheinungen hinzusetzt. Zum Beispiel lautet die Note zur dritten Vision:

»Zum driten ist er mir in anderthalb Jahren in dißer abscheühlichen gestalt erschinen, mit einen Buech in der Handt, darin lauter Zauberey und schwarze Kunst war begrüffen...«

Aber aus der Beischrift zu einer späteren Erscheinung erfahren wir, daß der Teufel ihm heftige Vorwürfe macht, warum er *»ßein vorgemeldtes Buech verbrendt«*, und ihn zu zerreißen droht, wenn er es ihm nicht wieder beschafft.

Bei der vierten Erscheinung zeigt er ihm einen großen gelben Beutel und einen großen Dukaten und verspricht ihm jederzeit soviel davon, als er nur haben will, *»aber ich solliches gar nit angenomben«*, kann sich der Maler rühmen.

---

[1] [*Faust*, I. Teil, 4. Szene.]

[2] Siehe in *Faust*, I. Teil [4. Szene], Studierzimmer:

> »Ich will mich *hier* zu deinem Dienst verbinden,
> Auf deinen Wink nicht rasten und nicht ruhn;
> Wenn wir uns *drüben* wiederfinden,
> So sollst du mir das Gleiche thun.«

Ein anderes Mal verlangt er von ihm, er solle sich amüsieren, unterhalten lassen[1]. Wozu der Maler bemerkt, *»welliches zwar auch auf ßein begehren geschehen, aber ich yber drey Tag nit continuirt, vnd gleich widerumb außgelöst worden«*.

Da er nun Zauberkünste, Geld und Genuß zurückweist, wenn der Teufel sie ihm bietet, geschweige denn, daß er sie zu Bedingungen des Pakts gemacht hätte, wird es wirklich dringlich zu wissen, was dieser Maler eigentlich vom Teufel wollte, als er sich ihm verschrieb. Irgendein Motiv, sich mit dem Teufel einzulassen, muß er doch gehabt haben.

Das *Trophaeum* gibt auch sichere Auskunft über diesen Punkt. Er war schwermütig geworden, konnte nicht oder wollte nicht recht arbeiten und hatte Sorge um die Erhaltung seiner Existenz, also melancholische Depression mit Arbeitshemmung und (berechtigter) Lebenssorge. Wir sehen, daß wir es wirklich mit einer Krankengeschichte zu tun haben, erfahren auch, welches die Veranlassung dieser Erkrankung war, die der Maler selbst in den Bemerkungen zu den Teufelsbildern geradezu eine Melancholie nennt (*»solte mich darmit belustigen vnd meläncoley vertreiben«*). Von unseren drei Quellen erwähnt zwar die erste, der Geleitbrief des Pfarrers, nur den Depressionszustand (*»dum artis suae progressum emolumentumque secuturum pusillanimis perpenderet«*[2]), aber die zweite, der Bericht des Abtes Franciscus, weiß auch die Quelle dieser Verzagtheit oder Verstimmung zu nennen, denn hier heißt es *»acceptâ aliquâ pusillanimitate ex morte parentis«*[3] und dementsprechend auch in der Einleitung des Kompilators mit den nämlichen, nur umgestellten Worten: *»ex morte parentis acceptâ aliquâ pusillanimitate.«* Es war also sein Vater gestorben, er darüber in eine Melancholie verfallen, da näherte sich ihm der Teufel, fragte ihn, warum er so bestürzt und traurig sei, und versprach ihm *»auf alle weiß zu Helffen vnd an die Hanndt zu gehen«*[4].

Da verschreibt sich also einer dem Teufel, um von einer Gemütsdepres-

---

[1] [In der Illustration zum Originalmanuskript findet sich eine Andeutung, daß dies eine sexuelle Bedeutung hat.]

[2] [»... als er wegen der Fortentwicklung seiner Kunst und seiner zukünftigen Einkünfte verzagen wollte ...«]

[3] [»... da er wegen des Todes seines Vaters etwas niedergeschlagen war ...« Das Wort »parens« meint, wenn nicht eingeschränkt, in der Regel den männlichen Elternteil.]

[4] Bild 1 und Legende dazu auf dem Titelblatt, der Teufel in Gestalt eines *»Ersamen Burgers«*. [So ist er auch auf der ersten der acht Einzelzeichnungen dargestellt. Vgl. S. 300 und die Tafel gegenüber von S. 304.]

sion befreit zu werden. Gewiß ein ausgezeichnetes Motiv nach dem Urteil eines jeden, der sich in die Qualen eines solchen Zustandes einfühlen kann und der überdies weiß, wie wenig ärztliche Kunst von diesem Leiden zu lindern versteht. Doch würde keiner, der dieser Erzählung so weit gefolgt ist, erraten können, wie der Wortlaut der Verschreibung an den Teufel (oder vielmehr der beiden Verschreibungen, einer ersten, mit Tinte, und einer zweiten, etwa ein Jahr später, mit Blut geschriebenen, beide angeblich noch in der Schatzkammer von Mariazell vorhanden und im *Trophaeum* mitgeteilt), wie also der Wortlaut dieser Verschreibungen gelautet hat.

Diese Verschreibungen bringen uns zwei starke Überraschungen. Erstens nennen sie nicht eine Verpflichtung des Teufels, für deren Einhaltung die ewige Seligkeit verpfändet wird, sondern nur eine Forderung des Teufels, die der Maler einhalten soll. Es berührt uns als ganz unlogisch, absurd, daß dieser Mensch seine Seele einsetzt nicht für etwas, was er vom Teufel bekommen, sondern was er dem Teufel leisten soll. Noch sonderbarer klingt die Verpflichtung des Malers.

Erste, mit schwarzer Tinte geschriebene »Syngrapha«:

Ich Christoph Haizman vndterschreibe mich disen
Herrn sein leibeigent Sohn auff 9. jahr. 1669. Jahr.

Zweite, mit Blut geschrieben:

Anno 1669.
Christoph Haizmann. Ich verschreibe mich dißen
Satan, ich sein leibeigner Sohn zusein, vnd in
9. jahr ihm mein Leib vnd Seel zuzugeheren.

Alles Befremden entfällt aber, wenn wir den Text der Verschreibungen so zurechtrücken, daß in ihr als Forderung des Teufels dargestellt wird, was vielmehr seine Leistung, also Forderung des Malers ist. Dann bekäme der unverständliche Pakt einen geraden Sinn und könnte solcherart ausgelegt werden: Der Teufel verpflichtet sich, dem Maler durch neun Jahre den verlorenen Vater zu ersetzen. Nach Ablauf dieser Zeit verfällt der Maler mit Leib und Seele dem Teufel, wie es bei diesen Händeln allgemein üblich war. Der Gedankengang des Malers, der seinen Pakt motiviert, scheint ja der folgende zu sein: Durch den Tod des Vaters hat er Stimmung und Arbeitsfähigkeit eingebüßt; wenn er nun einen Vaterersatz bekommt, hofft er das Verlorene wiederzugewinnen.

Jemand, der durch den Tod seines Vaters melancholisch geworden ist, muß doch diesen Vater liebgehabt haben. Dann ist es aber sehr sonderbar, daß ein solcher Mensch auf die Idee kommen kann, den Teufel zum Ersatz für den geliebten Vater zu nehmen.

III
DER TEUFEL ALS VATERERSATZ

Ich besorge, eine nüchterne Kritik wird uns nicht zugeben, daß wir mit jener Umdeutung den Sinn des Teufelspakts bloßgelegt haben. Sie wird zweierlei Einwendungen dagegen erheben. Erstens: es sei nicht notwendig, die Verschreibung als einen Vertrag anzusehen, in dem die Verpflichtungen beider Teile Platz gefunden haben. Sie enthalte vielmehr nur die Verpflichtung des Malers, die des Teufels sei außerhalb ihres Textes geblieben, gleichsam *»sousentendue«*. Der Maler verpflichtet sich aber zu zweierlei, erstens zur Teufelssohnschaft durch neun Jahre und zweitens dazu, ihm nach dem Tode ganz anheimzufallen. Damit ist eine der Begründungen unseres Schlusses weggeräumt.

Die zweite Einwendung wird sagen, es sei nicht berechtigt, auf den Ausdruck, des Teufels leibeigener Sohn zu sein, besonderes Gewicht zu legen. Das sei eine geläufige Redensart, die jeder so auffassen könne, wie die geistlichen Herren sie verstanden haben mögen. Diese übersetzen die in den Verschreibungen versprochene Sohnschaft nicht in ihr Latein, sondern sagen nur, daß der Maler sich dem Bösen *»mancipavit«*, zu eigen gegeben, es auf sich genommen habe, ein sündhaftes Leben zu führen und Gott und die heilige Dreieinigkeit zu verleugnen. Warum sollten wir uns von dieser naheliegenden und ungezwungenen Auffassung entfernen?[1] Der Sachverhalt wäre dann einfach der, daß sich jemand in der Qual und Ratlosigkeit einer melancholischen Depression dem Teufel verschreibt, dem er auch das stärkste therapeutische Können zutraut. Daß diese Verstimmung aus dem Tod des Vaters hervorging, komme nicht weiter in Betracht, es hätte auch ein anderer Anlaß sein können. Das klingt stark und vernünftig. Gegen die Psychoanalyse erhebt sich wieder der Vorwurf, daß sie einfache Verhältnisse in spitzfindiger Weise kompliziert, Geheimnisse und Probleme dort sieht, wo sie nicht existieren, und daß sie dies bewerkstelligt, indem sie kleine und nebensächliche Züge, wie man sie überall finden kann, übermäßig betont

---

[1] In der Tat werden wir später [S. 311 ff.], wenn wir erwägen, wann und für wen diese Verschreibungen abgefaßt wurden, selbst einsehen, daß ihr Text unauffällig und allgemeinverständlich lauten mußte. Es reicht uns aber hin, wenn er eine Zweideutigkeit bewahrt, an welche auch unsere Auslegung anknüpfen kann.

und zu Trägern der weitgehendsten und fremdartigsten Schlüsse erhebt. Vergeblich würden wir dagegen geltend machen, daß durch diese Abweisung so viele schlagende Analogien aufgehoben und feine Zusammenhänge zerrissen werden, die wir in diesem Falle aufzeigen können. Die Gegner werden sagen, diese Analogien und Zusammenhänge bestehen eben nicht, sondern werden von uns mit überflüssigem Scharfsinn in den Fall hineingetragen.

Nun, ich werde meine Entgegnung nicht mit den Worten einleiten: seien wir ehrlich oder seien wir aufrichtig, denn das muß man immer sein können, ohne einen besonderen Anlauf dazu zu nehmen, sondern ich werde mit schlichten Worten versichern, daß ich wohl weiß, wenn jemand nicht bereits an die Berechtigung der psychoanalytischen Denkweise glaubt, werde er diese Überzeugung auch nicht aus dem Fall des Malers Chr. Haitzmann im siebzehnten Jahrhundert gewinnen. Es ist auch gar nicht meine Absicht, diesen Fall als Beweismittel für die Gültigkeit der Psychoanalyse zu verwerten; ich setze vielmehr die Psychoanalyse als gültig voraus und verwende sie dazu, um die dämonologische Erkrankung des Malers aufzuklären. Die Berechtigung hiezu nehme ich aus dem Erfolg unserer Forschungen über das Wesen der Neurosen überhaupt. In aller Bescheidenheit darf man es aussprechen, daß heute selbst die Stumpferen unter unseren Zeit- und Fachgenossen einzusehen beginnen, daß ein Verständnis der neurotischen Zustände ohne Hilfe der Psychoanalyse nicht zu erreichen ist.

»Die Pfeile nur erobern Troja, sie allein«

bekennt der Odysseus in Sophokles' *Philoktet.*

Wenn es richtig ist, die Teufelsverschreibung unseres Malers als neurotische Phantasie anzusehen, so bedarf eine psychoanalytische Würdigung derselben keiner weiteren Entschuldigung. Auch kleine Anzeichen haben ihren Sinn und Wert, ganz besonders unter den Entstehungsbedingungen der Neurose. Man kann sie freilich ebensowohl überschätzen wie unterschätzen, und es bleibt eine Sache des Takts, wie weit man in ihrer Verwertung gehen will. Wenn aber jemand nicht an die Psychoanalyse und nicht einmal an den Teufel glaubt, muß es ihm überlassen bleiben, was er mit dem Fall des Malers anfangen will, sei es, daß er dessen Erklärung aus eigenen Mitteln bestreiten kann, sei es, daß er nichts der Erklärung Bedürftiges an ihm findet.

Wir kehren also zu unserer Annahme zurück, daß der Teufel, dem unser Maler sich verschreibt, ihm ein direkter Vaterersatz ist. Dazu stimmt auch die Gestalt, in der er ihm zuerst erscheint, als ehrsamer älterer Bürgersmann mit braunem Vollbart, in rotem Mantel, schwarzem Hut, die Rechte auf den Stock gestützt, einen schwarzen Hund neben sich (Bild 1)[1]. Später wird seine Erscheinung immer schreckhafter, man möchte sagen mythologischer: Hörner, Adlerklauen, Fledermausflügel werden zu ihrer Ausstattung verwendet. Zum Schluß erscheint er in der Kapelle als fliegender Drache. Auf ein bestimmtes Detail seiner körperlichen Gestaltung werden wir später zurückkommen müssen.

Daß der Teufel zum Ersatz eines geliebten Vaters gewählt wird, klingt wirklich befremdend, aber doch nur, wenn wir zum erstenmal davon hören, denn wir wissen mancherlei, was die Überraschung mindern kann. Zunächst, daß Gott ein Vaterersatz ist oder richtiger: ein erhöhter Vater, oder noch anders: ein Nachbild des Vaters, wie man ihn in der Kindheit sah und erlebte, der einzelne in seiner eigenen Kindheit und das Menschengeschlecht in seiner Vorzeit als Vater der primitiven Urhorde. Später sah der einzelne seinen Vater anders und geringer, aber das kindliche Vorstellungsbild blieb erhalten und verschmolz mit der überlieferten Erinnerungsspur des Urvaters zur Gottesvorstellung des einzelnen. Wir wissen auch aus der Geheimgeschichte des Individuums, welche die Analyse aufdeckt, daß das Verhältnis zu diesem Vater vielleicht vom Anfang an ein ambivalentes war, jedenfalls bald so wurde, d. h. es umfaßte zwei einander entgegengesetzte Gefühlsregungen, nicht nur eine zärtlich unterwürfige, sondern auch eine feindselig trotzige. Dieselbe Ambivalenz beherrscht nach unserer Auffassung das Verhältnis der Menschenart zu ihrer Gottheit. Aus dem nicht zu Ende gekommenen Widerstreit von Vatersehnsucht einerseits, Angst und Sohnestrotz anderseits haben wir uns wichtige Charaktere und entscheidende Schicksale der Religionen erklärt[2].

Vom bösen Dämon wissen wir, daß er als Widerpart Gottes gedacht ist und doch seiner Natur sehr nahe steht. Seine Geschichte ist allerdings nicht so gut erforscht wie die Gottes, nicht alle Religionen haben den bösen Geist, den Gegner Gottes, aufgenommen, sein Vorbild im individuellen Leben bleibt zunächst im dunkeln. Aber eines steht fest, Götter können zu bösen Dämonen werden, wenn neue Götter sie verdrängen. Wenn ein Volk von einem anderen besiegt wird, so wandeln sich die gestürzten Götter der Besiegten nicht selten für das Siegervolk in Dä-

---

[1] [Vgl. die Tafel gegenüber S. 304.] Aus einem solchen schwarzen Hund entwickelt sich bei Goethe der Teufel selbst. [*Faust*, I. Teil, 2. und 3. Szene.]

[2] Siehe *Totem und Tabu* (1912–13) und im einzelnen Th. Reik (1919).

monen um. Der böse Dämon des christlichen Glaubens, der Teufel des Mittelalters, war nach der christlichen Mythologie selbst ein gefallener Engel und gottgleicher Natur. Es braucht nicht viel analytischen Scharfsinns, um zu erraten, daß Gott und Teufel ursprünglich identisch waren, eine einzige Gestalt, die später in zwei mit entgegengesetzten Eigenschaften zerlegt wurde[1]. In den Urzeiten der Religionen trug Gott selbst noch alle die schreckenden Züge, die in der Folge zu einem Gegenstück von ihm vereinigt wurden.

Es ist der uns wohlbekannte Vorgang der Zerlegung einer Vorstellung mit gegensinnigem – ambivalentem – Inhalt in zwei scharf kontrastierende Gegensätze. Die Widersprüche in der ursprünglichen Natur Gottes sind aber eine Spiegelung der Ambivalenz, welche das Verhältnis des einzelnen zu seinem persönlichen Vater beherrscht. Wenn der gütige und gerechte Gott ein Vaterersatz ist, so darf man sich nicht darüber wundern, daß auch die feindliche Einstellung, die ihn haßt und fürchtet und sich über ihn beklagt, in der Schöpfung des Satans zum Ausdruck gekommen ist. Der Vater wäre also das individuelle Urbild sowohl Gottes wie des Teufels. Die Religionen würden aber unter der untilgbaren Nachwirkung der Tatsache stehen, daß der primitive Urvater ein uneingeschränkt böses Wesen war, Gott weniger ähnlich als dem Teufel.

Freilich, so leicht ist es nicht, die Spur der satanischen Auffassung des Vaters im Seelenleben des einzelnen aufzuzeigen. Wenn der Knabe Fratzen und Karikaturen zeichnet, so gelingt es etwa nachzuweisen, daß er in ihnen den Vater verhöhnt, und wenn beide Geschlechter sich nächtlicherweise vor Räubern und Einbrechern schrecken, so hat die Erkennung derselben als Abspaltungen des Vaters keine Schwierigkeit[2]. Auch die in den Tierphobien der Kinder auftretenden Tiere sind am häufigsten Vaterersatz wie in der Urzeit das Totemtier. So deutlich aber wie bei unserem neurotischen Maler des siebzehnten Jahrhunderts hört man sonst nicht, daß der Teufel ein Nachbild des Vaters ist und als Ersatz für ihn eintreten kann. Darum sprach ich eingangs dieser Arbeit [S. 288] die Erwartung aus, eine solche dämonologische Krankengeschichte werde uns als gediegenes Metall zeigen, was in den Neurosen einer späteren, nicht mehr abergläubischen aber dafür hypochondrischen Zeit mühselig

[1] Siehe Th. Reik (1923) im Kapitel [VII]: ›Gott und Teufel‹ [quoting Ernest Jones, 1912]. [S. Anm. 1, S. 287, oben.]

[2] Als Einbrecher erscheint der Vater Wolf auch in dem bekannten Märchen von den sieben Geißlein. [Dieses Märchen spielt in der Krankengeschichte des »Wolfsmannes« eine große Rolle (1918 *b*).]

durch analytische Arbeit aus dem Erz der Einfälle und Symptome dargestellt werden muß[1].

Stärkere Überzeugung werden wir wahrscheinlich gewinnen, wenn wir tiefer in die Analyse der Erkrankung bei unserem Maler eindringen. Daß ein Mann durch den Tod seines Vaters eine melancholische Depression und Arbeitshemmung erwirbt, ist nichts Ungewöhnliches. Wir schließen daraus, daß er an diesem Vater mit besonders starker Liebe gehangen hat, und erinnern uns daran, wie oft auch die schwere Melancholie als neurotische Form der Trauer auftritt[2].

Darin haben wir gewiß recht, nicht aber, wenn wir weiter schließen, daß dies Verhältnis eitel Liebe gewesen sei. Im Gegenteil, eine Trauer nach dem Verlust des Vaters wird sich um so eher in Melancholie umwandeln, je mehr das Verhältnis zu ihm im Zeichen der Ambivalenz stand. Die Hervorhebung dieser Ambivalenz bereitet uns aber auf die Möglichkeit der Erniedrigung des Vaters vor, wie sie in der Teufelsneurose des Malers zum Ausdruck kommt. Könnten wir nun von Chr. Haitzmann soviel erfahren wie von einem Patienten, der sich unserer Analyse unterzieht, so wäre es ein leichtes, diese Ambivalenz zu entwickeln, ihm zur Erinnerung zu bringen, wann und bei welchen Anlässen er Grund bekam, seinen Vater zu fürchten und zu hassen, vor allem aber die akzidentellen Momente aufzudecken, die zu den typischen Motiven des Vaterhasses hinzugekommen sind, welche in der natürlichen Sohn-Vater-Beziehung unvermeidlich wurzeln. Vielleicht fände dann die Arbeitshemmung eine spezielle Aufklärung. Es ist möglich, daß der Vater sich dem Wunsch des Sohnes, Maler zu werden, widersetzt hatte; dessen Unfähigkeit, seine Kunst nach dem Tode des Vaters auszuüben, wäre dann einerseits ein Ausdruck des bekannten »nachträglichen Gehorsams«[3], anderseits würde sie, die den Sohn zur

---

[1] Wenn es uns so selten gelingt, in unseren Analysen den Teufel als Vaterersatz aufzufinden, so mag dies darauf hinweisen, daß diese Figur der mittelalterlichen Mythologie bei den Personen, die sich unserer Analyse unterziehen, ihre Rolle längst ausgespielt hat. Dem frommen Christen früherer Jahrhunderte war der Glaube an den Teufel nicht weniger Pflicht als der Glaube an Gott. In der Tat brauchte er den Teufel, um an Gott festhalten zu können. Der Rückgang der Gläubigkeit hat dann aus verschiedenen Gründen zuerst und zunächst die Person des Teufels betroffen.

Wenn man sich getraut, die Idee des Teufels als Vaterersatz kulturgeschichtlich zu verwerten, so kann man auch die Hexenprozesse des Mittelalters in einem neuen Lichte sehen [as has already been shown by Ernest Jones in his chapter on witches in his book on the nightmare (1912)]. [S. Anm. 1, S. 287, oben. – Vgl. auch die ›Editorische Vorbemerkung‹, oben, S. 285–6.]

[2] [Hierzu und zum folgenden Absatz s. ›Trauer und Melancholie‹ (1917*e*).]

[3] [Vgl. die Schreber-Analyse, oben, S. 180, und die editorische Anm. 1 dazu.]

Selbsterhaltung unfähig macht, die Sehnsucht nach dem Vater als Beschützer vor der Lebenssorge steigern müssen. Als nachträglicher Gehorsam wäre sie auch eine Äußerung der Reue und eine erfolgreiche Selbstbestrafung.

Da wir eine solche Analyse mit Chr. Haitzmann, † 1700, nicht anstellen können, müssen wir uns darauf beschränken, diejenigen Züge seiner Krankengeschichte hervorzuheben, welche auf die typischen Anlässe zu einer negativen Vatereinstellung hinweisen können. Es sind nur wenige, nicht sehr auffällig, aber recht interessant.

Vorerst die Rolle der Zahl Neun. Der Pakt mit dem Bösen wird auf neun Jahre geschlossen. Der gewiß unverdächtige Bericht des Pfarrers von Pottenbrunn äußert sich klar darüber: *pro novem annis Syngraphen scriptam tradidit*[1]. Dieser vom 1. September 1677 datierte Geleitbrief weiß auch anzugeben, daß die Frist in wenigen Tagen abgelaufen wäre: *quorum et finis 24 mensis hujus futurus appropinquat*[2]. Die Verschreibung wäre also am 24. September 1668 erfolgt[3]. Ja in diesem Bericht hat die Zahl Neun noch eine andere Verwendung. *»Nonies«* – neunmal – will der Maler den Versuchungen des Bösen widerstanden haben, ehe er sich ihm ergab. Dies Detail wird in den späteren Berichten nicht mehr erwähnt; *»Post annos novem«* [nach neun Jahren], heißt es dann auch im Attest des Abtes, und *»ad novem annos«* [auf neun Jahre], wiederholt der Kompilator in seinem Auszug, ein Beweis, daß diese Zahl nicht als gleichgültig angesehen wurde.

Die Neunzahl ist uns aus neurotischen Phantasien wohlbekannt. Sie ist die Zahl der Schwangerschaftsmonate und lenkt, wo immer sie vorkommt, unsere Aufmerksamkeit auf eine Schwangerschaftsphantasie hin. Bei unserem Maler handelt es sich freilich um neun Jahre, nicht um neun Monate, und die Neun, wird man sagen, ist auch sonst eine bedeutungsvolle Zahl. Aber wer weiß, ob die Neun nicht überhaupt ein gutes Teil ihrer Heiligkeit ihrer Rolle in der Schwangerschaft verdankt; und die Wandlung von neun Monaten zu neun Jahren braucht uns nicht zu beirren. Wir wissen vom Traum her, wie die »unbewußte Geistestätigkeit« mit den Zahlen umspringt[4]. Treffen wir z. B. im Traum auf eine Fünf, so ist diese jedesmal auf eine bedeutsame Fünf des Wach-

---

[1] [»Er händigte ihm einen für neun Jahre ausgeschriebenen Pakt aus.«]

[2] [». . . deren Ende am 24. dieses Monats sich nähert.«]

[3] Der Widerspruch, daß die wiedergegebenen Verschreibungen beide die Jahreszahl 1669 zeigen, wird uns später [S. 308 ff.] beschäftigen.

[4] [Vgl. *Die Traumdeutung* (1900*a*), Kapitel VI (F), *Studienausgabe*, Bd. 2, S. 402–6.]

lebens zurückzuführen, aber in der Realität waren es fünf Jahre Altersunterschied oder eine Gesellschaft von fünf Personen, im Traum erscheinen sie als fünf Geldscheine oder fünf Stücke Obst. Das heißt, die Zahl wird beibehalten, aber ihr Nenner beliebig, je nach den Anforderungen der Verdichtung und Verschiebung vertauscht. Neun Jahre im Traum können also ganz leicht neun Monaten der Wirklichkeit entsprechen. Auch spielt die Traumarbeit noch in anderer Weise mit den Zahlen des Wachlebens, indem sie mit souveräner Gleichgültigkeit sich um die Nullen nicht bekümmert, sie gar nicht wie Zahlen behandelt. Fünf Dollars im Traum können fünfzig, fünfhundert, fünftausend Dollars der Realität vertreten.

Ein anderes Detail in den Beziehungen des Malers zum Teufel weist uns gleichfalls auf die Sexualität hin. Das erstemal sieht er, wie schon erwähnt, den Bösen in der Erscheinung eines ehrsamen Bürgers. Aber schon das nächste Mal ist er nackt, mißgestaltet und hat zwei Paar weiblicher Brüste[1]. Die Brüste, bald einfach, bald mehrfach vorhanden, fehlen nun in keiner der folgenden Erscheinungen. Nur in einer derselben zeigt der Teufel außer den Brüsten einen großen, in eine Schlange auslaufenden Penis. Diese Betonung des weiblichen Geschlechtscharakters durch große, hängende Brüste (nie findet sich eine Andeutung des weiblichen Genitales) muß uns als auffälliger Widerspruch gegen unsere Annahme erscheinen, der Teufel bedeute unserem Maler einen Vaterersatz. Eine solche Darstellung des Teufels ist auch an und für sich ungewöhnlich. Wo Teufel ein Gattungsbegriff ist, also Teufel in der Mehrzahl auftreten, hat auch die Darstellung von weiblichen Teufeln nichts Befremdendes, aber daß der eine Teufel, der eine große Individualität ist, der Herr der Hölle und Widersacher Gottes, anders als männlich, ja übermännlich mit Hörnern, Schweif und großer Penisschlange gebildet werde, scheint mir nicht vorzukommen.

Aus diesen beiden kleinen Anzeichen läßt sich doch erraten, welches typische Moment den negativen Anteil seines Vaterverhältnisses bedingt. Das, wogegen er sich sträubt, ist die feminine Einstellung zum Vater, die in der Phantasie, ihm ein Kind zu gebären (neun Jahre) gipfelt. Wir kennen diesen Widerstand genau aus unseren Analysen, wo er in der Übertragung sehr merkwürdige Formen annimmt und uns viel zu schaffen macht. Mit der Trauer um den verlorenen Vater, mit der Steigerung der Sehnsucht nach ihm, wird bei unserem Maler auch

---

[1] [Vgl. die Tafel gegenüber S. 305.]

Erste Erscheinung des Teufels (s. S. 295, Anm. 4, S. 300)

Zweite Erscheinung des Teufels (s. S. 304)

die längst verdrängte Schwangerschaftsphantasie reaktiviert, gegen die er sich durch Neurose und Vatererniedrigung wehren muß.

Warum trägt aber der zum Teufel herabgesetzte Vater das körperliche Merkmal des Weibes an sich? Dieser Zug erscheint anfangs schwer deutbar, bald aber ergeben sich zwei Erklärungen für ihn, die miteinander konkurrieren, ohne einander auszuschließen. Die feminine Einstellung zum Vater unterlag der Verdrängung, sobald der Knabe verstand, daß der Wettbewerb mit dem Weib um die Liebe des Vaters das Aufgeben des eigenen männlichen Genitales, also die Kastration, zur Bedingung hat. Die Ablehnung der femininen Einstellung ist also die Folge des Sträubens gegen die Kastration, sie findet regelmäßig ihren stärksten Ausdruck in der gegensätzlichen Phantasie, den Vater selbst zu kastrieren, ihn zum Weib zu machen. Die Brüste des Teufels entsprächen also einer Projektion der eigenen Weiblichkeit auf den Vaterersatz. Die andere Erklärung dieser Ausstattung des Teufelskörpers hat nicht mehr feindseligen, sondern zärtlichen Sinn; sie erblickt in dieser Gestaltung ein Anzeichen dafür, daß die infantile Zärtlichkeit von der Mutter her auf den Vater verschoben worden ist, und deutet so eine starke, vorgängige Mutterfixierung an, die ihrerseits wieder für ein Stück der Feindseligkeit gegen den Vater verantwortlich ist. Die großen Brüste sind das positive Geschlechtskennzeichen der Mutter, auch zu einer Zeit, wo der negative Charakter des Weibes, der Penismangel, dem Kinde noch nicht bekannt ist [1].

Wenn das Widerstreben gegen die Annahme der Kastration unserem Maler die Erledigung seiner Vatersehnsucht unmöglich macht, so ist es überaus verständlich, daß er sich um Hilfe und Rettung an das Bild der Mutter wendet. Darum erklärt er, daß nur die heilige Mutter Gottes von Mariazell ihn vom Pakt mit dem Teufel lösen kann, und erhält am Geburtstag der Mutter (8. September) seine Freiheit wieder. Ob der Tag, an dem der Pakt geschlossen wurde, der 24. September, nicht auch ein in ähnlicher Weise ausgezeichneter Tag war, werden wir natürlich nie erfahren.

Kaum ein anderes Stück der psychoanalytischen Ermittlungen aus dem Seelenleben des Kindes klingt dem normalen Erwachsenen so abstoßend und unglaubwürdig wie die feminine Einstellung zum Vater und die aus ihr folgende Schwangerschaftsphantasie des Knaben. Wir können erst ohne Besorgnis und ohne Bedürfnis nach Entschuldigung von ihr

---

[1] Vgl. *Eine Kindheitserinnerung des Leonardo da Vinci* (1910 *c*).

reden, seitdem der sächsische Senatspräsident Daniel Paul Schreber die Geschichte seiner psychotischen Erkrankung und weitgehenden Herstellung bekanntgemacht hat[1]. Aus dieser unschätzbaren Veröffentlichung erfahren wir, daß der Herr Senatspräsident etwa um das fünfzigste Jahr seines Lebens die sichere Überzeugung bekam, daß Gott – der übrigens deutliche Züge seines Vaters, des verdienten Arztes Dr. Schreber, an sich trägt – den Entschluß gefaßt, ihn zu entmannen, als Weib zu gebrauchen und aus ihm neue Menschen von Schreberschem Geist entstehen zu lassen[2]. (Er war selbst in seiner Ehe kinderlos geblieben.) An dem Sträuben gegen diese Absicht Gottes, welche ihm höchst ungerecht und »weltordnungswidrig« vorkam, erkrankte er unter den Erscheinungen einer Paranoia, die sich aber im Laufe der Jahre bis auf einen geringen Rest rückbildete. Der geistvolle Verfasser seiner eigenen Krankengeschichte konnte wohl nicht ahnen, daß er in ihr ein typisches pathogenes Moment aufgedeckt hatte.

Dieses Sträuben gegen die Kastration oder die feminine Einstellung hat Alf. Adler aus seinen organischen Zusammenhängen gerissen, in seichte oder falsche Beziehungen zum Machtstreben gebracht und als »männlichen Protest« selbständig hingestellt. Da eine Neurose immer nur aus dem Konflikt zweier Strebungen hervorgehen kann, ist es ebenso berechtigt, im männlichen Protest die Verursachung »aller« Neurosen zu sehen wie in der femininen Einstellung, gegen welche protestiert wird. Richtig ist, daß dieser männliche Protest einen regelmäßigen Anteil an der Charakterbildung hat, bei manchen Typen einen sehr großen, und daß er uns als scharfer Widerstand bei der Analyse neurotischer Männer entgegentritt. Die Psychoanalyse würdigt den männlichen Protest im Zusammenhang des Kastrationskomplexes, ohne seine Allmacht oder Allgegenwart bei den Neurosen vertreten zu können. Der ausgeprägteste Fall von männlichem Protest in allen manifesten Reaktionen und Charakterzügen, der meine Behandlung aufgesucht hat, bedurfte ihrer wegen einer Zwangsneurose mit Obsessionen, in denen der ungelöste Konflikt zwischen männlicher und weiblicher Einstellung (Kastrationsangst und Kastrationslust) zu deutlichem Ausdruck kam. Überdies hatte der Patient masochistische Phantasien entwickelt, die durchaus auf den Wunsch, die Kastration anzunehmen, zurückgingen, und war selbst von diesen Phantasien zur realen Befriedigung in perversen Situationen

[1] D. P. Schreber, *Denkwürdigkeiten eines Nervenkranken,* Leipzig 1903. Vgl. meine Analyse des Falles Schreber [(1911 *c*), im vorliegenden Band, S. 139 ff.].

[2] [S. oben, S. 173 und S. 182.]

vorgeschritten. Das Ganze seines Zustandes beruhte – wie die Adlersche Theorie überhaupt – auf der Verdrängung, Verleugnung frühinfantiler Liebesfixierungen[1].

Der Senatspräsident Schreber fand seine Heilung, als er sich entschloß, den Widerstand gegen die Kastration aufzugeben und sich in die ihm von Gott zugedachte weibliche Rolle zu fügen. Er wurde dann klar und ruhig, konnte seine Entlassung aus der Anstalt selbst durchsetzen und führte ein normales Leben bis auf den einen Punkt, daß er einige Stunden täglich der Pflege seiner Weiblichkeit widmete, von deren langsamem Fortschreiten bis zu dem von Gott bestimmten Ziel er überzeugt blieb.

---

[1] [Freud hatte Adlers »männlichen Protest« ausführlicher einige Jahre zuvor in ›»Ein Kind wird geschlagen«‹ (1919 *e*), erörtert; s. oben, S. 251 ff.]

IV
DIE ZWEI VERSCHREIBUNGEN

Ein merkwürdiges Detail in der Geschichte unseres Malers ist die Angabe, daß er dem Teufel zwei verschiedene Verschreibungen ausgestellt. Die erste, mit schwarzer Tinte geschriebene, hatte den Wortlaut:
»Ich Chr. H. vndterschreibe mich disen Herrn sein leibeigent Sohn auff 9. jahr.«
Die zweite, mit Blut geschrieben, lautet:
»Ch. H. Ich verschreibe mich dißen Satan, ich sein leibeigner Sohn zusein, vnd in 9. jahr ihm mein Leib vnd Seel zuzugeheren.«
Beide sollen zur Zeit der Abfassung des *Trophaeum* im Archiv von Mariazell im Original vorhanden gewesen sein, beide tragen die nämliche Jahreszahl 1669.
Ich habe die beiden Verschreibungen bereits mehrmals erwähnt und unternehme es jetzt, mich eingehender mit ihnen zu beschäftigen, obwohl gerade hier die Gefahr, Kleinigkeiten zu überschätzen, besonders drohend erscheint.
Die Tatsache, daß sich einer dem Teufel zweimal verschreibt, so daß die erste Schrift durch die zweite ersetzt wird, ohne aber ihre eigene Gültigkeit zu verlieren, ist ungewöhnlich. Vielleicht befremdet sie andere weniger, die mit dem Teufelsstoff vertrauter sind. Ich konnte nur eine besondere Eigentümlichkeit unseres Falles darin sehen und wurde mißtrauisch, als ich fand, daß die Berichte gerade in diesem Punkt nicht zusammenstimmen. Die Verfolgung dieser Widersprüche wird uns in unerwarteter Weise zu einem tieferen Verständnis der Krankengeschichte leiten.
Das Geleitschreiben des Pfarrers von Pottenbrunn weist die einfachsten und klarsten Verhältnisse auf. In ihm ist nur von einer Verschreibung die Rede, die der Maler vor neun Jahren mit Blut gefertigt und die nun in den nächsten Tagen, am 24. September [1677], fällig wird, sie wäre also am 24. September 1668 ausgestellt worden; leider ist diese Jahreszahl, die sich mit Sicherheit ableiten läßt, nicht ausdrücklich genannt.
Der Attest des Abtes Franciscus, wie wir wissen, wenige Tage später datiert (12. Sept. 1677), erwähnt bereits einen komplizierteren Sachverhalt. Es liegt nahe anzunehmen, daß der Maler inzwischen genauere

Mitteilungen gemacht hatte. In diesem Attest wird erzählt, daß der Maler zwei Verschreibungen von sich gegeben, die eine im Jahre 1668 (wie es auch nach dem Geleitbrief sein müßte) mit schwarzer Tinte geschrieben, die andere aber »*sequenti [...] anno* [im folgenden Jahr] *1669*« mit Blut geschrieben. Die Verschreibung, die er am Tage Mariä Geburt [am 8. September] zurückbekam, war die mit Blut geschriebene, also die spätere, 1669 ausgestellte. Dies geht nicht aus dem Attest des Abtes hervor, denn dort heißt es im weiteren einfach: »*Schedam [...] redderet*« [sollte den Zettel zurückgeben] und »*Schedam sibi porrigentem conspexisset*« [sah, wie er ihm den Zettel hinhält], als ob es sich nur um ein einziges Schriftstück handeln könnte. Aber wohl folgt es aus dem weiteren Verlauf der Geschichte sowie aus dem farbigen Titelblatt des *Trophaeum*, wo auf dem Zettel, den der dämonische Drache hält, deutlich *rote* Schrift zu sehen ist. Der weitere Verlauf ist, wie bereits erwähnt, der, daß der Maler im Mai 1678 nach Mariazell wiederkehrt, nachdem er in Wien neuerliche Anfechtungen des Bösen erfahren, und das Ansuchen stellt, es möge ihm durch einen neuerlichen Gnadenakt der heiligen Mutter auch dies erste, mit Tinte geschriebene Dokument wiedergegeben werden. Auf welche Weise dies geschieht, wird nicht mehr so ausführlich wie das erstemal beschrieben. Es heißt nur »*quâ iuxta votum redditâ*« [als dieser gemäß seinem Gebet zurückgegeben worden war], und an anderer Stelle erzählt der Kompilator, daß gerade diese Verschreibung »*zusammengeknäult und in vier Stücke zerrissen*«[1] dem Maler am 9. Mai 1678 um die neunte Abendstunde vom Teufel zugeworfen wurde.

Die Verschreibungen tragen aber beide dasselbe Datum: Jahr 1669.

Dieser Widerspruch bedeutet entweder gar nichts, oder er führt auf folgende Spur:

Wenn wir von der Darstellung des Abtes als der ausführlicheren ausgehen, ergeben sich mancherlei Schwierigkeiten. Als Chr. H. dem Pfarrer von Pottenbrunn bekannte, er sei in Teufelsnöten, der Termin laufe bald ab, kann er (im Jahre 1677) nur an die im Jahre 1668 ausgestellte Verschreibung gedacht haben, also an die erste, schwarze (die im Geleitbrief allerdings einzig genannt und als die blutige bezeichnet wird). Wenige Tage später, in Mariazell, bekümmert er sich aber nur darum, die spätere, blutige, zurückzubekommen, die noch gar nicht fällig ist (1669–1677), und läßt die erste überfällig werden. Diese wird erst

[1] [»... *in globum convolutam, et in quatuor partes dilaceratam* ...«]

1678, also im zehnten Jahr zurückerbeten. Ferner, warum sind beide Verschreibungen aus dem gleichen Jahr 1669 datiert, wenn die eine ausdrücklich *»anno subsequenti«*[1] zugeteilt ist?

Der Kompilator muß diese Schwierigkeiten verspürt haben, denn er macht einen Versuch, sie zu beheben. In seiner Einleitung schließt er sich der Darstellung des Abtes an, modifiziert sie aber in einem Punkte. Der Maler, sagt er, habe sich im Jahre 1669 dem Teufel mit Tinte verschrieben, *»deinde verò«*, später aber mit Blut. Er setzt sich also über die ausdrückliche Angabe der beiden Berichte, daß eine Verschreibung ins Jahr 1668 fällt, hinweg und vernachlässigt die Bemerkung im Attest des Abtes, daß sich zwischen beiden Verschreibungen die Jahreszahl geändert, um im Einklang mit der Datierung der beiden vom Teufel zurückgegebenen Schriftstücke zu bleiben.

Im Attest des Abtes findet sich nach den Worten *»sequenti verò anno* [aber im folgenden Jahr] *1669«* eine in Klammern eingeschlossene Stelle, welche lautet: *»Sumitur hic alter annus pro nondum completo, uti saepe in loquendo fieri solet, nam eundem annum indicant Syngraphae, quarum atramento scripta ante praesentem attestationem nondum habita fuit.«*[2] Diese Stelle ist ein unzweifelhaftes Einschiebsel des Kompilators, denn der Abt, der nur eine Verschreibung gesehen hat, kann doch nicht aussagen, daß beide dasselbe Datum tragen. Sie soll wohl auch durch die Klammern als ein dem Zeugnis fremder Zusatz kenntlich gemacht werden[3]. Was sie enthält, ist ein anderer Versuch des Kompilators, die vorliegenden Widersprüche zu versöhnen. Er meint, es sei zwar richtig, daß die erste Verschreibung im Jahre 1668 gegeben worden ist, aber da das Jahr schon vorgerückt war (September), habe der Maler sie um ein Jahr vordatiert, so daß beide Verschreibungen die gleiche Jahreszahl zeigen konnten. Seine Berufung darauf, man mache es ja im mündlichen Verkehr oft ähnlich, verurteilt wohl diesen ganzen Erklärungsversuch als eine »faule Ausrede«.

Ich weiß nun nicht, ob meine Darstellung dem Leser irgendeinen Eindruck gemacht und ob sie ihn in Stand gesetzt hat, sich für diese Winzigkeiten zu interessieren. Ich fand es unmöglich, den richtigen Sachverhalt

[1] [Das ist der Einleitung des Kompilators entnommen. Die oben (S. 309) und weiter unten erwähnten Worte *»sequenti anno«* stammen aus dem Attest des Abtes.]

[2] [»Hier ist das zweite (spätere) Jahr statt des noch nicht abgelaufenen angenommen worden, wie es ziemlich oft (im Manuskript: *›saepis‹*) im Gespräch geschieht; denn in den (beiden) Verschreibungen ist das gleiche Jahr angegeben; von diesen war die mit Tinte geschriebene vor dem vorliegenden Attest noch nicht zurückerhalten worden.«]

[3] [Sie ist auch in viel kleinerer Schrift geschrieben als das übrige Attest des Abtes.]

in unzweifelhafter Weise festzustellen, bin aber beim Studium dieser verworrenen Angelegenheit auf eine Vermutung gekommen, die den Vorzug hat, den natürlichsten Hergang einzusetzen, wenngleich die schriftlichen Zeugnisse sich auch ihr nicht völlig fügen.

Ich meine, als der Maler zuerst nach Mariazell kam, sprach er nur von *einer* regelrecht mit Blut geschriebenen Verschreibung, die bald verfallen sollte, also im September 1668 gegeben war, ganz so, wie es im Geleitbrief des Pfarrers mitgeteilt ist. In Mariazell präsentierte er auch diese blutige Verschreibung als diejenige, die ihm der Dämon unter dem Zwang der heiligen Mutter zurückgegeben hatte. Wir wissen, was weiter geschah. Der Maler verließ bald darauf den Gnadenort und ging nach Wien, wo er sich auch bis Mitte Oktober frei fühlte. Aber dann fingen Leiden und Erscheinungen, in denen er das Werk des bösen Geistes sah, wieder an. Er fühlte sich wieder erlösungsbedürftig, fand sich aber vor der Schwierigkeit aufzuklären, warum ihm die Beschwörung in der heiligen Kapelle keine dauernde Erlösung gebracht hatte. Als ungeheilter Rückfälliger wäre er wohl in Mariazell nicht willkommen gewesen. In dieser Not erfand er eine frühere, erste Verschreibung, die aber mit Tinte geschrieben sein sollte, damit ihr Zurückstehen gegen eine spätere, blutige, plausibel erscheinen konnte. Nach Mariazell zurückgekommen, ließ er sich auch diese angeblich erste Verschreibung zurückgeben. Dann hatte er Ruhe vor dem Bösen, allerdings tat er gleichzeitig etwas anderes, was uns auf den Hintergrund dieser Neurose hinweisen wird.

Die Zeichnungen fertigte er gewiß erst bei seinem zweiten Aufenthalt in Mariazell an; das einheitlich komponierte Titelblatt enthält die Darstellung beider Verschreibungsszenen. Bei dem Versuch, seine neueren Angaben mit seinen früheren in Einklang zu bringen, mag er wohl in Verlegenheiten geraten sein. Es war für ihn ungünstig, daß er nur eine frühere, nicht eine spätere Verschreibung hinzudichten konnte. So konnte er das ungeschickte Ergebnis nicht vermeiden, daß er die eine, die blutige Verschreibung zu früh (im achten Jahr), die andere, die schwarze, zu spät (im zehnten Jahr) eingelöst hatte. Als verräterisches Anzeichen seiner zweifachen Redaktion ereignete es sich ihm, daß er sich in der Datierung der Verschreibungen irrte und auch die frühere in das Jahr 1669 setzte. Dieser Irrtum hat die Bedeutung einer ungewollten Aufrichtigkeit; er läßt uns erraten, daß die angeblich frühere Verschreibung zu einem späteren Termin hergestellt wurde. Der Kompilator, der den Stoff gewiß nicht früher als 1714, vielleicht erst 1729 zur Bearbeitung übernahm, mußte sich bemühen, die nicht unwesent-

lichen Widersprüche, so gut er konnte, wegzuschaffen. Da die beiden Verschreibungen, die ihm vorlagen, auf 1669 lauteten, half er sich durch die Ausrede, die er in das Zeugnis des Abtes einschaltete.
Man erkennt leicht, worin die Schwäche dieser sonst ansprechenden Konstruktion gelegen ist. Die Angabe zweier Verschreibungen, einer schwarzen und einer blutigen, findet sich bereits im Zeugnis des Abtes Franciscus. Ich habe also die Wahl, entweder dem Kompilator unterzuschieben, daß er an diesem Zeugnis im engen Anschluß an seine Einschaltung auch etwas geändert hat, oder ich muß bekennen, daß ich die Verwirrung nicht zu lösen vermag[1].
Die ganze Diskussion wird den Lesern längst überflüssig und die in ihr behandelten Details zu unwichtig erschienen sein. Aber die Sache gewinnt ein neues Interesse, wenn man sie nach einer bestimmten Richtung hin verfolgt.
Ich habe eben vom Maler ausgesagt, daß er, durch den Verlauf seiner Krankheit unliebsam überrascht, eine frühere Verschreibung (die mit Tinte) erfunden habe, um seine Position gegen die geistlichen Herren in Mariazell behaupten zu können. Nun schreibe ich für Leser, die zwar an die Psychoanalyse glauben, aber nicht an den Teufel, und diese könnten mir vorhalten, es sei unsinnig, dem armen Kerl von Maler – *hunc miserum* nennt ihn der Geleitbrief – einen solchen Vorwurf zu machen. Die blutige Verschreibung war ja genauso phantasiert wie die angeblich frühere mit Tinte. In Wirklichkeit ist ihm ja überhaupt kein Teufel erschienen, der ganze Pakt mit dem Teufel existierte ja nur in seiner

---

[1] Der Kompilator, meine ich, fand sich zwischen zwei fixen Punkten eingeengt. Einerseits fand er sowohl im Geleitbrief des Pfarrers wie im Attest des Abtes die Angabe, daß die Verschreibung (zumindest die erste) im Jahre 1668 ausgestellt worden sei, anderseits zeigten beide im Archiv aufbewahrten Verschreibungen die Jahreszahl 1669; da er zwei Verschreibungen vor sich liegen hatte, stand es für ihn fest, daß zwei Verschreibungen erfolgt waren. Wenn im Zeugnis des Abtes nur von einer die Rede war, wie ich glaube, so mußte er in dieses Zeugnis die Erwähnung der anderen einsetzen und dann den Widerspruch durch die Annahme einer Vordatierung aufheben. Die Abänderung des Textes, die er vornahm, stößt an die Einschaltung, die nur von ihm herrühren kann, unmittelbar an. Er war gezwungen, Einschaltung und Abänderung durch die Worte *sequenti verò anno 1669* zu verbinden, weil der Maler in der (sehr beschädigten) Legende zum Titelbilde ausdrücklich geschrieben hatte:

Nach einem Jahr würdt Er
... schrökhliche betrohungen in ab-
.... gestalt Nr. 2 bezwungen sich,
.... n Bluet zu verschreiben.

Das »Verschreiben« des Malers, als er die *Syngraphae* anfertigte, durch das ich zu meinem Erklärungsversuch genötigt worden bin, erscheint mir nicht weniger interessant als seine Verscheibungen selbst.

Phantasie. Ich sehe das ein; man kann dem Armen das Recht nicht bestreiten, seine ursprüngliche Phantasie durch eine neue zu ergänzen, wenn die geänderten Verhältnisse es zu erfordern schienen.
Aber auch hier gibt es noch eine Fortsetzung. Die beiden Verschreibungen sind ja nicht Phantasien wie die Teufelsvisionen; sie waren Dokumente, nach der Versicherung des Abschreibers wie nach dem Zeugnis des späteren Abtes Kilian im Archiv von Mariazell für alle sichtbar und greifbar aufbewahrt. Also stehen wir hier vor einem Dilemma. Entweder haben wir anzunehmen, daß der Maler die beiden ihm angeblich durch göttliche Huld zurückgestellten Schedae selbst zur Zeit verfertigt, da er sie brauchte, oder wir müssen den geistlichen Herren von Mariazell und Sankt Lambert trotz aller feierlichen Versicherungen, Bestätigungen durch Zeugen mit beigefügten Siegeln usw. die Glaubwürdigkeit verweigern. Ich gestehe, die Verdächtigung der geistlichen Herren fiele mir nicht leicht. Ich neige zwar zur Annahme, daß der Kompilator im Interesse der Konkordanz einiges am Zeugnis des ersten Abtes verfälscht hat, aber diese »sekundäre Bearbeitung« geht nicht weit über ähnliche Leistungen, auch moderner und weltlicher Geschichtsschreiber, hinaus und geschah jedenfalls im guten Glauben. Nach anderer Richtung haben sich die geistlichen Herren gegründeten Anspruch auf unser Vertrauen erworben. Ich sagte es schon [S. 291–3], nichts hätte sie hindern können, die Berichte über die Unvollständigkeit der Heilung und die Fortdauer der Versuchungen zu unterdrücken, und auch die Schilderung der Beschwörungsszene in der Kapelle, der man mit einigem Bangen entgegensehen durfte, ist nüchtern und glaubwürdig geraten. Es bleibt also nichts übrig, als den Maler zu beschuldigen. Die rote Verschreibung hatte er wohl bei sich, als er sich zum Bußgebet in die Kapelle begab, und zog sie dann hervor, als er von seiner Begegnung mit dem Dämon zu den geistlichen Beiständen zurückkehrte. Es muß auch gar nicht derselbe Zettel gewesen sein, der später im Archiv aufbewahrt wurde, sondern nach unserer Konstruktion kann er die Jahreszahl 1668 (neun Jahre vor der Beschwörung) getragen haben.

V
DIE WEITERE NEUROSE

Aber das wäre Betrug und nicht Neurose, der Maler ein Simulant und Fälscher, nicht ein kranker Besessener! Nun, die Übergänge zwischen Neurose und Simulation sind bekanntlich fließende. Ich finde auch keine Schwierigkeit anzunehmen, daß der Maler diesen Zettel ebenso wie die späteren in einem besonderen, seinen Visionen gleichzustellenden Zustand geschrieben und mit sich genommen hat. Wenn er die Phantasie vom Teufelspakt und von der Erlösung durchführen wollte, konnte er ja gar nichts anderes tun.

Den Stempel der Wahrhaftigkeit trägt dagegen das Tagebuch aus Wien an sich, das er bei seinem zweiten Aufenthalt zu Mariazell den Geistlichen übergab. Es läßt uns freilich tief in die Motivierung oder sagen wir lieber Verwertung der Neurose blicken.

Die Aufzeichnungen reichen von seiner erfolgreichen Beschwörung bis zum 13.[1] Januar des nächsten Jahres 1678. Bis zum 11. Oktober erging es ihm in Wien, wo er bei einer verheirateten Schwester wohnte, recht gut, dann aber fingen neue Zustände mit Visionen und Krämpfen, Bewußtlosigkeit und schmerzhaften Sensationen an, die dann auch zu seiner Rückkehr nach Mariazell im Mai 1678 führten.

Die neue Leidensgeschichte gliedert sich in drei Phasen. Zuerst meldet sich die Versuchung in Gestalt eines schön gekleideten Kavaliers, der ihm zureden will, den Zettel wegzuwerfen, der seine Aufnahme in die Bruderschaft vom heiligen Rosenkranz[2] bescheinigt. Da er widerstand, wiederholte sich dieselbe Erscheinung am nächsten Tag, aber diesmal in einem prächtig geschmückten Saal, in dem vornehme Herren mit schönen Damen tanzten. Derselbe Kavalier, der ihn schon einmal versucht, machte ihm einen auf Malerei bezüglichen Antrag[3] und versprach ihm dafür ein schönes Stück Geld. Nachdem er diese Vision durch Gebete zum Verschwinden gebracht, wiederholte sie sich einige Tage später in noch eindringlicherer Form. Diesmal schickte der Kavalier eine der

---

[1] [In allen früheren deutschen Ausgaben außer der ersten steht hier fälschlich »15«.]

[2] [Ein religiöser Orden, in den er bei seiner Ankunft in Wien aufgenommen worden war.]

[3] Eine mir unverständliche Stelle.

schönsten Frauen, die an der Festtafel saßen, zu ihm hin, um ihn zur Gesellschaft zu bringen, und er hatte Mühe, sich der Verführerin zu erwehren. Am erschreckendsten war aber die bald darauf folgende Vision eines noch prunkvolleren Saales, in dem ein von *»Goldstuckh aufgerichter Thronn«* war. Kavaliere standen herum und erwarteten die Ankunft ihres Königs. Dieselbe Person, die sich schon so oft um ihn bekümmert hatte, ging auf ihn zu und forderte ihn auf, den Thron zu besteigen, sie *»wollten ihn für ihren König halten und in Ewigkeit verehren«*. Mit dieser Ausschweifung seiner Phantasie schließt die erste, recht durchsichtige Phase der Versuchungsgeschichte ab.

Es mußte jetzt zu einer Gegenwirkung kommen. Die asketische Reaktion erhob ihr Haupt. Am 20. Oktober erschien ihm ein großer Glanz, eine Stimme daraus gab sich als Christus zu erkennen und forderte von ihm, daß er dieser bösen Welt entsagen und sechs Jahre lang in einer Wüste Gott dienen solle. Der Maler litt unter diesen heiligen Erscheinungen offenbar mehr als unter den früheren dämonischen. Aus diesem Anfall erwachte er erst nach $2^1/_2$ Stunden. Im nächsten war die von Glanz umgebene heilige Person weit unfreundlicher, drohte ihm, weil er den göttlichen Vorschlag nicht angenommen hatte, und führte ihn in die Hölle, damit er durch das Los der Verdammten geschreckt werde. Offenbar blieb aber die Wirkung aus, denn die Erscheinungen der Person im Glanze, die Christus sein sollte, wiederholten sich noch mehrmals, jedesmal mit stundenlanger Geistesabwesenheit und Verzücktheit für den Maler. In der großartigsten dieser Verzücktheiten führte ihn die Person im Glanze zuerst in eine Stadt, in deren Straßen die Menschen alle Werke der Finsternis übten, und dann zum Gegensatz auf eine schöne Au, in der Einsiedler ihr gottgefälliges Leben führten und greifbare Beweise von Gottes Gnade und Fürsorge erhielten. Dann erschien an Stelle Christi die heilige Mutter selbst, die ihn unter Berufung auf ihre früher geleistete Hilfe mahnte, dem Befehl ihres lieben Sohnes nachzukommen. *»Da er sich hiezu nicht recht resolviret«*, kam Christus am nächsten Tage wieder und setzte ihm mit Drohungen und Versprechungen tüchtig zu. Da gab er endlich nach, beschloß aus diesem Leben auszutreten und zu tun, was von ihm verlangt wurde. Mit dieser Entschließung endet die zweite Phase. Der Maler konstatiert, daß er von dieser Zeit an keine Erscheinung oder Anfechtung mehr gehabt hat.

Indes muß dieser Entschluß nicht sehr gefestigt oder seine Ausführung allzulang aufgeschoben worden sein, denn als er am 26. Dezember in St. Stephan seine Andacht verrichtete, konnte er sich beim Anblick einer wackeren Jungfrau, die mit einem wohlaufgeputzten Herrn ging, der Idee nicht erwehren, er könnte selbst an Stelle dieses Herrn sein. Das forderte Strafe, noch am selben Abend traf es ihn wie ein Donnerschlag, er sah sich in hellen Flammen und fiel in Ohnmacht. Man bemühte sich, ihn zu erwecken, aber er wälzte sich in der Stube, bis Blut aus Mund und Nase kam, verspürte, daß er sich in Hitze und Gestank befand, und hörte eine Stimme sagen, daß ihm dieser Zustand als Strafe für seine unnützen und eiteln Gedanken geschickt worden sei. Später wurde er dann von bösen Geistern mit Stricken gegeißelt und ihm versprochen, daß er alle Tage so gepeinigt werden solle, bis er sich entschlossen habe, in den Einsiedlerorden einzutreten. Diese Erlebnisse setzten sich, soweit die Aufzeichnungen reichen (13. Januar) fort.

Wir sehen, wie bei unserem armen Maler die Versuchungsphantasien von asketischen und endlich von Strafphantasien abgelöst werden; das Ende der Leidensgeschichte kennen wir bereits. Er begibt sich im Mai nach Mariazell, bringt dort die Geschichte von einer früheren, mit schwarzer Tinte geschriebenen Verschreibung vor, der er es offenbar zuschreibt, daß er noch vom Teufel geplagt werden kann, erhält auch diese zurück und ist geheilt.

Während dieses zweiten Aufenthaltes malt er die Bilder, die im *Trophaeum* kopiert sind, dann aber tut er etwas, was mit der Forderung der asketischen Phase seines Tagebuches zusammentrifft. Er geht zwar nicht in die Wüste, um Einsiedler zu werden, aber er tritt in den Orden der Barmherzigen Brüder ein: *religiosus factus est.*

Bei der Lektüre des Tagebuches gewinnen wir Verständnis für ein neues Stück des Zusammenhangs. Wir erinnern uns, daß der Maler sich dem Teufel verschrieben, weil er nach dem Tode des Vaters, verstimmt und arbeitsunfähig, Sorge hatte, seine Existenz zu erhalten. Diese Momente, Depression, Arbeitshemmung und Trauer um den Vater, sind irgendwie, auf einfache oder kompliziertere Art miteinander verknüpft. Vielleicht waren die Erscheinungen des Teufels darum so überreichlich mit Brüsten ausgestattet, weil der Böse sein Nährvater werden sollte. Die Hoffnung erfüllte sich nicht, es ging ihm auch weiterhin schlecht, er konnte nicht ordentlich arbeiten, oder er hatte kein Glück und fand nicht genug Arbeit. Der Geleitbrief des Pfarrers spricht von ihm als *»hunc miserum omni auxilio destitutum«* [s. S. 289]. Er war also nicht nur in moralischen Nöten, er litt auch materielle Not. In die Wiedergabe seiner späteren Visionen [in seinem Tagebuch] finden sich Bemerkungen eingestreut, die wie die Inhalte der erschauten Szenen zeigen, daß sich auch nach der erfolgreichen ersten Beschwörung daran nichts geändert hatte. Wir lernen einen Menschen kennen, der es zu nichts bringt, dem man auch darum kein Vertrauen schenkt. In der ersten Vision fragt ihn der Kavalier, was er eigentlich anfangen wolle, da sich niemand seiner annehme (*»dieweillen ich von iedermann itzt verlaßen, waß ich anfangen würdte«*). Die erste Reihe der Visionen in Wien entspricht durchaus den Wunschphantasien des Armen, nach Genuß Hungernden, Verkommenen: Herrliche Säle, Wohlleben, silbernes Tafelgeschirr und schöne Frauen; hier wird nachgeholt, was wir im Teufelsverhältnis vermißt haben. Damals bestand eine Melancholie, die ihn genußunfähig machte, auf die lockendsten Anerbieten verzichten hieß. Seit der Beschwörung scheint die Melancholie überwunden, alle Gelüste des Weltkindes sind wieder rege.

In einer der asketischen Visionen beklagt er sich gegen die ihn führende Person (Christus), daß ihm niemand glauben wolle, so daß er dessentwegen was ihm anbefohlen, nicht vollziehen könne. Die Antwort, die er darauf erhält, bleibt uns leider dunkel (*»so fer man mir nit glauben, waß aber geschechen, waiß ich wol, ist mir aber selbes auszusprochen vnmöglich«*). Besonders aufklärend ist aber, was ihn sein göttlicher Führer bei den Einsiedlern erleben läßt. Er kommt in eine Höhle, in der ein alter Mann schon seit sechzig Jahren sitzt, und erfährt auf seine Frage, daß dieser Alte täglich von den Engeln Gottes gespeist wird. Und dann sieht er selbst, wie ein Engel dem Alten zu essen bringt: *»Drey Schißerl mit Speiß, ein Brott und ein Knödl und Getränk.«* Nachdem der Einsiedler gespeist, nimmt der Engel alles zusammen und trägt es ab. Wir verstehen, welche Versuchung die frommen Visionen zu bieten haben, sie wollen ihn bewegen, eine Form der Existenz zu wählen, in der ihm die Nahrungssorgen abgenommen sind. Beachtenswert sind auch die Reden Christi in der letzten Vision. Nach der Drohung, wenn er sich nicht füge, werde etwas geschehen, daß er und die Leute [daran[1]] glauben müßten, mahnt er direkt: *»Ich solte die Leith nit achten, obwollen ich van ihnen verfolgt würdte, oder van ihnen keine hilfflaistung empfienge, Gott würde mich nit verlaßen.«*

Ch. Haitzmann war so weit Künstler und Weltkind, daß es ihm nicht leichtfiel, dieser sündigen Welt zu entsagen. Aber endlich tat er es doch mit Rücksicht auf seine hilflose Lage. Er trat in einen geistlichen Orden ein; damit war sein innerer Kampf wie seine materielle Not zu Ende.

---

[1] [Einfügung und eckige Klammer stammen von Freud.]

In seiner Neurose spiegelt sich dieser Ausgang darin, daß die Rückstellung einer angeblich ersten Verschreibung seine Anfälle und Visionen beseitigt. Eigentlich hatten beide Abschnitte seiner dämonologischen Erkrankung denselben Sinn gehabt. Er wollte immer nur sein Leben sichern, das erste Mal mit Hilfe des Teufels auf Kosten seiner Seligkeit, und als dieser versagt hatte und aufgegeben werden mußte, mit Hilfe des geistlichen Standes auf Kosten seiner Freiheit und der meisten Genußmöglichkeiten des Lebens. Vielleicht war Chr. Haitzmann nur selbst ein armer Teufel, der eben kein Glück hatte, vielleicht war er zu ungeschickt oder zu unbegabt, um sich selbst zu erhalten, und zählte zu jenen Typen, die als »ewige Säuglinge« bekannt sind, die sich von der beglückenden Situation an der Mutterbrust nicht losreißen können und durchs ganze Leben den Anspruch festhalten, von jemand anderem ernährt zu werden. Und so legte er in dieser Krankengeschichte den Weg vom Vater über den Teufel als Vaterersatz zu den frommen Patres zurück.

Seine Neurose erscheint oberflächlicher Betrachtung als ein Gaukelspiel, welches ein Stück des ernsthaften, aber banalen Lebenskampfes überdeckt. Dies Verhältnis ist gewiß nicht immer so, aber es kommt auch nicht gar so selten vor. Die Analytiker erleben es oft, wie unvorteilhaft es ist, einen Kaufmann zu behandeln, der, »sonst gesund, seit einiger Zeit die Erscheinungen einer Neurose zeigt«. Die geschäftliche Katastrophe, von der sich der Kaufmann bedroht fühlt, wirft als Nebenwirkung diese Neurose auf, von der er auch den Vorteil hat, daß er hinter ihren Symptomen seine realen Lebenssorgen verheimlichen kann. Sonst aber ist sie überaus unzweckmäßig, da sie Kräfte in Anspruch nimmt, die vorteilhafter zur besonnenen Erledigung der gefährlichen Lage Verwendung fänden.

In weit zahlreicheren Fällen ist die Neurose selbständiger und unabhängiger von den Interessen der Lebenserhaltung und Behauptung. Im Konflikt, der die Neurose schafft, stehen entweder nur libidinöse Interessen auf dem Spiel oder libidinöse in inniger Verknüpfung mit solchen der Lebensbehauptung. Der Dynamismus der Neurose ist in allen drei Fällen der gleiche. Eine nicht real zu befriedigende Libidostauung schafft sich mit Hilfe der Regression zu alten Fixierungen Abfluß durch das verdrängte Unbewußte. Soweit das Ich des Kranken aus diesem Vorgang einen Krankheitsgewinn ziehen kann, läßt es die Neurose gewähren, deren ökonomische Schädlichkeit doch keinem Zweifel unterliegt.

Auch die üble Lebenslage unseres Malers hätte keine Teufelsneurose bei ihm hervorgerufen, wenn aus seiner Not nicht eine verstärkte Vatersehnsucht erwachsen wäre. Nachdem aber die Melancholie und der Teufel abgetan waren, kam es bei ihm noch zum Kampf zwischen der libidinösen Lebenslust und der Einsicht, daß das Interesse der Lebenserhaltung gebieterisch Verzicht und Askese fordere. Es ist interessant, daß der Maler die Einheitlichkeit der beiden Stücke seiner Leidensgeschichte sehr wohl verspürt, denn er führt die eine wie die andere auf Verschreibungen, die er dem Teufel gegeben, zurück. Anderseits unterscheidet er nicht scharf zwischen den Einwirkungen des bösen Geistes und jenen der göttlichen Mächte, er hat für beide eine Bezeichnung: Erscheinungen des Teufels.

Anhang

BIBLIOGRAPHIE

Vorbemerkung: Titel von Büchern und Zeitschriften sind kursiv, Titel von Beiträgen zu Zeitschriften oder Büchern in einfache Anführungszeichen gesetzt. Die Abkürzungen entsprechen der *World List of Scientific Periodicals* (London, 1963–65). Weitere in diesem Band verwendete Abkürzungen finden sich in der *Liste der Abkürzungen* auf Seite 331. Die in runde Klammern gesetzten Zahlen am Ende bibliographischer Eintragungen geben die Seite bzw. Seiten des vorliegenden Bandes an, wo auf das betreffende Werk hingewiesen wird. Die kursivierten Kleinbuchstaben hinter den Jahreszahlen der unten aufgeführten Freud-Schriften beziehen sich auf die verbindliche Freud-Bibliographie, die im letzten Band der englischen Gesamtausgabe, der *Standard Edition of the Complete Psychological Works of Sigmund Freud,* enthalten ist. Eine erweiterte deutsche Fassung dieser Bibliographie liegt in dem Band *Freud-Bibliographie mit Werkkonkordanz,* bearbeitet von Ingeborg Meyer-Palmedo und Gerhard Fichtner, S. Fischer, Frankfurt am Main 1989, vor. Für nichtwissenschaftliche Autoren und für wissenschaftliche Autoren, von denen kein spezielles Werk zitiert wird, siehe das *Namen- und Sachregister.*

ABRAHAM, K. (1908) ›Die psychosexuellen Differenzen der Hysterie und der Dementia praecox‹, *Zentbl. Nervenheilk.,* N. F. Bd. 19, S. 521. Neuausgabe in: K. Abraham, *Psychoanalytische Studien II, Conditio humana,* Frankfurt am Main, 1971, S. 132. (167, 188, 192, 198)

ADLER, A. (1910) ›Der psychische Hermaphroditismus im Leben und in der Neurose‹, *Fortschr. Med.,* Bd. 28, S. 486. (168, 230, 250–3)

ANDREAS-SALOMÉ, L. (1916) ›»Anal« und »Sexual«‹, *Imago,* Bd. 4, S. 249. (131)

BAUMEYER, F. (1956) ›The Schreber Case‹, *Int. J. Psycho-Analysis,* Bd. 37, S. 61. (137, 173, 175, 176)

BINET, A. (1888) *Études de psychologie expérimentale: le fétichisme dans l'amour,* Paris. (233–4)

BLEULER, E. (1910) Vortrag über Ambivalenz (Berne), Bericht in *Zentbl. Psychoanal.,* Bd. 1, S. 266. (96)

(1913) ›Der Sexualwiderstand‹, *Jb. psychoanalyt. psychopath. Forsch.,* Bd. 5, S. 442. (245)

(1916) ›Physisch und Psychisch in der Pathologie‹, *Z. ges. Neurol. Psychiat.,* Bd. 30, S. 426. (224)

BREUER, J., und FREUD, S. (1895) *siehe* Freud, S. (1895 *d*)

FEDERN, P. (1948) ›Professor Freud: The Beginning of a Case-History‹, *The Yearbook of Psychoanalysis,* Bd. 4, S. 14. (33)

FERENCZI, S. (1913) ›Entwicklungsstufen des Wirklichkeitssinnes‹, *Int. Z. ärztl. Psychoanal.,* Bd. 1, S. 124. Neuausgabe in: S. Ferenczi, *Schriften zur Psychoanalyse I,* hrsg. von M. Balint, *Conditio humana,* Frankfurt am Main, 1970, S. 148. (116)

FREUD, S. (1886 *f*) Übersetzung mit Vorwort und Fußnoten von J.-M. Charcots *Leçons sur les maladies du système nerveux,* Bd. III, Paris, 1887, unter dem Titel *Neue Vorlesungen über die Krankheiten des Nervensystems insbesondere über Hysterie, Wien. G. W.,* Nachtr., S. 52 [nur das Vorwort]. (285)

(1892–94) Übersetzung mit Vorrede und Fußnoten von J.-M. Charcots *Leçons du mardi à la Salpêtrière (1887–8),* Paris, 1888, unter dem Titel *Poliklinische Vorträge, I,* Wien. *G. W.,* Nachtr., S. 153–164 [nur das Vorwort und Auszüge der Fußnoten]. (285)

(1893 *f*) ›Charcot‹, *G. W.,* Bd. 1, S. 21. (285)

(1894 *a*) ›Die Abwehr-Neuropsychosen‹, *G. W.,* Bd. 1, S. 59. (12)

(1895 *b* [1894]) ›Über die Berechtigung, von der Neurasthenie einen bestimmten Symptomenkomplex als »Angstneurose« abzutrennen‹, *G. W.,* Bd. 1, S. 315; *Studienausgabe,* Bd. 6, S. 25. (13)

(1895 *c* [1894]) ›Obsessions et phobies‹, *G. W.,* Bd. 1, S. 345. (12, 98)

(1895 *d*) und Breuer, J., *Studien über Hysterie,* Wien; Neuausgabe (Fischer Taschenbuch), Frankfurt am Main, 1970, *G. W.,* Bd. 1, S. 75; Nachtr., S. 217, 221. (253, 256)

(1896 *b*) ›Weitere Bemerkungen über die Abwehr-Neuropsychosen‹, *G. W.,* Bd. 1, S. 379. (12, 35, 83, 135)

(1896 *c*) ›Zur Ätiologie der Hysterie‹, *G. W.,* Bd. 1, S. 425; *Studienausgabe,* Bd. 6, S. 51. (107)

(1900 *a*) *Die Traumdeutung,* Wien. *G. W.,* Bd. 2–3; *Studienausgabe,* Bd. 2. (20, 29, 80, 85, 99, 101, 177, 274–5, 303)

(1901 *b*) *Zur Psychopathologie des Alltagslebens,* Berlin, 1904. *G. W.,* Bd. 4. (38, 90)

(1905 *c*) *Der Witz und seine Beziehung zum Unbewußten,* Wien. *G. W.,* Bd. 6; *Studienausgabe,* Bd. 4, S. 9. (87, 97)

FREUD, S. (Forts.) (1905 *d*) *Drei Abhandlungen zur Sexualtheorie*, Wien. *G. W.*, Bd. 5, S. 29; *Studienausgabe*, Bd. 5, S. 37. (25–7, 30, 70, 102, 107–8, 124, 131, 184, 185, 188, 216, 230, 234, 264, 280, 281)

(1905 *e* [1901]) ›Bruchstück einer Hysterie-Analyse‹, *G. W.*, Bd. 5, S. 163; *Studienausgabe*, Bd. 6, S. 83. (36, 66, 99, 256)

(1906 *a*) ›Meine Ansichten über die Rolle der Sexualität in der Ätiologie der Neurosen‹, *G. W.*, Bd. 5, S. 149; *Studienausgabe*, Bd. 5, S. 147. (74, 107, 109)

(1907 *b*) ›Zwangshandlungen und Religionsübungen‹, *G. W.*, Bd. 7, S. 129; *Studienausgabe*, Bd. 7, S. 11. (97, 124, 203)

(1908 *a*) ›Hysterische Phantasien und ihre Beziehung zur Bisexualität‹, *G. W.*, Bd. 7, S. 191; *Studienausgabe*, Bd. 6, S. 187. (62)

(1908 *b*) ›Charakter und Analerotik‹, *G. W.*, Bd. 7, S. 203; *Studienausgabe*, Bd. 7, S. 23. (12, 77, 115, 125, 126, 285)

(1908 *c*) ›Über infantile Sexualtheorien‹, *G. W.*, Bd. 7, S. 171; *Studienausgabe*, Bd. 5, S. 169. (74, 82, 129, 185)

(1908 *d*) ›Die »kulturelle« Sexualmoral und die moderne Nervosität‹, *G. W.*, Bd. 7, S. 143; *Studienausgabe*, Bd. 9, S. 9. (21)

(1909 *a* [1908]) ›Allgemeines über den hysterischen Anfall‹, *G. W.*, Bd. 7, S. 235; *Studienausgabe*, Bd. 6, S. 197. (67)

(1909 *b*) ›Analyse der Phobie eines fünfjährigen Knaben‹, *G. W.*, Bd. 7, S. 243; *Studienausgabe*, Bd. 8, S. 9. (72–3, 84, 128, 155, 180)

(1909 *d*) ›Bemerkungen über einen Fall von Zwangsneurose‹, *G. W.*, Bd. 7, S. 381; *Studienausgabe*, Bd. 7, S. 31. (12, 20, 24, 116, 177, 180, 182, 198, 207, 213, 246, 254)

(1910 *c*) *Eine Kindheitserinnerung des Leonardo da Vinci*, Wien. *G. W.*, Bd. 8, S. 128; *Studienausgabe*, Bd. 10, S. 87. (184, 226, 305)

(1910 *h*) ›Über einen besonderen Typus der Objektwahl beim Manne‹, *G. W.*, Bd. 8, S. 66; *Studienausgabe*, Bd. 5, S. 185. (74, 270)

(1911 *b*) ›Formulierungen über die zwei Prinzipien des psychischen Geschehens‹, *G. W.*, Bd. 8, S. 230; *Studienausgabe*, Bd. 3, S. 13. (101, 108, 254)

Freud, S. (Forts.) (1911*c* [1910]) ›Psychoanalytische Bemerkungen über einen autobiographisch beschriebenen Fall von Paranoia (Dementia paranoides)‹, *G. W.*, Bd. 8, S. 240; *Studienausgabe,* Bd. 7, S. 133. (108, 111, 113, 206, 209, 221, 251, 286, 302, 305–7)

(1912*a* [1911]) ›Nachtrag zu dem autobiographisch beschriebenen Fall von Paranoia (Dementia paranoides)‹, *G. W.*, Bd. 8, S. 317; *Studienausgabe,* Bd. 7, S. 201. (135)

(1912*c*) ›Über neurotische Erkrankungstypen‹, *G. W.*, Bd. 8, S. 322; *Studienausgabe,* Bd. 6, S. 215. (136, 186)

(1912–13) *Totem und Tabu,* Wien, 1913. *G. W.*, Bd. 9; *Studienausgabe,* Bd. 9, S. 287. (12, 93, 136, 202, 300)

(1913*i*) ›Die Disposition zur Zwangsneurose‹, *G. W.*, Bd. 8, S. 442; *Studienausgabe,* Bd. 7, S. 105. (12, 24, 30, 96, 125, 136, 185, 195, 198, 199, 234)

(1914*c*) ›Zur Einführung des Narzißmus‹, *G. W.*, Bd. 10, S. 138; *Studienausgabe,* Bd. 3, S. 37. (113, 127, 136, 181, 185, 195, 197, 245)

(1915*b*) ›Zeitgemäßes über Krieg und Tod‹, *G. W.*, Bd. 10, S. 324; *Studienausgabe,* Bd. 9, S. 33. (272)

(1915*c*) ›Triebe und Triebschicksale‹, *G. W.*, Bd. 10, S. 210; *Studienausgabe,* Bd. 3, S. 75. (97, 117, 136, 245)

(1915*d*) ›Die Verdrängung‹, *G. W.*, Bd. 10, S. 248; *Studienausgabe,* Bd. 3, S. 103. (97, 136, 190, 230)

(1915*e*) ›Das Unbewußte‹, *G. W.*, Bd. 10, S. 164; *Studienausgabe,* Bd. 3, S. 119. (19, 230)

(1915*f*) ›Mitteilung eines der psychoanalytischen Theorie widersprechenden Falles von Paranoia‹, *G. W.*, Bd. 10, S. 234; *Studienausgabe,* Bd. 7, S. 205. (136)

(1916*b*) ›Mythologische Parallele zu einer plastischen Zwangsvorstellung‹, *G. W.*, Bd. 10, S. 398; *Studienausgabe,* Bd. 7, S. 119. (12)

(1916–17 [1915–17]) *Vorlesungen zur Einführung in die Psychoanalyse,* Wien. *G. W.*, Bd. 11; *Studienausgabe,* Bd. 1, S. 33. (12, 17, 66, 74, 109, 151, 215, 216, 244)

(1917*c*) ›Über Triebumsetzungen, insbesondere der Analerotik‹, *G. W.*, Bd. 10, S. 402; *Studienausgabe,* Bd. 7, S. 123. (12, 24, 30)

(1917*e* [1915]) ›Trauer und Melancholie‹, *G. W.*, Bd. 10, S. 428; *Studienausgabe,* Bd. 3, S. 193. (302)

(1918*b* [1914]) ›Aus der Geschichte einer infantilen Neurose‹, *G. W.*, Bd. 12, S. 29; *Studienausgabe,* Bd. 8, S. 125. (12, 24, 74, 124, 216, 230, 249, 251, 301)

(1919*e*) ›»Ein Kind wird geschlagen«‹, *G. W.*, Bd. 13, S. 197; *Studienausgabe,* Bd. 7, S. 229. (74, 168, 307)

Freud, S. (Forts.) (1919 *h*) ›Das Unheimliche‹, *G. W.*, Bd. 12, S. 229; *Studienausgabe*, Bd. 4, S. 241. (90, 92)

(1920 *a*) ›Über die Psychogenese eines Falles von weiblicher Homosexualität‹, *G. W.*, Bd. 12, S. 271; *Studienausgabe*, Bd. 7, S. 255. (225)

(1920 *g*) *Jenseits des Lustprinzips*, Wien. *G. W.*, Bd. 13, S. 3; *Studienausgabe*, Bd. 3, S. 213. (245)

(1921 *c*) *Massenpsychologie und Ich-Analyse*, Wien. *G. W.*, Bd. 13, S. 73; *Studienausgabe*, Bd. 9, S. 61. (227)

(1922 *b*) ›Über einige neurotische Mechanismen bei Eifersucht, Paranoia und Homosexualität‹, *G. W.*, Bd. 13, S. 195; *Studienausgabe*, Bd. 7, S. 217. (136, 275, 281)

(1923 *b*) *Das Ich und das Es*, Wien. *G. W.*, Bd. 13, S. 237; *Studienausgabe*, Bd. 3, S. 273. (18, 30, 97, 233)

(1923 *d* [1922]) ›Eine Teufelsneurose im siebzehnten Jahrhundert‹, *G. W.*, Bd. 13, S. 317; *Studienausgabe*, Bd. 7, S. 283. (29, 136, 251)

(1923 *e*) ›Die infantile Genitalorganisation‹, *G. W.*, Bd. 13, S. 293; *Studienausgabe*, Bd. 5, S. 235. (108)

(1924 *c*) ›Das ökonomische Problem des Masochismus‹, *G. W.*, Bd. 13, S. 371; *Studienausgabe*, Bd. 3, S. 339. (248)

(1924 *d*) ›Der Untergang des Ödipuskomplexes‹, *G. W.*, Bd. 13, S. 395; *Studienausgabe*, Bd. 5, S. 243. (240)

(1925 *h*) ›Die Verneinung‹, *G. W.*, Bd. 14, S. 11; *Studienausgabe*, Bd. 3, S. 371. (56)

(1925 *j*) ›Einige psychische Folgen des anatomischen Geschlechtsunterschieds‹, *G. W.*, Bd. 14, S. 19; *Studienausgabe*, Bd. 5, S. 253. (254, 256)

(1926 *d* [1925]) *Hemmung, Symptom und Angst*, Wien. *G. W.*, Bd. 14, S. 113; *Studienausgabe*, Bd. 6, S. 227. (12, 65, 93)

(1927 *e*) ›Fetischismus‹, *G. W.*, Bd. 14, S. 311; *Studienausgabe*, Bd. 3, S. 379. (102)

(1930 *a*) *Das Unbehagen in der Kultur*, Wien. *G. W.*, Bd. 14, S. 421; *Studienausgabe*, Bd. 9, S. 191. (30, 102)

(1931 *a*) ›Über libidinöse Typen‹, *G. W.*, Bd. 14, S. 509; *Studienausgabe*, Bd. 5, S. 267. (30)

(1931 *b*) ›Über weibliche Sexualität‹, *G. W.*, Bd. 14, S. 517; *Studienausgabe*, Bd. 5, S. 273. (256, 264)

(1932 *a*) ›Zur Gewinnung des Feuers‹, *G. W.*, Bd. 16, S. 3; *Studienausgabe*, Bd. 9, S. 445. (30)

(1933 *a* [1932]) *Neue Folge der Vorlesungen zur Einführung in die Psychoanalyse*, Wien. *G. W.*, Bd. 15; *Studienausgabe*, Bd. 1, S. 447. (30, 256)

FREUD, S. (Forts.) (1939*a* [1937–39]) *Der Mann Moses und die monotheistische Religion, G. W.*, Bd. 16, S. 103; *Studienausgabe*, Bd. 9, S. 455. (74)

(1950*a* [1887–1902]) *Aus den Anfängen der Psychoanalyse*, London; Frankfurt am Main, 1962. (Enthält ›Entwurf einer Psychologie‹, 1895 [dieser jetzt unter (1950*c*) in: *G. W.*, Nachtr., S. 375].) (12, 74, 107, 135, 285)

(1955*a* [1907–08]) Originalnotizen zu dem Fall von Zwangsneurose (›Der Rattenmann‹), *G. W.*, Nachtr., S. 509. [*Englische Übersetzung:* Original Record of the Case of Obsessional Neurosis (the ›Rat Man‹), *Standard Edition*, Bd. 10, S. 259.] (33–4, 46, 76, 86)

FUCHS, E. (1904) *Das erotische Element in der Karikatur*, Berlin. (121)

(1908) *Geschichte der erotischen Kunst. Erweiterung und Neubearbeitung des Werkes: Das erotische Element in der Karikatur* [1904], Berlin. (121)

HUNTER, R. A., und MACALPINE, I. (1956) *siehe* Macalpine, I., und Hunter, R. A. (1956)

JEREMIAS, A. (1904*a*) *Das Alte Testament im Lichte des alten Orients*, Leipzig. (2., neu bearb. Aufl., 1906.) (29)

(1904*b*) *Monotheistische Strömungen innerhalb der babylonischen Religion*, Leipzig. (29)

(1905) *Babylonisches im Neuen Testament*, Leipzig. (29)

JONES, E. (1908) ›Rationalization in Everyday Life‹, *J. abnorm. Psychol.*, Bd. 3, S. 161; *Papers on Psycho-Analysis*, nur in 1. bis 3. Aufl., London und New York, 1913 bis 1923, Kapitel I. (62, 174)

(1912) *Der Alptraum in seiner Beziehung zu gewissen Formen des mittelalterlichen Aberglaubens* (übers. H. Sachs), Leipzig und Wien. (301, 302)

(1913) ›Haß und Analerotik in der Zwangsneurose‹, *Int. Z. ärztl. Psychoanal.*, Bd. 1, S. 425. (113)

(1962*a*) *Das Leben und Werk von Sigmund Freud*, Bd. 2, Bern und Stuttgart. (33)

(1962*b*) *Das Leben und Werk von Sigmund Freud*, Bd. 3, Bern und Stuttgart. (137, 218, 256, 285)

JUNG, C. G. (1906) (hrsg. von) *Diagnostische Assoziationsstudien*, Bd. 1, Leipzig. (75)

(1907) *Über die Psychologie der Dementia praecox*, Halle. (162, 192)

JUNG, C. G. (Forts.) (1908) *Der Inhalt der Psychose*, Berlin. (198)

(1910) ›Ein Beitrag zur Psychologie des Gerüchtes‹, *Zentbl. Psychoanal.*, Bd. 1, S. 81. (175)

(1911) *Wandlungen und Symbole der Libido*, Leipzig und Wien, 1912. (201)

(1913) ›Versuch einer Darstellung der psychoanalytischen Theorie‹, *Jb. psychoanalyt. psychopath. Forsch.*, Bd. 5, S. 307; als Buch, Leipzig und Wien, 1913. (264)

KELLER, O. (1887) *Die Thiere des classischen Alterthums in culturgeschichtlicher Beziehung*, Innsbruck. (201–2)

KRAFFT-EBING, R. VON (1867) *Beiträge zur Erkennung und richtigen forensischen Beurteilung krankhafter Gemütszustände für Ärzte, Richter und Verteidiger*, Erlangen. (13)

LIPSCHÜTZ, A. (1919) *Die Pubertätsdrüse und ihre Wirkungen*, Bern. (280)

LÖWENFELD, L. (1904) *Die psychischen Zwangserscheinungen*, Wiesbaden. (13, 83)

MACALPINE, I., und HUNTER, R. A. (1956) *Schizophrenia 1677*, London. (286, 290)

MAEDER, A. (1910) ›Psychologische Untersuchungen an Dementia praecox-Kranken‹, *Jb. psychoanalyt. psychopath. Forsch.*, Bd. 2, S. 185. (183, 188)

MARCINOWSKI, J. (1918) ›Erotische Quellen der Minderwertigkeitsgefühle‹, *Z. SexWiss.*, Bonn, Bd. 4, S. 313. (244)

NIEDERLAND, W. G. (1959 *a*) ›The »miracled-up« World of Schreber's Childhood‹, *Psychoanal. Study Child*, Bd. 14, S. 383. (137, 176)

(1959 *b*) ›Schreber: Father and Son‹, *Psychoanal. Q.*, Bd. 28, S. 151. (137, 176)

(1960) ›Schreber's Father‹, *J. Am. Psychoanal. Ass.*, Bd. 8, S. 492. (137, 176)

(1963) ›Further Data and Memorabilia Pertaining to the Schreber Case‹, *Int. J. Psycho-Analysis*, Bd. 44, S. 201. (137, 176)

OPHUIJSEN, J. H. W. VAN (1917) ›Beiträge zum Männlichkeitskomplex der Frau‹, *Int. Z. ärztl. Psychoanal.*, Bd. 4, S. 241. (242)

PAYER-THURN, R. (1924) ›Faust in Mariazell‹, *Chronik des Wiener Goethe-Vereins*, Bd. 34, S. 1. (286, 288)

RANK, O. (1909) *Der Mythus von der Geburt des Helden*, Leipzig und Wien. (175)

REIK, T. (1919) *Probleme der Religionspsychologie. 1. Das Ritual*, Leipzig, Wien und Zürich. (300)

(1923) *Der eigene und der fremde Gott*, Leipzig, Wien und Zürich. (301)

REINACH, S. (1905–12) *Cultes, mythes et religions* (4 Bde.), Paris. (122, 201–2)

RIKLIN, F. (1905) ›Über Versetzungsbesserungen‹, *Psychiat.-neurol. Wschr.*, Bd. 7, S. 153, 165 und 179. (199)

SADGER, I. (1910) ›Ein Fall von multipler Perversion mit hysterischen Absenzen‹, *Jb. psychoanalyt. psychopath. Forsch.*, Bd. 2, S. 59. (184)

(1914) ›Jahresbericht über sexuelle Perversionen‹, *Jb. psychoanalyt. psychopath. Forsch.*, Bd. 6, S. 296. (266)

SCHREBER, D. G. M. (1855) *Ärztliche Zimmer-Gymnastik* (1. Aufl.), Leipzig, (176)

SCHREBER, D. P. (1903) *Denkwürdigkeiten eines Nervenkranken*, Leipzig. (135–8, 139–203 passim, 305–7)

SILBERER, H. (1910) ›Phantasie und Mythos‹, *Jb. psychoanalyt. psychopath. Forsch.*, Bd. 2, S. 541. (245)

SPIELREIN, S. (1911) ›Über den psychologischen Inhalt eines Falles von Schizophrenie (Dementia praecox)‹, *Jb. psychoanalyt. psychopath. Forsch.*, Bd. 3, S. 329. (201)

STEKEL, W. (1911) *Die Sprache des Traumes, Wiesbaden.* (2. Aufl., 1922.) (116–17)

VANDENDRIESSCHE, G. (1965) *The Parapraxis in the Haizmann Case of Sigmund Freud*, Louvain und Paris. (286, 290)

VIENNA PSYCHOANALYTIC SOCIETY, MINUTES OF, Bd. 1, New York, 1962. (285–6)

LISTE DER ABKÜRZUNGEN

Conditio humana	Reihe *Conditio humana, Ergebnisse aus den Wissenschaften vom Menschen,* S. Fischer Verlag, Frankfurt am Main, 1969–75.
G. S.	S. Freud, *Gesammelte Schriften* (12 Bände), Internationaler Psychoanalytischer Verlag, Wien, 1924–34.
G. W.	S. Freud, *Gesammelte Werke* (18 Bände und ein unnumerierter Nachtragsband), Bände 1–17 London, 1940–52, Band 18 Frankfurt am Main, 1968, Nachtragsband Frankfurt am Main, 1987. Die ganze Edition seit 1960 bei S. Fischer Verlag, Frankfurt am Main.
Neurosenlehre und Technik	S. Freud, *Schriften zur Neurosenlehre und zur psychoanalytischen Technik (1913–1926),* Wien, 1931.
Psychoanalyse der Neurosen	S. Freud, *Studien zur Psychoanalyse der Neurosen aus den Jahren 1913–1925,* Wien, 1926.
S. K. S. N.	S. Freud, *Sammlung kleiner Schriften zur Neurosenlehre* (5 Bände), Wien, 1906–22.
Sexualtheorie und Traumlehre	S. Freud, *Kleine Schriften zur Sexualtheorie und zur Traumlehre,* Wien, 1931.
Studienausgabe	S. Freud, *Studienausgabe* (10 Bände und ein unnumerierter Ergänzungsband), S. Fischer Verlag, Frankfurt am Main, 1969–75.
Vier Krankengeschichten	S. Freud, *Vier psychoanalytische Krankengeschichten,* Wien, 1932.

Sonstige in diesem Band verwendete Abkürzungen entsprechen der *World List of Scientific Periodicals* (4. Auflage), London, 1963–65.

BILDNACHWEIS

Tafel gegenüber von S. 304:
Erste Erscheinung des Teufels

Tafel gegenüber von S. 305:
Zweite Erscheinung des Teufels

Die beiden Abbildungen entstammen dem *Trophaeum Mariano-Cellense,* Ms. 14086, in der Österreichischen Nationalbibliothek, Wien. Die Veröffentlichung erfolgt hier mit freundlicher Genehmigung der Handschriftensammlung.

NAMEN- UND SACHREGISTER

Zusammengestellt von Ingeborg Meyer-Palmedo und Günther Scheuerer

In dieses Register sind sämtliche Namen nicht-wissenschaftlicher Autoren aufgenommen. Es enthält auch Namen wissenschaftlicher Autoren, die angegebenen Seitenzahlen beziehen sich dann aber auf Textstellen, wo Freud nur den Namen des betreffenden Autors, nicht aber ein spezielles Werk erwähnt. Für Hinweise auf bestimmte Werke wissenschaftlicher Autoren möge der Leser die Bibliographie konsultieren. Einige andere Eigennamen finden sich nicht als Haupteinträge, sondern als Untereinträge im Rahmen der Krankengeschichten *Haitzmann*, »Rattenmann« oder *Schreber*.

Aberglaube 28 f., 42, 89 f., 291, 301
u. Zwangsneurose 88–90, 92, 94, 103
Abfuhr
v. Energie 99, 101
d. Libido 185, 318
Onanie als 70, 239, 241
Abkunftsmythen 91 u. Anm., 182, 202
Abort, künstlicher 276
Abraham, Karl (*s. a.* Bibliographie) 135, 218
Absurdität 80 Anm. 3, 177
Abulien 14
Abwehr 27 Anm., 53, 86, 223, 278
Arten d. 65 Anm. 1, 85
Eifersucht u. 221, 223
-handlung(en) 18 f., 42 f.
-kampf 84 f., 117, 121, 173
-mechanismen/-maßnahmen 61, 93 Anm. 2, 107
-neurose 135
Paranoia u. 183, 186
-schutzformeln (*s. a.* Schutzmaßregeln) aus Anfangsbuchstaben 34, 61 f., 85 f.
Verdrängung u. 65 Anm. 1, 86
Adler, Alfred (*s. a.* Bibliographie) 39 Anm. 2, 306 f.
Ätiologie *s.* Infantile Ätiologie; Krankheitsveranlassung; Sexuelle Ätiologie; Traumatische -
Affekt (*s. a.* Gefühls-)
-besetzung 15, 64
-einstellung 263, 273
-energie 64
-entziehung 64, 90
Fehlen d. 272 f.
-größe 50, 59
-inhalt u. begleitender Vorstellungsinhalt 50 f., 64–66, 83
-leben, infantiles 72 Anm. 1, 203
peinlicher 41 f., 51
Regression d. 67 Anm.
-umkehrung/-verwandlung 189, 222
-verschiebung 66
Aggressive Einstellungen *s.* Feindseligkeit
Aktiv(ität) u. Passiv(ität) 107, 111, 114, 190, 241, 250, 253, 280
Aktuelle / akzidentelle Krankheitsmomente (*s. a.* Pathogene Momente; Rezente Krankheitsveranlassung; Zeitliche -) 43, 58 f., 109, 111 f., 127, 181, 212, 219, 302
Alkibiades 96 Anm. 3

Alkoholiker 187
Allmacht d. Gedanken u. Wünsche 87, 92, 93 u. Anm. 1
Also sprach Zarathustra (*Nietzsche*) 179
Alte Völker (*s. a.* Primitiv-; Ur-) 28, 176, 202
Ambivalenz 96 Anm. 1, 175–177, 222 f., 268, 300–302
Amentia (*Meynert*) 197
Amnesie 42, 64, 90, 235, 276
  infantile 56, 64
Analcharakter 29, 115, 125
Analerotik 27, 77 f., 112–114, 116, 121, 125 f., 129–131
  Charakter u. 23–30, 125
  u. Teufels-/Hexenglaube 28 f., 285
  Triebumsetzungen d. 123–131
  Zwangsneurose u. 24
Anal-sadistische Phase/Stufe 108, 115, 121, 129, 240, 245
Analzone 26, 28 f.
Angehörige v. Neurotikern 260 f.
Angst (*s. a.* Kastrations-) 13 f., 52 f., 72, 74, 225
  -anfall 179
  Erwartungs- 18–20
  Gewissens- 15
  -hysterie 111 f.
  als umgewandelte Libido 194
  -neurose 181 Anm. 2
  Spannung u. 99, 194
  vor d. Vater 272, 300–302
Animismus 202
Anlehnung d. Sexualtriebe 185
Arbeitshemmung 50, 295 f., 302, 316
Archaisches Erbe / Denkweisen d. Menschen 28, 202 f., 244, 254
Ariman (Gott) 151, 163, 170, 178
Askese (*s. a.* Verbote; Versagung) 87, 103, 121, 159, 315–317, 319
Assoziationen (*s. a.* Wort-) 27 Anm., 59, 75 Anm. 1, 79
Athene, Pallas 91 Anm., 182
Aufmerksamkeitsbesetzung/-entzug 84 u. Anm. 1, 221 f., 224
Augustus (Kaiser) 176 Anm. 4
Außenwelt (*s. a.* Aktuelle Momente; Projektion nach außen; Realität; Wahrnehmung, äußere u. innere) 101, 189, 192 u. Anm. 1, 195 bis 198, 278
»Ausweichen« 226 f., 268 f. u. Anm. 3
Autoerotische
  Befriedigung 128, 180, 232 f.
  Phase 108, 112
  Triebkomponente 155 Anm. 1
Autoerotismus 100, 110, 135, 184
  infantiler 72 Anm. 2, 74 Anm., 184, 186, 198

Babylon, altes 29 u. Anm. 2
Banale Erlebnisse/Ereignisse (*s. a.* Indifferenter Vorstellungsinhalt) 72 Anm. 2, 234
Banquo (in *Shakespeares Macbeth*) 238
Baubo 122
Beecher-Stowe, Harriet 232 Anm. 2
Besessenheit 29 Anm. 1, 285, 287, 314
Bettzeremoniell 14
Bewußt(e, es)
  Denken / Gedankentätigkeit (*s. a.* Waches Denken) 36, 61, 62 Anm. 3, 64, 85, 101 f., 273, 275
  Erinnerung 241, 246
  Phantasien 215, 241, 246–250, 252 f.
Bewußtes u. Unbewußtes 81, 241, 274–277
  Gegensatz v. 51, 53 f.
  Zusammenwirken v. 96 f., 190, 271
Bewußtmachen unbewußter Vorgänge 17, 28, 51, 54 Anm., 222, 273
Bewußtsein 18, 81, 88, 103, 241, 274 bis 276
Bewußtseinsfähigkeit 116, 190, 248
Bewußtwerden unbewußter Vorgänge 54, 88, 101, 186 f., 189, 237 f., 240 f., 247, 267
Bibel 158 Anm.

Bibliothèque rose 232
Bileam 62
Biologische Faktoren/Zusammenhänge (*s. a.* Organische -) 110 u. Anm. 1, 114, 196, 251
Bisexualität 219, 251 f., 260 f., 266 f., 268 Anm. 3, 280
Bismarck, Otto v. 151
Bleuler, Eugen (*s. a.* Bibliographie) 186, 197
Bonaparte, Marie 137 Anm. 2
Böse (das) (*s. a.* Teufel) 21, 51, 103
Bresler 12
Breuer, Josef (*s. a.* Bibliographie) 12
Bruno, Giordano 188 Anm. 2
Brust 304 f., 316, 318
Brutus 53
Budapest 183
Buße 20, 61, 81 Anm. 2
Byron, Lord 152 Anm. 1, 170 u. Anm. 2

Cain (v. *Byron*) 171 Anm.
Cäsar, Gajus Julius 53, 176 Anm. 4
Charakter(züge) (*s. a.* Gewissenhaftigkeit; Trotz) 29 f., 78, 115, 125, 306
 Analerotik u. 23–30, 115, 125
 Bildung d. 30 Anm. 2, 115, 251, 306
 weibliche 115, 264
Charcot 285, 287
Christentum (*s. a.* Jesus; Religion) 301, 302 Anm. 2

Dämon(en) (*s. a.* Teufel) 170 Anm. 2, 287, 300 f., 304, 319
Dämonische Epidemien 29 Anm. 1
Dämonologische Neurosen (*s. a.* *Haitzmann*) 286–288, 299, 301, 318
Dämonomanie 285
Deckeinfall 78
Deckphantasie 27 Anm.
Defäkation 25 f., 27 Anm., 28 f., 128, 153–155
Deifizierung 176
Delirien 42, 48, 76–79, 82, 84, 86, 101 f., 198
Dementia paranoides 133, 135, 139, 183
Dementia praecox 110, 162, 186, 197, 198 u. Anm. 1 u. 3, 199
Demeter 122
Denk-
 arbeit(en) 38, 52
 systeme, motorisches Ende d. 101
 verbindung (*s. a.* Logische Verknüpfung) 52, 83
 weisen, archaische/infantile 202 f.
 zwang 153, 180
Denken (*s. a.* Bewußtes Denken; Intellektuelle Eigenschaften; Unbewußtes Denken)
 ersetzt Handeln 99–101
 Mißverständnis d. 85, 101
 Sexualisierung d. 100
 Traum als Form d. 225
 v. Zwangskranken (*s. a.* Zwangs-) 38, 52, 83 f., 92
Depressionen 276, 295 f., 298, 302, 316
Desdemona (in *Shakespeares Othello*) 220 Anm.
Diableries érotiques (*Le Poitevin*) 78 Anm.
Dichtkunst 95, 115, 170, 276, 287
Dichtung u. Wahrheit (*Goethe*) 70
Dirne/Kokotte 173, 257, 270 f.
Disponierende Fixierung 110, 186, 197, 198 u. Anm. 3, 199
Disposition (*s. a.* Hereditát; Konstitution) 109 u. Anm., 110
 zur Hysterie 111, 117
 Krankheits- 172, 185 f., 188, 190
 zur Neurose 102, 109 f., 116, 212, 244
 sexuelle 114, 190
 zur Zwangsneurose 105–117, 234
Dispositionsstelle (*s. a.* Fixierungsstelle) 185
Don Juan (*Mozart*) 157 Anm. 2
»Drittes Geschlecht« 280
Dschelaledin Rumi 188 Anm. 2

Dumas, Alexander 64
Dysaules 122

Egoistische Triebe 20 f., 238
Ehe 16, 113, 220, 223, 259 f., 267, 274
Ehrgeiz 30
Eifersucht(s) (*s. a.* »Rattenmann«) 56, 88, 217–228
  infantile 227, 238, 249
  -wahn 187 f., 219, 221–224
Eigensinn 25, 27 f., 125, 128
Eitingon, Max 218
Ejakulation 247
Ekel 27, 38
Elektrakomplex 264 Anm. 2
Ellipse (Auslassung) 86 f. u. Anm. 2
Eltern (*s. a.* Mutter; Vater) 73 Anm., 260 f., 263, 271 f., 275
  -komplex (*s. a.* Ödipuskomplex) 213, 238 f.
Energie 64, 99–101, 243
Entscheidungsaufschub/Entschlußunfähigkeit d. Zwangsneurotikers (*s. a.* Unbestimmtheit) 76, 91, 94, 97–99
Entstellung 85–88, 101, 187, 189, 241, 275
Enttäuschung 185, 187, 239, 267, 271, 273, 277
Entwicklung(s) (*s. a.* Ichentwicklung; Normale Entwicklung; Sexualentwicklung) 57, 113, 239, 251, 254
  -hemmungen 110 f., 190
  -schub 110 Anm. 1, 117
Enuresis 30
Erektion 247
Erinnerung(s) (*s. a.* Gedächtnis; Kindheitserinnerung)
  bewußte 241, 246
  -inhalt, Umwertung d. 27 Anm., 64
  in d. Psychoanalyse 56, 76 f., 262
  Sexualisierung d. 72 Anm. 2
  -spuren 72 Anm. 2, 300
  -täuschung 46, 214
Eroberungssucht 220
Erogene Zone(n) 26, 29, 114, 117
Erotomanie 187 f.
Ersatz(bildungen) 19, 70, 101, 129, 131, 180, 194, 225, 240 f., 252, 254
  in d. Paranoia 180, 186 f., 189, 194
Ersatzhandlung 99 f.
Ersatzperson(en) (*s. a.* Muttersatz; Vaterersatz) 73 Anm., 76, 172 f., 175, 215
Erziehung 28, 176, 177 Anm. 2, 227, 232
Ethische Verantwortung 57
Exhibitionslust 278
Exkretionslust (*s. a.* Defäkation) 153 bis 155
Experimentelle Geschlechtsumwandlung 280 f.

Faust (*Goethe*) 79 Anm. 3 u. 4, 170, 179, 193 f., 294, 300 Anm. 1
Faustsage 288, 294
Fehlhandlungen 170 Anm. 2, 311, 312 Anm.
Feindseligkeit (*s. a.* Haß; Ödipuskomplex) 222, 227, 273, 300 bis 302, 305
Feminine (*s. a.* Passive -; *Schreber;* Weiblich)
  Einstellung 248–250, 252 f., 279, 286, 304–306
  Phantasien/Wunschphantasien 168 f., 173–175, 180 Anm. 2, 181, 183, 202, 248
Ferenczi, Sándor (*s. a.* Bibliographie) 135 f., 183, 218
Fetischismus 102 Anm. 2, 233, 243
Feuer 30 Anm. 1
Fixierbarkeit 216 Anm.
Fixierende Ereignisse 233 f.
Fixierung 116, 188, 191, 199, 215 f.
  disponierende 110, 186, 197 f. u. Anm. 3, 199
  frühzeitige/vorzeitige 110, 216, 227, 233–235, 307, 318
  heterosexuelle 187

Fixierung (Forts.)
homosexuelle 261, 279 f.
infantile 233, 235, 243, 278, 307
Mechanismus d. 268 Anm. 3
an d. Mutter 226, 278, 280, 305
im Narzißmus 185, 195
perverse 244
d. Sexualziels 95
an d. Vater 238
Verdrängung u. 190 f.
Fixierungsstelle(n) 108, 110 f., 116, 136, 185 f., 188, 191, 199
Flechsig, Paul Emil 138, 140 u. Anm. 4, 141, 142 u. Anm. 2, 143, 147, 155, 159 Anm., 164, 165 bis 170, 171 Anm., 173–177, 180, 181 Anm. 3, 182, 191 f., 195, 199
Fließ, Wilhelm 74 Anm., 107, 110 Anm. 1, 135, 172 Anm. 1, 230, 251 Anm. 1, 285
Flirt, gesellschaftlicher 220
Fluch (*s. a.* Schimpfworte) 78, 98, 155 Anm. 2, 162 f., 193 f.
Fortpflanzung 91 Anm., 112, 114, 117
Frankfurt 65 Anm. 2
Frauenrechtlerin 278
Freischütz (*Weber*) 176
»fremd« u. »feindlich« 222
Freund der Schreber-Vereine, Der (Zeitschrift) 176 Anm. 2
Freundschaft 185
Frömmigkeit (*s. a.* »Rattenmann«) 17 f., 20
Funktionales Phänomen (*Silberer*) 245

Gebet(e) 15
d. Zwangskranken 18, 86, 98
Gebote *s.* Zwangsgebote
Geburt eines Geschwisterchens 74 Anm., 127, 239, 265 f., 272, 276, 278
Geburtstheorien, infantile 82, 128 f.
Gedächtnis (*s. a.* Erinnerung) 56, 91, 99
-täuschung 90
Gedanken (*s. a.* Allmacht; Denk-; Zwangs-)
-reihen 84
-vorstufe 99
Gefallsucht 220
Gefühls- (*s. a.* Affekt; Ambivalenz)
besetzung 172
beziehung, soziale 117, 184 f.
ton 167
verwandlung bei d. Homosexualität 227 f.
verwandlung im Verfolgungswahn 167 f., 173, 189
Gegenbesetzung 19 Anm.
Gegengeschlechtliches (*s. a.* Bisexualität; Geschlechtsunterschied) 251 f., 263 f.
Gegensätzliche Impulse/Regungen 53 f., 61 f., 95 f., 98–100, 114, 187, 258, 265, 300 f.
Phantasien 98, 305
Gegensatz
v. Bewußtem u. Unbewußtem 53 f.
Darstellung durch d. 62, 82
-hemmung 101
Gegenspiel psychischer Kräfte 94
Gegenteil, Verkehrung ins (*s. a.* Gefühlsverwandlung) 62, 81
Geiz 25, 115, 125
Geld/Gold 17, 65 f.
identifiziert mit Kot/Schmutz 28 f., 126, 128–130
identifiziert mit Ratten 77–79
Gemeingefühlsstörungen 142
Genital-
erotik 121
funktion, Abgrenzung v. Sexualfunktion 115
keuschheit 262
leben (*s. a.* Sexualleben), Entwertung d. 112 f.
organisation 129, 245, 260
primat 112–114, 117, 125 f., 128
triebe 113, 129
Genitale Phase/Organisationsstufe 108, 115, 125 f., 128, 239 f., 245

Genitalien 26, 231, 239, 251
  identifiziert mit ganzem Menschen 121
  männliche *s* Penis
  Objektwahl u. 184 f.
  weibliche (*s. a.* Klitoris; Vagina) 66, 127, 178 Anm. 1
Geruchssinn 102
Gesamtstimmung, psychische 194
Geschenk
  identifiziert mit Kind 131
  identifiziert mit Kot 126, 128–130
Geschichtsschreibung, moderne 72 Anm. 2, 313
Geschlechterkonkurrenz (*s. a.* Geschwisterbeziehung; Rivalität) 242, 251, 267, 269 Anm.
Geschlechtscharaktere (*s. a.* Männlich; Weiblich) 250–253, 264, 279, 305
  somatische 114, 251, 263 f., 279, 281
Geschlechtsumwandlung (*s. a.* Weibwerden) 241, 247, 249 f.
  experimentelle 280 f.
Geschlechtsunterschied(e) 114, 126 f., 156 u. Anm., 243, 246–253, 263 f.
Geschlechtsverkehr *s.* Koitus; Sexualakt
Geschwister (v. *Sudermann*) 55
Geschwisterbeziehung(en) (*s. a.* Geburt eines Geschwisterchens; Rivalität) 127, 170 u. Anm. 2, 171 Anm., 227, 236, 238 f., 242, 268 f. Anm. 3, 278
Geschwisterkomplex 219
Gesundheit (*s. a.* Normal), Verständnis d. 114, 260
Gewissen 211, 215, 220, 245, 269
  -haftigkeit 14 f., 19, 25
Gleichnisse
  Bauherrliche Vorschriften, nicht vergleichbar mit Bedingungen d. Psychoanalyse 260
  Bilingues Dokument, Vgl. mit verschiedenen aufeinanderfolgenden Neurosen 111

Gleichnisse (Forts.)
  Bräutigam, Vgl. mit *Schreber* 182 Anm. 2
  Briefschreib-Unterbrechung verursacht Wiederholungen wie Unsicherheit bei Zwangskranken 98
  Dämme, Vgl. mit Scham, Ekel u. Moral 27
  Dammdurchbruch, Vgl. mit Sexualisierung d. sozialen Triebe 185 f.
  Depesche, verunstaltet wie Entstellung 85
  Dialekt, Vgl. mit Sprache d. Zwangsneurose 36
  Geschichtsschreibung, Vgl. mit Erinnerungstäuschung 72 Anm. 2
  Grabfunde, Vgl. mit d. Unbewußten 51
  Majestätsbeleidigung, Vgl. mit Wortlaut d. Zwangsvorstellung 52
  Melken d. Bockes, Vgl. mit lächerlicher Rolle beim Erklären d. Wahnbildungen (Gleichnis v. *Kant*) 161
  Metallerzschmelze, Vgl. mit Neurosendeutung 288, 301 f.
  »Moven« eines Hauses, Vgl. mit Verschiebung v. Handeln aufs Denken 100
  Narben, Vgl. mit Fixierung 244
  Polizei u. Mörder, Vgl. mit Affekt u. Vorstellungsinhalt 50
  Pompeji, Untergang v., Vgl. mit Usur d. Bewußten 51
  Reichsgerichtsprozesse, Vgl. mit Entschlußlosigkeit Zwangskranker 94
  Reiseabschnitte, Vgl. mit psychoanalytischen Untersuchungsphasen 262
  Sagenbildung, Vgl. mit Umarbeitung v. Kindheitserinnerungen 72 Anm. 2
  Schauspiel, Liebe u. Haß im, Vgl. mit d. Leben 53

Gleichnisse (Forts.)
Schicksalsverheißung an *Banquo*, Vgl. mit infantilen Phantasien 238 f.
Schlacht, Vgl. mit Verdrängungskampf 195
Gleichstellung, persiflierende 80, 88
Goethe, Johann Wolfgang v. 28, 70, 79 Anm. 3 u. 4, 151, 156 Anm., 170, 179, 193, 294, 300 Anm. 1
Gott/Götter (*s. a.* Religion; *Schreber*) 20 f., 176 f.
u. Dämonen/Teufel 300 f., 302 Anm. 1, 304, 319
identifiziert mit Sonne 178 f.
als Vaterersatz 176 f., 180, 300 f., 306
Gottesurteil 47
Götz v. Berlichingen (*Goethe*) 28
Graf v. Montecristo, D. (*Dumas*) 64
Grausamkeit 43 f., 46, 78, 80
Gravidität (*s. a.* Schwangerschaft) 265 f.
Größenwahn 92, 110, 173 f., 188, 194 f. u. Anm. 1, 198

Haitzmann, Christoph 283–319 *passim*
Abt *Franciscus* v. Mariazell 290 f., 295, 303, 308–310, 312 u. Anm., 313
Abt *Kilian* v. St. Lambert 290, 313
Barmherzige Brüder, Orden d. 292 f., 316 f.
Bruderschaft vom Heiligen Rosenkranz 314
Geistliche Herren, Glaubwürdigkeit d. 291 f., 312–314
Geleitbrief 289–291, 295, 303, 308 f., 311, 312 u. Anm., 316
heilige Erscheinungen 292, 315, 317, 319
Kompilator 288, 290–292, 295, 303, 309–313
krankengeschichtliche Daten 286, 288, 292 f., 295, 299, 301–303, 308, 312, 314–319
Haitzmann, Christoph (Forts.)
Lebensdaten 286 Anm., 289 u. Anm. 2, 291–293, 314
Mariazell 288–292, 296, 305, 311 bis 314, 316
melancholische Depressionen 295 f., 302, 316 f., 319
Pfarrer v. Pottenbrunn *(Leopold Braun)* 289–291, 295, 303, 308 f., 311, 312 Anm., 316
Tagebuch 288, 290–292, 314, 316
Teufelsabbildungen 289–291, 294 f., 300, 304 f., 311, 316 (Tafeln zwischen d. Seiten 304 u. 305)
Teufelserscheinung/Versuchung 290–295, 300, 304, 309, 311 bis 319
Tod d. Vaters 295–298, 302, 304, 316
Trophaem Mariano-Cellense 286, 288–291, 295 f., 308 f., 313, 316
Vater(ersatz) 299, 302, 304 f., 318 f.
Verschreiben (sich) 312 Anm.
Verschreibung(en)/Teufelspakt 288 bis 296, 298 f., 303, 305, 308 bis 314, 316, 318 f.
Wunder(heilung) 288, 290, 292, 305, 311, 313 f., 316
Halluzinationen 198 f., 291
Halluzinatorische Psychosen 142 f., 197
Hamlet (in *Shakespeares Hamlet)* 98 Anm. 1
Haß (*s. a.* Liebe u. Haß) 113, 219, 222, 238, 242, 249, 301 f.
unbewußter 53 f., 95–97, 267
Hebephrenie 198
Heilgymnastik 176
Heilung
Aussicht auf 139, 199, 235, 248, 260 f., 273 f., 280 f., 307
Krankheitsproduktion als 193, 198
Heller, Hugo 285
Hemmung(en) (*s. a.* Arbeitshemmung; Entwicklungshemmung) 70, 97–99, 185, 187
neurotische 234, 260, 273

Heredität (*s. a.* Disposition; Konstitution) 109 Anm., 244, 263, 278 f.
Hermaphroditismus, physischer u. psychischer 263 f., 279, 281
Heterosexualität *s.* Homosexualität; Sexualität
Hexenglaube 285, 302 Anm. 1
Hieroglyphen 91 Anm.
Hohn/Spott 80, 88, 155, 177, 224, 226, 301
Homosexualität (*s. a. Schreber*) 29, 199, 223, 250, 256, 260 f., 265 f., 279 f.
  angeborene 244, 263 f., 279
  Disposition zur 114
  erworbene 263 f., 276, 278 f.
  Genese d. 233, 262, 266–268 u. Anm. 3
  u. Heterosexualität 171, 184 f., 212, 221, 228, 261, 266, 269, 278–280
  manifeste 184 f., 227, 261, 278
  neurotische Mechanismen bei 217, 223, 226–228
  u. Paranoia 136, 183 f., 186, 188 f., 195, 199, 206, 209–213, 221, 223
  passive 136, 173, 227
  u. Sozialleben 183–186, 223, 227 f., 261
  vergorene 221
  weibliche 255–281
Homosexuelle
  Angriffe 220
  Fixierung 261, 279 f.
  Objektwahl 39 Anm. 2, 184, 213 f., 226–228, 250, 261, 263 f., 267, 268 Anm. 3, 279 f.
  Wunschphantasien (*s. a.* Feminine Phantasien) 183 f., 186, 189, 199
Hyperästhesie 75, 142
Hypnotische
  Behandlung 272
  Erscheinungen 88
  Suggestion 28
Hypochondrie 141 f., 167, 177, 181 u. Anm. 2, 287, 301
Hysterie 88, 110, 117, 231, 234
  Äußerungsformen d. 287
  Amnesie bei 64
  Angst- 111 f.
  Angst u. 194
  Angstneurose u. 181 Anm. 2
  Disposition zur 111, 117
  Mechanismen d. 198
  Paranoia u. 175, 194, 224
  Pathogenese d. 64, 96, 102, 111
  Verdichtung in d. 175
  u. Zwangsneurose 36, 43, 59 Anm., 62, 64, 102, 107, 111, 117, 199 Anm. 1
Hysterische
  Anfälle 19
  Besessenheit 29 Anm. 1
  Hemmungen 234
  Konversion 36
  Phantasien 224 f., 231
  Symptome (*s. a.* Symptom-) 62, 64, 265

Ibsen, Henrik 79 u. Anm.
Ich
  -besetzungen 193 Anm. 1, 196
  -entwicklung (*s. a.* Entwicklung) 109, 116 f., 200
  -funktion(en) 109
  -gerechte Triebe 117, 190
  Instanzen/Systeme d. 190, 245
  -interesse 193 Anm. 1, 196 Anm.
  u. Objekt, Zusammenfallen v. 112 f.
  -psychologie 128
  Reaktionsweisen d. 125, 130
  -triebe 116, 185, 196, 200
  Unkenntlichmachen d. 241
  Verdrängung u. 190
  -vergrößerung 194 f.
Identifizierung (*s. a.* Mutter; Vater) 175, 227, 268 Anm. 1, 272
Impotenz 16, 112, 247 f.
Indifferenter Vorstellungsinhalt (*s. a.* Banale Erlebnisse) 64
Indirektes Sehen u. Lesen 90

Infantil(e, er, es) (*s. a.* Kind-)
Ätiologie d. Hysterie 64, 111
Ätiologie d. Neurosen 111, 203, 244, 254, 302, 307
Ätiologie d. Wahns 188
Ätiologie d. Zwangserscheinungen 68, 83, 88, 93–95, 100
Affektleben 72 Anm. 1, 203
Amnesie 56, 64
Autoerotismus *s.* Autoerotische –; Autoerotismus
Denkweise 203
Eifersucht 227, 238, 249
Fixierung *s.* Fixierung
Geburtstheorien 82, 128 f.
Kernkomplex 180 Anm. 2
Onanie *s.* Onanie
Perversion *s.* Perversion(en)
Phantasien *s.* Phantasien
Retourkutsche 177
Seelenleben 305
Sexualerlebnisse (*s. a.* Kinderleben; Kindheits-) 107, 223, 235, 277
Sexualforschung 40, 74 Anm., 100, 129–131, 265
Sexualität/Sexualleben 27 Anm., 39–43, 55, 69 f., 72–74 Anm., 77, 100, 113, 121, 155 Anm. 1, 180, 219 f., 223, 227, 231, 233–235, 239, 243 f., 253 f.
Sexualtheorien 80, 82, 185
Trauma *s.* Traumatische –
Wünsche *s.* Wunsch/Wünsche
Infantiles, d. Unbewußte als verdrängtes 51
Innervationen, somatische 36, 194
Instanzen, psychische 19, 190, 245
Intellektuelle Eigenschaften (*s. a.* Denk-) 264, 272
v. Kranken (*s. a.* Logische Verknüpfung) 38, 100 Anm., 121, 144, 162, 201, 306
Intensität (*s. a.* Libidosteigerung; Quantität; Sexualität, Stärke d.; Übermaß; Verstärkung) 96 f., 172, 241, 275–278, 280, 302
Internationaler Psychoanalytischer Kongreß
München 107
Salzburg 33
Weimar 135
Inversion *s.* Homosexualität
Inzest(uöse Regungen) 170 u. Anm. 2, 171 Anm., 215, 239–243, 245, 247, 249
Isolierung/Isolieren (beim Zwang) 14 f., 91, 93 Anm. 2, 98 f., 101

Jehova 151
Jenseits von Gut u. Böse (*Nietzsche*) 56 Anm. 1
Jenseitsglaube (*s. a.* »Rattenmann«; *Schreber*) 52, 91, 156 Anm.
Jesus Christus 156, 159 Anm., 163, 292, 315, 317
Josephine (Frau *Napoleons I.*) 182
Julius Cäsar (*Shakespeare*) 53
Jung, C. G. (*s. a.* Bibliographie) 136, 183, 197 Anm., 203, 216
Junggeselle 267

Kaiserbiographien (*Suetonius*) 176 Anm. 4
Kant, Immanuel 161
Karikatur 121
Karthago 163
Kastration(s) (*s. a. Schreber*) 213, 305–307
-angst 227, 306
-drohung 180
-komplex 127, 131, 227, 306
-wunsch 306
Katatonie 197
Kathartische Kur 253
Kausalzusammenhänge 90, 101, 234, 239
Kelten 202
Kind(er) (*s. a.* Eltern; Infantil-; Mutter; Vater; Wunsch nach d. Kinde)
ethische Verantwortlichkeit d. 57
identifiziert mit Geschenk 131
identifiziert mit d. »Kleinen« 126 f.

Kind(er) (Forts.)
identifiziert mit Kot 126, 128, 130 f.
identifiziert mit Lumpf 128, 131
identifiziert mit Penis 126 f., 129 f.
identifiziert mit Ratten 79 f.
verdichtet mit Spermatozoen 181 Anm. 3
Kinderleben, Wurzeln späterer Regungen im 19, 41, 57, 68, 79 f., 88, 90, 96, 127, 219, 234 f., 243
Kinderlosigkeit 112, 127, 141, 181 f., 202, 306
Kinderneurose(n) 41–43, 110, 287
Kindheitserinnerung(en) (*s. a.* Erinnerung) 27 Anm., 51, 56, 80, 236–238, 244
Phantasien v. 72–74 Anm.
Kindheitserlebnisse (*s. a.* Infantile Sexualerlebnisse; Traumtische –) 51 f., 72 Anm. 2, 79 f., 83, 90, 236, 243 f., 268 Anm. 2
Klein Eyolf (*Ibsen*) 79 u. Anm. 1
Kleines 126 f., 130
Verschiebung auf ein 20, 97–99
Kleinheitswahn 244
Klimakterium 171 f.
Klitoris 117
durch Klopfen/Ticken d. Uhr symbolisiert 208, 210, 213–215
Kloake 114, 117
Knabe(n) *s.* Männlich; Mutter; Vater
Koitus (*s. a.* Sexualakt) 38, 87, 247
per anum 78
Kollaterale Verstärkung/Rückstauung 185
Komplex (*s. a.* Kastrations-; Ödipuskomplex)
Bindung infantiler Erlebnisse an 235
-empfindlichkeit 75
-reizwort 79
Kompromiß(bildung)
Symptome als 19–21, 62, 100, 116
Trauminhalt als 85
Konflikt (psychischer) 19, 41, 55, 62, 81, 94 f., 173, 180, 186, 190, 224, 259 f.
als Darstellung/Grundlage d. Neurosen 42, 62, 67 f., 115, 169, 181, 200, 212, 216, 224, 306, 318
Lösung d. 67, 91, 94, 158, 173, 175, 212, 216, 259
-strömungen 95
-wahl 53, 94
Konstitution (*s. a.* Disposition; Heredität) 19, 21, 26, 30, 69 f., 97, 100, 125, 233–235, 240
anormale 233, 243
bisexuelle 251 f., 261, 266 f., 268 Anm. 3, 280
mitgebrachte 109, 234 f., 278 f.
Konventionen 208, 220, 264, 280
Koprophilie 102 Anm. 1
Kot 26, 153
identifiziert mit Geld/Gold 28 f., 126, 128–130
identifiziert mit Geschenk 126, 128–130
identifiziert mit Kind 126, 128, 130 f.
identifiziert mit Penis 126, 129 bis 131
Kränkung, narzißtische 112, 183, 219, 239, 246
Kraepelin, Emil 186, 197
Kranke (*s. a.* Zwangskranke), Vgl. mit Normalen 58, 65 Anm. 2, 69, 95, 213, 275
Krankheit(s)
Festhalten an d. 273
Flucht in d. 67 u. Anm.
-gewinn 56, 66 f., 268, 318
als Heilungsversuch 193, 198
-veranlassung(en)/-verursachung (*s. a.* Aktuelle Momente; Infantile Ätiologie; Pathogene Momente; Rezente Krankheitsveranlassung; Sexuelle Ätiologie; Traumatische –) 66, 88, 109, 136, 162, 168 f., 183, 273, 276 f., 294 f., 306, 318

Kraus, Karl 87 Anm. 2
Krauß, F. S. 78
Kriemhild (Nibelungenlied) 278 Anm.
Kritik der reinen Vernunft (Kant) 161
Künstlerische Darstellung(en) (*s. a.* Dichtkunst) 287
Kuhlenbeck 188 Anm. 2
Kultur-
  entwicklung (*s. a.* Sitten; Sozialleben) 21, 91 Anm., 102, 158 Anm. 1
  erziehung 27
  geschichte (*s. a.* Menschheitsgeschichte) 302 Anm. 1
Kulturelle Bedingungen d. Sexualität (*s. a.* Konventionen; Sozialleben) 70
Kulturen, alte (*s. a.* Alte Völker) 28

Latenzperiode 26, 113, 244, 265
Lebensalter/Lebensdauer *s.* Zeitliche Faktoren/Zusammenhänge
Leidenschaftlichkeit 72 Anm. 1, 103, 270, 274–276
Le Poitevin, A. 78 Anm.
Libido
  Abfuhr d. *s.* Abfuhr
  Ablösung d. 192–198
  Angst als umgewandelte 194
  -besetzung(en) 114, 128, 187, 192, 196, 200, 224
  -durchbruch 191, 195, 199
  -entwicklung (*s. a.* Sexualentwicklung) 110, 116, 125, 200
    Phasen/Stufen d. (*s. a.* Analsadistische Phase; Genitale Phase; Prägenitale Organisation) 108, 110 f., 114, 117, 184 f., 189–191, 195, 198 f., 250
    schwache Stellen in d. (*s. a.* Fixierungsstellen) 111, 186, 199
  frei schwebende 194
  Klebrigkeit d. 216 Anm.
  -ökonomie 224
Libido (Forts.)
  -stauung 185, 318
  -steigerung (*s. a.* Intensität) 81, 185, 304
  -störungen, Wechselwirkung mit Ichbesetzungen 196
  Strömungen d. 190, 212, 278
  -theorie 196 f., 199 f.
  Wiederherstellung d. *s.* Rekonstruktion
Lichtenberg, Georg Christoph d. Ä. 91 Anm.
Liebe (*s. a.* Verliebtheit)
  u. Haß 53 f., 61–63, 92–97, 99 f., 116 f., 186 f., 189, 222, 227, 276
  Wesen d. 96 f.
Lieben u. Geliebtwerden 187
Liebesbedingung(en) 226, 266, 270, 305
Liebeshemmung 97 f.
Liebesleben, unbewußtes 275 f.
Liebesobjekt 94 f., 100, 187 f., 227, 266
  eigener Körper/Ich als (*s. a.* Autoerotismus; Narzißmus) 184, 195
  Verlust d. 219
  Wechsel d. *s.* Objektwechsel
Liebesverlust 238
Lissabon, Erdbeben v. 192
Logische Verknüpfung beim Zwangsdenken (*s. a.* Denkarbeit; Denkverbindung) 50, 52, 62, 73, 83 f.
Lügen 274 f.
Lustgewinn/-befriedigung (*s. a.* Exhibitionslust; Exkretionslust; Riechlust; Schaulust) 19, 21, 56, 83, 100, 112, 231–233, 237, 261
Lustnebengewinn 26, 27 Anm.

Macbeth (Shakespeare) 239 Anm.
Macht(streben) 294, 306
Mädchen (*s. a.* Männlich-; Mutter; Vater; Weib-) 163, 178
Männlich u. weiblich (*s. a.* Geschlechts-) 114, 117, 248, 251 f., 279–281, 306
»Männliche Linie« 251, 253

Männlicher
  Protest 168, 251–253, 306, 307 Anm.
  Typus d. Objektwahl 127, 270 f., 279
Männlichkeit(s)
  -komplex 242, 278
  -symbol (*s. a.* Penis, identifiziert mit –) 178, 225
  d. Weibes 117, 127 f., 252, 264, 270
Märchen 28, 29 Anm. 2, 301 Anm. 2
Malheurs de Sophie, Les (*Madame de Ségur*) 232 Anm. 1
Mammon (Gott d. Unterwelt) 29
Manfred (*Byron*) 152 Anm. 1, 170 u. Anm. 2
Maria (Heilige Jungfrau) 159 Anm., 288 f., 291 f., 305, 309, 315
Marienbad 179
Masochismus 230, 241, 243–245, 247 f.
  u. Sadismus 233, 240, 245, 249
Masochistische Phantasien 236 f., 240 bis 242, 246–250, 253, 306
Masturbation (*s. a.* Onanie) 66
Melancholie 295, 297 f., 302, 317, 319
Melusine (Sagengestalt) 14 u. Anm.
Mensch
  spezifische Eigenheiten d. (*s. a.* Kultur-) 102, 116, 196, 244, 251, 300
  u. Tier, Vgl. 102, 244, 280
Menschheitsgeschichte 185, 240, 268 Anm. 3, 300 f.
Metapsychologische Arbeiten Freuds 136, 190 Anm., 230
Meynert, Theodor 197
Mignon (in *Goethes Wilhelm Meisters Lehrjahre*) 156 Anm.
Minderwertigkeit(sgefühle) 244 f., 251
Mittelalter 285–287, 301, 302 Anm. 1
Moral 27, 113, 116
Motorische Stereotypien 198
Mozart, Wolfgang Amadeus 157 Anm. 2
Mutter (*s. a.* Eltern)
  Beziehung zum Knaben 223, 227 f., 239, 247, 305
  Beziehung zum Mädchen 211 f., 238, 258 f., 266–269, 272, 278
  -bild, urzeitliches 212
  -bindung 223, 227, 270
  -brust (*s. a.* Brust) 318
  Erde als Symbol für 179
  -ersatz 210 f., 213, 215, 241, 247, 266, 268, 278
  -fixierung 226, 278, 280, 305
  Funktion d. 211 f.
  -identifizierung 213 f., 226, 228, 272
  -komplex 211 f., 227
  -recht 91 Anm.
Mystik 275
Mythologie/Mythus (*s. a.* Religion; Sage) 28, 29 Anm. 2, 122, 136, 175, 179, 201, 202 Anm. 1
Mythologische
  Parallelen zu Neurosen (*s. a.* Religiös; Religionsübungen; *Schreber*) 121 f., 201–203
  Phantasien 74 Anm., 146

Nachträglicher Gehorsam 180, 302 f.
Nachträglichkeit v. Erlebnissen/Wirkungen 214, 223, 276
Namen 59 f. Anm.
Napoleon I. 182
Narbenbildung, narzißtische 244 f.
Narzissismus 184
Narzißmus 108, 110, 112 f., 127 f., 130, 136, 174 Anm. 2, 184–186, 188, 195, 198, 227, 278
Narzißtisch(e, er)
  Befriedigung 264
  Kränkung 219
  Masochismus 245
  Narbenbildung 244 f.
  Objektwahl 184, 209, 214, 226, 228
Neid (*s. a.* Penisneid) 101, 267
Nergal (Gott d. Unterwelt) 29 Anm. 2

Neugierde, infantile (*s. a.* Infantile Sexualforschung) 40
Neurasthenie 215
Neurose(n) (*s. a.* Dämonologische Neurosen; Hysterie; Phobie; Zwangs-) 235, 253
Abwehr- 135
Analogie mit allgemeiner Pathologie 110
Angst- (*s. a.* Angst) 181 Anm. 2
Dynamik d. 243, 318
Genese d. (*s. a.* Infantile Ätiologie; Sexuelle Ätiologie; Traumatische –) 72 Anm. 1, 95, 102, 251, 299, 306, 318
Gesundheit, Perversion u. 114
Grundbedingung d. 215 f.
heutige/frühere 287, 301
Kernkomplex d. 74 Anm., 180 Anm. 2, 244, 254
Kinder- 41–43, 110, 287
Mechanismus d. 115
Onanie als Mittelpunkt d. 245
Psycho- 43, 91, 110
Traum u. 203, 225
Übertragungs- 111
Vgl. mit Paranoia *s.* Paranoia
Verwertung d. (*s. a.* Krankheitsgewinn) 314, 318
-wahl 96, 105, 107–111, 191, 199, 212
Wesen d. 225, 299
Zweizeitigkeit d. 179 f.
Neurotiker *s.* Normale; Zwangskranke
Neurotisch(e, es) (*s. a.* Hysterische –)
Disposition *s.* Disposition
Hemmung 260, 273
Phantasien (*s. a.* Phantasien) 299, 303
Symptombildung 62, 64, 75, 91, 216, 224
Zeremoniell 13–17, 19 f.
Nibelungenlied 278 Anm.
Nietzsche, Friedrich 56, 179
Normal(e, es)
Eifersucht 219, 223
Normal(e, es) (Forts.)
Entwicklung (*s. a.* Entwicklung) 115, 243, 253, 264 f.
Menschen (*s. a.* Kranke) 114, 260
Seelenleben 189, 194, 224
Sexualität/Sexualleben 114, 211, 243, 261, 267, 276 f., 279 f.

Objektliebe 72 Anm. 2, 74 Anm., 128, 184, 198 f.
männlicher/weiblicher Typus d. 127
Objektwahl 108, 110, 112 f., 116, 184 f., 261
Anlehnungstypus d. 185 Anm. 2
homosexuelle 39 Anm. 2, 184, 213 f., 226–228, 250, 261, 263 f., 267, 268 Anm. 3, 279 f.
inzestuöse 215, 239 f., 242 f., 245, 249
männlicher Typus d. 127, 270 f., 279
narzißtische 184, 209, 214, 226, 228
prägenitale 114
vorzeitige 239
Objektwechsel 127, 215 f., 226, 265 f., 268
Ödipuskomplex (*s. a.* Mutter; Vater) 246, 249, 253, 267
Erbe d. 243 f.
als Kernkomplex d. Neurosen 74 Anm., 180 Anm. 2, 244, 254
als Quelle d. Eifersucht 219
u. Perversion 243 f., 276 f.
Untergang d. 239 f., 243 f.
weiblicher 249, 264, 267, 276 f.
Odysseus 299
Onanie (*s. a. Schreber*) 69 f., 100, 181, 246 f.
als Abfuhr 70, 239, 241
infantile 30 Anm. 1, 69, 241, 245, 265
Pubertäts- 69 f., 245
Onanistische Befriedigung 231, 237, 239, 241, 247
Onkel Toms Hütte (*Beecher-Stowe*) 232

Ophelia (in *Shakespeares Hamlet*) 98 Anm. 1
Orale Phase/Oralzone 26, 108, 116 Anm. 1
Ordal 202
Ordentlichkeit 25, 27 f., 125
Organische (*s. a.* Biologische Faktoren; Somatisch-)
  Analogien 102, 129–131
  Faktoren d. Sexualität 114, 126, 171, 226 f., 251
Ormuzd (Gott) 151, 170, 179
Othello (*Shakespeare*) 220 Anm.
Ovarien 281

Paranoia (*s. a.* Wahn) 110 u. Anm. 3, 133, 135 f., 139, 186–189, 192 bis 194, 197, 221, 286, 306
  Abwehr u. 183, 186
  Angst u. 225
  Charaktere d. 135, 169, 174 f., 183, 197, 214
  Heilungsaussichten 139
  Mechanismus d. 135, 183–200, 217 bis 228
  Pathogenese d. (*s. a.* Sexuelle Ätiologie) 96, 143, 183
  Rekonstruktion in d. 193, 198, 200, 215 f.
  religiöse 146
  Theorie d. 181 Anm. 2, 197, 200
  Traum u. *s.* Traum
  Umwandlung in d. (*s. a.* Verfolger) 211–213, 215
  Verdichtung u. *s.* Verdichtung
  Verdrängung u. *s.* Verdrängung
  Vgl. mit Hysterie 175, 194
  Vgl. mit Neurosen 139, 183, 194, 215, 225
  Vgl. mit Psychosen 193, 197–199
  Widerstand in d. *s.* Widerstand
Paranoiker (*s. a. Schreber*)
  Träume v. 223–226
  Verhältnis zur Realität *s.* Realität
Paranoischer Querulantenwahn 246
Paraphrenie(n) 110, 112, 197–199
Paris 285
Partialtriebe 26, 108, 112–114, 116
Passive (*s. a.* Aktiv; Feminine –; Weiblich)
  Einstellungen 249
  Homosexualität 136, 173, 227
  Phantasien 252 f.
  Triebe 245
Pathogene Momente (*s. a.* Aktuelle Momente; Krankheitsveranlassung) 109, 224 f., 244, 306
Pathologie, allgemeine 110
Pedanterie 125
Penis (*s. a.* Genitalien) 91 Anm., 127, 129, 131, 226 f.
  identifiziert mit Kind 126 f., 129f.
  identifiziert mit d. »Kleinen« 126 f.
  identifiziert mit Kot 126, 129–131
  identifiziert mit Ratten 78
  identifiziert mit Schlange 304
  identifiziert mit Wurm 78
  -mangel 131, 226 f., 305
  -neid 127, 129 f., 278
  -wunsch 127 f., 130
Persönlichkeitszerfall/-spaltung 51, 102 f., 260
  i. d. Paranoia 170, 174 f., 177 f.
Perversion(en) 229 f., 233 f., 242 bis 244, 247, 253 f., 306 f.
  Gesundheit, Neurose u. 114
  infantile 129, 233, 243, 245, 254
  Ödipuskomplex u. 243 f., 276 f.
Phallische Phase 108
Phantasien (*s. a.* Bewußte Phantasien; Feminine Phantasien; Masochistische Phantasien; »Rattenmann«, Rattenphantasie; Sadistische Phantasien; Unbewußte Phantasien; Wunschphantasien)
  Abfuhr d. 70
  aktive/passive 252 f.
  Deck- 27 Anm.
  gegensätzliche 98, 305
  hysterische 224 f., 231
  infantile 246–248
  d. Künstler 78 Anm.
  v. Kindheitserinnerungen 72–74 Anm.

Phantasien (Forts.)
mythologische 74 Anm., 146
neurotische 299, 303
sexuelle 129
Rache- 63, 94
Realität u. 72–74 Anm., 312 f.
Rettungs- 271
Schlage- 113, 229–254
Schwangerschafts- 303–305
Straf- 316
Tages- (*s. a.* Tagträume) 73
Übertragungs- 67
Ur- 74 Anm., 213
Versuchungs- 112, 314–316
Philoktet (*Sophokles*) 299
Philosophie 88
Phobie(n) 19, 84 Anm., 301
Pierson, Dr. 138, 143 Anm. 1, 166
Platon 96 Anm. 3
Pollutionen 171, 214 f.
Pompeji 51
Prägenitale Organisation/Phasen d. Libido 108, 112–117, 128 f., 131, 240
Prähistorie 91 Anm., 300
Priene (Asien) 122
Primitive Völker (*s. a.* Alte Völker; Ur-) 202 f., 300 f.
Primitives Seelenleben 93 Anm. 1
Projektion 99, 136, 187, 189, 194, 305
nach außen 42, 90, 167, 186 f., 194, 199, 214 f., 222, 287
u. Eifersucht 219–221, 223
als Mechanismus d. Paranoia 135, 186 f., 189, 192–194, 198 f.
Prometheus 219
Proskynesis 15
Prostitution 38, 78, 173, 257, 270 f.
Przemysl 46 Anm. 1
Psychasthenie 234
Psychische (*s. a.* Seelenleben)
Instanzen/Organisationen 19, 102 f., 116, 190, 245, 269
Spannungen 99, 194
Trägheit 216
Psychoanalytische
Forschung 15, 36, 74 Anm., 85, 110, 114, 146, 184, 196, 233 f., 259, 274–277, 280, 298 f.
Grundregel 38 f., 44, 261
Situation 259 f.
Synthese 277
Theorie 53, 157 f., 235, 254
Therapie 17, 50 f., 54 Anm., 57 Anm. 2, 73 f. Anm., 84, 86, 139, 179, 221, 235, 261, 263, 272–274
Untersuchung(stechnik) 15, 39 Anm. 1 u. 2, 49, 54 Anm., 162 f., 261 f., 264, 271 Anm., 274
Psychologie 88
Psychoneurose(n) (*s. a.* Hysterie; Neurose; Phobie; Zwangsneurose) 43, 91, 110
Psychose(n) 193, 197, 200
Psyllen (Volksstamm) 202
Pubertät 26, 72 f. Anm. 2, 117, 243 f., 267, 277
Nach- 110, 226, 268 Anm. 2, 277, 279
Onanie d. 69 f., 245
Vor- 129, 265

Quantität u. Qualität (*s. a.* Intensität) 101, 224, 277

Rache 21, 269, 273
-phantasien 63, 94
Rachsucht 25, 56, 64, 272
Rank, Otto (*s. a.* Bibliographie) 213, 218
Rationalisierung 61 f., 86, 174, 224
Rattenfänger von Hameln, Der 79 Anm. 1
Rattenmamsell (in *Ibsens Klein Eyolf*) 79 u. Anm. 1
»Rattenmann« 31–103 *passim*
Abwehrschutzmaßregeln 34, 42, 44, 61 f., 85 f., 98
Bruder 34, 40, 56 f.
»Dame«/Geliebte 34, 38, 44 f., 53 bis 58, 60 f., 63 f., 67, 69, 78–81, 86–88, 91, 94 f.

»Rattenmann« (Forts.)
Delirbildung(en) 42, 48, 76–79, 82, 84
Eifersucht 40, 56, 59, 87
Eltern können Gedankenlesen 34, 40, 42, 52, 54
Feigheit 47, 57, 72
Fräulein *Lina* 34, 40, 56
Fräulein *Peter* 34, 39 u. Anm. 2, 40
Freunde 39, 47 f., 50, 52
Frömmigkeit/Religiosität 34, 46, 62, 84
Hauptmann *M.* 43–46, 48, 75–81
Heiratspläne 34, 53, 57, 63, 66 f.
Jenseitsglaube 52, 84, 86 f., 91–93
Kindheitsszene 56, 71 f., 79 f., 87
»Mädchen«, Abweisung d. 34, 92
Mordimpulse 58 f., 64
Mutter 40, 49, 66, 71 f., 73 Anm., 90
Nachnahme 45 f., 48 f., 75–78, 80 f., 88
Oberleutnant *A.* 45–49, 75 f., 77 Anm., 80, 81 u. Anm. 2, 88
Oberleutnant *B.* 45, 48, 76, 77 Anm.
Postfräulein 48, 75 f., 80 u. Anm. 1
Ratten, Bedeutungen d. 77–80
Rattenphantasie(n)/Rattenidee 43 bis 46, 49, 68, 74–82, 86 f.
»Sanktion« 44 f., 81
Schwestern 34, 39 f., 49, 71, 73 Anm., 93
Schuldbewußtsein 55 u. Anm.
Selbstbestrafung 56, 59
Selbstmordimpulse 38, 58 f.
Selbstvorwürfe 49–51, 54, 56, 73 f., 92
Sexualleben/Sexualität 34, 38–43, 54 f., 69–71, 73 Anm., 78, 81, 84, 86 f.
Tod d. Vaters 34, 41 f., 45, 49 f., 52 f., 57, 68 f., 90, 93
Todeswünsche 41 f., 45, 52–56, 68 f., 83, 93
Träume 63, 67 f., 73 u. Anm.

»Rattenmann« (Forts.)
Übertragung 63, 67 f., 73
Vater 34, 41, 45, 54 f., 66–81, 86 bis 88, 94 f.
Verwandte (div.) 34, 50, 57, 59, 87
Waffenübung 43, 45 f., 76 u. Anm. 2, 81, 84 (Lageskizze: 77)
Zwangsbefürchtungen 38, 41–46, 53 f., 61, 93
Zwangseid/-gebote 38, 45–48, 58 bis 61, 71, 76, 81
Zwangsideen/-vorstellungen 34, 38, 40 f., 44 f., 47–49, 52–54, 58, 60 f., 63 f., 69, 78, 80 f., 86
Zwangsimpulse 38, 59–61, 64, 71
Zwangswunsch 40–42, 44 u. Anm., 80
Reaktion(sbildung) 19, 26, 28, 30, 61, 96 f., 103, 112, 115, 175, 181, 227, 233, 238, 275, 277, 306, 315
Realität (*s. a.* Außenwelt; Wachleben)
u. Phantasie 72–74 Anm., 312 f.
u. Traum 303 f.
d. Unbewußte u. d. 169
Verhältnis d. Paranoikers zur 110, 173, 181, 192, 195–198
Verhältnis d. Zwangskranken zur 88, 91
Redensarten (*s. a.* Sprichwörter)
Ein Kind schenken 128
Ich bin ganz Ohr 121
Regression 99–101, 108, 110, 113 bis 115, 117, 126–129, 135, 185, 191, 195, 197 f., 213–215, 240 f., 245, 247, 249 f., 318
Reihenbildung(en) 84, 175 u. Anm. 1, 246
Reizbarkeit 246
Rekonstruktion in d. Paranoia 193, 198, 200, 215 f.
Religiös(e, er, es) (*s. a.* Mythologisch)
Größenwahn 144, 147
Paranoia (*s. a. Schreber)* 146
Zeremoniell 11, 13–15, 18–21
Zweifel 152, 159

Religion(en) (*s. a.* Gott; Mythologie) 19–21, 202 f., 300 f., 302 Anm. 1
Religions-
psychologie 12
übungen u. Zwangshandlungen (*s. a.* Mythologische Parallelen) 11 bis 21
Retourkutsche, infantile 177
Rettungsphantasien 271
Reue 61, 276, 303
Rezente Krankheitsveranlassung (*s. a.* Aktuelle Momente) 18, 64, 68, 94
Rhein 202
Rhythmus im Zeremoniell 14
Riechlust 102
Rivalität (*s. a.* Geschlechterkonkurrenz) 219, 226–228, 238
Römer, antike 176
Rückert, Friedrich 188 Anm. 2
Russische Taktik d. Widerstands 273

Sachs, Hanns 218
Sadismus 97, 113 f., 116, 125
u. Masochismus 233, 240, 245, 249
Sadistische
Charakterzüge 115
Komponente d. Libido 96, 100, 240
Phantasien 113, 237 f., 242, 246, 248
Regungen 112 f., 233 f., 236, 253
Sage(n) (*s. a.* Mythologie) 14 Anm., 29 Anm. 2, 72 Anm. 2, 79 Anm. 1, 122, 170, 240, 288
Sakrilegische Einfälle 62 Anm. 5
Salpêtrière (Paris) 285
Sauberkeit 25, 27
»Schaltung« (*Bleuler*) 224
Scham 27, 207 f., 231
Schaulust/Schautrieb 41, 100, 278
Scherz 121
Schimpfworte/Schmähung (*s. a.* Fluch) 71 f., 81, 151 Anm. 2, 155 Anm. 2, 178, 201
Schizophrenie 175 Anm. 1, 186, 195 Anm. 1, 197–199
Schlaf 275
Schlagephantasien 113, 229–254
Schlange(n) 202, 304
Schönheit 270, 278 u. Anm.
Schopenhauer, Arthur 65 Anm. 2
Schreber, Daniel Gottlob Moritz (*s. a.* Bibliographie; *Schreber, Daniel Paul,* Vater) 137 Anm. 1, 177, 306
Schreber, Daniel Paul 133–203 *passim*, 306
Bruder 137, 172 f., 175, 178, 181
Ehefrau 137 f., 141, 148, 165 Anm. 1, 168, 171, 174, 182 Anm. 1 u. 3
Entmannung/Kastration 146–149, 164, 173, 174 Anm. 1, 180, 182, 306 f.
Erlöserrolle/Erlöserwahn 146–149, 152, 156, 173, 182, 306
Exkretionslust 153–155
Familien-/Lebensdaten 136–142, 144, 164 f., 167 f., 171, 172 Anm. 1, 176, 181 f., 202, 306 f.
Gottesstrahlen 145, 148–151, 153 f., 156 f., 159 f., 163, 165, 178, 199 bis 201
Gottesvorstellungen 142, 145–161, 165 u. Anm. 1, 166, 170, 173 bis 177, 179 f., 192, 195 f., 200, 306 f.
Grundsprache 148 Anm. 1, 150 Anm. 3, 151, 155 Anm. 2, 186 Anm. 2, 187
Homosexualität 168–171, 173, 181, 183 f., 199
Jenseitsglaube 145, 156 f., 172 f., 182
Kinderlosigkeit 141, 174 Anm. 1, 181 f., 202, 306
»kleine Männer« 143, 182, 191 f., 197
Krankheitsdaten/-verlauf 137 f., 141–146, 156, 164 u. Anm. 1, 166 f., 170–174, 178, 182 Anm. 3, 191, 199, 306 f.
Mutter 138

Schreber, Daniel Paul (Forts.)
Nerven 145 f., 149–152, 154, 156, 158–160, 165 Anm. 1, 171, 199
»Nervosität« 158 u. Anm. 1
Offener Brief an Dr. *Flechsig* (Vorrede) 140, 159 Anm., 164 Anm. 2, 165 Anm., 166
Onaniebeschuldigung 166 Anm. 2, 180, 181 Anm. 3
Persönlichkeit(seigenschaften) 140, 143–145, 152 f., 158, 162, 164 Anm. 1, 169, 173, 201, 306
religiös-mystische Vorstellungen 142–158, 195, 201–203
Samen/Spermatozoon 150 Anm. 1 u. 2, 159 Anm., 181 Anm. 3, 199
Seelenmord 143, 147, 164 f., 170, 171 Anm., 177, 180
Seligkeit(svorstellung)/Wollust 146, 151, 154, 156–161, 172 f., 180
Sonnenmythus 146, 150 u. Anm. 2, 178 f., 201 f.
Stimmen 145, 148 u. Anm. 1, 153, 155, 158, 162, 164 Anm. 2, 166 Anm. 2, 177, 178 Anm. 5, 180 u. Anm. 4, 181 Anm. 3, 191, 201
Teufel 142, 158 Anm. 1, 165
Träume 142, 160, 168
Unsterblichkeit 146, 152 Anm. 2, 174
Vater(komplex) 137 Anm. 1, 172 f., 175–178, 180–183, 199, 306
Verfolgungsideen 142 f., 147, 162, 164, 170, 173
Verhältnis zur Erotik/Sexualität 157–161, 171
Versöhnung 157, 164, 166, 174 f., 199, 307
Vorhöfe d. Himmels 150 f., 162 f., 177 f., 195 f.
*v. W.*sche Seele 147, 166, 180, 181 Anm. 3
Weiblichkeitsvorstellung 142, 145 bis 149, 159–161, 168–170, 174, 180–183, 202, 306 f.

Schreber, Daniel Paul (Forts.)
Weltordnung 145, 147 f., 150–153, 156, 160, 164, 173, 306
Weltuntergangskatastrophe 191 bis 193, 195 f., 200
Wunder 143, 145 f., 150, 153–155, 159 Anm., 162 f., 176–178, 191, 193
Schreber-Vereine 176
Schuldbewußtsein 18 u. Anm. 1, 20, 27 Anm., 50 f., 55 u. Anm., 224, 231, 240–243, 245 f.
Schulszenen 180 Anm. 4, 231 f., 237, 241 f.
Schutzmaßregeln (*s. a.* Abwehrschutzformeln) 18 f., 42, 86, 98, 112
Schutzzwang 60 f.
Schwangerschaft 265 f., 271 Anm., 272, 278
Schwangerschaftsphantasien 303 bis 305
Schwindelanfall 179
Seelenleben (*s. a.* Psychische –; Somatisches u. Seelisches)
infantiles 305
Kern d. 274
primitives (*s. a.* Primitiv-) 93 Anm. 1
Ségur, Madame de 232 Anm. 1
»sekundäre Bearbeitung« 313
Selbst-
anklage 177
bestrafung 56, 59, 271, 303
erhaltungstrieb 261
kritik 219
mord(impulse/-versuche) 38, 58 f., 92, 142, 258, 263, 271 f.
überschätzung 92 f., 244
vorwürfe (*s. a. Rattenmann*) 65 f., 83
Seligkeit (*s. a. Schreber*) 157 u. Anm. 2
Sexualakt (*s. a.* Koitus) u. paranoische Anfälle 221
Sexualbefriedigung (*s. a.* Autoerotische Befriedigung; Onanistische Befriedigung) 100, 211, 215, 306

Sexualentwicklung (*s. a.* Libidoentwicklung) 70, 108–110, 112 f., 190 f., 233, 243, 277
Sexualerlebnisse *s.* Infantile –
Sexualerregung 26, 29, 237, 239–241
Sexualfunktion 109 f., 112, 114–116
Sexualisierung
d. Denkens 100
v. Erinnerungen 72 Anm. 2
d. himmlischen Seligkeit 157
nichtsexueller Triebe 114, 185 f.
d. Verdrängung 252, 254
Sexualität (*s. a.* Bisexualität; Homosexualität; Infantile Sexualität)
organische Faktoren d. *s.* Organisch
Stärke d. (*s. a.* Intensität) 221, 243, 245, 261, 275–277
Sexualleben (*s. a.* Genitalleben) 43, 114 f., 171, 244
Sexualobjekt (*s. a.* Liebesobjekt) 94 f.
Sexualüberschätzung 188, 264
Sexualtrieb(e) (*s. a.* Trieb-)
Anlehnung d. 185
Einheit d. 184
Geruchssinn u. 102
Ichtriebe u. 196, 200
Komponenten d. *s.* Sexuelle Triebkomponenten
Sexualziel 26, 95, 185, 239, 277
Sexuell(e, er)
Abirrungen (*s. a.* Perversion) 233 f., 254
Ätiologie d. Neurosen 65, 69f., 100, 107, 157 f., 200, 212, 244, 254
Ätiologie d. Paranoia 157 f., 169, 171, 173, 181, 183, 186, 306
Ätiologie d. Zwangshandlungen 15, 21, 83
Befürchtungen 181
Mißbrauch 66, 147
Phantasien (*s. a.* Phantasien) 129
Triebkomponenten 19 f., 26 f., 70, 74 Anm., 96, 100, 125, 155 Anm. 1, 184, 190, 221, 233 f., 240, 243, 254
Sexuell(e, er) (Forts.)
Wünsche *s.* Wunsch; Wunschphantasien
Shakespeare, William 53, 98 Anm. 1, 220 Anm., 239 Anm.
Sieger u. Besiegte 300 f.
Simulation u. Neurose 314
Sinn(haftigkeit) d. Zwangshandlungen / Zwangsvorstellungen 15, 17 f., 57 f., 76, 80, 85, 99
Sinneswahrnehmung (*s. a.* Wahrnehmung) 91 Anm., 189
Sitten/Sittlichkeit (*s. a.* Kultur-) 51, 158 Anm. 1, 220, 270
Sodom u. Gomorrha 158 Anm. 1
Sokrates 96 Anm. 3
Somatische (*s. a.* Organisch)
Auffassung der Neurosen 287
Innervationen 36, 194
Somatisches u. Seelisches 36, 131, 194, 196, 263 f., 279, 281
Sonne als Symbol (*s. a. Schreber*) 178 f., 201 f.
Sophokles 299
Soziale Triebe 185, 227 f.
Sozialleben (*s. a.* Kultur-; Sitten) 14, 184 f., 211
Homosexualität u. *s.* dort
Sozialschädliche Triebe 20 f.
Soziologische Theorien 251
Spannung(en), psychische 99, 194
Sparsamkeit 25, 27, 125
Spermatozoon/Samenfäden
150 Anm. 1 u. 2, 159 Anm., 181 Anm. 3, 199
Sprachgebrauch 91 Anm., 157 u. Anm. 2
Neurose folgt d. 28 f.
Sprichwörter (*s. a.* Redensarten)
Schmutziges Wasser soll man nicht ausgießen 16
Zwei Fliegen mit einem Schlag treffen 62
Stegmann, Dr. 137 Anm. 2, 172 Anm. 1, 175 Anm. 2, 176 Anm. 2
Steinach, Eugen S. 280 f.
Stolz 278

Strachey, Alix u. James 76 Anm. 2
Strafe(n) (*s. a.* Selbstbestrafung) 18, 20, 52, 71, 72 Anm. 2, 81, 237, 240 f., 316
Ratten- (*s. a.* »Rattenmann«) 43–46, 76–78, 80–82
Straferfüllung 271 f.
Strafphantasien 316
Stuhlzurückhaltung 26–28
Sublimierung 26 f., 30, 70, 115 f., 125, 179, 185, 187 f., 195 f., 201, 223, 228, 233
Sudermann, Hermann 55
Südslawen 78
Suetonius, Gajus S. Tranquillus 176 Anm. 4
Sünde 19–21
Sündflut 158 Anm. 1
Symbole/Symbolik
Erde als 179
für Klitoris 208, 210, 213–215
im Leben 126 f., 130
für Männlichkeit (*s. a.* Penis) 178, 225
für Mutter 179
Ratten als 77
Sonne als 178 f., 201 f.
im Traum 80, 126
im Wahn 201
für Weiblichkeit 178
d. Zeremoniells 15–18, 20
d. Zwangsbildungen 61, 80
Symposion (*Platon*) 96 Anm. 3
Symptom (*s. a.* Hysterische Symptome; Kompromißbildungen; Zwangssymptome) 126, 252 f.
Symptombildung 168 Anm., 253 f.
neurotische 62, 64, 75, 91, 216, 224
paranoische 183, 186, 189–191, 197
Symptomträger 96, 127
Syphilis 78

Tagesphantasien 73
Tagträume 63, 241 f.
Talion 269
Teufel (*s. a.* Dämon-; *Haitzmann; Schreber*) 304
Teufel (Forts.)
als Personifikation d. unbewußten Trieblebens 28 f., 287
als Vaterersatz 285, 296–307, 316, 318
weiblicher 304 f., 316
Teufelsglaube 286, 294, 299–301, 302 Anm. 1, 312
Teufelsneurose *s. Haitzmann*
Theodizee 155
Tier(e) 102, 244, 280
als Vaterersatz 301
Tiermythen 201 f.
Tierphobien 301
Tod d. Vaters (*s. a. Haitzmann;* »Rattenmann«; *Schreber*) 179 f., 224, 297, 302
Verhältnis d. Zwangskranken zum 88, 92–94
Todeswünsche (*s. a.* »Rattenmann«) 227, 271 f.
Totem 136, 202, 301
Trauer 57, 93, 194, 219, 302, 304 f., 316
Traum/Träume
Absurdität im 80 Anm. 3, 177
-arbeit 225, 275
Beispiele bestimmter (*s. a.* »Rattenmann«; *Schreber*) 68, 214 f., 225, 274
-bildung 20, 225
-deutung 80, 82, 275
Entstellung im 85 f., 275
funktionales Phänomen (*Silberer*) 245
-gedanken 86
heuchlerische/lügnerische 274 f.
infantile Denkweise d. 203
-inhalt 85 f., 225 f.
u. Neurose 203, 225
u. Paranoia 165, 177, 214
v. Paranoikern (*s. a. Schreber*) 223–226
prophetische 89
Reden im 85
Sprache d. 68, 80 Anm. 3, 274
Symbolik im 80, 126

Traum/Träume (Forts.)
Tag- *s.* dort
ist nicht d. Unbewußte 275
Verfolgungs- 225
Verschiebung im 20, 304
u. Wachdenken/Wachleben 85, 225 f., 275, 303 f.
Weck- 214
Wortlaut d. 57
Zahlen im 303 f.
v. Zwangskranken (*s. a.* »Rattenmann«) 85
u. Zwangsvorstellung 57, 80 u. Anm. 3, 85 f., 225
Traumatische Ätiologie d. Neurosen 107
Traumatische Erlebnisse (*s. a.* Kindheitserlebnisse; Infantile Sexualerlebnisse)
ätiologisches Moment d. 42, 223, 277
Amnesie d. 42, 64
Traumatische Kraft fixierender Ereignisse 233 f.
Treue/Untreue 219–223
Trieb(e) (*s. a.* Ichtriebe; Ichgerechte Triebe; Partialtriebe; Schautrieb; Sexualtrieb) 136
-anlagen u. Objektwahl 280
-anteile (*s. a.* Sexuelle Triebkomponenten) 216
-äußerung, infantile 19
Bemächtigungs- 114, 116
egoistische 20 f., 238
-komponenten *s.* Sexuelle Triebkomponenten
-kräfte 115
-leben d. Zwangskranken 94–97, 102
-lehre 196
männliche u. weibliche 252
organische Quellen d. 126
mit passivem Ziele 245
als psychischer Repräsentant organischer Mächte 196
-regung 18 u. Anm. 2
-schicksale 125 f.
Trieb(e) (Forts.)
soziale 185, 227 f.
sozialschädliche 20 f.
als Symptomträger 96, 127
-umsetzungen/-umwandlungen 29, 114, 123–131, 240 f., 245, 249, 261, 265, 267 f.
verdrängte 19, 29, 96, 127, 190, 224
verzicht 16, 19, 21
Tripolis 202
Tristan u. Isolde (*Wagner*) 192 Anm. 1
Troja 299
Trotz 25, 28, 71, 128, 130 f., 269, 272, 300

Überanstrengung/Überarbeitung 140, 142 Anm. 1
Überbesetzung 224
Über-Ich 245 Anm. 2
Übermaß/Übertreibung (*s. a.* Intensität) 14, 50, 93, 116, 187 f., 212, 227, 238, 259, 265
Überschätzung *s.* Selbstüberschätzung; Sexualüberschätzung
Übertragung(s) (*s. a.* »Rattenmann«) 110, 172, 175
-neurosen 111
-phantasie 67
in d. Psychoanalyse 129, 175 Anm. 1, 225, 273 f., 304
-traum 225
Umkehrung d. Reihenfolge bei Zwangshandlungen 59
Unbestimmtheit/Unsicherheit d. Zwangsneurotiker (*s. a.* Entscheidungsaufschub; Zweifel) 41, 52, 83, 91, 98 f., 101
Unbewußte (das) (*s. a.* Bewußtes)
Äußerungen d. 221 f.
Charakter d. 51 f., 54
Kenntnis/Deutung d. 221 f., 224
als Kern d. Seelenlebens 274
Produktionen d. 126
Realität u. 169

Unbewußte (das) (Forts.)
System d. 190
Traum ist nicht d. 275
d. verdrängte 51, 251, 318
d. Verdrängte als Kern d. 251, 254
Verdrängtes bleibt erhalten im 96, 250
Verhältnisse im 250, 272, 274 f.
Wesen d. 88, 102 f., 112
Unbewußt(e, er, es)
Affekte 50 f., 263
Denken 28, 52, 88, 121
Haß 53 f., 96 f., 267
Liebesleben 275 f.
Mechanismen 220, 240 f., 275
Phantasien (*s. a.* Phantasien) 72 Anm. 2, 98, 121, 126, 175, 213, 221, 241, 246, 248–250
seelische Vorgänge (*s. a.* Bewußtmachen) 17, 18 u. Anm. 1, 42, 75, 88, 90, 112, 116, 126, 128, 131, 186 f., 211, 219, 245 f., 268 Anm. 2, 276, 280, 303
Wünsche *s.* Wunsch/Wünsche
Unbewußtmachen durch Verdrängung 245, 252
Ungeschehenmachen 93 u. Anm. 2
Unheilserwartung 18 f., 41–43
Unlust 245
Unterdrückung *s.* Verdrängung
Ur- (*s. a.* Alte Völker; Primitiv-)
familie 171 Anm.
horde 268 Anm. 3, 300 f.
phantasien 74 Anm., 213
vater 300 f.
zeitliches Mutterbild 212
Urethralerotik 30 Anm. 1
Urinieren 128, 154 f., 239
Urteilsfähigkeit 275

Vagina 117, 129, 131
Van Houten 27 Anm.
Vater (*s. a.* Eltern; *Haitzmann;* »Rattenmann«; *Schreber*)
Abstammung vom 91 u. Anm., 182
Angst vor d. 272, 300–302

Vater (Forts.)
Beziehung zum Knaben 81, 94 f., 121, 176 f., 179 f., 223 f., 226, 249, 268 Anm. 3, 297, 302–305
Beziehung zum Mädchen 236–240, 242, 247, 249, 257–259, 265, 267 bis 275, 278
-erniedrigung 153, 177, 305
-ersatz 80 f., 172, 175, 178, 210 f., 213, 225 f., 237, 242, 246, 249, 265, 275, 300 f.
-ersatz, Teufel als 285, 296–307, 316, 318 f.
-fixierung 238
identifiziert mit Gott 176 f., 180, 300 f., 306
identifiziert mit Räuber/Einbrecher 301
identifiziert mit Sonne 179, 201 f.
identifiziert mit Tieren 301
Identifizierung mit d. 67 f., 75
-komplex 80, 180, 183
Nähr- 316, 318
-recht 91 Anm.
-reihe 246
-sehnsucht 172, 175, 300, 304, 319
Tod d. *s.* dort
Ur- 300 f.
Véber, Jean 121 Anm.
Vespasian 176
Verallgemeinerung beim Zwangsdenken (*s. a.* Unbestimmtheit) 41, 101
Verbote 14 f., 18 f., 38, 71, 83, 85 bis 87, 99, 101, 271
Verdichtung 150 Anm. 2, 157, 175
in d. Hysterie 175
in d. Paranoia 175, 178, 182, 199
im Traum 304
Verdrängte
Komplexe 54 Anm., 244
Triebregungen 19, 29, 96, 127, 190, 224
Wünsche 53, 55, 103, 127
Verdrängte (das) 225
Erhaltung im Unbewußten 96, 250
als Kern d. Unbewußten 251, 254

Verdrängte (das) (Forts.)
Symptom als Ersatz d. 252
u. d. Verdrängende 252
Wiederkehr d. 86, 115, 191, 195, 199
Verdrängung 18 f., 21, 42, 83, 96 f., 102, 114 f., 117, 189–191, 198, 227, 239–242, 247, 249–254, 275, 305
Abwehr u. 65 Anm. 1, 86
ätiologisches Moment d. 95, 234, 307
Amnesie u. 64, 90
Arten d. 64 f., 90
u. Eifersucht 219–221
eigentliche 191 f., 197
u. Fixierung 190 f.
u. Geschlechtscharakter 250–253
Mechanismus d. 64, 136, 183, 194, 230
Mißglücken d. 115, 191
Motive d. 230, 251, 254
Nachdrängen 190
organische (d. Geruchssinnes) 102
Paranoia u. 183, 189, 193, 195, 197
Phasen d. 190 f.
Rückgängigmachen d. 193, 195
Sexualisierung d. 252, 254
Sublimierung u. 70, 223, 233
unvollkommene 19 f., 250
vorzeitige 97, 100
Wirkungen d. 245
Verdrängungsschub 117
Verfolger (im Verfolgungswahn) 167, 173–175, 187, 209–212, 215, 222, 227
Verfolgungsträume 225
Verfolgungswahn (*s. a. Schreber*) 167, 175 Anm. 4, 183, 186, 188 f., 195, 207, 209–211, 213, 222–224, 227
Verführung (sexuelle) 72 Anm. 2, 213, 227
Vergessen *s.* Amnesie
Vergöttlichung/Vergottung (*s. a.* Gott) 176
Verläßlichkeit 25, 28
Verlegung von rückwärts nach vorne 27 Anm.
Verleugnung 307
Verliebtheit 95, 187 f., 239, 275 f.
Verlötung 95, 114
Verneinung 55 f. Anm.
Versagung 112 f., 127, 136, 181, 185, 186 Anm. 1, 275 f., 319
sexuelle (*s. a.* Askese) 95, 171, 211, 224, 226
Verschiebung 20, 46, 88, 97
d. Affekts 66
Energie- 100 f.
d. Erinnerung 214
auf ein Kleines 20, 97–99
d. Libido (*s. a.* Objektwechsel; Triebumsetzungen) 268 Anm. 2, 305
im Traum 20, 304
zeitliche (*s. a.* Isolierung) 173
Verschreiben (sich) 311, 312 Anm.
Versicherungshandlung (*s. a.* Abwehr; Schutzmaßregel) 18
Verstärkung (*s. a.* Intensität) 128, 172, 175, 185, 219, 222, 231, 243
Versuchung(en) 18–20, 83, 85, 220
Versuchungsphantasien 112, 314–316
Virginität 159 Anm. 1, 223
Völkerforschung 201–203
Vorbewußte (das) 102 f., 275
Vorbewußte Gedanken 225
Vorbrodt 12
Vorhof (*s. a. Schreber*) 178 u. Anm. 1
Vorstellungsinhalt 52, 301
u. Affektinhalt 50 f., 64–66, 83
Vorzeitigkeit (sexueller Komponenten) 43, 55, 72 Anm. 1, 97, 100, 116, 233 f., 239 f., 243

Waches Denken / Wachleben (*s. a.* Denk-) 85, 225 f., 275, 303 f.
Wagner, Richard 192 Anm. 1
Wahn (*s. a.* Delirien; Paranoia; *Schreber*) 42, 92, 146, 184, 193, 215, 225 f.
Beachtungs- 245
Beziehungs- 222

Wahn (Forts.)
Eifersuchts- *s.* dort
Erlöser- 146, 156
Größen- *s.* dort
halluzinatorischer (*s. a.* Halluzinationen) 143
Kleinheits- 244
mythologische Parallelen zum 201–203
Querulanten- 246
Teufels- *s.* Dämonologische Neurosen; *Haitzmann*
Verfolgungs- *s.* dort
Wahrnehmung 91 Anm., 220
äußere u. innere (*s. a.* Projektion nach außen) 186–189, 194, 214, 222
endopsychische 42, 90, 200
Wasserbehandlung 38, 92
Weber, Carl Maria v. 170
Weber, Dr. G. 138, 141–145, 164 Anm. 1, 166
Weib
Abscheu vor d. 226, 228
Enttäuschung beim 185, 187
Geringschätzung d. 226, 228, 267, 276
Männlichkeit d. *s.* Männlichkeit
Verzicht auf d. (*s. a.* Askese) 226
Weiberfeind 267
Weiblich(e, er) (*s. a.* Feminine –; Männlich; Passive -)
Charakter (*s. a.* Geschlechtscharaktere) 115, 264
Homosexualität 255–281
»Linie« 251, 253
Ödipuskomplex 249, 264, 267, 276 f.
Typus d. Objektliebe 127
Weiblichkeit (*s. a. Schreber*) 115
d. Knaben 252
Symbol für (*s. a.* Symbolik) 178
Weibwerden (*s. a.* Geschlechtsumwandlung) 113, 117, 127 f.
Weißenburg (Elsaß) 165 Anm. 1
Weltuntergangskatastrophe (*s. a. Schreber*) 192
Widerspruch in d. Paranoia 186 bis 188
Widerstand 272 f., 304, 307
in d. Paranoia 139, 173, 175, 195, 224
in d. Psychoanalyse 36, 44, 49, 52, 56, 63, 67, 231, 262, 272, 304, 306
im Zwang 89 f., 95
Wiederholung beim Zwang 98
Wien 39 Anm. 2, 135, 259, 285 f., 288, 292 f., 309, 311, 314, 317
Wiener Psychoanalytische Vereinigung 33, 285 f.
Wilhelm Meisters Lehrjahre (*Goethe*) 156 Anm.
Wißbegierde/Wißtrieb (*s. a.* Infantile Sexualforschung) 74 Anm., 100, 116
Wissenschaftliche Erkenntnisse 144, 264, 287
Witz 27 Anm., 75, 86, 87 Anm. 2
Wortlaut
v. Abwehrschutzformeln *s.* dort
in d. Paranoia 163
d. Traums 57, 85
beim Witz 27 Anm., 75, 86
d. Zwangsvorstellungen 52, 69, 84 f., 101 f., 121
Wortverknüpfungen/Wortbrücken (*s. a.* Assoziationen) 27 Anm., 38, 59 u. Anm., 60 Anm., 75, 77–79
Wunder/Wunderheilungen (*s. a. Haitzmann*) 177
Wunsch/Wünsche (*s. a.* Kastrationswunsch; Peniswunsch; Todeswünsche)
Allmacht d. 87, 92, 93 Anm. 1
-erfüllung 156 Anm., 173 f., 271 f.
-fixierung, infantile 112
infantile 41, 43, 127, 236, 239f., 265
inzestuöse 246
nach dem Kinde 112, 127–131, 239, 265–267, 271, 274

Wunsch/Wünsche (Forts.)
männliche Linie d. 253
nach d. Manne 127 f., 130
-phantasien (*s. a.* Phantasien) 181, 183 f., 186, 189, 199, 317
sexuelle 41–43
unbewußte 240, 267, 271 f., 275
verdrängte 53, 55, 103, 127
Zwangs- 40–42, 44 u. Anm., 80, 83, 85
Wurm/Wurmreiz 77 f.
Wut 25, 59, 61, 71–73, 79, 87

Zärtlichkeit 28, 72 Anm. 2, 97, 128, 181, 227, 238, 257–259, 266 bis 269, 278, 300, 305
Zahl(en), Bedeutung/Rolle d. 89, 303 f., 308–313
Zahlentheorien (*Fließ*) 172 Anm. 1
Zeitliche
Faktoren bei d. Neurosenwahl (*s. a.* Fixierungsstellen; Vorzeitigkeit) 107, 110 u. Anm. 1, 113, 188, 268 Anm. 2
Verschiebung (*s. a.* Isolierung) 101, 173
Zusammenhänge im Krankheitsablauf 58, 168, 171
Zensur 44 Anm., 73 Anm., 165, 181, 215
Zeremoniell, neurotisches u. religiöses 13–21, 122
Zerlegung (in d. Paranoia) (*s. a.* Persönlichkeitszerfall) 166 f., 169 f., 174 f., 177 f.
Zeuge u. Zeugen 91 Anm.
Zeus 91 Anm.
Zitate
honny soit qui mal y pense 159
Ist dies schon Tollheit, so hat es doch Methode 149
Zoroaster 151
Züchtigung, körperliche (*s. a.* Schlagephantasien) 71 f., 74, 79, 265, 269
Zürich 183
Zufall 75, 89 f., 212–215
Zwang 14, 17 f., 94, 97, 99, 273
beim Essen 16
Grübel- 100
Reinlichkeits- 112
Schutz- 60 f.
Versteh- 60 f., 94, 101
Wasch- 16, 112
Zähl- 60 f.
u. Zweifel *s.* Zweifel
Zwangsbilder 121 f.
Zwangsbildungen
Beispiele f. bestimmte (*s. a.* »Rattenmann«) 16 f., 59 f. Anm., 62 Anm. 3, 87 f., 99, 101, 103, 111 bis 113, 121 f., 234, 306 f.
Charakter d. 83 f.
Zwangscharakter 13, 231
Zwangsdenken 13, 80 Anm. 3, 83 f., 88–90, 100 f.
Zwangsgebote (*s. a.* »Rattenmann«; Verbote) 14, 83, 85, 99
Zwangsgedanken (*s. a.* »Rattenmann«) 84, 86 f., 93, 121
Zwangshandlungen (*s. a.* Religionsübungen u.; Zwangsneurose) 61
eigentliche 100
Sinnhaftigkeit d. *s.* dort
zweizeitige 61, 62 Anm. 3
Zwangsideen (*s. a.* »Rattenmann«) 101
Entstellung d. 85 f., 101
Lösung d. 58, 68, 82, 85
Zwangsimpulse (*s. a.* »Rattenmann«) 13
Zwangskranke (*s. a.* Kranke; »Rattenmann«)
Charaktere d. 88–94
Denken d. 38, 52, 83 f., 92
Träume d. 85
Triebleben d. 94–97, 102
Verhalten d. 83, 84 u. Anm., 88
Vgl. mit Frommen 17 f., 20
Zwangslachen 63 Anm. 1
Zwangsneurose (*s. a.* »Rattenmann«) 12–15, 19–21, 36, 88, 110, 231, 234, 273

Zwangsneurose (Forts.)
  Aberglaube u. 88–90, 92, 94, 103
  Analerotik u. 24
  Charaktere d. 41, 83, 90 f., 96 f., 101
  Disposition zur 105–117, 234
  Genese d. 100
  Mechanismus d. 18, 20, 35 u. Anm., 64 f., 86 f., 91, 116
  Vgl. mit Hysterie 36, 43, 59 Anm., 62, 64, 102, 107, 111, 117, 199 Anm. 1
  Vgl. mit Infektionskrankheit 36
  Wissen u. Kennen d. 65 u. Anm. 2
Zwangssymptome 19, 112, 273
  Mechanismus d. 12, 58
Zwangsvorstellungen (*s. a.* »Rattenmann«) 13 u. Anm., 83–85, 88, 100, 247
Zwangswünsche 40–42, 44 u. Anm., 80, 83, 85
Zweideutigkeit (*s. a.* Unbestimmtheit) 101, 298 Anm.
Zweifel
  religiöser 152, 159
  u. Zwang 17, 61, 81, 83, 87 f., 91, 94, 97–99, 116, 223, 273
Zweizeitigkeit
  in d. Neurose 179 f.
  v. Zwangshandlungen 61 f. Anm. 3
Zwillingsbrüder 268 Anm. 3

STUDIENAUSGABE · INHALTSÜBERSICHT

Band I *Vorlesungen zur Einführung in die Psychoanalyse* (1917); *Neue Folge der Vorlesungen zur Einführung in die Psychoanalyse* (1933)
Mit einer biographischen Skizze Freuds von James Strachey, einer Einleitung von Alexander Mitscherlich, Erläuterungen zur Edition von Angela Richards *

Band II *Die Traumdeutung* (1900)

Band III *Psychologie des Unbewußten*
Formulierungen über die zwei Prinzipien des psychischen Geschehens (1911)
Einige Bemerkungen über den Begriff des Unbewußten in der Psychoanalyse (1912)
Zur Einführung des Narzißmus (1914)
Triebe und Triebschicksale (1915)
Die Verdrängung (1915)
Das Unbewußte (1915)
Metapsychologische Ergänzung zur Traumlehre (1917)
Trauer und Melancholie (1917)
Jenseits des Lustprinzips (1920)
Das Ich und das Es (1923)
Neurose und Psychose (1924)
Das ökonomische Problem des Masochismus (1924)
Der Realitätsverlust bei Neurose und Psychose (1924)
Notiz über den ›Wunderblock‹ (1925)
Die Verneinung (1925)
Fetischismus (1927)
Die Ichspaltung im Abwehrvorgang (1938)

Band IV *Psychologische Schriften*
Der Witz und seine Beziehung zum Unbewußten (1905)
Der Familienroman der Neurotiker (1909)
Über den Gegensinn der Urworte (1910)
Zur Psychologie des Gymnasiasten (1914)

* [Im übrigen wird der editorische Apparat in diesem Gesamtinhaltsplan, der lediglich zeigen soll, welche Werke Sigmund Freuds in die einzelnen Bände der *Studienausgabe* aufgenommen wurden, nicht berücksichtigt.]

Das Unheimliche (1919)
Der Humor (1927)
Eine Erinnerungsstörung auf der Akropolis (Brief an R. Rolland; 1936)

Band V *Sexualleben*
Die Sexualität in der Ätiologie der Neurosen (1898)
Drei Abhandlungen zur Sexualtheorie (1905)
Meine Ansichten über die Rolle der Sexualität in der Ätiologie der Neurosen (1906)
Zur sexuellen Aufklärung der Kinder (1907)
Über infantile Sexualtheorien (1908)
Beiträge zur Psychologie des Liebeslebens:
Über einen besonderen Typus der Objektwahl beim Manne (1910)
Über die allgemeinste Erniedrigung des Liebeslebens (1912)
Das Tabu der Virginität (1918)
Zwei Kinderlügen (1913)
Die infantile Genitalorganisation (1923)
Der Untergang des Ödipuskomplexes (1924)
Einige psychische Folgen des anatomischen Geschlechtsunterschieds (1925)
Über libidinöse Typen (1931)
Über die weibliche Sexualität (1931)

Band VI *Hysterie und Angst*
Vortrag: Über den psychischen Mechanismus hysterischer Phänomene (1893)
Über die Berechtigung, von der Neurasthenie einen bestimmten Symptomenkomplex als ›Angstneurose‹ abzutrennen (1895)
Zur Ätiologie der Hysterie (1896)
Bruchstück einer Hysterie-Analyse (1905)
Hysterische Phantasien und ihre Beziehung zur Bisexualität (1908)
Allgemeines über den hysterischen Anfall (1909)
Die psychogene Sehstörung in psychoanalytischer Auffassung (1910)
Über neurotische Erkrankungstypen (1912)
Hemmung, Symptom und Angst (1926)

Band VII *Zwang, Paranoia und Perversion*
Zwangshandlungen und Religionsübungen (1907)
Charakter und Analerotik (1908)
Bemerkungen über einen Fall von Zwangsneurose (1909)
Die Disposition zur Zwangsneurose (1913)

Mythologische Parallele zu einer plastischen Zwangsvorstellung (1916)
Über Triebumsetzungen, insbesondere der Analerotik (1917)
Psychoanalytische Bemerkungen über einen autobiographisch beschriebenen Fall von Paranoia (1911)
Mitteilung eines der psychoanalytischen Theorie widersprechenden Falles von Paranoia (1915)
Über einige neurotische Mechanismen bei Eifersucht, Paranoia und Homosexualität (1922)
›Ein Kind wird geschlagen‹ (1919)
Über die Psychogenese eines Falles von weiblicher Homosexualität (1920)
Eine Teufelsneurose im siebzehnten Jahrhundert (1923)

Band VIII *Zwei Kinderneurosen*
Analyse der Phobie eines fünfjährigen Knaben (1909)
Nachschrift zur Analyse des kleinen Hans (1922)
Aus der Geschichte einer infantilen Neurose (1918)

Band IX *Fragen der Gesellschaft / Ursprünge der Religion*
Die ›kulturelle‹ Sexualmoral und die moderne Nervosität (1908)
Zeitgemäßes über Krieg und Tod (1915)
Massenpsychologie und Ich-Analyse (1921)
Die Zukunft einer Illusion (1927)
Das Unbehagen in der Kultur (1930)
Warum Krieg? (1933)
Totem und Tabu (1912–13)
Zur Gewinnung des Feuers (1932)
Der Mann Moses und die monotheistische Religion (1939)

Band X *Bildende Kunst und Literatur*
Der Wahn und die Träume in W. Jensens ›Gradiva‹ (1907)
Eine Kindheitserinnerung des Leonardo da Vinci (1910)
Psychopathische Personen auf der Bühne (1905)
Der Dichter und das Phantasieren (1908)
Das Motiv der Kästchenwahl (1913)
Der Moses des Michelangelo (1914)
Nachtrag zur Arbeit über den Moses des Michelangelo (1927)
Vergänglichkeit (1916)
Einige Charaktertypen aus der psychoanalytischen Arbeit (1916)
Eine Kindheitserinnerung aus ›Dichtung und Wahrheit‹ (1917)
Dostojewski und die Vatertötung (1928)
Goethe-Preis (1930)

Ergänzungsband

Schriften zur Behandlungstechnik
Psychische Behandlung (Seelenbehandlung) (1890)
Zur Psychotherapie der Hysterie (1895)
Die Freudsche psychoanalytische Methode (1904)
Über Psychotherapie (1905)
Die zukünftigen Chancen der psychoanalytischen Therapie (1910)
Über ›wilde‹ Psychoanalyse (1910)
Die Handhabung der Traumdeutung in der Psychoanalyse (1911)
Zur Dynamik der Übertragung (1912)
Ratschläge für den Arzt bei der psychoanalytischen Behandlung (1912)
Weitere Ratschläge zur Technik der Psychoanalyse: I. Zur Einleitung der Behandlung (1913)
Weitere Ratschläge zur Technik der Psychoanalyse: II. Erinnern, Wiederholen und Durcharbeiten (1914)
Weitere Ratschläge zur Technik der Psychoanalyse: III. Bemerkungen über die Übertragungsliebe (1915)
Über fausse reconnaissance (›déjà raconté‹) während der psychoanalytischen Arbeit (1914)
Wege der psychoanalytischen Therapie (1919)
Zur Vorgeschichte der analytischen Technik (1920)
Bemerkungen zur Theorie und Praxis der Traumdeutung (1923)
Die Frage der Laienanalyse (1926)
Die endliche und die unendliche Analyse (1937)
Konstruktionen in der Analyse (1937)
Die psychoanalytische Technik (1940)

Für Notizen

Für Notizen

Für Notizen

Für Notizen

Für Notizen

Für Notizen